總策劃兼總編輯 鄭貞銘

特別助理 丁士軒 汪士倫(雨)
助理 李克定 刁洪智 刁健原
刁健冉 孟濤 郭毅 安劍奇 楊智閔

百年風雲

汪士倫雨

百年風雲 二之二

「新聞教父」鄭貞銘教授說:

與大師邂逅，是一場偉大心靈的精采對撞。大師如望文山，如瞻大河，讓我們瞻仰偉大，汲取智慧，渴望超越。一個人缺乏大師精神的滋養，靈魂是貧瘠的。唯有真理才能直指人心，唯有經典才能觸動靈魂。

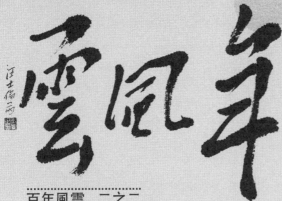

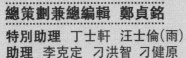

第一部　叱吒風雲

黨政人物篇

- 總策劃兼總編輯：鄭貞銘
- 主編：陳先元（上海交通大學教授）

孫中山
（1866-1925）

蔣介石
（1887-1975）

毛澤東
（1893-1976）

蔣經國
（1910-1988）

鄧小平
（1904-1997）

陳　誠
（1898-1965）

周恩來
（1898-1976）

林　森
（1868-1943）

袁世凱
（1859-1916）

蔡　鍔
（1882-1916）

嚴家淦
（1905-1993）

孫運璿
（1913-2006）

劉少奇
（1898-1969）

謝東閔
（1908-2001）

朱 德
（1886-1976）

李宗仁
（1891-1969）

張學良
（1901-2001）

閻錫山
（1883-1960）

吳國楨
（1903-1984）

李 煥
（1917-2010）

李登輝
（1923-今）

林洋港
（1927-2013）

林 彪
（1907-1971）

連 戰
（1936-今）

吳伯雄
（1939-今）

馬英九
（1950-今）

吳敦義
（1948-今）

關 中
（1940-今）

宋楚瑜
（1942-今）

汪精衛
（1883-1944）

陳水扁
（1950-今）

第二部　馳騁沙場

國防軍事人物篇

- 總策劃兼總編輯：鄭貞銘
- 主編：方鵬程（前國防大學副教授，前新聞系主任）

何應欽
（1890-1987）

俞大維
（1897-1993）

郝柏村
（1919-今）

白崇禧
（1893-1966）

胡宗南
（1896-1962）

孫立人
（1900-1990）

高志航
（1907-1937）

張靈甫
（1903-1947）

謝晉元
（1905-1941）

張自忠
（1891-1940）

戴　笠
（1897-1946）

湯恩伯
（1899-1954）

胡　璉
（1907-1977）

王　昇
（1915-2006）

黎玉璽
（1914-2003）

賴名湯
（1911-1984）

第三部　經世陶朱

財經、金融、企業人物篇

・總策劃兼總編輯：鄭貞銘
・主編：虞煥榮（中央通訊社事業部前副總監、資深媒體人、尊品文化執行長）

俞鴻鈞
（1898-1960）

俞國華
（1914-2000）

李國鼎
（1910-2001）

尹仲容
（1903-1963）

王永慶
（1917-2008）

辜振甫
（1917-2005）

張榮發
（1927-2016）

張忠謀
（1931-今）

郭台銘
（1950-今）

趙耀東
（1916-2008）

彭淮南
（1939-今）

吳舜文
（1913-2008）

施振榮
（1944-今）

李嘉誠
（1928-今）

劉長樂
（1951-今）

何鴻燊
（1921-今）

馬　雲
（1964-今）

任正非
（1944-今）

張士平
（1946-今）

王　石
（1951-今）

王建林
（1954-今）

雷　軍
（1969-今）

張汝京
（1948-今）

第四部　縱橫國際

外交人物篇

- 總策劃兼總編輯：鄭貞銘
- 主編：潘家鑫（中國文化大學助理教授）

董顯光
（1887-1971）

沈昌煥
（1913-1998）

錢　復
（1935-今）

蔣廷黻
（1895-1965）

葉公超
（1904-1981）

周書楷
（1913-1992）

陳之邁
（1908-1978）

薛毓麒
（1917-2001）

楊西崑
（1910-2000）

芮正皋
（1919-2015）

何鳳山
（1901-1997）

沈劍虹
（1908-2007）

喬冠華
（1913-1983）

錢其琛
（1928-2017）

第五部　穿引中外

國際人物篇

・總策劃兼總編輯：鄭貞銘

・主編：黃群仁（捷達威數位科技公司執行長，數位時代、UDN專欄作家）

李約瑟
（1900-1995）

司徒雷登
（1876-1962）

陳納德
（1893-1958）

亨利·魯斯
（1898-1967）

賽珍珠
（1892-1973）

鮑羅廷
（1884-1951）

史迪威
（1883-1946）

費正清
（1907-1991）

錫質平
（1917-1985）

季辛吉
（1923-今）

哈雷特·阿班
（1884-1955）

愛德加·史諾
（1905-1972）

鳥居龍藏
（1870-1953）

八田與一
（1886-1942）

陳香梅
（1925-今）

趙小蘭
（1953-今）

百年風雲·二之2

【目錄】全書總頁數592頁

第3部　經世陶朱

百年風雲·二之1

第4部　縱橫國際

第5部　穿引中外

第2部　馳騁沙場

經世陶朱

第三部
經世陶朱

〈財經、金融、企業人物篇〉

俞鴻鈞・俞國華・李國鼎・尹仲容
王永慶・辜振甫・張榮發・張忠謀
郭台銘・趙耀東・彭淮南・吳舜文
施振榮・李嘉誠・劉長樂・何鴻燊
馬　雲・任正非・張士平・王　石
王健林・雷　軍・張汝京

主編的話／虞煥榮（中央通訊社事業部前副總監、資深媒體人、尊品文化執行長）

鑑往知今：以前人為鏡、以大師為標竿，向鄭老師致敬

在鄭貞銘老師的熱切邀請與諄諄囑託下，有幸參與財經類的風雲人物討論與編撰，多篇初稿終於完成，緊接著就是要好好把這套勵志好書向社會推薦了。

鄭老師給我的這個任務，平時工作與生活就頗為忙碌的自己，在剛開始找資料、抓文章、挑圖片時，真的覺得很沉、很重，又花很多時間；但隨著俞鴻鈞、尹仲容、趙耀東、辜公亮……等一位位大師的資料整理出來，再抽空閱讀、編修、撰寫，心情上便越來越覺得：這趟文字的歷程，不但不是負擔，而是與這些財經卓越人物更貼近的一種思考與撰稿的特別歷程，也更承續了鄭老師對這些大師們成就的推崇之心，以及他要我們向這些風雲前輩們虛心學習的用心。

鄭老師當然是新聞與教育界的大師，能有機緣參與並向老師學習，是我這輩子難得的機

緣。鄭老師深切期待：此百年「風雲」、「風華」、「風骨」新書一定要讓莘莘學子及政商人士，多多體會這些大師級人物對生活、工作、家庭、個人生命的「小我」，甚或對於國家及中華族群的「大我」，所付出的源頭動力是什麼？百年系列的精神、氣魄與超越世俗的價值，在鄭老師不計辛勞、堅強意志的推動下，必將持續擴散巨大的影響力。

為官行政、安家興邦、恩澤同儕、提攜後進；在逐字逐行的讀寫過程中，深刻地接觸了這些先輩的眼界與思想；我想我們不只是緬懷這些風雲時代的卓越人物而已，更要向他們學習如何擁有更高的眼界，如何才能擁有分享與付出的強大動力，以及在關鍵時刻做出利他且正當的抉擇！

當然，必須要向鄭老師致敬：在他費心引領新書的文稿結構與方向、指導並彙整兩岸編寫作者的撰文與推動下，百年系列必將彰顯在近代史上的卓越價值，我再次地感恩，再次地謝謝老師。

俞鴻鈞（1898-1960）

俞鴻鈞：民飢己飢，財經巨擘

俞鴻鈞（一八九八—一九六〇年），籍貫廣東省新會縣，畢業於上海聖約翰大學西洋文學系。歷任上海市財政局局長、上海市長、外交部政務次長、中央信託局局長、財政部部長、行政院長、省政府主席、中央銀行總裁。

俞鴻鈞，這位早年曾經擔任上海英文報紙新聞記者的財政首長，在抗日、剿共、撤遷台灣這段動盪史料的記錄過程中，最令後輩欽服的是：他一直以公開、坦率、真誠的價值觀，來面對輿論與大眾。身為虔誠基督徒的俞鴻鈞，只要有機會，必定不忘與周遭人士分享物質與精神的喜悅快樂：「做人之道，要別人畏威，不如讓別人懷德。」

這位在國民政府時期被許多外國政商界慣稱為「O．K．俞」的財經官員，經常顯露出對同儕與民眾的關心和溫暖。俞鴻鈞曾勉勵財政部的同仁說道：「財稅主管拿手放在人民的脈搏上，才會知道人民的需要和疾苦。」

以俞的幹才，六十三歲應算是英年早逝，在他生前最後且最重要的一個任務，就是隨著國民政府遷台、把中央銀行重新在台灣順利復業。這項任務中最令人津津樂道的，是如何將當時國庫的大批黃金秘密海運來台，這批數以萬兩計的黃金，不但是新台幣發行的儲備基礎，也是國民政府遷台前後支應龐大軍需之用的活水泉源。

學習西語加上財務優勢，在政壇嶄露頭角

俞鴻鈞成長在經營海外貿易致富的豪門家中，對歐美語文及經商財務，從小就耳濡目染。俞於一九一九年畢業於上海知名的聖約翰大學，他學的是西洋文學，由於學業優異，畢業後即留校擔任助教，旋又在陳友仁（國民黨元老張靜江的女婿）創辦的英文《大陸晚報》擔任記者；之後因緣際會，先後在武漢、京滬的國、共政治局勢下工作，再進入上海市政府，曾任市府英文秘書、宣傳科長，代理財政局長等職務。

幹練的俞鴻鈞擔任上海市財政局局長時，年僅三十一歲；為了瞭解相關財稅業務，他每天與同仁共進午餐；旋不久，利用本身嫻熟國外事務及語文優勢，針對外籍人士主辦的賽馬場，向上海各個外國官商據理力爭，徵收了新的賽馬稅，一年增加百餘萬銀元的收入，這項新稅，便成為上海市庫的重要財源之一。

真正使俞鴻鈞聲名大噪的，是他在擔任上海市政府秘書長，以及上海市市長前後長達十年的期間。當時他歷經一九三二年「一二八」，以及一九三七年「八一三」日本侵華的兩次淞滬保衛戰，由於那時的上海市仍有公共租界與法租界存在，又屬於國際觀瞻所繫的首要之區，俞鴻鈞擅於與外邦折衝協調的能力便顯格外重要；當時在外國抗議我國軍機通過租界上空時，俞

鴻鈞不改幽默與堅定的口吻表示：「我國只承認租界土地暫為外國所用，至於領空，不在出租之列。」

上海淪陷後，他便轉任中央信託局常務理事，並派駐香港辦理外交事務，一九四一年宋子文邀請俞鴻鈞出任外交部政務次長，但同年稍晚他飛抵重慶時，財政部長孔祥熙卻立即發表他擔任財政部政務次長，至此，讓俞奠下與政府層峰日後的深厚關係。

艱困難行的國民政府財政金融改革之路

一九四四年十一月，俞鴻鈞接替孔祥熙擔任國民政府財政部部長，次年又兼任中央銀行總裁。當年十月，俞鴻鈞在《中央日報》發表了〈財政金融復員之途徑〉專文，當時距離抗戰勝利還不到兩個月，國民政府正面臨戰後最艱鉅的財政重建挑戰；俞鴻鈞將財政金融復員的工作，分為結束戰時的「非常經濟」時期，與「奠定建國長期大計」兩個方面。

他提出：要儘速針對抗戰後收復區的金融恢復統一的新秩序，接收關務、鹽務、稅務等機關，並清查敵偽政權發行的鈔券與公債，而且放寬各項戰時的金融管制，使民眾得以恢復正常經濟生活。

俞鴻鈞認為，此刻財政部最重大的任務，是要推動國家長期的財政建設，主要的工作事項，可以分為平衡預算收支、調整財政系統、改善賦稅制度、整理內外公債、釐訂幣制事項、健全金融機構、調整財務行政機構、培植財務人員、推廣公庫制度，以及改進預算制度等多個面向。

另一方面，他也積極規劃透過參與布里敦森林（Bretton Woods）國際金融體系，希望國民政府可以在國際間的金融界扮演更為積極、更有影響力的大國角色。

雖然有精準的眼光與財政方向的專業規劃與安排，俞鴻鈞接下來的財政改革之路，依舊顛簸難行。當時的背景是：抗戰雖然剛獲勝利，但一九四六年時的年度國家總預算仍大幅超支，必須向國內外大規模舉債才能支應。更甚者，由於抗戰期間全國交通道路及航運、橋樑嚴重破壞，貨運停滯，致使各地物資之調劑與供應失衡，造成市場疑慮。

民眾恐慌之下，日用品便囤積居奇，物價一日三變，越來越高；表現在金融市場上，貨幣投機盛行，資金脫離正常運用途徑，民間積極搶購黃金、美鈔；表現於物資市場者，為物價波動，幣值遽貶，影響所及，生產建設無從發展，國民經濟日益艱困。

隨著國民政府開始動員戡亂，軍事費用負擔更為沉重；一九四七年時，美援物資已經成為政府收入的最主要來源。儘管時任財政部長的俞鴻鈞努力改善租稅政策、加強金融管理、整理地方財政；但在經濟情勢較抗戰結束時更顯嚴峻，百姓大量失業、農工商無以為濟、企業大量破產倒閉、勞方罷工風潮不斷。

一九四八年五月二十日，蔣介石就任中華民國行憲後的首任總統，王雲五繼俞鴻鈞接任財政部部長，俞鴻鈞則專任中央銀行總裁。同年九月之後，國民政府軍接連在錦瀋戰役與徐蚌會戰中失利，軍心潰散；在財政方面，金圓券的改革無法壓制強大的通貨膨脹，當時政府發行的法幣幾乎成為廢紙，國民黨政權陷入全面危機；一九四九年一月二十一日，蔣介石宣布下野。

面對金融危機與全國人心潰散，俞鴻鈞仍全力支撐危局，適值京滬處於共軍兵臨城下、即將渡江，國軍護城朝不保夕之際，他毅然排除各方阻撓，先後分三次，以海軍巡艦將國庫數十萬兩的黃金運抵台灣。

之後在一九四九年六月台灣銀行發行新台幣時，以其中的八十萬兩黃金作為信用準備金。在當年國民政府外援與財政收入幾乎全部斷絕的情形下，這批國庫準備基金對於穩定台灣的金融秩序、重建政府貨幣信用，以及保障軍事費用支出等方面極為關鍵；也因此奠定了今天新台幣穩定發行的基礎，並使得台灣草創得以順利。國民政府遷台執行這項新的貨幣政策，央行總裁俞鴻鈞立下不可磨滅的汗馬功勞！

遷台後政府委以大任

國政府遷台後，於一九五〇年二月指派俞鴻鈞重任中央銀行總裁，並且先後兼任交通銀行、中國農民銀行與台灣銀行董事長。一九五三年四月，蔣介石以俞鴻鈞接任吳國楨為台灣省政府主席，俞鴻鈞當時便提出「從安定中求進步，從進步中求安定」的施政口號，建立糧食預算制度，並且推動「耕者有其田」等土地改革政策，俞當時並兼任台灣省保安司令部司令。

期間，俞鴻鈞還擔任行政院經濟安定委員會的首任主任委員，透過經安會草擬經濟建設計畫，運用當時已重新恢復的美援，逐步改善政府遷台後立足未穩的財政、經濟、金融與外匯狀況。

一九五四年，俞鴻鈞的行政功績再獲肯定，接任行政院長，強調崇法務實，繼續推動各種建設，在當時台海兩岸仍不時發生戰事的情況下，致力於穩固國內的經濟基礎。

當時的外交及國際情勢依舊險惡，其中針對外蒙申請加入聯合國一案，俞鴻鈞堅持在聯合國安全理事會中，動用我國常任理事國的否決權，否決外蒙古入會議案，引起國際轟動。

一九五七年三月時，因民間上書監察院，提出應調整軍公教待遇過於豐厚的事件，監察院便兩次約詢行政院長俞鴻鈞，俞均僅派代表出席，且不同意監察院調查行政院及中央銀行的帳目。俞鴻鈞認為，憲法並未規定行政院長必須至監察院報告或備詢；當時的監察院長于右任則認為，監察院對俞任用私人、揮霍無度之行為不應姑息；而行政院長面對最高監察機關，不能豁免。

俞鴻鈞正要被彈劾時，有一段蔣介石想力保他，卻因輿論壓力不得不給予申戒處分的情節，以對監察院及社會有所交代，因此俞鴻鈞成為首位被彈劾的閣揆；彈劾後，俞先辭去央行總裁一職，三個月後，內閣大換血，一九六〇年三月由陳誠接替俞鴻鈞任新閣揆。

俞鴻鈞辭卸閣揆職務後，續努力於中央銀行在台的復業，希望使中央銀行成為真正「銀行中的銀行」，發揮國家銀行角色。一九六〇年五月底，他呈交給總統蔣介石一份中央銀行復業計畫，但就在兩天之後的六月一日，因氣喘宿疾猝然辭世，享壽僅六十三歲。

七月二十九日，總統蔣介石與夫人宋美齡親往俞鴻鈞靈堂致祭，蔣介石並明令褒揚，令文中提到：「以非常果敢之精神，排除阻難，為國家保存元氣，以奠財經再造之基，厥功尤偉」。並題輓「愴懷楨榦」以示追思。

隔年一九六一年，中央銀行正式在台灣復業，這是俞鴻鈞對台灣財政史上的極重要貢獻，也讓中央銀行在台展開新的里程碑。（**虞煥榮**）

俞國華（1914-2000）

俞國華：台灣經濟奇蹟最關鍵的推手

俞國華（一九一四—二〇〇〇年），籍貫浙江省奉化縣。畢業於國立清華大學、美國哈佛大學研究所碩士。歷任蔣介石委員長侍從室秘書、中央信託局局長、中國國際商業銀行董事長、財政部部長、中央銀行總裁、行政院院長、總統府資政、中國國民黨副主席兼黨產管理主任。

俞國華，浙江省奉化縣人，是前總統蔣介石、蔣經國父子的同鄉，並與俞飛鵬、俞濟時在蔣氏政權時期合稱為「奉化三俞」。在國民政府遷台之後，又與前行政院長孫運璿、前財政部長李國鼎、前主計長周宏濤等四位，並稱台灣經濟奇蹟最關鍵的推手。

這位推動台灣政經現代化的風雲人物，於二〇〇〇年九月因肺炎住院，十月四日心肺衰竭病逝。俞國華的一生，可從當年十日十三日總統陳水扁明令褒揚的原文中看出其性情的真切與盛隆的功績：

「前總統府資政、行政院院長俞國華，性行廉正，才識宏達。早歲卒業清華大學，嗣奉派美英，專研經濟，以期蔚為國用。歷任要職，開源節流，奠經濟建設之丕基；鼎新革故，成貨幣金融之偉業。懋績孔昭，群倫共仰。嗣出長行政院，綜理百揆，率行中道，政通人和，八紘向化；尤以推行新制營業稅、解除報禁、戒嚴、黨禁，開放外匯管制及赴大陸探親等要政，碩畫藎籌，勳猷丕著；德業並懋，聲望益隆。晚歲膺聘資政，翊贊中樞，老成謀國，獻替良多。茲聞溘逝，震悼殊深，應予明令褒揚，用示政府崇禮耆賢之至意。」

俞、蔣情誼深厚與西安事變

俞氏自幼就有與眾不同的機運，主要是與蔣氏父子的關係特殊。一九三六年十二月十二日清晨，陝西西安華清池突然槍聲大作，擔任軍事委員會委員長侍從室秘書的俞國華聽聞外頭紛亂槍響人聲，決定留房暫避，此時牆外已是彈孔斑斑。

這場「西安事變」引起全球矚目，也改變了近代中國的命運。當時的軍事委員會委員長蔣介石遭逢張學良與楊虎城突然挾持，南京國民政府一時陷入和或戰的兩難當中，宋子文、孔祥熙頻頻負責穿梭調停，蔣夫人宋美齡也親自飛抵西安，甚至做好了以身殉國的準備。十二月二十六日，西安事變終於和平落幕，這一年，身逢此變的俞國華年僅二十二歲。

俞國華與蔣介石同籍浙江奉化，俞父俞作屏與蔣介石是中學時期的同學，曾任蔣氏秘書，後於陳炯明與廣州內戰時殉職。俞國華求學時期先後入錦溪中學、舟山定海中學、寧波第四中學高中部、上海光華大學、北平清華大學；一九三四年初夏畢業於清華大學政治學系，七月便任職於國民政府軍事委員會南昌行營。

自一九三五年起，俞國華先後任職於軍委會武昌行營、重慶行營、軍事委員會委員長侍從室秘書等。一九三六年六月發生兩廣事變，俞旋赴廣州處理相關事宜，未料發生這場改變近代史的西安事變，俞國華被禁足兩週後又被釋回南京。一九三七年抗日開始，俞國華隨統帥西遷，期間並隨同蔣介石與蔣宋美齡外訪印度甘地、見習開羅會議，之後仍一直跟隨蔣氏在國民政府效力。

赴外深造，再展現財經長才

一九四四年五月，俞國華離開委員長侍從室，先後前往美國哈佛大學。一九四六年轉赴英國倫敦政經學院；一九四七年時，財政部任命俞國華赴美擔任國際復興開發銀行（International Bank for Reconstruction and Development, IBRD）執行董事會副執行董事，一九五一年一月，任國際貨幣基金會副執行董事。

俞國華在美期間，正是中華民國面臨空前變局危機之際，除了擔負政府公職之外，俞國華還以私人名義，負責保管政府部分外匯，作為機密軍事採購之用。一九五五年，俞國華返抵國門，出任中央信託局局長，行政院院長俞鴻鈞親到松山機場迎接，俞國華自此與中華民國的財政改革結下三十四年的不解之緣，直至一九八九年卸任行政院院長為止。

俞國華於一九五五年自美返國，便接任中央信託局局長，統一辦理全國採購業務，以及國防部採購軍品業務，除此之外，當時美國所有的援華物資，以及台糖、台鹽、米糧等外銷業務，對象主要是日本，後逐漸擴展至棉織品、五金等輕工業品，市場亦延伸及南韓、泰國、美國、西歐，並增設新加坡代表處。當時的中央信託局，堪稱是最為重要的國營貿易機構。

一九五七年間，俞國華應美國政府邀請，率領金融訪問團前往美國考察，研究資本及股市。俞回國之後，建議政府成立開發公司及證券交易所，以便國內工業獲得金融機構投資，並且吸引民間遊資。一九五八年初，政府成立中華開發公司籌備處，俞國華奉派兼任主任委員；次年俞國華負責籌備經濟安定委員會與世界銀行（World Bank）合作推動的中華開發信託股份有限公司，成為國內首家以「直接投資」與「企業融資」作為主要業務的特許民營金融機構。

一九六〇年二月，俞國華赴越南出席中越經濟合作會議；一九六一年，調任中國銀行董事長、並兼任中國產物保險公司董事長，積極拓展外匯金融，穩定發展國際貿易與匯兌相關業務；一九六二年二月九日，台灣證券交易所正式成立，俞國華當時推動成立中華開發與證券交易所，對於產業發展功不可沒。

一九六六年，總統蔣介石決定延長六年國民義務教育為九年，初級中學改為國民中學之後，除了籌措學生的學雜經費，更須增設學校、擴充設備、聘任教師；次年十二月，俞國華肩負籌措九年國教經費的使命，擔任財政部部長。

俞國華認為，義務教育因為不具備未來財源的自償性，不宜透過發行公債方式增加未來負擔，便透過修正貨物稅條例以利增加收入；俞國華當時增加七項課稅貨物，調高塑膠、水泥、橡膠輪胎、柴油，與汽油稅率，並且擴大麻紗等商品課稅範圍，由於延長國民教育勢在必行，相關貨物稅率的修正、部署與公布，僅花了三天的時間。

一九六九年四月間，俞國華當選中國國民黨第十屆中央委員；同時間中央銀行總裁徐柏園因故去職，俞國華臨危受命，暫時兼任中央銀行總裁；五月兼任中華民國行政院力行小組召集人，兩個月後，俞國華專任中央銀行總裁，兼任國際貨幣基金理事及亞洲開發銀行理事，在央行任內，俞維持貨幣供給穩定增加，並抑制台灣在一九七三年、一九七九年兩次石油危機所引發的物價狂飆；建造央行辦公大樓，更新中央造幣廠、印製廠，並實施利率自由化，訂定銀行利率調整要點。一九七〇年六月，俞兼任中國國民黨文化經濟事業管理委員會主任委員。

一九七二年四月，俞國華訪西德、瑞士、比利時；五月任國民黨財務委員會主任委員；七月七日，中日斷交，此局勢逆轉之下，中華民國在亞洲開發銀行的地位岌岌可危。當時以中央銀行總裁出任中華民國亞銀理事的俞國華，極為重視日本對亞銀的影響，暫時不提及北京入會案，中華民國在亞銀的地位得以未受動搖。

一九七三年十月俞國華獲授美國聖若望大學頒榮譽商業博士學位；同年底，國內經濟因全球能源危機遭受嚴重衝擊，行政院財經五人小組：中央銀行總裁俞國華、財政部長李國鼎、經濟部長孫運璿、主計長周宏濤及行政院秘書長費驊，一同悉心籌畫因應對策，在通貨膨脹、囤積居奇的壓力下，五人小組提出「穩定當前經濟措施方案」，將油、電等物價項目一次調整漲足，降低社會普遍瀰漫的不確定心理，使國內的經濟發展重新步上正軌。

一九七五年四月，蔣介石逝世，俞國華負責處理治喪事宜，更擔任中正紀念堂籌建召集人，同時督導興建國家音樂廳以及國家戲劇院。一九七七年時，俞國華兼任經濟建設委員會主任委員，在中美斷交等外交危機下，俞國華仍然堅持逐步開放外匯與金融自由化，成立外匯交易中心與銀行業利率審議小組。

黨、政、經功績再創高峰

一九七七年十二月，行政院成立經濟建設委員會，俞奉命兼任主任委員，負責整體經濟決策及規劃各項發展計畫，主掌台灣經濟快速轉型的政策導引。一九七八年七月，總統蔣經國以俞國華在財政部長任內改革稅制，為九年國教提供財政後盾，卓有勳績；其後任央行總裁兼任經建會主委任內，主持經濟金融政策，協助完成十大建設，使經濟快速成長，兼保有物價穩定，特授一等景星勳章，以彰其功績。

一九七九年一月一日，中美斷交。同年三月俞國華應馬可仕之邀，出訪菲律賓，十二月當選國民黨第十一屆中央常務委員；一九八一年八月又率團前往史瓦濟蘭和南非，洽談經濟合作事宜，該年十一月，赴美出席兩國經濟協會聯席年會。

一九八四年三月，蔣經國膺選中華民國第七任總統，五月行政院長孫運璿因中風辭院長之職；六月，俞國華以中央銀行總裁兼行政院經濟建設委員會主任委員身分，繼任行政院長，他任內的卓越政績有：

一、政治方面：宣布解除戒嚴令，開放黨禁，解除報禁，開放台灣人民前往中國大陸探親，制訂第一屆中央民意代表自願退職條例，修訂集會遊行法。

二、經濟方面：連續五年平均經濟成長率是九．九％，外匯存底由一五〇億美元增至七六〇億美元，躍居世界第二，僅次於日本；此時期台灣物價飛漲，為二戰結束以來僅見。

三、財政方面：廢除支票刑罰，實施新制營業稅，解除外匯管制，廢除屠宰稅。

四、成立勞工委員會，處理勞資糾紛，停納田賦，開辦農民健康保險。

五、於中央設置環保署，地方設環保局，分層推動環境保護。

一九八七年六月八日至六月十二日，俞與夫人訪問新加坡。一九八八年，俞率特使團赴韓國首爾，慶賀盧泰愚總統就職；七月當選中國國民黨第十三屆中央委員；一九八九年一月，率團訪中南美巴哈馬、瓜地馬拉、多明尼加，與巴哈馬總理簽訂建交檔案，兩國正式建立外交關係。

捲入政爭與辭閣揆的三個理由

自俞內閣組成後，台灣爆出連連弊案及重大災難，除了影響俞國華在民間聲望外，也給黨務系統勢力有了發揮力量。蔣經國逝世後，俞國華即在李登輝代理黨主席案中捲入政爭，最後通過李登輝代理黨主席案，對俞造成打擊。

一九八八年七月，中國國民黨舉行十三全會，會前國民黨內部則形成「擁俞」及「倒俞」的政爭。黨秘書長李煥在十三全會期間選舉中進行動員，以第一高票當選中央委員，而時任行政院院長俞國華屈居三十五名，俞在立法院中受到多方壓力，最後選擇提出辭呈。

一九八九年五月十七日，俞國華公布「辭職三理由」表示：為了黨內團結，為了給李登輝重新安排內閣的機會、為了讓年輕人接棒，宣布辭去行政院長職務；當時總統李登輝特頒以一等卿雲勳章，同月受聘於中華民國總統府資政，之後由李煥組閣。俞夫人董梅貞曾發出「政治太可怕了，早點離開這一是非之地！」的名句。

俞國華受聘總統府資政一年後，在一九九〇年五月率特使團赴哥斯大黎加，代表中華民國總統參加新任總統卡特隆就職典禮。一九九一年十二月，俞擔任國家統一促進會首任理事長；一九九三年二月，獲倫敦政經學院頒授傑出校友獎狀，同年成立「財團法人俞國華文教基金會」以資助財政、金融、經濟等議題的文化教育事業；一九九四年國立清華大學成立「俞國華講座」以鼓勵清大傑出研究人材，並成立「俞國華獎學金」以獎勵清大品學兼優的學子。一九九六年再任中國國民黨副主席。（虞煥榮）

李國鼎（1910-2001）

李國鼎：科技領航，台灣經濟奇蹟的締造者

李國鼎（一九一〇—二〇〇一年），祖籍安徽婺源，出生於南京市，畢業於國立中央大學物理系學士。歷任台灣造船公司總經理、美援運用委員會秘書長、國際經濟合作發展委員會副主任委員、經濟部部長、行政院政務委員、財政部部長、財團法人資訊工業策進會董事長、總統府資政、蔣經國國際學術交流基金會董事長。

這位有「台灣經濟之父」、「台灣財經建築師」、「經建先行者」、「科技領航人」、「科技教父」、「國之寶鼎」、「台灣現代化之父」、「台灣經濟奇蹟的締造者」等諸多美譽，以形容他在公務職涯對台灣有著極大貢獻的李國鼎，在一場他百年冥誕的紀念會場上，張忠謀拭淚直言：「沒有李國鼎，就沒有台積電！」像這樣一位對台灣現代化居功至偉之人，卻終身無置產、無股票，清廉幾至清貧的品格，可謂公務員的典範。

李國鼎的領導風範雖令人稱道，但業界更推崇李氏的，是他窮其畢生之力，都在「圖利」科技產業的前瞻與魄力！他推動了台灣成為半導體產業王國、規劃了科學園區等等的重大決

策，為台灣早期科技發展奠下基石。

這場在二〇〇九年一月十三日台北懷恩堂舉辦的「李國鼎先生百歲冥誕紀念會」中，受邀發表感言的還有前行政院長郝柏村。郝讚頌李國鼎不但是位「科學家」、「政治家」，更是「宗教哲學家」；郝柏村說，李國鼎大愛無私以及「廉、能」兼備，是當今所有公務員的典範。

王建煊以財政部老同事的身分，在會場高聲獻唱《除你以外》聖歌，並以李國鼎的名言：「生命的意義就是愛，沒有愛的生命是沒有意義的」，來期勉所有公務員都應該時時刻刻以國家、人民為心念。

因抗日棄學從軍，以科技專才報效國家

出生於上海紳商之子的李國鼎自幼便聰慧好學，才六歲便在伯父所開設的私塾念書，九歲讀完《四書》和《左傳》。一九二一年一月就讀於南京高等師範學校附屬學校，一九二三年入南京鍾英中學。

一九二六年，數學程度很好的李國鼎就以十六歲的年紀考上國立東南大學（後更名國立中央大學）數學系，後來轉入物理系，一九三〇年畢業。畢業後先後在鍾南中學、金陵女子大學任教職。一九三四年，再赴英國劍橋大學學習核子物理及低溫超導領域。

一九三七年，盧溝橋事件引發中日戰爭，當時已得到博士學位獎學金的李國鼎決定放棄學

位返國效力。返國後他首先擔任航空委員的少校機械員與修理所所長；一九四二年七月，轉赴資源委員會的資渝鋼鐵廠任工程師兼工務組主任，開始參加建設煉鋼、軋鋼廠，以及實際投產的工作，正式踏入工程領域。

一九四六年五月，李國鼎擔任資源委員會中央造船公司籌備處副主任；次年六月，又兼任行政院美援運用委員會技術處副處長，同時到台灣考察鐵路、港口、工礦設施，隨後改任台灣造船公司協理，自此便與台灣的經濟發展結下不解之緣。

財、經部長領航，堅持台灣必須轉型的重要推手

由於大陸軍事失利、財政崩潰。政府遷台除了大力推動各項改革外，並成立台灣區生產事業管理委員會與行政院經濟安定委員會這兩個決策單位，李國鼎先後在這兩個單位中負責工業生產相關事宜，並且是行政院經濟安委會工業委員會主任委員尹仲容最得力的左右手。

一九五八年九月，行政院美援運用委員會改組，並接辦經濟安定委員會工業委員會業務，李國鼎便升任美援會秘書長，當時美援會的投資小組便草擬了「獎勵投資條例」，這項條例對後續加強各項工業基礎建設、改善投資環境，影響深遠。

一九六五年一月，李國鼎先後擔任行政院美援運用委員會秘書長、行政院國際經濟合作發展委員會秘書長及副主任委員後，再升任經濟部部長；那時的他更大力整頓國營事業，發展出口導向的紡織、塑膠加工與消費性電子產業，並且規劃推動金屬工業、機械工業，又擴建造船

工業，籌建大鋼鐵廠。

為了充分運用當時國內低廉的勞力，進行來料加工，透過貿易方式賺取外匯，李國鼎推動成立了加工出口區（Export Processing Zone, EPZ），設於加工出口區內的工廠，免徵進口機器與原材料零組件的關稅，最早的加工出口區設於高雄，吸引許多國內廠商與華僑及外資企業前來投資，享有優惠條件。

一九六九年七月，李國鼎由經濟部部長改任財政部部長，上任之後，積極參與由旅美學者劉大中進行的賦稅改革，包括：推動證券交易所得稅、遺產稅、贈與稅、營利事業所得稅等稅制革新，成立財稅資料處理及考核中心，加強政府財稅資訊處理能力，成立稽核組，加強逃漏稅稽徵工作，使政府稅收顯著增加，又推動國庫集中支付制度，集中調度國庫所有的庫款，大幅降低國庫發行公債，調度庫款的需求。一九七〇年，李國鼎續推多項財政改革：提倡推動國民儲蓄運動，成立中華民國加強儲蓄推行委員會，在中小學加強學生儲蓄教育；之後的十年間，僅僅郵政存款就增加了二十七倍之多。

一九七〇年五月間，財政部設立財稅人員訓練所，李國鼎親兼首任所長，培養人才無數，順利推動各項興革。他積極鼓勵同仁提出政策建議，在他的心目中，這種主張改變現狀、甚至被內部同仁反對的財政同仁，正是改革的尖兵。

為了推動貿易與產業經濟國際化，在李國鼎的主持下，大幅修訂了關稅法與關稅稅則；針對不易取得融資的中小企業，財政部又創設中小企業信用保證基金制度，以政府的信保基金降低銀行貸款的風險；李又重新研議修訂銀行管理制度，後到了一九七五年《銀行法》修正公布，便將銀行分為商業銀行、儲蓄銀行與專業銀行，分別扮演不同的金融角色。

一九七三到一九七四年間，行政院院長蔣經國宣布並全力推動十大建設，當時全球正面臨石油危機，政府力圖以重大建設提振景氣，財政部便面臨了艱鉅的籌款任務。李國鼎除了在國內設法調度之外，也向與李互動極好的沙烏地阿拉伯友邦借支，興建高速公路與電氣化鐵路，其中高速公路貸款約三千萬美元，竟免收利息；沙國官員這樣告訴李國鼎：「按照可蘭經的教義，朋友間的借貸不收利息。」後來，完成了全長二三四五公尺，橫跨彰化縣溪州鄉與雲林縣西螺鎮的高速公路橋樑，被命名為「中沙大橋」，正是這項無息貸款的見證。

政務委員及資政時期，科技建樹良多

一九七五年十二月，多年公務繁忙的財政部部長李國鼎，因心肌梗塞症住院診療逾一個半月；次年內閣改組時，他怕身體不能負荷，請辭了財政部長，專任行政院政務委員。

但是在這之後的十年之中，李國鼎也不曾清閒；一九七六年十一月行政院成立應用科技研究發展小組，由李擔任召集人，次年召開第一次全國科技會議，確立台灣高科技產業發展政策。一九七八年行政院便根據該項會議結論成立新竹科學園區。

一九七九年五月行政院通過科學技術發展方案，院長孫運璿指派由李國鼎邀請國外多位專家學者擔任科技顧問，成立科技顧問組，此方案推動發展的重點科技包括：能源、材料、資訊、自動化、光電、生物科技、B型肝炎防治、食品加工、災害防治、環境保護、同步輻射、海洋科技等，並全面推動生產自動化。同年並成立資訊工業策進會，推動電腦資訊工業和推廣資訊教育。

李國鼎有「科技教父」的美名，其中很重要的原因，是他不辭辛勞的推動與催生下，成就了當今許多家的科技大廠。當年聯電、台積電成立時，國內對半導體還十分陌生，李國鼎便親自拜訪國內企業界為之募款。有一回台塑王永慶邀李國鼎一塊看台塑的石化廠，李上車之後便問王說：「我請你投資聯電的案子，你研究得如何？」王本想敷衍李，只說還要再研究，不料李一聽，立刻表示要下車。王一看李認真的態度，當下就承諾立即投資聯電。

李國鼎在一九八三年訂定「加強培育及延攬高級科技人才方案」，這是一個全面性培育人才的方案，突破了許多陳規舊習。李希望兩年試辦期滿後，能擴及一般科技領域，創造利於整體發展的環境。直到一九八四年他因病再度赴美就醫，才把棒子交給陳履安，而科技顧問小組也改隸屬經濟部，不論權責或編制都明顯縮小，那時的科技發展重心便轉移到國科會了。

一九八八年李國鼎從政務委員任內退休，轉任總統府資政，繼續發揮個人在科技界的影響力，創設了行政院應用技術研究發展小組及行政院科技顧問小組，繼續推動能源、材料、資訊、自動化等重點項目，並成立新竹科學工業園區、工業技術研究院，以及資訊工業策進會，為台灣的軟、硬體科技業，奠下堅實基礎。

他先後榮獲國內外十二所著名大學頒贈榮譽博士學位，以及國外兩所大學的校長獎，享譽中外。

除了科技產業的重大貢獻之外，李國鼎提出普世關懷的「第六倫」觀念，倡導社會進行心靈改革，這是在中國傳統五倫（父子有親、君臣有義、夫婦有別、長幼有序、朋友有信）的基礎上，在民國七〇年代針對國情與社會提出第六倫，即「群己關係」，以第六倫為現代社會人倫關係的準則。

「群己關係」的主要內涵，是要好好的建立自己與陌生人的關係，自己與自然的關係，自己與團體的關係。高希均說，如果說「五倫」是小愛，「第六倫」則是大愛。

一九九三年美國哈佛大學公共衛生學院設立「李國鼎先生經濟社會衛生發展中心及講座」，以表彰李對國家的貢獻，並於次年獲總統李登輝頒授一等景星勳章。在蔣經國擔任總統後曾親邀李國鼎復出任閣揆，但被李國鼎婉言謝絕。

李國鼎雖然未能在核子物理的學術領域中大顯身手，但是他對中華民國財政、經濟與科技的貢獻，卻讓後人感念。無中生有、點石成金、好管閒事、憂國憂民的李氏風格，也已內化成當時財政部獨特的組織文化，許多部屬談及跟隨李國鼎的歲月，總是欽服感佩不已。

李國鼎有一句人人耳熟能詳的名言：「我把台灣的投資環境搞起來了，只要這件事情做對了，做好了，其他的事情都會自己發生。投資環境好了，人自己會來，資金也會跟著來。」如此簡單幾句話，卻能創造台灣的經濟奇蹟，帶來數十年的榮景。

鶼鰈情深，簡樸持家

李國鼎在一九三七年任教武漢大學時，結識了就讀金陵女子學院的宋競雄，並於同年十二月結婚。夫妻恩愛，鶼鰈情深，育有一子李永昌。遷台後不論在在台北市台船公司的宿舍，或是財政部長時期在泰安街的日式官舍，夫人展露喜好園藝與書香雅緻的風格，勤樸持家。

李國鼎在家人的印象中，卻是很少在家、沒什麼訪客；在家中的休閒多半是閱讀中英文報紙及收聽國內外廣播。一九九七年，與李結褵六十載的宋競雄夫人逝世；二〇〇一年五月三十一日李氏也逝世於台北市，享壽九十一歲，遺體歸葬於故鄉南京普覺寺之墓園。（**虞煥榮**）

尹仲容（1903-1963）

尹仲容：為官就是「反鄉愿」

尹仲容（一九〇三—一九六三年），籍貫湖南省邵陽縣，畢業於交通大學電機工程系，歷任交通部電政司科長、中國建設銀公司常務董事、行政院工程計畫團團長、中央信託局局長、行政院政務委員、經濟部部長、行政院經濟安定委員會秘書長、台灣銀行董事長。

尹仲容被譽為國民政府遷台這數十年政經發展最重要的建構者之一。後世感念他，主要是因他在政府遷台施行的「計畫經濟」決策上，仍堅持自由貿易的價值；他為官端正清廉，卻也成為官場政治惡鬥下的犧牲品；「為官，就要做不一樣的好官！」，是尹仲容這位創造台灣經貿奇蹟的要員，留給後人最深刻的啟發。

尹仲容的功績，蔣介石曾明令褒揚，寫道：「綜其生平，忠以謀國，孝以事親，好學深思，長才自奮，於艱難之際，為台灣經濟開創新局，弼成生聚，戮力復興。」

一九六三年一月三十日是尹仲容的公祭日，《聯合報》以〈發揮尹仲容精神〉為題，撰寫專文紀念這位成就台灣近五十年來的重要推手：

尹仲容精神的根本是反鄉愿。反鄉愿是反做官主義，現在社會上往往稱「某人很會做官」，這句話的真諦是某人很圓滑唯諾，懂得揣摩逢迎，保位尊榮之道，這正是政治腐敗的病根，尹先生生前不阿時尚，不趨附俗流，尤其敢說話敢作主張，有時情願在同僚中忍受孤立而不隨便迎合婞婀，這便是反做官主義。

尹仲容曾歷任台灣區生產事業管理委員會副主任委員、中央信託局局長、行政院經濟安定委員會工業委員會召集人、經濟部部長、行政院經濟安定委員會秘書長、行政院外匯貿易審議委員會主任委員、行政院美援運用委員會副主任委員，以及台灣銀行董事長等財經要職，尹與官場上與喜逢迎拍馬、虛言鄉愿的政客呈鮮明對比。也就是說，尹仲容雖然不擅趨炎附勢，一樣可以有貢獻國家的機會。

尹仲容的老友羅家倫勸他，言詞不要鋒芒太露，尹仲容很感慨地說：「我只是說老實話。我若是說依違兩可的話，害得他們瞎猜，弄到蝕本以致破產，我覺得心裡過不去，而且也不應該。我說到斬釘截鐵的老實話以後，他們還不相信，那責任是他們自己的。他們活該。」

尹受宋子文的倚重，在財經界嶄露頭角

尹仲容於一九二五年畢業於上海南洋大學（交通大學的前身）電氣機械系，成績優異，畢業後由學校保送入交通部電政司（電政司是交通部郵電司的前身）工作，負責國家電政事業，包括全國電報、電話的發展，監督民營電氣交通等等，尹仲容在交通部期間，曾經協助制定各項電政政策，開闢全國長途電話網絡。

因為尹與宋子文的交情深厚，後轉往宋家的私人公司任職。當宋子文赴內閣任職與擔任廣東省主席時，尹也曾在宋氏安排下負責發電、煤礦等事務。一九三六年時，尹再進入原本是由宋子文發起成立中國建設銀公司任職，這家公司是以發展農工商業為宗旨的大型投資公司，足證宋子文之倚重。

當時國內的各大銀行與國外銀行團，紛紛參與相關投資計畫，尹仲容在公司擔任協理職務，負責主持民營給水與電力的投資開發，在他任內創辦了陝西西安與江西南昌相關的水電事業。

一九三九年，尹仲容改任資源委員會國外貿易事務所紐約分所主任，負責對美銷售錫礦、鎢礦和銻礦等各種礦產。同時，再以外匯購入當時國內極為需要的工業機具設備。此後，尹仲容在抗戰中一直負責這項重要工作，並且兼任資源委員會駐美技術團器材組主任。

一九四二年，資源委員會派遣優秀人員前往美國實習，尹仲容發起主持「三一學社」，勉勵同仁把握得來不易的學習機會，回國貢獻所長、努力建設，這批赴美人員被稱為「三一人員」，後來的行政院長孫運璿也是其中一員。

一九四五年五月，宋子文就任行政院長，尹仲容便召回先後擔任行政院秘書、參事、工程計畫團團長等要職，協助策劃戰後生產事業與交通事業的恢復工作。一九四七年三月間，宋子文去職，尹仲容再回任中國建設銀公司常務董事。

遷台再展經貿長才，穩健領航

一九四九年六月間，尹仲容再受政府邀請加入內閣，除主掌中央信託局業務外，也兼任台灣生產委員會副主委，負責產業復興與對外採購。該會的主任委員是由省主席陳誠兼任，尹負責擬訂日常計畫，推動物資分配、資金調度、對外貿易、日償物資處理、技術合作等重要業務。

當時正是大陸全面撤守之際，台灣也才剛剛發行新台幣，如要維持穩定的經濟與金融秩序，除了努力節流之外，更必須儘速恢復各項生產事業，才能挽救經濟情勢。另外，他並參與將上海資金及黃金調度運往台灣的計畫。

一九四九年八月，美國國務院發表對華政策白皮書，負面批評國民政府，美援形同斷絕。在危急時刻，尹仲容迅速提供分配各項生產事業急需的原料、器材與資金，協助解決各項問題；而在外匯極度短缺之際，尹仍決心修復烏來水力發電廠，確保工業用電充裕，並且新建農業所需的肥料廠，這些在當時極具前瞻與勇氣的決定，為台灣的經濟發展奠定良好基礎。

為了擴大財源，尹仲容主張恢復對日貿易，於一九四九年十月間成立日本貿易小組，並於次年五月間，以經濟部顧問的名義前往日本，與盟軍總司令部（Supreme Commander of the Allied Powers）談判簽訂中日貿易協定，將台灣的糖、米農產，以貨易貨，換取國內需要的肥料與機械，這樣的貿易關係，一直維持到一九六一年才終止。由於當時國內極端缺乏外匯資金，這種易貨貿易的形式，對於發展台灣光復初期經濟非常重要。

一九五〇年十一月，尹仲容兼任中央信託局局長。當時中央信託局負責政府對外採購，與美援物資的進口業務，尹便大力扶持國內民生工業發展，提出紡織業「代紡代織」的發展策略，鼓勵進口原料，生產紡織品供應國內市場，替代直接進口成品，發達國內產業，並且節省外匯，藏富於民；產量擴充之後，更能拓展外銷，賺取外匯。包括中國人造纖維公司、新竹玻璃廠等企業，都在尹仲容的協助下得以成功發展。一九五一年，美國以每年一億美元的數額重新援助台灣，他則參與負責該資金的統籌運用。

一九五三年間，尹仲容改任行政院經濟安定委員會工業委員會召集人，妥善運用美援，發展國內化工、食品、交通、電訊，以及一般工業。經濟安定委員會擬定出第一期四年經濟建設計畫，據此向美方申請美援，並協助國內企業申請融資貸款。

一九五四年六月，尹仲容的能力頗受副總統陳誠賞識，於是在陳誠卸任行政院長（仍兼副總統）前，便任命了尹仲容為經濟部長兼中央信託局局長，並兼經濟安全委員會工業委員會召集人等要職。

由於尹曾經服務於上海私人企業，深知市場經濟的優點，便於就任經濟部長後積極提倡「計畫式自由經濟」。在此一進口替代政策之下，他管制日本布料進口，改向進口棉花，扶植了國內紡織業的發展，使得台灣許多知名企業從此開始站穩發展的腳步。另外，在外匯貿易措施下，他成為首位放寬外匯管制並鼓勵出口的官員。該政策迅速促進台灣塑膠、玻璃工業的成長。另外他也將原本國營的水泥、紙業、農林、工礦四大產業轉由台泥、台紙等民間財團經營，促進市場經濟。

一九五五年，中央信託局借貸給揚子木材公司因為經營不善倒閉，借貸的鉅款求償無門；當時尹仲容既為經濟部長又身兼中央信託局局長，因此於同年七月被提起公訴，十月三十日台灣法院宣判尹仲容無罪。

不過，被宣判無罪的尹仲容為負起政治責任，宣布辭去經濟部長與中央信託局長兩要職。至此，尹仲容為中華民國第一位被起訴的政府閣員，也是中華民國第一位自行請辭去政務官的內閣閣員。

一九五七年八月，尹仲容恢復公職，先後出任行政院經濟安定委員會秘書長、行政院外匯貿易審議委員會主任委員，以及行政院美援運用委員會副主任委員。一九五八年尹仲容再兼美援會的副主委，期間尹仲容以關稅保護、限制設廠等官方政策加以扶助私人企業，並代為申請美援，事後再追蹤考核。

一九五九年年底，美國國際合作總署駐華安全分署署長郝樂遜（Wesley Haraldson）正式提出一個要求台灣儘快檢討內政與財稅的備忘錄，這就是著名的「郝樂遜財經改革建議」；美援運用委員會便綜合美方與國內意見，提出「十九點財經改革措施」，針對資本市場形成、改善投資環境、改善租稅與預算制度，發展金融外匯，以及貿易發展，提各項具體的作法，相關政策成為影響台灣今後數十年財政與經濟改革的重要政策。

一九六〇年七月，尹仲容轉兼台灣銀行董事長，他在兼任台銀董事長任內，鼓勵儲蓄、穩定物價，並仍積極貸款給國內中小企業，並主導銀行低利率政策，使市場資金從儲蓄銀行轉到資本市場。

一九六一年初，台灣銀行準備發行直式百元大鈔。由於一九四七年國民政府曾發行大面額的金圓券與舊台幣間引起通膨及貨幣動盪的前車之鑑，這次發行大鈔的計畫又害怕會導致台灣民眾不安。面對暫緩發行百元新台幣的聲浪，尹仲容獨排眾議，堅持如期實施。不久，百元大鈔照預定於一九六一年六月發行，並未發生預期的通貨膨脹，推動發行百元新台幣計畫十分成功。尹仲容兼任台灣銀行董事長直至逝世為止，透過台灣銀行協助國內企業融資，發展對外貿易不曾間斷。

一九六二年十二月二十六日，尹仲容突然因急性肝炎住院，一九六三年一月二十四日，因肝癌病逝於台北，享年五十九歲。蔣介石在聽聞尹過世的當時，在日記中表達極度的哀慟與不捨，寫到：「尹仲容今晨病逝，台灣經濟發展失一健兒矣！」

尹仲容為官極為清廉，生活節儉，在對日交涉貿易事務方面曾經獲得傭金四十餘萬美元，全部留歸公用。有傳聞說他的家人需要依靠別人的救濟才能正常生活；尹身故後，甚至於沒有足夠的治喪費，此事被公開後，舉國一片譁然。

回國為政府經濟籌謀劃策的旅美學人蔣碩傑，回憶一九五二年時第一次與尹仲容會面，蔣碩傑說：「起初他好像對經濟學不很重視，所以我跟他說話，還沒有什麼東西談得攏。」蔣碩傑送給尹仲容由美國經濟學家 J. E. Meade 執筆的《計畫與價格機能》專書，尹仲容不僅在兩週之內看完，還交給工業委員會同仁傳閱，尹仲容努力汲取新知、迅速調整思維的行事風格，令蔣碩傑印象深刻。

創建台塑及多家大企業，首功是尹仲容

「經營之神」王永慶的台塑無人不曉，但真要講起台塑起源，知道是由尹仲容指名要王永慶來創建的恐怕並不多。

尹仲容在民國四〇年代前半期，身兼經濟部長、中央信託局長、工業委員會召集人三大職務；又先後主持經濟安定委員會、外匯暨貿易審議委員會。就是尹仲容決定由王永慶擔綱、投入塑膠產業的。

那時的國家資源很有限，產業政策都是由「計畫經濟」來推動。該發展哪些產業？如何發展？全由政府決定，可以說是「以公開政策，圖利特定業者」。一九五四年，工業委員會向美方申請聚氯乙烯塑膠（Polyvinyl Chloride, PVC）計畫時，尹仲容主張交由民間企業經營，經過洽詢發現王永慶是當時台灣銀行的存款大戶，在從未相識的情況下，鼓勵王永慶投資。

初期，尹仲容親自為公司命名為福懋塑膠公司，英文名稱為 Formosa。王永慶認為「福懋」的筆畫太多、又很難寫；尹仲容知道後，同意王永慶把中文名稱改為「台灣塑膠公司」，

而後這間就是從全世界最小的聚氯乙烯公司、躍升為世界龍頭的台塑公司！

像王永慶由政府輔導幫忙建構了台塑這樣大公司、大企業的方式，當同樣受惠創業興業的，還有裕隆嚴慶齡、大同林挺生、台泥辜振甫、遠東徐有庠、新光吳火獅、國泰蔡家兄弟（萬生、萬霖、萬才、萬得）、太平洋焦廷標、國際牌洪建全、味全黃烈火、聲寶陳茂榜等等，尹仲容件件都功不可沒。（**虞煥榮**）

王永慶（1917-2008）

王永慶：米店夥計到石化王國的勤樸一生

王永慶（一九一七－二〇〇八年），台灣新北市新店區人，祖籍福建省泉州府安溪縣，生於台灣日治時期台北廳新店支廳新店區直潭莊、逝世於美國紐澤西州。為台灣著名企業家、台塑集團創辦人，被譽為台灣的「經營之神」與「台灣的松下幸之助」。

二〇〇八年十月十五日，王永慶在睡眠中與世長辭。在過世的前一天下午，他還親自到台塑在紐澤西的公司大樓，和美國公司高層開會，瞭解業務情況。

就在一年前，他剛完成晚年最大的一筆買賣：投資一七〇億美元在越南中部的河靜省修建一座亞洲第二、世界第六大的鋼鐵廠，幫助這個發展中國家緩解鋼鐵需求的困境。

在他的葬禮上，富士康董事長郭台銘帶著兒子郭守正在他的靈柩前三行跪叩大禮，這是除了父親外，郭台銘第一次對長輩行跪拜禮。

然而就在王永慶屍骨未寒之際，其子女發起的遺產之爭卻讓外界相當錯愕。這場豪門恩怨最終以繳納一一九億（新台幣）遺產稅，「大房」王月蘭拿到一六一億，「二房」楊嬌與「三房」李寶珠各拿八六．八四億，其餘包含王文洋在內的九名子女，各拿十二．四億的財產分配方式收場，這估計是輝煌一生的王永慶生前所不曾料想到的。

貧寒出身，唯有勤奮

一九一七年一月九日，舊曆的臘月廿四，中國人傳統意義上的小年。就在這一天，在台灣新店一個窮苦的小山村裡，一個小男孩呱呱墜地。跟其他剛出生的小孩子相比，小男孩似乎並沒有什麼特別，只是哭聲有些不同，有點像新年的鞭炮聲。窮困的王家人希望這個抓著龍年尾巴出生的男孩能給家裡帶來些許的好運，於是祖父給他起名叫做：永慶。

一戰的戰火雖未波及到台灣，但作為日本戰爭資源供應地的台灣，老百姓生活的困苦可想而知。在王永慶的記憶裡，家裡的糧食從來就沒有夠吃過，一日三餐往往只有能照得見人影的稀飯，母親總是把碗裡可憐的幾粒米撈出來，餵到兒子的嘴裡，希望兒子能夠吃飽。一年到頭都是這樣的苦日子，只有到過年的時候一家人才能吃到白米飯和豬肉，慰勞一下常年缺油水的腸胃。

村子旁每天會有專門從獅仔頭山運送木材或煤的台車經過，村子裡的人會等在鐵軌旁邊，撿拾從車上掉下來的木材或煤塊，品相不好的家裡用，好的拿去賣錢。然而有利益的地方就有競爭，王永慶從那個時候開始懂得了競爭的道理。為了能夠撿拾更多的煤屑和木材，多賣點錢補貼家用，母親和小王永慶一早就會出門，去到離村子更遠的地方。運氣好的時候一個早上的收穫比一整天還多。比別人早起，比別人更勤快，從那時開始成為王永慶一生的信條。

從米店夥計到石化王國

一九三二年，十五歲的王永慶離開家，跟叔叔南下嘉義，來到一家米店打工。米店打工的日子十分辛苦，剛到米店，王永慶只能做搬運米的體力活，老闆對夥計要求十分嚴格，偷不得一點懶，不細心就會被老闆罵。

好不容易熬到天黑打烊，夥計都想著趕緊忙完回去睡覺休息。王永慶卻邊收拾邊觀察老闆是如何記帳，如何核算出成本。躺在床上，眼睛早已經睏得睜不開，即使再累，但王永慶還是會仔細回憶這一天的情形，思考這一天中所做的事，反覆琢磨老闆的每個動作、每句話，思考哪些方面自己做得不好，還需要再學習，哪些方面能夠做得更好。

靠著不斷總結反思的習慣，王永慶總是能夠從別人的教訓中吸取經驗，做事謹慎、工作認真踏實，很快贏得了老闆的信任，老闆逐漸讓他參與更多的店務，在櫃檯前賣米，去更大的米商那裡上貨，王永慶很快掌握了整個米店的操作流程。

春節剛過，十六歲的王永慶拿著家裡多方拼湊的兩百元，帶著兩個弟弟一起再次南下嘉義，開始自己經營米店。但事情遠比想像的艱難，米店開業幾天，僅僅賣出去了幾斗米。

當時白米加工比較粗糙，米裡難免會夾雜糠、沙粒、小石子等雜質，顧客也習以為常。看到這一點，王永慶決定把米的成分提純，這樣品質就提高了，直接受益的是顧客，做飯的時候再也不用那麼費時費力地淘米了。不久，他們挑揀過的米就開始走俏，營業額逐漸增加。

一次偶然的機會，王永慶又開發出了送米上門的服務，把新米倒進米缸之前，先把陳米倒出來，將米缸刷乾淨，將新米倒進去，再把陳米覆蓋在上面，保證陳米不會因時間過長而變質。在挨家挨戶上門推銷白米的過程中，他會詳細記錄顧客家裡有多少人，一個月吃多少米，何時發薪水……算好顧客家的米快要吃完了，就送米上門；等到顧客發薪的日子，再上門收款。

王永慶還將兄弟三人進行了明確分工：三弟永在善於交際，就在店裡照應顧客；二弟永成有些內向，由他負責挑選米中的雜質，確保米的品質；他自己則去走街串巷地推銷白米。

後來王永慶涉足碾米廠生意，在隔壁五十公尺左右就有一家日本人經營的碾米廠，規模要比王永慶的大三倍。除此之外，當時在日本的統治下，日本碾米廠各方面的條件要比王永慶優厚得多。

俗話說：勤能補拙。勤勞還能彌補其他不具備競爭優勢的條件。日本碾米廠做到下午六點就停工休息了，王永慶就做到十點半，每天比日本人多做四個半小時。

碾米要用到石灰粉，工作一天之後，往往全身都沾滿了石灰粉，不洗澡會很難受。福島正夫每天花三分錢去外面的浴池洗熱水澡，王永慶也知道洗熱水澡舒服，但是他覺得自己還在創業階段，不應該以舒服來嬌慣自己，於是他每天只在屋外的水龍頭下洗冷水澡，即使冬天也不例外。每天省下三分錢，就相當於多賣出三斗米的利潤。就這樣，王永慶的碾米廠在夾縫中生存了下來。靠著碾米廠積累的第一桶金，後來王永慶辦過造磚廠，養過鵝，做過木材生意，並因為木材生意而差點入獄，不得不逃到日本。

上世紀五〇年代初，台灣工業局推出一系列工業發展計畫，其中包括利用美國援助興建石化工業，生產基本原料聚氯乙烯。

一九五四年三月，王永慶利用自家五十萬美元和美援六十七萬美元，成立福懋塑膠公司，同年改名為台灣塑膠公司，總公司設在高雄。當時這個項目無人看好，一方面台灣本地的市場有限，同時塑膠產業在日本已經相當成熟，價格低廉，台灣工廠產品肯定會面臨國外廠商的低價競爭。

三十八歲的王永慶在經過了充分調查研究之後，大膽接手了這一無人看好的項目，成立了台灣塑膠工業股份有限公司。之後，在塑膠領域大獲成功，又先後成立了南亞塑膠工廠、台灣化學纖維工業公司等一大批企業。

目前，台塑集團經營範圍十分廣泛，包括煉油、石化原料、塑膠加工、纖維、紡織、電子材料、半導體、汽車、發電、機械、運輸、生物科技、教育與醫療事業等。尤其是在石化工業領域，建立起從原油進口、運輸、冶煉、裂解、加工製造到成品油零售等一條龍的完整產業鏈，這在台灣是獨一無二的企業集團。台塑集團下轄九間公司、員工總數超過七萬，資產總額達一．五萬億新台幣。

有一次在台大演講，一位學生在演講結束後向王永慶請教：「您能告訴我，您的成功，到底是勤奮重要還是運氣重要？」王永慶答：「我負責地告訴你，年輕人，我用一生的勤奮就是為了證明我的運氣比別人好……」

勤樸生活伴隨一生

王永慶幾十年來保持著每天清晨兩點半起床的習慣，當人們都還在夢鄉中，王永慶會早早起床，開始做他的「毛巾操」。那條長毛巾已經舊得有點脫絮了，他雙手緊握毛巾的兩端，前後左右擺動身體，直到全身發熱。

晨練回來，他會來到書房。通常這個時候是他寫作的時間。他在報刊上刊出的文章，大都是這個時候寫出來的。他經常將平時對台灣社會經濟、文化、教育的憂慮整理出來，並且用企業人慣有的積極態度，提出解決方案，交由報紙刊出。

王永慶每天的早餐很簡單：牛奶、咖啡和雞蛋。他喝咖啡的時候有一個習慣，把奶精倒入咖啡後，一定會再倒入些許咖啡到裝奶精的小盒子，將殘留奶精涮出來再倒入咖啡中，確信沒有浪費後，才慢慢地享受。

除了商場的必要應酬外，王永慶很少去碰那些山珍海味，他最常吃的就是台灣最為普遍的家常魯肉飯。每天早上跑步穿的運動鞋，總是要穿上好幾年，直到磨破了，不能再穿了，才會換掉；那條每天早上用的運動毛巾，他居然用了近三十年；他的座駕是一輛一九八八年產的凱迪拉克，二十年來一直使用著。

每次到台塑旗下的酒店、賓館、企業視察，王永慶必然會到洗手間走一趟。看看裡面是否有沒用完就丟到垃圾桶的小肥皂。如果有，他便會立即叫人回收起來，重新融在一起繼續使用。

最疼愛的女兒王雪齡結婚時，王永慶陪送的嫁妝，除了一張無限期提供學習費用的憑據外，就是一把普通的刮鬍刀，好讓女兒自己給丈夫刮鬍子。王雪齡的婚禮比普通人家的還簡單，至於她手上的新娘捧花，則是跑了許多花店比較後才選購的最便宜的一種。

探尋本質與企業管理

在一次會議上，王永慶曾將日方代表問得啞口無言。當時台塑一位代表向日方提問，台灣蔬菜生產豐富，日本蔬菜比台灣貴十倍。為何日本不從台灣輸入蔬菜呢？

日方代表守谷當時回答：「日本最近採用塑膠布做溫室生產蔬菜，產量很多。所以本國的蔬菜是夠用的，若不夠時再從台灣進口。」台塑代表經守谷這麼一說，也就沒有話講了。在王永慶看來，日本當季蔬菜的價格已經貴台灣十倍，如果再由溫室生產，豈不要貴二十倍？日本只要以二十分之一或十分之一的價錢即可由台灣輸入廉價的蔬菜。何必做溫室呢？溫室又能生產多少蔬菜呢？

所以在當天晚飯時候，王永慶向守谷提問說：「溫室能生產多少蔬菜呢？成本不高得多嗎？」守谷恍然大悟，坦白地說：「原來如此，實在沒有想到。」

在王永慶看來，人們往往只根據表面看到的現象，臆斷事情的發生的原因和結果，不願進行深入的追究和瞭解。原因很簡單，因為要瞭解事物內在的因素，就要進行更加深入的思考和分析，而這個思考的過程是比較辛苦的，許多人往往就會因此而放棄了。

這在王永慶看來是一種懶惰的表現。對那些司空見慣的事情也要經常問為什麼，越是細節問題就越要注意，這樣才能成為強者。什麼是強者？對已經形成的事物還要進一步考慮該事物的存在是否是合理，這就是強者。

王永慶還把這種「追根究柢」的精神帶到了中外馳名的台塑「午餐彙報」上。為了追蹤、考核台塑各相關事業單位，以瞭解命令貫徹的實際情形，並考驗各單位主管與幕僚人員的能力，台塑總管理處總經理室定期安排「午餐彙報」，每一事業單位都有輪到的機會。

會上，王永慶一聽到有疑問的地方，立刻將報表折角。待報告告一段落之時，他就以特有「追根究柢」的方式不斷發問。有人說，因為王永慶的思維敏捷、邏輯推理能力強，所以，許多台塑主管在吃這頓午餐時都是戰戰兢兢的。還有一種說法，主管連吃飯都不得休息，長期以來工作壓力很大，有些甚至得了胃病。

這種追根究柢的工作作風為企業的發展解決了許多實際問題，各種經營改善提案，點點滴滴，積少成多，由小而大，讓台塑成為了台灣乃至世界的強者。

經營之神的企業經營之道

有一項調查表明，每年的台灣大學應屆畢業生就業意願調查表上，台塑都高居私營企業的榜首，成為眾心所向之地。人才往往是一個企業能夠做大做強的根本所在。

在台塑，王永慶傳承了中國傳統的用人觀，德才兼備者才能被重用。不同於其他企業的一點在於，台塑首先不是研究自己需要什麼樣的人才，而是先要瞭解人才需要什麼，從而給人才一個能夠充分發揮自己才能的場所，讓他們能夠放開手腳，大幹一場。在台塑，員工們受到信任，必然有一種知遇之感，產生出「士為知己者死」的豪情。

作為經營之神，王永慶認為合理化的管理者必須要具備三個條件。

一是要能吃苦耐勞，這是一種精神意志的磨練，然而它是透過身體的磨練傳遞給精神意志。吃苦耐勞並不是要每個管理者都去做苦工，而是要求管理者能夠深入基層，掌握具體的情況，然後再做管理。

二是知識。學知識最重要就是要能夠應用，把學到的知識都能應用到工作當中，除了完全發揮自己的才智之外，還會做出優異的成績，這就是人才。切忌那種知識一知半解，不能完全消化吸收的書呆子。

三是經驗。經驗是在工作中積累的知識。只有經過刻苦耐勞、腳踏實地的磨練，才能將勞動轉化成經驗，作為個人財富儲存在個人的頭腦裡。其實，這就是一個知識轉化的過程，它與深入實踐是分不開的，在實踐中對書本知識做到真正理解體會。

在王永慶的人才培養法中，輪班訓練是一個他經常提到的方法。在日本，要培養一位一流企業裡的一級主管，非要十二年以上的時間不可。凡事由基層做起，吸取最寶貴的基層經驗，這是人才培養的重要途徑。他認為，經驗的累積是一點一滴的，由少而多。不用不知道，有一天用到了就會知道經驗的可貴。經驗越多，成功的機會越大。相反地，如果不是為了吸取經驗，只為追求金錢而工作，便會覺得很痛苦，並且永遠不會滿足，這是本末倒置的做法。

王永慶強調計畫的重要性，凡事皆需要有計畫，忙則表示沒有計畫，不懂分析，不懂管理，所以才會忙。忙就是盲，對事情不清楚，不知輕重緩急，沒有秩序。這樣就會造成很大的影響，有時會造成重大損失，甚至誤人誤事，其結果也可能會害了自己。若是有計畫，不管事情再怎麼多，做起來仍會從容不迫，有條不紊，秩序井然，輕重有別。

王永慶是一個危機意識很強的人，他的危機意識並不是在他企業形成規模時才有的，當初，他還在米店當學徒時，就意識到那樣下去說不定哪一天就會失業。後來，他又開碾米廠，開磚廠，做木材生意，直至做塑膠生意，無不是危機意識起作用的結果。他後來投資大陸，也是因為他看到台灣資源匱乏，消費有限，在島內發展已經沒有出路，強烈的危機意識驅使他把目光投向了大陸。王永慶認為，企業的危機管理透過外部環境來監督是一種可行的方法，但最根本的還是應該建立在企業內部，也就是說要透過企業自身來管理危機。

醫療與公益事業

一九六一年八月八日，王永慶父親王長庚突發腸套疊。當時，王永慶尚未發達，台灣的醫療環境也相當惡劣，醫生收紅包盛行，醫療資源極其匱乏，病人住院相當困難，一千多萬人口的台灣，僅有三千張病床。

王永慶沒能力在醫院找到床位，只得無奈地在走廊搭了張床。但最終，病痛中被王永慶抱緊的父親，在哀嚎聲響徹醫院走廊的疼痛難忍中，苦撐數日後不治身亡。此後，王永慶在內心起誓：有朝一日，一定要親手改善台灣的醫療環境，讓普羅大眾都看得起病，看得好病，讓父親的悲劇不再重演。

一九七六年，王永慶在台北開了他的第一家醫院，命名長庚醫院。

王永慶將長庚定位於非營利醫院，目標是以最低成本辦出最好的平民醫院，讓大眾得到最好治療。為此，王永慶將台塑集團企業管理模式應用到醫院的治理中。

早在二〇一二年，美國國家地理頻道紀錄片《亞洲新視野：台灣醫療奇蹟》這樣介紹台灣醫療：台灣醫療技術在國際間早已享有盛名，全球前兩百大醫院中，台灣就佔了十四家，僅次於美國及德國，排名全球第三，也是亞洲第一。其中最有名的就是王永慶創立的台北長庚醫院。

在長庚醫院中，醫師的薪資和藥費、檢查費脫鉤，變為年資、教學研究和診療收入，按三等分計算，避免「以藥養醫」的浪費，並禁止暗收「紅包」的流弊。

長庚醫院還有專門的幕僚系統，負責各項制度的考察和制定，並針對問題提供意見和改善方案。這項措施在充分支持院長和科室主任，使其專心醫院和學科發展。

長庚醫院還實現企業化的管理方式：比如以成本中心為依據實行分科管理；建立個人績效

制度；建立醫師診療制度及合理的薪資制度；全面引進新的醫療技術，購置現代化高科技醫療儀器等等。

台灣有一些少數民族屬於弱勢群體，為此王永慶讓這些少數民族子女到自己旗下的長庚技術學院學習護理專業，不但免除學雜費，還包吃包住、每月發一千元零用錢，十幾年下來花費十五億新台幣。

在大陸，王永慶捐贈三十億元人民幣，預備興建一萬所希望小學，目前已經立案或發包興建的有兩千三百所小學，已完成的有五百多所。在祖籍地福建安溪，王永慶捐贈了一．四萬多套「電子耳」，為了讓大陸聾啞兒童開口說話，花費達十五億元人民幣。二〇〇八年四川大地震後，王永慶率先捐出一億元人民幣，大陸網友紛紛在網上留言「希望王永慶長命百歲、兩百歲！」、「向這個老人家敬個禮」。（丁超）

辜振甫（1917-2005）

辜振甫：才學超凡

辜振甫（一九一七—二〇〇五年），字公亮，生於台北，家鄉彰化，來自鹿港辜家，為富商辜顯榮之子，胞弟為資政辜寬敏。辜家政商關係微妙，被喻為鹿港紅頂商人，辜振甫早年曾因其台灣獨立的立場而入獄。後擔任海峽交流基金會董事長、總統府資政等要職，亦為和信集團領導人。

在企業界有「儒商」之稱的辜振甫（字公亮），其優雅的氣度、博通睿智的學養，以及近半世紀來為了中華民國，以一位民間人士的身分，表現在國內經貿、兩岸政商與國際舞台上的貢獻，可以說史無前人！

以商從政的因緣會際，可以從辜振甫八十歲壽辰前夕彙編的一本《學而第一》的第壹篇——經營哲學中提及：「謙沖致和，開誠立信」，實為現代企業標記了經典的註腳，並以此做為辜家企業文化的根本；辜振甫謙遜地表示，「企業無以為寶，惟和以為寶」、「企業不以利為利，以信為利」。和則得眾，信則人任，這才是企業永續經營的保證。

魚鳥之嬉悟機先，弱冠喪父擔大任，儒學京劇不忘本

一九一七年一月六日，辜振甫在台北淡水河畔的大稻埕出生，家中排序第五，父親是富商辜顯榮。一九二四年，辜振甫七歲，進入台北太平公學校讀一年級，開始接受日文教育，回家後繼續習讀四書、孔孟及英文，念完三年級後轉入樺山小學校。

在黃天才等人撰訪的《勁寒梅香》一書中，辜振甫回憶年幼歲月時說：「我的童年是很快樂的。」在孩童時抓魚捕雀的嬉戲裡，辜領略到對人對事的逆來順受或順來逆受，重要的是必須觀察情勢，他悟出了：「成在機先」的道理。

之後辜振甫就讀台北高等學校，二十歲時進入台北帝國大學文政學部政學科，剛入學即遭逢父親驟逝，辜振甫便繼承家業，接下大和拓殖、大和興業、高砂製造、大欲茶行、集大成材木商行等事業。當時他要一邊讀書、一邊學做老闆，他不但十分用功，且對財政及經濟課程特別感興趣。

一九四〇年三月台北帝大畢業後，五月與母親再赴東京帝國大學進修，自我要求極高，並曾為赤司初太郎從事秘書工作，為家族事業實習。一九四〇年，辜振甫以優異的成績從台北帝國大學取得政學科學士學位，並進入滿洲製糖，一九四二年辭職回台。此外，辜振甫曾在一九四〇年代的台灣奉公壯年團本部中任職，也曾參與台灣商工經濟會等組織。

辜振甫自幼與父親辜顯榮相處的時日最久，也最受影響。辜憶及：「父親時常以『汝等雖

在日人統治之下，切勿忘懷自己是軒轅之後』訓誨兒孫」；「父親非常尊崇孔子」。辜自小受孔孟儒學薰陶，並承父業參與台北大龍峒重建孔廟獻地與捐助工程費用，後辜振甫續參與孔廟管理與祭典。

政商界多知辜振甫喜愛京劇，此亦受其父影響。他曾憶及：是父親透過京劇，灌輸兒孫不要忘記自己是台灣人、是中國人；「本不可忘；因為中國的歷史與為人之道，均在戲裡。」辜振甫強調，其父懷有強烈的民族意識，堅持不學日本話，不改日本姓。

承續家訓，辜振甫侍親至孝，他是辜顯榮第四房施過生的獨子；辜振甫回憶：「我的母親，虔信佛教，常年吃素，我也從小習慣，喜歡素食。」辜說：「母親常告訴自己：『不要跟人家爭，該到的東西，一定會到，充實自己，這樣才不會因為得不到而失望。』」之後，辜在事業上再三強調的「謙沖致和」，與早年受到母親這種謙遜、不與人爭的影響很大。

抗日勝利喪妻入獄，再婚追隨林柏壽

一九四四年台灣全島進入戰爭管制期，徹底推動「皇民化」，在戰亂中，辜振甫帶著新婚的妻子黃昭華走避桃園大溪，妻子卻於一九四五年五月六日因病去逝。同年八月十四日日本宣布戰敗，十二月二十五日台灣回歸祖國，在一九四六年到一九四七年間，辜卻涉入「共同陰謀竊據國土」的台獨案，遭逮捕及判刑達十八個月，最終以保外就醫釋放。

一九四九年，辜振甫再與嚴復的孫女嚴倬雲結婚，並赴香港追隨板橋望族林柏壽；林、辜兩家原本就熟識，林柏壽又是嚴倬雲的四叔公。在香港時，林四爺非常照顧他及家人，之後回台灣又追隨林柏壽長達廿年。辜說：「他是對我影響最大的人。」

客居香港三年，除了協助四叔公打理商務之外，辜振甫把握閒暇空檔，跟著孟小冬等平劇界的宗師名家學戲，他說：「唱戲對我來說，是人生的最大享受！」同時也學了一口本土味十足的廣東話。

返台政商界嶄頭角，人生道路迎璀璨

一九五二年冬，在兩岸形勢變異、母親思鄉，並有連襟葉明勳的保薦下，辜振甫回台；並在葉明勳的引介下，認識了黃少谷，旋又聘為經濟部顧問，參與推動土地改革及公營轉民營的重要工作。

這場在一九五〇年代稱為「和平的社會及經濟革命」，透過三七五減租、公地放領及耕者有其田的三階段，打破了當時農村地主與佃農的制約；辜家是當時台灣的大地主，辜振甫卻親身參與了這段富農建商的大改革！

土改的最後階段，是讓釋出土地的地主取得台泥、台紙、工礦、農林四大公營公司轉民營的債券及股票，來抵付耕地釋出的補償。一九五二年冬自港返台後，辜振甫成了這項巨大轉移事業的首任工程師。一九五四年四月，三十八歲的辜振甫被行政院長陳誠召見，隨後，便由經濟部長張茲闓派任為國營台灣水泥公司協理，為民營改制做籌備。

在辜的慎重說明及請託下，當時同為大地主並擁有高佔比股權的林柏壽，在辜振甫說明下擔任了台泥轉民營公司的第一任董事長，辜為常務董事並兼任公司協理，四年後辜升任總經理；一九七三年林柏壽辭董事長，由辜繼任並兼總經理乃至一九九一年，辜將總經理交由次子辜成允接任，自己仍續任董事長。

辜振甫於一九六一年當選為中華民國工商協進會理事長，同時，開始為政府籌設證券交易機制，任台灣證交所籌備委員會的主任委員。是年十月二十三日證交所成立，辜當選證交所第一任董事長。

繼創建台灣證交所之後，辜於一九六六年三月一日再創設中華證券投資公司，任董事長；四年之後，由證券投資延伸到信託投資業務，並改組為中國信託投資公司，辜振甫此時正式跨足金融業。一九九二年，中國信託再改制為中國信託商業銀行，董事長由侄子辜濂松擔任。

一九七六年，由辜振甫主持的台泥及中國信託協助出資新台幣六千萬元，建立了台灣經濟研究所，從事國內外產業及經濟研究，向產、官、學界提出建言，並於一九八九年改制為台灣經濟研究院；一九九四年卸任，並被聘為永久名譽理事長。

一九八五年五月七日，閣揆俞國華為因應十信金融風暴及國際經濟情勢停滯不振，成立「經濟改革委員會」，三名總召分別是官方代表趙耀東、學界蔣碩傑，以及產業界的辜振甫，經革會是發動台灣產業邁向高級工業的關鍵投資決策會議，是讓台灣步上經濟自由化、國際化、制度化的路徑。

深受兩蔣與李總統信任，拓展中日與亞太經貿關係

辜振甫深受兩位蔣總統及總統李登輝信任，自一九五〇年之後的四十餘年，便一直主導我對日經貿事務，並代表出席三屆「亞太經濟合作會議」；爾後有關兩岸交涉談判，李登輝對辜振甫更是倚重。

辜振甫對日事務也著力極深。一九五七年，中日合作策進會在台北成立，辜任常務理事並兼任幹事長。一九七二年中日斷交，當時行政院長蔣經國批示，由辜主導「亞東關係協會」，以取代原來的大使館，後還有「亞洲展望研討會」、「東亞經濟會議」，為日後雙方經貿關係打下深厚基石。

二〇〇三年四月，辜振甫以八十八高齡受頒早稻田大學的榮譽博士學位，並在頒贈禮典上用精準的日語做了二十五分鐘的致詞。同時，辜受邀參加明仁天皇在東京赤阪御苑的賞櫻活動，他坐著輪椅晉見了天皇。

辜振甫的外交貢獻不限於日本，從一九六一年當選「工商協進會」理事長起，三度選派赴歐參加「國際勞工會議」；一九六六年十一月辜以主任委員的身分赴歐，向正在巴黎舉行的「國際商會」理事會新重申請會籍成功，是拓展外交事務的大捷。

緊接著，辜振甫以國際與亞太經貿上的扎實根基，積極參加區域經濟的合作。在「亞太經濟合作會議（APEC）」與美、日、加、澳等會員國同壇議事，其他像「太平洋貿易暨發展會

議（PAFTAD）」、「太平洋盆地經濟理事會（PBCC）」、「太平洋經濟合作會議（PECC）」等，辜振甫都積極參與，均獲得高度推崇。

一九九〇年辜以新興工業國家代表的身分，在（PBEC）的第二十三屆年會上被推選為國際總會長，並主持第二十四屆的墨西哥年度大會，他是首位打破由先進工業國家會長主持的第一人，辜振甫回憶說：「這並不是我個人的光榮，這是讓中共知道，我們雖然被逼退出了聯合國，但在國際社會上，我們仍有大展鴻謀的空間。」

另一個台灣與中共前後僅差兩秒入會的APEC案，辜振甫憶及，中共爭到先入會的「面子」，而我們卻得到入會成功的「實利」，這是另一場辜在國際經貿會議爭取入會的勝仗。

APEC是台灣退出聯合國後，與中共平等參加的唯一政府間的國際組織，這是在辜振甫多方折衝爭取下，讓台灣及香港、中共所謂的「三個中國」，在一九九一年十一月同時入會，參加了漢城的第三屆年會，當時以「中華台北」（Chinese Taipei）的名稱加入。

自一九九三年起APEC便每年舉辦非正式領袖會議，由各會員國的元首或最高行政首長出席，辜振甫三度代表總統李登輝參加。這是他奉獻半生心血、致力提升我國在國際合作上的最巔峰時期。

兩岸架橋融冰，一中各表

由於兩岸民間貿易與旅遊探親的交流越趨頻繁，發生文書驗證、法律、犯罪等複雜的問題也越來越多，必須有維權護益的平台才能解決。一九九一年二月八日，海基會正式成立，辜振甫任董事長。年底，大陸的海協會也成立。一九九二年十月二十六日至十月二十九日，許惠祐代表海基會赴香港與海協會舉行所謂的「九二香港會談」，當時此會的重點是就「一個中國」的原則該如何表述，進行了相關討論。

辜振甫憶及，雖然兩岸各自提出具體意見，卻未在此會達成共識。他說：「大陸將香港會談的結果以及後續的發展，片面宣稱為雙方以口頭聲明的方式確認『海峽兩岸均堅持一個中國的原則』，是一九九二年兩岸兩會的共識，但陸方這種說法與事實經過不符。」台灣各界則一直以「一個中國、各自表述」作為一九九二年兩岸會談過程及結果的簡稱。

辜認為，兩岸雖都有「一個中國」原則的想法，就台灣方而言，是在自由民主均富的前提下，一個統一的中國才有實現的可能；在認知上，「一個中國」是未來式、而不是現在式。

一九九三年四月二十七日早上十時，海峽兩岸分隔五十年後，終於在新加坡海皇大廈四樓會議廳的談判桌會晤，辜振甫與汪道涵緊握雙手，在十八位出席人員與兩百多位記者與攝影機的鎂光燈閃爍下，開啟了雙方和平互動的第一幕。

「辜汪會談」，代表著兩岸人民的多年期待，是兩岸正式溝通的歷史一刻，並實際簽署了四項協議。一九九八年十月十四日辜再應海協會邀請，率領三十二人訪問團赴上海與汪再次見面，並赴北京與錢其琛及江澤民晤談，這趟「辜汪二次會晤」，辜認為是兩岸的「融冰之旅」。

辜振甫一直認為，自「香港會談」與之後的會晤，基本精神就是兩岸互相不否定對方，並以「相互諒解」來替代「共識」一詞，藉以擱置兩岸的政治爭議。二〇〇三年四月十六日，辜振甫在日本早稻田大學獲頒榮譽博士典禮致詞中提出：「只有兼顧每個人的生活福祉和整體社會的永續發展，才能打開兩岸之間僵局。」

「辜汪會」不但打開兩岸溝通的大門，兩岸的互信交流也從經濟層面出發，開展兩岸包機直航、陸客來台自由行、商務層面合作等，迄今兩岸也已陸續簽署多項經貿協議，顯示辜汪會談的歷史地位難以磨滅。

在長子辜啟允去世的隔年十月二十五日，辜振甫因胰臟癌復發，住進台北振興醫院，二〇〇五年一月三日因腎功能衰竭逝世，享壽八十七歲。辜振甫病逝，中華民國行政院頒發褒揚令明令褒揚，中華人民共和國全國政協主席賈慶林與海協會會長汪道涵亦發來唁電。

辜振甫是民國史近百年來，以一介商人的身分，直接參與國際事務最積極、貢獻最多的一位民間領袖。一九八九年總統特頒「大綬景星勳章」，辜振甫是民間人士獲頒的第一人。其他包括日本天皇、韓國大統領，以及巴拿馬與南非二位總統頒贈的特別勳章等。

在《總裁獅子心》一書中，嚴長壽說，「辜先生走了。台灣少了一位無法取代、學貫東西、謙沖致和的時代巨人」。（**虞煥榮**）

張榮發（1927-2016）

張榮發：情繫兩岸的傳奇船王

張榮發（一九二七—二〇一六年），生於日治台灣台北州蘇澳郡蘇澳街，年輕時為管艙員，後憑著苦讀轉型成為航海技術人員做到大副，經歷十五年航海生涯後決定創業。創立長榮海運、長榮航空等企業，為長榮集團創辦人暨首任總裁。

二〇〇八年十二月十五日，海峽兩岸分別在北京、天津、上海、福州、深圳，以及台北、高雄、基隆等城市同時舉行海上直航、空中直航及直接通郵的啟動和慶祝儀式。這一天，屬於張榮發，也屬於長榮集團。當天，塗漆長榮綠色標誌的波音 747-400 型客機從台北桃園機場起飛，飛越台灣海峽，直抵上海浦東國際機場；而長榮海運立敏輪（Uni-Adroit）也擔綱首航船，從高雄港出發，於四日後抵達天津港。

張榮發表示，台灣經濟要發展，應開放兩岸「三通」（通郵、通航、通商）；二〇一二年台灣總統大選前，他表示：「『九二共識』是兩岸對話的基礎；只有承認『九二共識』，對台灣才會有利。」

這幾年大陸地震受災地區，張榮發都捐款協助賑災和重建。他說，身後名下所有財產都會捐給基金會做慈善事業，不會留給子孫……

海洋之子：十六年打拚成「華人船王」

張榮發曾形容自己是「海洋之子」。一九二七年十月六日，他出生在台灣宜蘭縣蘇澳港，成長於基隆，上有兩個哥哥，下有兩位弟弟、兩位妹妹，一家九口人。父親、大哥、二哥都是船員，四海為家。「全家都是海運人，我是為海而生，大海就是我的人生！」他說。

一九四一年，張榮發考入台北高等商業學校附設的商業實踐講習所。白天，他在南日本汽船株式會社上班，做基隆業務員。一九四四年，中日戰事正緊，十七歲的張榮發第一次登船實習，被派往一艘日本商船「貴州丸」號當事務員，負責在台灣與海南島之間的補給作業。

十八歲時，父親因海難去世，撫養七個子女的壓力全落在母親身上。日本投降後，張榮發處於失業狀態。在朋友的幫助下，他登上「鳳山輪」做起了辛苦的管艙差事。為了獲得航海技術人員的執照，他開始發奮苦讀，考取三副執照，之後又考取二副、大副執照，直至成為船長。

張榮發在船上工作時戴的塑膠安全帽，白色的帽殼早已變黃，綠色的帽帶陳舊、磨損，細看多處因濡染汗水而變黑。可以想像他這一路走來是何等辛苦的歷程。

台灣有句老話說：「行船跑馬三分命。」面對深不可測的大海，人有七分生命是交付給上蒼的。所有親近張榮發的人都有同感，他的自律「超嚴」。前後十五年的海上生活，磨練出張榮發過人的意志力。如果一個人可以駕馭自己的內心，這個世界便沒有可懼之物，自律讓他得以成為自己人生的主宰。如果說，船是張榮發的教室；船長，就是他的領袖養成班。

第二次世界大戰後，海洋貿易興旺，張榮發躬逢其盛，歷練成具有豐富航海經驗的「日本通」，在那個台灣戒嚴封閉的年代，他因為經常放洋遠行，眼界早就設定在島嶼以外的世界，擁有不一樣的世界觀。

航海十五年後，積累豐富經驗的張榮發萌生了自己創辦航運公司的想法。當時，各船公司互相之間競爭貨主，為了能夠穩定貨主，把生意做長，他們還要請貨主吃喝，吃喝完畢還要打麻將，「如果貨主輸牌，可能打到天亮。」張榮發說，為了避免影響次日工作，他只好放水，故意讓貨主贏牌。

在兩次與他人合夥都以紛爭結束後，張榮發意識到：要做好一家公司，必須要有絕對的權威，這才能保證正確的理念徹底貫徹下去。與交易方日本丸紅商社板桓課長相識，為後來長榮海運的發展積攢了人脈。

一九六八年九月一日，靠著有十五年船齡的「CEN-TRALTRUST」，張榮發成立了「長榮海運股份有限公司」（以下簡稱：長榮海運）。張榮發以張字的右半部「長」和名字中間的「榮」字組合成「長榮」為公司的名字，寓意了四季常青之意。後來，他也以自己喜歡的綠色來規範公司的標識。

長榮海運剛成立時，資金極度緊缺，有段時間張榮發要天天向銀行磕頭拜託，但他仍堅持擴張船隊。在日本丸紅商社的幫忙下，他咬牙苦撐，總算站穩腳跟。

一九六九年，長榮海運幾乎無現金成本，拿到「長隆輪」（EVERGLORY）後，又接連以類似方式拿下「長島輪」（EVERISLAND）和「長邦輪」（EVERSTATE）。依靠這個強大的支持，張榮發宣布將開闢「遠東—中東」定期航線。

長榮海運的雄心壯志引來了行業壟斷者——遠東船公會（FEFC）的注意。遠東船公會是眾多船公司的合作組織，把持著世界海運的大部分份額，尤其在遠洋貨運方面，其對海運價格的壟斷幾乎沒有單獨的船運公司敢於挑戰。公會在台灣所佔份額較低，運費昂貴，這剛好給了長榮海運突破的機會。

為了打壓長榮，遠東船運採取調派船期、降價、封殺貨源等方式，目的就是將張榮發踢出遠洋航線的隊伍。但張榮發透過各種途徑向中東地區推薦台灣貨，創造中東和台灣雙方的商業機會，透過促成生意的方式獲得航運訂單，牢牢地掌握了市場的主動權。除了提供航運，長榮海運還提供詳細的台灣廠商和產品的資訊，依靠這樣的周到服務，長榮海運非但沒有被打壓下去，還穩穩地把握了市場。

一九七二年初，台灣—中南美航線開通。作為台灣第一家直航中南美的船公司，長榮海運打破了外輪壟斷，同時也要應付遠東船公會的競爭。

為了充分利用艙位，長榮海運的船隻去程裝載各種雜貨，回程帶回磷礦、肥料等物資。不僅如此，張榮發還曾親自率隊到中南美洲各國考察，瞭解當地經濟狀況。這些措施讓長榮海運中南美洲航線迅速穩定，收益漸長。

二十世紀七〇年代中後期，是世界航運的黃金時期，西方發達國家紛紛建造集裝箱輪船。張榮發也開始不斷擴充船隊，一九七五年，長榮海運公司的第一艘集裝箱船下水。一九八四年，長榮海運更開闢了史無前例的環球東、西雙向全集裝箱定期航線，一躍而成全球集裝箱船隊之首，張榮發也被譽為「華人船王」。

天空之子：成立首家台灣民營航空公司

在征服海洋後，張榮發萌生了征服天空的新夢想。

一九八八年，政府正式發布了「開放天空」的政策。當年九月一日，在長榮海運二十週年的特別日子裡，張榮發宣布進軍航空業。當時，兩岸航空服務較差，一直列在世界最差航空公司的名單裡，因此，張榮發強調，建立航空公司的目的是要提高兩岸航空服務品質，增加社會的就業機會，建立華人航空公司的新聲譽。

經過長達三年的抗爭與苦心經營，中途還因難破僵局一度放棄，一九九一年六月二十四日，長榮航空終於拿到「民用航空運輸業許可證」，七月一日開始首航。三四年間，長榮航空就開通了亞、歐、美、澳等大洲的三十多個航線，創造新成立航空公司的最好成績，與台灣老牌航空巨頭華航並列為台灣兩大航空公司。

張榮發首創的「長榮客艙」，比普通經濟艙座位長十五公分，這樣能讓旅客在飛行過程中腿部更加舒適。長榮集團還創立了長榮國際連鎖酒店，讓旅客在世界各地均能享受長榮集團一貫精緻的貼心服務。

為了確保飛行安全，長榮航空自行投入鉅資做各項飛行安全的準備工作。在張榮發看來，他必須對得起自己的道德良心，航空公司只有一〇〇％一個選項，否則就沒資格做這項事業。依靠高品質的服務和合理的價格，長榮的航空業務迅速成長為長榮集團的第二大主營業務，長榮航空也於二〇〇二年在台灣上市交易。

多年來，長榮航空一直以「安全」著稱。就在本月初航空專業評鑒網站AirlineRatings.com的評選中，長榮航空還從全球四〇七家航空公司中勝出，與澳洲航空、全日空、國泰航空、阿聯酋航空、阿提哈德航空、日本航空、德國漢莎航空、新加坡航空及紐西蘭航空公司並列「全球最安全航空公司」，這是第三度獲選。

一生做事業最重要的就是好學

張榮發說，他一生做事業最重要的就是好學。

從貧困家庭的孩子到打造數千億資產的長榮集團，張榮發說，他愛看書，除了不愛看小說外，只要好的書都看。

他說：「除了做賊，什麼都學。」以前跑船的時候，最喜歡看書，應用在事業擴展上相當有益。他舉例，他出國到哪都帶著皮尺，坐飛機就開始量座椅、廁所及動線的距離，瞭解怎樣讓乘客更舒服，住飯店，他也會量床鋪、廁所設施，對他的航空、飯店事業發展都有幫助。

張榮發鼓勵年輕人多讀書，培養實力與道德心。廣泛閱讀、吸收各種知識的張榮發，年輕擔任二副時就曾幫一位打架而頭破血流的船員急救，消毒並縫補的傷口還讓醫生大為讚賞。

張榮發說，人的一生不能太早下定論，命運是運來運去的，要有接受挑戰的勇氣和精神，並保持學習心；經營事業上，他認為：「講信用是做人的條件，做生意則要相挺、互惠。」

由張榮發口述的《鐵意志與柔軟心》在書店及網路平台上架，上市短短七天便已熱銷補貨，這是張榮發的第三本書，講述的是他三十三個人生態度。

特有的經營理念

避免人情關係。公司剛成立時，每逢過年過節，有些員工就會帶著太太到張榮發家來拜年、送禮，後來他明令嚴禁這種情形。他說這樣會有人情壓力，也讓員工以為只要帶太太到董事長家拍馬屁，就萬事ＯＫ，大家有樣學樣，靠送禮、走後門來爭取升遷，如何對那些辛勤努力工作的同仁交代。

在長榮內部，嚴格禁止員工來拜年、拍馬屁，違反者會被革職。公司的主管對部屬秉持公平公正的態度，提拔真正優秀的人才為公司效力。

凡事親自參與。同經營海運業一樣，過去只要是訂造新船，張榮發均親自參與船舶的設計。秉持著這種認真踏實、努力學習的精神，雖貴為全球最大輪船公司老闆，但在為購機計畫前往美國波音飛機公司參觀時，張榮發也是換上安全帽和工作服，仔細聆聽波音公司的工程師解說各項飛機引擎構造及功用。張榮發的關注投入，令美國人佩服，他們還笑著問他：「總裁是否有意開飛機製造公司了？」張榮發則表示：「其實飛機的發動機和輪船類似，但飛機的輪軸接合緊密，卻比輪船還要精密。」張榮發認真研究的精神可見一斑。

凡事用心。張榮發凡事都細心觀察，隨時都攜帶著量尺，長榮集團決定投資飯店旅館業時，張榮發曾表示：「我總是利用各種機會觀察五星級飯店的客房布置、空間利用，在長榮的飯店裡，我們的衛浴設備空間絕對是人性化的、不會四處碰撞，令人感到不舒適。」這種人性的觀察和考慮，是張榮發人性化的最高體現吧！

從基層做起，才能擔當大任。張榮發仍很堅持，做海運的人一定要「跑過海」。每個孫子從英國留學返台、照樣得入伍服役，一樣得通過考試才能進入長榮工作，而且都是從最基層的科員做起。他拍著長孫的肩說：「其實任何工作都有苦有樂，我就是要讓你到船上訓練一陣子，親身跑過船，才知道大海的喜怒哀樂，船員是怎麼當，海運是怎麼操作。每個環節都熟悉了，以後才懂得怎麼管理人與事。」

呼籲三通，力挺「九二共識」

二〇〇八年十二月十五日，在歷經五十九年的波折和期待之後，兩岸的客機、輪船和信件，在當天歷史性地跨越台灣海峽，不再繞經第三地而直接通往彼岸，基本實現直接「三通」。

這背後，張榮發也貢獻了自己的一份力量。張榮發在台灣素有「紅頂商人」的名頭，但為了和大陸保持良好的互動關係，張榮發甚至辭去台灣總統府資政的職位。

早在一九八八年，張榮發就夢想兩岸直航，過程卻是一波三折。二〇〇三年，在執行首度兩岸直航春節包機任務的航空梯隊中，就有長榮航空的身影。直到二〇〇八年，他這個做了二十年的「三通夢」，終於實現。

二〇一二年台灣總統選舉前夕，張榮發表示，「九二共識」是存在的，也是兩岸對話的基礎；只有承認「九二共識」，對台灣才會有利。如果沒有「九二共識」，台灣就沒了。台灣要生存會變得很困難，人民的生活安定和經濟發展會受到影響。

算命、求神，不如為善

張榮發心中有著濃濃的家國情。二〇〇八年汶川地震，他捐贈一千萬美元；二〇一三年四月，四川蘆山地震，張榮發捐出一千萬美元；二〇一四年八月，雲南魯甸地震，張榮發捐款一千萬元人民幣。

台中有一對姊妹家庭變故，但求學上進，張榮發特批「鼓勵兩姊妹好好努力用功念書，考上大學，學雜費及助學金由基金會贊助，並告知兩姊妹畢業後，可到長榮來上班。」張榮發相信，幫助學生就是栽培「社會秀才」。

張榮發及其基金會設立了「中國航海學會——張榮發助學金」，用於幫助航海類院校品學兼優、家境清寒並願意為航海事業獻身的學生完成學業。二〇一四年，武漢航海職業技術學院推薦的航海專業五名優秀學生均獲此殊榮。

張榮發希望大家一起來做善事，他深信因果，無論因果好壞，別無選擇，只能面對、承擔，所以不建議算命，他認為算命、求神，不如為善。

二〇一二年，他曾對記者表示，身後名下所有財產都會捐給基金會做慈善事業，不會留給子孫，「小孩子有股票，可以生活就好，其他的就要自己拚！」他也期待子孫繼續為社會做善事，幫助更多需要幫助的人。但張榮發的子孫們後來卻因家產鬧了很大風波，引起社會側目。子孫們瞭解張榮發的苦心嗎？（丁超）

張忠謀（1931-今）

張忠謀：忠於使命，謀定而動

張忠謀（一九三一年—今），美籍華裔半導體企業家。生於浙江省鄞縣，於上海及香港成長，並赴美國求學。畢業於美國麻省理工學院機械工程系並取得史丹佛大學電機工程博士。曾任工業技術研究院院長及麻省理工學院董事和全國機械科學院院士，擔任紐約證券交易所、史丹佛大學顧問，也是台積電創辦人。曾獲IEEE榮譽獎章，有「半導體教父」之稱。

著名作家余秋雨在為《張忠謀自傳》所作的序言中寫道：「他很少應酬，喜歡獨處，做的是人仰馬翻的熱鬧事業，過的是風輕雲淡的安靜生活。」對於金錢、權力和榮耀，張忠謀說：「我不把它們看得很重。」

二〇一五財政年度，他的公司營收一六七一億，淨利潤六〇四億。那一年，台灣最大企業鴻海精密的營收為八八七二億，淨利潤二三一億。他公司的淨利潤是鴻海精密的二．六倍，是任正非華為公司的一．六倍，騰訊公司的兩倍多。二〇一六年時，台積電市值達到了一五六〇億美元，佔據台灣股票市場總值的十七％。不誇張地說，張忠謀咳嗽一下，台灣股市都要抖一抖。

台灣人尊他為「半導體教父」，美國媒體把他評為半導體業五十年歷史上最有貢獻人士之一，他入選全球最佳經理人，國際媒體稱他是「一個讓對手發抖的人」。他是張忠謀，台積電創始人、董事長。

跨越東西方文明的少年

張忠謀一九三一年生於浙江寧波。一九三一年至一九四〇年，一家人為避戰亂輾轉遷徙於南京、廣州、重慶、上海、香港。成年之前，張忠謀已居住過六個城市，在十個學校念過書，相當長時間內都是居無定所，顛沛流離。

據他自己回憶，十歲前他已讀完《史記》、《水滸傳》、《西遊記》、《三國演義》等名著在內的全部「兒童文庫」書籍，由此養成愛閱讀的習慣並貫穿終生。小時候的張忠謀文采出眾，還曾立志當作家，直到父親受不了他兵荒馬亂還搞天真爛漫，警告說「當作家要餓肚子」，他才收住念頭。高中畢業時，張忠謀被父親誘導考入自己的母校滬江大學銀行系。

兩個月後，內戰爆發了，逃到香港的張家決議：張忠謀要去美國讀理工，以防萬一，將來好在美國安身立命。「油然生起飽歷滄桑之感覺」的張忠謀於是坐上前往彼岸的飛機，並在記憶中寫下這樣的心情：「舊世界已經破滅，新世界正待建立，自己必須鼓足勇氣。」

一九四九年，十八歲的張忠謀進入美國哈佛大學，全校一千多位新生，他是唯一的中國人。在哈佛一年，他幾乎全方位沉浸在西方文明中，從荷馬、彌爾頓、莎士比亞、海明威、奧斯丁、蕭伯納，邱吉爾的二戰回憶錄、歷屆美國總統的演講是他經常翻閱的內容，訂閱美國報刊、看演出、參觀博物館、參加球賽和舞會、結交美國朋友……這一年在很多中國家長看來有些不務正業，卻讓這個從小在中國長大的孩子有了美國文明的根基，而文化與文明，這個看不見摸不著的東西，從來都是對一個人影響最大的存在。十九歲，張忠謀初步完成了中國古代文明與西方現代文明的建構。

哈佛第一年，張忠謀的成績位列全年級前十%。然而，他在哈佛的第一年也成了最後一年。後來，國民黨在大陸徹底潰敗，張忠謀的父母也從香港去到美國，並在「中國是回不去了」的悲觀中，根據當時華人在美的就業發展情況，決議張忠謀必須轉學理工。學理工，最理想的就是去麻省理工了。張忠謀想去，就去了。

一九五〇年的麻省也正處於黃金時代，擁有眾多世界級大師，在機械系學習的張忠謀成績依然優異，還幫教授打點工，掙點小收入，但卻過得並不快樂。他形容自己對麻省「雖有十分的敬，卻只有五分的愛」。

恃才傲物的「斯人」

《孟子．戰國》：「故天將降大任於斯人也，必先苦其心志，勞其筋骨，餓其體膚……」

對於注定將承擔大任的斯人，人生際遇中短暫痛苦的磨礪，不僅不是壞事，反倒是好事。

一路順風順水的張忠謀，在碩士畢業申請讀博士時，卻連續兩次落榜了。「十幾年的讀書生涯戛然中斷，下一步做什麼都還沒有想到，我何以對父母？對我新婚不久的妻？」他的自尊心、自信心在倏忽中消滅。

多年後，張忠謀將麻省理工博士落第視為一生最大的幸運，他說如果通過考試，那一定會讀博士，將來有可能會走上學術研究的道路，但自己對工程研究興趣平平，在學術上也就不會有太大的成就，自然更不會進入半導體行業，那就是截然不同的人生際遇了。

被落榜羞辱的張忠謀，帶著雪恥的怒火，把簡歷一封封地寄給了心目中的大公司。發出簡歷兩個月內，張忠謀獲得了四家公司的工作機會。其中兩家令他滿意，最滿意的是鼎鼎大名的福特汽車，專業對口，待遇也好；比較滿意的是一個叫「希凡尼亞」的半導體公司，公司不怎麼知名，但待遇更高，比福特高出一美金。

有一句俗語是這麼說的：「一個人二十多歲不恃才傲物，必無用；三十多歲卻還恃才傲物，準無用。」這句話來形容當年的張忠謀再貼切不過。

一美金不多，但張忠謀覺得這不是錢的問題，是福特憑什麼少給一美金的問題。於是，他自信滿滿地跟福特講價：「我恭敬地說，我很想來福特，但另一家公司的月薪比福特高，可不可以請你們考慮提高起薪？」

結果，那個在面試時跟他談笑風生的人事專員，態度一百八十度大轉彎：我們這兒不討價還價，你要來就來，不來，拉倒。死要面子的張忠謀覆水難收了。掛完電話他就決定：別了，小氣而無情的福特先生。一九五五年五月，年輕氣盛的張忠謀，一氣之下，去了多給他一塊美金的「希凡尼亞」，進而一腳踏入半導體產業，並一路走到今天。

這也讓他在後來屢生感歎：「人生的轉捩點，有時竟是這麼的不可預期！短短的一個電話，加上一時衝動的青年感情，就讓我和半導體結了一生的緣！」

進入陌生的半導體，張忠謀什麼都不懂，唯有夜以繼日地加快學習。他研讀《半導體之電子與洞》，他說，這有如讀荷馬古詩一樣地困難，但還是「一字、一句、一段慢慢地讀，讀了又想，想了又讀」。

張忠謀的厲害在於學東西飛快，工作一年左右，他提拔為非正式的小主管，手下也有了四個小兵。後來看到公司主管不懂業務結構，同時對人事的安排極度不滿，讓他負氣辭職，跳槽到德州儀器。

在德儀，張忠謀真正感受到美國科技公司的創新精神及力量：「『疲倦』簡直是聽不到的形容詞。加班是不成文的規定，而且全都是自願，也沒有什麼加班費。『失敗』從不被接受；『挫折』可被理解，但受挫折者必須振作重來，如再有挫折，再重來，直到成功為止，大家一起賭，一起輸，一起贏，一起往前拚。」「每天早上八點上班，直到半夜第三班開始後才回家」更是工作的常態。二十七歲的張忠謀獲得人生中第一個正式管理職位：開發部門經理。

不久後，張忠謀的好朋友傑克．基比（Jack Kilby）把好幾個電晶體、兩極體，加上電阻，組成一個線路放在同一個矽晶片上。他還跟張忠謀說：公司最大的老大對他這個想法也很贊同，並問張忠謀怎麼看？當時他認為好朋友做的事情「匪夷所思」，不切實際。

後來，好朋友傑克．基比因此獲得了諾貝爾物理學獎。而被認為和他同時研發出積體電路的另一位大神諾伊斯（Robert Norton Noyce），與一位叫摩爾（Gordon Moore）的同事，創辦了英特爾公司，並很快在電子業掀起一股股驚濤駭浪的革命。

這件事，讓張忠謀深深地領教了前瞻技術的力量，而這些在他當時看來跟自己不太有關的人和事，也統統在後來成為了他事業和人生中最重要的部分。

千里馬常有，而伯樂不常有

一九六一年春天：張忠謀贏得人生重要的一次轉機。「總經理召見我，誇了我一番，說我有足夠潛力角逐未來全公司研發副總裁之職。」走出總經理辦公室後，他還得到一個公司從來沒有給過別人的機會，支全薪去讀博士，公司負擔一切學雜費。

四十一歲那年，總經理對張忠謀的預言實現，成為全球半導體業務的副總裁，也是這個世界五百強企業的第三號人物，以及美國大公司職位最高的華人。

從此，世界半導體產業迎來了中國人 Morris Chang（張忠謀英文名）參戰、發起戰爭，並不斷贏得戰爭的新時代。當時，德儀半導體業務最強勁的對手是英特爾。記憶體是英特爾當時最強的業務，並且已經做到世界最大，甚至英特爾已成為記憶體的象徵，許多公司都在其攻勢下落荒而逃。張忠謀卻不服輸，決定就從英特爾的記憶體開打。

當時，整個市場以及英特爾的主力產品都是1K，為了奪第一，張忠謀開足馬力，痛下血本，直接從4K產品開打。這個大膽決策遭到很強烈的反對，但他以更強的力量勇往直前。結果，4K新品出來不久，英特爾淪為手下敗將，張忠謀一戰成名。

在這場商業戰爭中，始終領先的技術實力與一輪又一輪的價格戰，是張忠謀的兩大致命武器，在執掌德儀半導體業務將近十年裡，世界半導體市場上，只要是張忠謀主打的戰爭，除了他自己，似乎沒有人可以凱旋。競爭對手經常被打得丟盔棄甲，主動落敗，就連英特爾、摩托羅拉也不例外。

如果說德儀的總經理是張忠謀人生前五十年的伯樂，孫運璿算得上他後半生的貴人。孫運璿在一九七八至一九八四年擔任中華民國第十任行政院長。一九七二年時蔣經國決心發展經濟，孫運璿提出仿韓理念，成立政府資金為主的半官方機構：工業技術研究院。

一九八三年，張忠謀因不看好公司的戰略轉型，在悶悶不樂中離開了德儀。再三考慮後，他選擇前往紐約，出任通用器材的總裁。兩年後，他受孫運璿的邀請，返台出任工研院院長。三年後，工研院推進了和飛利浦電子合資成立半導體製造公司一事。

二〇〇六年二月，張忠謀回憶說：「沒有孫運璿，一九八五不回台。」因此可以負責任地說，如果孫運璿沒有堅持自己的理念，甚至連整個台灣半導體界都沒有今天的發展。

老驥伏櫪，志在千里

五十六歲，一個近乎耳順的年紀，重複職業經理人的道路對張忠謀而言，雖然可以接受，但顯然不愉悅，更不刺激。冥冥中，內心有一種聲音，告訴他還需要一個其他意義上的嶄新開始。

一個老人，接下來還能幹啥？

張忠謀給出的答案是，重新出發，幹出一番全新的事業，而且設定出偉大目標：「當我辦一個半導體公司，當然要它長期繁榮。那只有一條路——世界級。」於是，如今全球最大半導體製造代工公司——台積電因此誕生。

一開始台積電的日子並不好過：八〇年代正處於大蕭條時期，台積電的客戶非常少，訂單自然也是少得可憐。台積電的營運利潤頂多能維持生計，而且還非常艱難。一九八八年情況似乎出現了好轉，一個部門總經理透過私人交情，拿到了英特爾這個大客戶。

英特爾的人來到台積電的工廠，在製程的每一站都做了詳細檢查，最後得出了這樣的結論：製程中有兩百多道錯誤，必須改正，否則不會讓台積電代工。

「沒見過這麼難伺候的。」一般人會這麼說，但是張忠謀覺得，如果英特爾認可了台積電，那麼台積電離全球化也就不遠了。所以他勒令整廠，換機器、換製程。終於讓這個難伺候的客戶滿意，把訂單託付給台積電。就這樣，英特爾再一次成就了張忠謀。

這是一個轉機，也是半導體界經常提起的故事。一位老員工回憶當時情況，說張忠謀親自到工廠，跟著英特爾的人看製造流程。調整設備的時候也是切身參與、巡查。英特爾對台積電來說不僅僅是一個賣票的，還給了台積電一個重要的學習機會：龍頭大哥是怎麼打天下的，毛頭小孩就得學著。

台積電步步為營，終於在一九九五年，營收超過了十億美元。一九九四年剛於台灣證券交易所上市的台積電加快了節奏，一九九七年到美國發行美國存托憑證（ADR），並在美國紐約證券交易所（NYSE）以TSM為代號開始掛牌交易。

張忠謀獲得了世界的讚許，一九九九年他被美國《商業週刊》選為全球最佳經理人之一。這是對張忠謀的認可，更是對將張忠謀管理辦法具象化的台積電的認可。台積電的成長速度在當時看來是非常驚人的，要知道一九九九年的台積電，也只是個「年輕人」。

重視人才，鐵腕管理和夜鶯計畫

二〇〇五年，七十四歲的張忠謀開始交班：辭去台積電總執行長職務，並任命跟隨自己多年的得力幹將蔡力行接任，但這次交班最終讓他失望，並以失敗告終。

蔡力行被撤職，除了應對金融海嘯不力之外，據說與張忠謀收到的一封信有關。信中一位員工的父親懇請他不要裁掉自己的兒子。

原來台積電長期推行一項人力優化計畫，每年針對績效考核，對最後四%的員工進行特別管理。這原本是為了提高人力素質，但蔡力行上任後將其變為辭退最後五%員工。

經過調查後，張忠謀發現：這位已服務台積電十多年的員工一直表現優異，還曾進入前十%的獎勵計畫。這次是因為這位員工妻子懷孕，需要處理很多家務，但部門為了必須完成「淘汰」五%的任務，所以把他加入了淘汰的名單。

人才和團隊一直是張忠謀最關心的事，交班之後他也曾專門叮囑蔡力行和人力資源負責人，裁員必須經過他的同意。但現在，他毫不知情，員工就這樣被強制裁員，而且還是假借考核、實為裁員，有違誠信原則的錯誤做法。誠信，是張忠謀在台積電強調的第一倫理。於是，毫無商量餘地，他把蔡力行撤掉了。據說他在瞭解真相後的十分鐘內就做出了決定。

最近這兩年，台積電還搞出一個「夜鷹計畫」，在之前三班制、連軸轉、二十四小時生產不間斷的基礎上，推行三班制、連軸轉、二十四小時不間斷的研發。

這讓一些員工甚至旁觀者都受不了，但已經八十多歲的張忠謀並沒有絲毫手軟的意思。而且，他不但要求三班制，還要求班班都要做出最高效率。

他說，工作產出來自「投入」乘以「效率」，效率才是關鍵。「別人工作五十小時，你比他多做二〇%變成六十小時，但他的效率比你高三〇%，成果還是比你好。」這樣既勤奮又有效率幹下來的結果就是，台積電將獨享 iPhone7、甚至 iPhone8 的訂單盛宴。

不是居安思危而是時刻思危

在張忠謀看來，企業的策略分為大策略和小策略兩種。他說，大策略要看趨勢，到大「紅海」之外尋找大「藍海」；小策略則要看客戶和對手，要從競爭中找準客戶需求和對手軟肋對症下藥。

張忠謀認為，大策略要靠領導人的洞見，洞見則來自於不斷地想未來、規劃未來。他說，「居安思危」不適用於科技業，因為科技業永遠沒有「安」這回事，必須時時刻刻都思危。台積電的思危，思的就是未來會怎樣，我要怎樣贏？

但和很多一談未來就要做百年老店的企業家不同，張忠謀對未來的定義並不那麼遙遠。他說：「在科技界，你不能不為將來想，但也不能為太遠的未來打算。如果為太遠的將來著想，往往是徒勞無功，白花很多錢、很多精力。」他的結論是：「所謂前瞻性，台積電頂多做到未來五年。」

張忠謀的小策略是從客戶和對手中找關鍵痛點然後精確打擊。台積電初創時的競爭者，是東芝、日立等日本企業。其產品及合格率和台積電不相上下，但有大弱點：以代工為副業，還要求客戶技術授權，在市場上跟客戶競爭。張忠謀據此定出兩個小策略：對外，不和客戶競爭；對內要有彈性，儘量配合客戶需求，並且把這兩個都針對不同客戶做到極致，進而快速建立了相對於競爭者的優勢。

張忠謀與任正非有不少相似：強勢、鐵腕、壯志雄心又腳踏實地，而且也都比較我行我素，不喜歡混圈子，也不稱兄道弟、拉幫結派、走後門搞政商關係，更不投機取巧或鑽法律的漏洞。和任正非一樣，他也有點知音難覓。他說：「我知道很多人不喜歡我，但我並不準備改變。」

二〇〇〇年，張忠謀在台灣大學演講，有學生問他退休之後的安排，他說想早點退休交棒。現在，他果然宣布要在二〇一八年正式退休，並以「陪伴家人、約朋友打橋牌與讀書」為退休生活重點。正如他在台大演講所說：「老兵不死，只是凋零。」（丁超）

郭台銘（1950-今）

郭台銘：開疆拓土，當今商業界的成吉思汗

郭台銘（一九五〇年—今），台灣企業家，生於台灣台北縣板橋鎮（今新北市板橋區），板橋高中初中部、中國海事專科學校（今台北海洋科技大學）畢業，是鴻海精密董事長、富士康科技集團總裁，以及永齡文教慈善基金會創辦人。以個人資產二二八三億台幣名列富比士億萬富翁列表中第一八二排名的大富豪，同時也是台灣首富。

有人說如果沒有郭台銘，就沒有今天的蘋果公司。他身價約六十六億美元，位列台灣三大富豪之列，擁有三架私人飛機，在捷克有一座童話般的古堡，在台灣最豪華的住宅社區擁有多處房產。

《中國企業家》雜誌曾這樣評價郭台銘，是一個缺乏灰色地帶的人，這是他最大的優點，也是他最弱的軟肋。他敢想敢做，快意恩仇，因缺乏灰度，常呈現出截然相反的特點，既嚴苛又寬容，既節儉又慷慨，既暴躁又溫和，既狡詐又單純。這是一個發脾氣時令人做夢都不想遇到的老闆，也是一個發獎金時令人做夢都希望遇到的老闆。

這位多面向的老闆在二〇一六年搞了一個大事情：在廣州投資六一〇億元人民幣建設十·五代面板生產線。而這是富士康近十年來在大陸最大筆的投資，也是廣州改革開放以來最大規模的外資。

晉商後裔的商業鑄基

在中國近代商業史上，晉商扮演著舉足輕重的角色，晉商創立了中國歷史上最早的銀行體系，最早的股份制改革制度。這個內陸的商人群體在清末達到鼎盛，在全國一百多個城市開設了四百五十家分號，金額高達七、八億兩白銀，然而隨著戰爭的爆發，晉商在中國也就逐漸銷聲匿跡。大約一個世紀以後，一個不缺少野心的男人在數千公里之外的台灣肩負起重振晉商輝煌的重擔，他叫郭台銘。因此他雖出生在台灣，卻總說自己是山西人。

一九五〇年十月八日，郭台銘出生在台灣台北縣板橋市，家境貧寒，他是家裡的老大。一九七一年從台灣中國海專畢業，進入當時台灣前三大船務公司之一的復興航運工作。

一九七五年，剛工作不久的郭台銘遇到了一個機會，當時他的朋友需要一批在黑白電視機上用的塑膠旋鈕，想找公司來承接。郭台銘不想錯過這樣一個機會，於是借來了母親積攢多年的十萬元私房錢，與幾個朋友共同註冊成立了鴻海塑膠企業有限公司，開始創業。

創業第二年，工廠陷入經營困境，當初合夥的朋友失去信心決定撤資。郭台銘不服氣，於是又向岳父借了七十萬新台幣，獨自把公司頂了下來。一九七七年，鴻海在郭台銘的辛苦經營下，公司的資本額增加到兩百萬新台幣，在經歷了前期的發展困境之後，公司開始穩步發展。但郭台銘接下來的行為讓身邊人大惑不解。

當時的台灣，模具廠效率低下，加工水準比較低，還處處耍大牌，鴻海也就處處受制於模具廠。鑒於這種情況，郭台銘立志做行業的變革者，於是毫不猶豫地將自己賺到的兩百萬元投資興建模具廠。七〇年代正值台灣的房地產熱，郭台銘多次拒絕投資房地產的要求。用他的話來說，當我以一個工業經營者的心態做出決定時，就開始看得比較長遠，想把公司的基礎打好。

早年創業的郭台銘每天都要早上六點多出門，半夜一兩點鐘才能回家。為了節省電話費，很多電話他不得不去父母家裡打。有一年過年，發完員工的年終獎金之後，他的口袋只剩下八千元新台幣，他花四千元買年夜飯，四千元用作紅包發給孩子們。就這樣辛苦地堅持了六年之後，模具廠才開始盈利。

也正是憑藉這六年磨練的精良技術，鴻海從原來只會生產電視機按鈕的小工廠，變身為有能力與很多公司合作開發模具的大廠。可以說郭台銘模具廠創業的第一步邁得極其堅定有力，這也奠定了其成為全球製造業霸主最為堅實的基礎。

在鴻海的發展過程中，資本市場發揮了重要的作用，一九九一年六月十八日，鴻海以每股四十二元新台幣掛牌上市。上市為鴻海提供了充足的資金保障，成為鴻海開展全球化布局最重要的支撐。

從一九九七年開始，鴻海先後收到蘋果、思科、IBM 等全球頂尖企業的訂單。同時，鴻海開始跟隨客戶開展全球化布局，提出兩地研發，亞歐美三區製造，全球彈性交貨的理念。據說在郭台銘辦公室的牆上懸掛著一張巨幅世界地圖，他經常在上面圈來圈去，各個箭頭勾勒出鴻海征戰全球的戰略發展方向。

多面富士康

一九八五年郭台銘創辦「FOXCONN」品牌，FOX 代表模具（Foxcavaty），CONN 代表連接器（Connector）。鴻海正在郭台銘的帶領下，立志成為世界第一大電腦連接器供應商。FOXCONN 音譯為「富士康」，郭台銘自己解讀為「聚才乃壯，富士則康」。一九八八年，當郭台銘到大陸發展時，就用了富士康這個名字。從此富士康這三個字開始了大陸幾十年的緣分，也開啟了一段製造業的商業神話。

品質＋科技富士康

九九．九九的企業品質哲學。當年山西晉城的領導去富士康參觀學習，富士康一位負責人給隨行的各位領導出了一個數學題：假設一個工廠生產零件的合格率為九九％，而一件成型的產品需要十個不同的零組件，那麼這件成型產品的合格率就會僅僅只有九〇．四四％。而如果每個零件的合格率都能達到九九．九九％，那麼，這個包含了十個零組件的成型產品其合格率就會高達九九．九%。九九%與九九．九九%看似只有不到一%的差距，實則有天壤之別。富士康對於產品品質的把控，在外界看來到了近乎變態的地步。

早在二〇〇三年，英特爾的新一代奔騰四處理器和主機板之間的連接器便是由富士康負責生產，這個連接器只有五公分長，卻要打通四百多個線孔，只要有一個線孔出問題，整個處理器就不能正常運轉。「做一個不稀奇，但是要做到五百萬個同樣品質的產品，就是門學問！」郭台銘在交貨時驕傲地說。

對產品品質時時講、天天講、月月講、年年講，每天開早會時講，每週開例會時講，每月開總結會時講，年終大會的時候，產品品質永遠是最重要的議題，郭台銘堅信，產品品質是檢查出來的，是設計製造出來的，是管理出來的，更是習慣出來的。

企業陷入困難無非兩大原因：「一是遠離客戶，二是遠離員工。」這是郭台銘的名言，所以郭台銘要貼近員工、走入廠房，瞭解產品生產的每一個細節。很難想像一家營業額達到五百億美元的大企業，董事長會精通所有的產品，甚至會去關注一個伺服器上的螺絲是否旋緊。但是郭台銘做到了。

與此同時，富士康對於技術研發與專利投入了大量的人力物力，在其生產的產品中，有一個小小的連接器，價格只有區區兩美元，可是在這個小零件上，富士康擁有八千項專利技術。

速度富士康

一九九六年到二〇〇六年僅僅十年間，富士康從二十五億人民幣發展到四千億，年銷售收入增長了一百多倍，年增長率超過五〇％。據說每年郭台銘給各個事業部下達的營收指標增長都不得少於三〇％。郭台銘曾放話說：「我每年都在創造一個全台灣前五十名的企業。」而事實上，郭台銘的企業每年都在創造一個全台灣前十名的企業。

儘管富士康的廠區、研發中心遍布世界各地，但是只要郭台銘下達命令，在同一地區的負責人就必須在十五分鐘之內做出回應，即便是在地球的另一端，相關負責人也必須在八小時以內彙報。

為了最大限度提升設計生產效率，富士康建立了全球四十八小時的遠端互動設計系統。比如美國分部接到訂單以後，鴻海設在矽谷的工廠會在第一時間設計客戶需要的產品圖。當矽谷的設計部門下班之後，與美國有十幾個小時時差的亞洲正好上班，於是富士康在台灣和大陸的設計師繼續矽谷設計師的設計。等到第二天矽谷的工程師上班之後，會對設計稿進行進一步的修改與加工。這種四十八小時全球接力的工作方式，讓富士康快速出貨。

軍團管理釀危機的富士康

郭台銘崇拜成吉思汗，他曾說過：「你知道成吉思汗快速征戰的模式嗎？士兵前進時從不埋鍋造飯，連夜在馬背上趕路，餓了就抓起馬座旁的乾糧，渴了就喝馬奶，然後出其不意地出現在敵人的營帳面前！」軍隊，這兩個字是鴻海給外界的感覺，在鴻海的廠區，遠方常會傳來新人受訓的口號聲，每一個進入鴻海的新員工，都要接受為期五天的基本訓練。一位曾在軍校待過的鴻海幹部說：「鴻海的幹部會議就像是軍官團開會！」

這種軍事化、近乎嚴苛的管理方式，讓富士康飛速運轉的同時，帶來了致命的問題。從二〇〇七年開始，富士康深圳廠區出現十三位員工自殺事件，震驚海內外。至二〇一〇年不到五個月的時間裡，就有八位員工選擇了自殺這樣的極端方式。富士康員工的十三連跳自殺事件，把這個高速發展的企業一下子推上了風口浪尖。

十小時工作，兩班制，白班為早上八點半上班，晚上八點半下班，其中中午和傍晚分別有一小時吃飯時間；晚班是晚上八點半開始上班，第二天早上八點半下班，凌晨一兩點時會有休息時間。平時加班並不算加班費，只有週末加班才算加班費。這是在富士康工作的年輕員工的日常工作常態。

基本工資九百元人民幣，加上加班費，每月工資在一千至兩千元人民幣左右。這就是二〇一〇年前後富士康的現狀，因此，這個高新技術企業在很長一段時間都被冠以「血汗工廠」的代名詞。

除此之外，在當時的富士康，據說保全具有舉足輕重的地位。「千萬別得罪富士康的保全，不然吃不了兜著走。」一名富士康員工告訴採訪的記者時說道。富士康保全整一名員工辦法之多、手法之厲害。每個員工進廠出廠都要過安檢，保全隨時可以對進出員工進行扣留質詢，拖延時間。而如果遲到，生產線的管理員是不會講任何理由的，只看結果。

有專家談到，富士康十三連跳自殺的悲劇，是固有的企業文化不能適應新時期員工所不幸釀造的悲劇。富士康的企業文化本質是一種男性文化、剛性文化、軍隊文化。曾經懷揣夢想的八〇後、九〇後，來到深圳這個大陸曾經改革開放的最前沿，面對薪水和需求之間的巨大差距，面對功利而實際的企業現狀，在缺乏溫柔體貼之後變得絕望也就不足為奇了。

二〇一〇年一月，郭台銘從台灣飛赴深圳舉行新聞發布會，並邀請各媒體記者前往工廠參觀。郭台銘對接連出現的員工跳樓事件三鞠躬表示歉意，並深感自責。

熱衷政治的商人

最近的一項媒體調查顯示，郭台銘在台灣的支持率高達六二％，遠高於總統蔡英文。他本人則被媒體形容為「台灣川普」。

郭台銘確實與川普存在著驚人的相似之處，比如他們都擁有巨額財富，頗具影響力的商業帝國、相似的婚姻次數，以及年輕的妻子。他們都是所在地區頗具權勢的商人。另一方面，郭台銘和川普曾經都是政壇局外人。川普被認為並非「主流共和黨人」，而郭台銘既不是國民黨人，也非民進黨人。

和一般企業家低調、不願吐露政治傾向相比，郭台銘明確表明自己「挺藍」。二〇一二年總統大選前夕，藍綠選情白熱化，正是郭台銘等一批企業家出面力挺「九二共識」，最終讓馬英九選情穩定下來。此外，他還化身「超級助選員」，自備私人飛機為多個藍營民代參選人站台。

二〇一四年「九合一」選舉，郭台銘因賣力幫藍營縣市長候選人輔選，引發民進黨主席蔡英文的不滿，她在網上發文暗批郭台銘「介入選舉」。在太陽花學運期間，郭台銘曾積極參與斡旋協調。學運結束後不久，郭台銘因為一句「民主不能當飯吃」，在島內引發軒然大波，有綠營民代當時甚至叫囂「郭台銘滾出台灣！」。

前不久，郭台銘再次因政治事務上了媒體，起因是國民黨由於黨產被凍結，黨工薪水沒著落，郭母初永真無息借給國民黨四千五百萬元新台幣。郭家的慷慨解囊，讓藍營支持者非常感動。由於郭台銘和國民黨關係很鐵，加上他在藍營中的聲望，如今被勸進代表藍營參選二〇二〇年的總統大選，並不讓人意外。

摳門或闊綽的老闆？

馳騁商場三十多年，郭台銘積累了巨額財富，但這樣的一位富豪卻不穿名牌，不開名車，不注重打扮。走在路上，不經介紹，可能會被認為只是一個普通的路人。

《三千億傳奇：郭台銘的鴻海帝國》有這樣一個故事：他總是在台北街頭一家普通的理髮店花二百五十元理髮。為他服務多年的老店員居然不知道這個眼前的老人竟然是台灣科技界的首富。

作為一個實用主義者，用簡陋兩個字來形容郭台銘的辦公室一點也不為過。在台灣土城，要想找到郭台銘的辦公室，要通過工廠出貨碼頭邊的小門，經過昏暗的走廊才能到達。深圳龍華富士康總部的辦公室，是早年園區開發建設時留下來的鐵皮屋，兩張簡易的電腦桌拼在一起，一台電腦，一部電話。郭台銘總是向來採訪的記者說，辦公室的沙發是自己花錢買來的，一千五百元新台幣一張。

這個看起來無比摳門的老闆卻又是一個無比大方的人：他熱心家鄉的公益事業，多年來，已經捐資了一千七百萬人民幣，為家鄉山西修建了「萬芳橋」、「牛土路」等一系列基礎設施。

汶川地震後，富士康科技集團捐款七千多萬，其中有四千多萬是富士康全體員工所捐。鴻海公司在台灣也捐款六千萬，總計達到一億三千多萬。

二〇〇八年七月，在與未婚妻曾馨瑩的訂婚儀式上，與會的國民黨秘書長吳敦義轉述，郭台銘宣布將捐出九成財產來做公益。以當時郭台銘的身價一千六百億元估算，捐贈的金額超過千億元。

特立獨行的獨裁者

在當今崇尚民主自由的時代，郭台銘直言不諱地承認自己獨裁。他崇拜成吉思汗，稱這位十三世紀的蒙古征服者是位英雄，他尤其崇拜成吉思汗在戰場上英勇殺敵的英雄本色。郭台銘的右手腕上戴著一串念珠，據說這是他從一處成吉思汗廟中求來的。

「你們尿尿黃不黃啊？」如果回答「不黃」，他會加大音量說：「你們工作還要努力！」他會隨時向員工提問，如果答不上來，郭台銘罵人的話就會脫口而出。毫不避諱承認自己的獨裁，他說「獨裁為公」，也屢屢語出驚人：「民主是最沒有效率的管理，在快速成長的企業裡，領袖應該帶著霸氣。」

郭台銘曾在媒體上高調宣布自己追求第二春，與當紅明星劉嘉玲和林志玲的緋聞此起彼伏，因為頻頻登上娛樂版的頭條，一段時間成為人們非議的對象，當然後來人們知道他這樣做的目的是他在為自己投資的電影《白銀帝國》搖旗吶喊。郭台銘毫不掩飾自己的情感：寡人有疾，寡人好色。

他對於「顧問」的定義是「拿起你的手錶看幾點鐘，然後向你收費的人」，而「專家」就是「那些發生錯誤的時候，用美麗辭藻與語言來解釋錯誤不是他造成的人」。他曾多次在公開場合破口大罵《蘋果日報》，揚言等他退休之後要創辦一份《鴻海日報》幹掉蘋果，但卻始終找不到合適的接班人，以至於依然奮鬥在第一線。

所以在很多人看來，郭台銘完全不像一個和平年代的企業家，倒是有著指揮百萬之師將軍的霸氣。對於郭台銘，一位跟了他幾十年的老部下曾這樣玩味：「你願選擇跟著一個積弱不振、苟延殘喘的皇帝，還是一個版圖不斷擴張的大汗？」

果然，郭台銘在美國總統川普當選後，在美國大量投資，轟動中外。這就是郭台銘，一個注定一生無比絢爛的霸王。（丁超）

趙耀東（1916-2008）

趙耀東：趙鐵頭的強悍為官之道

趙耀東（一九一六—二〇〇八年），江蘇省淮陰縣人（今淮安市內），畢業於武漢大學機械系、麻省理工學院碩士。歷任資源委員會天津機器廠廠長、中本紡織公司總工程師暨代總經理、利台紡織纖維公司副董事長兼經濟部大鋼鐵廠籌備處主任、中鋼總經理、中鋼董事長、經濟部長、經建會主任委員。

趙耀東到底是個怎樣的人？

王昭明說：「在剛強的外表下，蘊藏著柔和的一面，屬於『刹刀嘴，豆腐心』的人物；最難得的是，能保持他純真的性情，不染一絲官場習氣，是無法更改的可愛個性。」

馬紀壯說：「在主持國家經濟與經建大業時，常為企業界排除諸多困境，為國經濟倡導種種宏規。言人所未言，為人所未為，內行人無不稱道。」

傅次韓說，其堅持之信念為「我要打贏這一仗」。趙氏作風，不敷衍，當機立斷，敢言人之不敢言，有天下事一肩挑之擔當與勇氣。

趙耀東自己說：「多做少錯，少做多錯，不做全錯。不是能者多勞，是勞者多能！」、「觀念沒有新舊，只要適合時代，就是我們需要的觀念！」這是他對公務同僚的要求，更是自己性格的寫照！

這位中華民國經濟部第十五任部長，曾任中本紡織總經理、中國鋼鐵籌建時最重要成員、中國鋼鐵第一任總經理與第二任董事長。聯經出版的《鐵頭風雲：趙耀東傳奇》有深刻形容他性格的片段：

> 他，多次以堅定的話語喝退了許多無理的關說及立委「砲轟」攻擊，成為當時全國百姓心中最具魄力的與正義感的「超級部長」。他面冷心熱、急公好義。他直言無隱、嫉惡如仇。他，為公忘私、淚灑立院。在他剛正不阿、堅毅勇猛的外表下，有誰知道他的無奈與辛酸……

趙耀東的家世、求學與嶄露頭角

趙耀東是江蘇省淮陰縣人，出身鹽商世家，其父親趙棣華是江蘇省財政廳廳長、國民黨CC派（Central Club是國民黨抗戰期間主要派系）大將。生長在這麼富裕與高官的家世背景，趙自小就受寵愛，養成了「有想做什麼就做什麼」的倔強耿直脾氣。

求學時期，趙耀東先在北洋學院讀機械系，念了一年後對日戰爭爆發，便轉至武漢大學，後留美麻省理工學院機械系深造。趙耀東多次表示，最感謝的是恩師龍德淵；龍老師要求學生做任何事情都要追查原因，凡事才有結論。這便影響了趙未來處理公務時均按邏輯與循序處理，對成就大事業很有幫助。

在美留學時期讓趙耀東體會到：只有國富民強，才會被人家看重。國民政府遷台，他負責交通銀行投資的中本紡織廠與台北紗廠，中本董事長張久香向時任生產事業委員會副主任委員的尹仲容推薦，尹便聽從趙耀東的建議，推動紡織品外銷。趙同時也建議發展人造纖維，赴美考察，回來後建立中國人造纖維公司，這些在紡織界的成功案例，讓趙的事業躍上高峰，三十五歲已任台灣毛紡公會理事長。

趙耀東為人豪爽，當時幫忙朋友作保，不料朋友背信破產，趙便需負責連帶賠償百萬元以上的龐大債務，當時公務員的月薪才數百元，這些債務讓趙落魄不已。

為償債務，趙耀東遠走異鄉，去幫越南政府創辦紡織廠及染整廠，品質也大幅提升，打破了日本壟斷東南亞的局面，一戰成名。旋後，新加坡總理李光耀也要他去幫忙。一九六五年，他再轉到新加坡籌辦紡織廠。後來，台灣的利台紡織想建紡織廠，自然便想到請他回來。

中鋼風雲：趙耀東與大鋼鐵廠的籌建

國民政府遷台後一直想興建大鋼廠，不僅是工業上有需求，國防和經濟上亦同；後李國鼎任經濟部長時，向兩蔣推薦趙耀東，來承擔十大建設中「大煉鋼廠」的使命。這一任命，趙即為台灣開創了「鋼鐵傳奇」。

當時已年近六十的趙耀東是利台公司副董事長和國聯公司第一任董事長，而就在即將退休之際，又接下此一使命。一九六八年政府成立經濟部鋼鐵廠籌備處，指派趙為籌備處主任；一九七一年中鋼公司成立，由趙出任第一任的總經理。

籌辦初期，延請各方專家及找美、日、德來評估，答案卻是「台灣銷路太小，不合經濟原則」。當時趙耀東向行政院院長蔣經國說：「以企業觀點看，風險大、回收慢，成功機會太少；但是以國家發展、經濟長程來看，卻非辦不可。」蔣經國馬上表示：「中鋼要加緊辦，要擴大辦，要不明天會後悔。」

建廠初期的確困難重重，一是台灣沒人有經驗；其二是時逢台灣退出聯合國，國際環境與財政都十分艱難。建廠定案後的不久，因發現與奧地利的合作有違失，並在一九七三年七月終止雙方合約後，趙耀東便把工程採購分開招標、分開議價，做法上就是一切公開。

至此，趙耀東打著「以自己的人辦自己的鋼廠」口號，第一期工程終於在一九七七年十二月完工。但大鋼廠要受《國營事業管理法》的約制，如此一來，待遇偏低便延攬不到人才，制式的標購程式也買不到好的材料。因此人事權、會計權、採購權都自主的「中鋼公司特別管理辦法」產生，他為中鋼永續經營立下良好基礎。

之後，中鋼開始與美國鋼鐵公司合作，此時國際鋼價卻下跌，外銷不敷成本；而內銷也不信任中鋼的品質，使得鋼品嚴重滯銷。後美方調高進口鋼價，並在趙耀東提出美鋼公司與中鋼有緊密的合作關係後，便讓中鋼順利出口美國，解決了初期滯銷的問題。

中鋼草創期，日本銷台的鋼品降價傾銷，中鋼要出口日本卻進不去，趙瞭解後決定與日本的鋼品開戰；方法是先只賣小量、價格要比日鋼的更低一成，且與日本最具代表性的新日鋼鐵公司攤牌，強調中鋼是國營事業，賠得起！後來日本及新日鋼鐵便有所顧忌，中鋼的內外銷就較以往順暢了。趙耀東回想，「我們做到了，短短三年時間，中鋼就開始獲利。」當時中鋼每年粗鋼生產力居世界第一，超過新日鋼鐵、韓國浦項及美國鋼鐵公司。

籌辦中鋼，可看出趙耀東惜才與用人的堅持，並首重「品德」。他說，一個人如果沒有「德」，多厲害他都不會用。像是劉曾適、陳世昌、傅次韓、徐昭懷、趙春官、金懋輝、魏傳曾等人，都有專長，品德高、操守好，經驗豐富，雖然他們很有個性，卻都因為趙的知人善用而折服，共同為中鋼創造輝煌成果。

趙的求才過程有段令人傳頌的小故事，足證他求才若渴的用心。陳世昌與趙耀東是老朋友，又是牌搭子，趙請他幫忙負責財務，陳總是回絕，趙卻為了求才跪下說：「您不答應我就不起來了！」終於把陳世昌請去中鋼。

解決疑難雜症的救火隊：經濟部趙部長

趙耀東主掌中鋼十一年績效卓著。一九八一年蔣經國破除體制，升任趙耀東為經濟部長，要趙上任是要他當救火隊！

以趙耀東豐富的產業經驗，他先營救當時佔外銷總額約三分之一的石化業。趙找來政務次長王昭明、顧問陳世昌共同研究分析後，決定調降中油的石化原料價格，增加下游石化業的國際競爭力，石化業便因而死裡逃生。

石化業之後，接下來是要幫助中小企業。趙耀東認為，中小企業最需要的就是爭取到銀行貸款。他的做法是，先成立中小型企業貸款基金會，由行政院的基金拿出一筆錢給交通銀行負責，前後兩期共釋出了四百億元，對當時因石油危機所引發的經濟蕭條，確實產生相當大的幫助。

要解決台日巨大逆差怎麼辦？一九八一年對日逆差為三四．五億美元，佔外銷總額近五分之一。趙耀東深切瞭解日本企業的團結和民族性，很多可以銷日的產品常被「非關稅障礙」阻擋。趙耀東認為，若要突破，只有採取強硬措施。

當時國際上正有一股反日情緒，時機恰好，趙耀東與國貿局長蕭萬長推敲後決定下重手，立即召開記者會並宣布：「自民國七十一年（一九八二年）三月十三日起禁止一五三三項日貨進口。」這事連行政院長及各部會首長都不知道，有史以來最大的對日經濟戰便展開。

日本交流協會立即抨擊我方違反自由貿易；外交部說他是「親者痛、仇者快」；立法院要他到院報告。那時親日派與外交部輪番重砲轟他，壓迫政府收回成命。對照日本人的團結，當時政界的自私自利、內鬥內行的行徑，讓趙耀東非常難過。

大汽車廠風雲：趙部長的果敢與政商的現實

汽車工業是鋼鐵工業邁向精密機械工業的轉捩點，亦是延續十大建設成果的大案之一。當時與美方通用合作的華同公司已沒有存續條件，未來的大汽車廠也不能一直被政府保護。

總統蔣經國在巡視中鋼時曾問趙耀東，「下一步台灣工業的發展方向是什麼？」趙的回答精確，就是「汽車工業和機械廠」。大車廠便在趙耀東的主導下，一九七九年的八月頒布了「促進汽車工業發展方案」，主要條件是建立年產二十萬輛、並須達到七〇%自製率的要求。當時日商的豐田與日產便來台申請合資，這將會帶動台灣整車組裝、精密機械、零配件，以及電子等相關產業的快速飛展。

大車廠的籌辦初期，趙耀東率領中鋼員工赴日考察，趙說：「車廠絕對不能只限於裝配，也不能保護既得利益，必須經由技術移轉而生根。」而如何技術移轉？他認為「初期應該是有他無我，中期有他有我，最後有我無他」。

發展大汽車廠案時期還有一段插曲，當時的南韓自恃為台灣「在亞洲唯一邦交國」，從第十五屆、十六屆中韓經濟會議起，便不斷要求我國大幅增加南韓小汽車的進口量，從八百輛成長為兩千四百輛，甚至到一萬輛。第十七屆中韓會議時，為了確保大汽車廠能順利，趙耀東不惜以「大不了辭職不幹了」來回應。韓方踫了釘子，只好表達為了中韓友誼，同意仍以兩千四百輛為限的開放進口措施。

然而，國內汽車業並不都希望看到大汽車廠出現。在一九八一年十二月趙耀東接經濟部長、隔年一月二十日豐田來台簽立「合資建立大汽車廠協議書」，卻讓台灣汽車業者擾攘失措，便接二連三地透過政要及立委干擾此案。

一九八一年九月立委莫萱元質詢時說，「大汽車廠沒有設置的必要」；一九八二年三月立委王金平、羅傳進先後要求政府不要設大汽車廠；五月立委林鈺祥質疑說，當時全球有超過一半的車廠超額生產，而我國市場何在？交通部長陳樹曦、台灣經濟研究所副所長劉泰英也都不贊同，理由是當時裕隆的產能已達十三萬輛，若充分發揮就可達二十萬輛。

與日方的合作協議書要求簽約的豐田公司應保證逐年增加外銷比例，直到第八年為五〇%；但這項比例及時程，一直是日後豐田與各部會間爭議的焦點，直到一九八四年五月內閣改組，趙耀東被調離經濟部、徐立德接任部長後，徐指示不必再投資跟日方合作，一九八四年九月大汽車廠合作案正式宣告終止。

趙耀東的風骨與晚年

趙耀東說：「我最佩服唐代的魏徵，現代的尹仲容、葉公超。像魏徵，他是良臣，也是個忠臣，他會為國利民命而冒犯皇上，不是一味逢迎。」又因為當年財政部長王建煊下台而說道：「我們需要怎樣的政務官？一個唯唯諾諾的？一個唯命是從的？還是一天到晚和稀泥、講究政治手段、政治藝術的政務官？」

很多事情，趙耀東都被批評決策草率並有個人英雄主義，在官場上不知得罪多少人，但當時的行政院長孫運璿直言，趙耀東是一個「敢作敢當的部長，國家就需要這樣的人才，敢負責，不怕得罪人，才能解決國家問題。」

趙耀東與妻子郎英育有二子一女，感情甚篤。郎英是黨國元老郎醒石女兒，畢業於上海滬江大學教育系，個性平順和藹；趙耀東在中鋼及部長任內，她從不佔用公家資源，平民作風受到大家敬重，享壽八十六歲。趙耀東說，「這一生沒有欠過任何人，但對於『趙媽媽』，我欠很多」、「她陪著我流浪，渡過重重困境，是我這一生最大的支柱。」

趙耀東晚年患有失智症，安養在台北市的康寧生活會館。二〇〇八年八月二十日凌晨，在兒子、媳婦隨侍下，因多重器官衰竭病逝，享年九十二歲。他一生的風骨和各方面經營成就有目共睹，對於奠基台灣經濟，貢獻極多。

趙耀東令人記憶深刻的綽號

趙耀東有一些很特別的綽號，像是「趙鐵頭」便是他在中鋼做事如鋼鐵般堅定，不怕撞也不怕打；在部長任內時紀律嚴明、敢言敢當，記者就在報上稱他是「鐵頭」，這是他所有綽號中，風行最久也最廣的別名。

另外，像是日本人形容趙耀東在談判時的謀略多端，就稱他「九尾狐」。趙夫人則說趙耀東是個外面玩夠了、回來還要搗蛋的「老頑童」。而「九點半」，是他的應酬時間絕不超過晚上九點半。

還有「趙爺」或「趙老大」的稱號，趙耀東在中鋼或當部長時，就是有犧牲當烈士的架式，一聲令下，下面的人無不立刻遵從。「老公雞」是中鋼人對他的暱稱，有次趙對中鋼員工笑說，「你們是小公雞」，結果中鋼員工也回他說，那你就是「老公雞」！而趙部長巡視台電時表示，國營事業中存在著嚴重的呆人、呆時、呆料問題，必須徹底解決，他便多了一個「趙三呆」的綽號。（**虞煥榮**）

彭淮南（1939-今）

彭淮南：鐵漢柔情，炒匯殺手

彭懷南（一九三九年—今），台灣省新竹市人。國立中興大學法商學院經濟學系畢業、美國明尼蘇達大學經濟研究所碩士、美國明尼蘇達大學榮譽法學博士、國立台北大學榮譽法學博士。歷任中央銀行經濟研究處科主任、中央銀行經濟研究處處長、中央銀行外匯局局長、中央銀行副總裁、中央信託局理事主席、中國國際商業銀行董事長、中央銀行總裁。

中央銀行在二〇一七年九月二十一日召開了第三季的理監事會議，除了宣布維持利率連續五季不變外，在這場理監事會中，彭淮南總裁再次強調 This is my last term，重申不會續任的決心。

一九八八年，央行總裁許遠東因大園空難逝世，同年二月二十五日彭淮南接下央行總裁至今已近二十年，這任期必定會在二〇一八年的二月屆滿。

在二〇一七年八月最新出爐的《全球金融雜誌》（*Global Finance*）再度評選彭淮南為「A」級總裁，今年全球受評比的各國央行總裁共計八十三位，有九位總裁獲得A級評價。近二十年來彭總裁累計共拿下十四個A，再創最多A級的紀錄。彭獲悉再得A的消息後低調表示，「榮譽屬於兩千三百萬國人，不屬於個人。」

《全球金融雜誌》於一九八七年創刊，自一九九四年起，依各國央行總裁在控制通貨膨脹、協助達成經濟成長目標、貨幣穩定及利率管理等表現進行評比，讀者遍布一九三個國家。其中A代表「表現優異」（excellent performance），F則是代表「不及格」（outright failure）的最差評級。

在今年三月監察院公布一一八期最新的廉政專刊中，看到這位「十四A總裁」的財產申報狀況，真是令人吃驚！他申報了台北市大安區的一筆土地、兩筆建物，存款約為新台幣九一六萬元，未持有任何有價證券及保險；他的財產，明顯較大多數官員申報為少。彭淮南將在明年二〇一八年二月正式退休，並多次表示，卸下公職後只打算待在家裡多讀些書，多寫些文章。

在一九九七年亞洲金融風暴、二〇〇〇年三月政黨輪替、二〇〇一年美國九一一恐攻、二〇〇三年亞洲 SARS 疫情暴發、二〇〇四年總統大選前槍擊、二〇〇六年紅衫軍……等一連串股匯市重擊下，彭總裁總是能堅穩地帶領台灣渡過各種金融試煉，每場仗都打得精采；更鮮為人知的是，從他的家居生活中更能看出他溫暖可愛的另一面。

平時天剛亮，彭淮南便穿著運動服到住家附近的大安森林公園健走，週末假日時喜歡與夫人賴洋珠一起爬爬陽明山，彭健步如飛，賴洋珠卻走得慢；由於髮鬢均白，加上衣著型態都簡單，健走時就像一位鄰居的「阿伯」那樣沒有官味！彭不論公私，永遠低調樸實。遠東商銀董事長侯金英說：「他運動是為了健康，而不是喜歡運動」、「他不喜歡浪費時間，所以會花很多時間打的高爾夫，他不喜歡」。

彭淮南的居家生活是屬於舊時代的，自幼受到父母影響，篤信一貫道，亦為素食者。彭和賴洋珠早年同在台灣銀行國外部服務，婚後夫唱婦隨；在家中，他與兒孫輩經常互動，展露總裁柔情感性的性格。

彭淮南有兩個兒子，長子彭文翰經常回家陪兩老吃飯，次子彭文德擁有麻省理工經濟學碩士學位，書讀得好，當時已貴為總裁的他，小兒子在美國娶媳婦都沒人知道。現在彭淮南只要談起兒孫，整個人就變得溫柔起來，甚至孫子很小就迷上林書豪，彭便對於林書豪英雄式的籃球表現如數家珍，連得分、助攻、籃板的數據都背得出來！在家裡，彭的溫暖與柔情，跟外界給他「彭老虎」、「炒匯殺手」、「彭神」這類生硬、嚴肅的封號差距頗大。

從工友之子到總裁之路：鐵漢不怕出身低

彭淮南生於一九三九年一月二日，日治時期的新竹市。他不但沒有顯赫的家世，還可說是出身寒微。從「工友之子」到「總裁之路」的故事開始，都是十分清苦的。他的父親彭金土是新竹市蟹仔埔人，結婚後便搬離生活不易的蟹仔埔，到新竹州廳（新竹縣政府前身）當工友，彭父扶養六女三男，父母還兼賣素料，貼補家用。

彭淮南經常跟央行的同事提及，母親彭李招當年常醃醬瓜，自己只以醬瓜汁配飯吃的窮苦童年。彭自新竹高商畢業後，一邊上班一邊準備大學聯考，還得幫忙家裡做小生意。雖然小時清苦，如今面對金融市場的金錢與誘惑，他卻視若無睹，公私分明。

他畢業於新竹高商與中興大學法商學院（現已改制為國立台北大學）日間部經濟學系，美國明尼蘇達大學經濟研究所碩士。自一九九八年二月二十五日起擔任央行總裁，一九九九年便獲頒國立中興大學日間部第三屆傑出校友的殊榮。

極受民眾推崇愛戴的多A級總裁

《今周刊》六八三期一篇〈彭淮南剛柔並濟的為官之道〉文中寫到：從「六A總裁」殊榮（當時連續六年評比為A），到滿意度調查排名第一的內閣閣員，這位政府官員的支持度甚至還曾打敗馬英九總統，彭的聲望在近二十年的台灣政壇上，可說是無人能及。

除了被美國《全球金融雜誌》連續十四年評為A級的殊榮之外，二〇〇九年彭淮南也被英國《金融時報》（*Financial Times*）集團旗下的《銀行家》雜誌（*The Banker*）評為「亞太地區最佳央行總裁」，彭總裁是史上第一位華裔銀行家在這本知名的財經雜誌上榜，足證他在全球金融業界的尊崇地位。

贏得四位總統的信任，彭總裁績效非凡

是什麼樣的表現，讓彭淮南掌握十多兆新台幣的外匯？前後能讓李登輝、陳水扁、馬英

九、蔡英文這四位總統都能夠信任他？又是什麼樣的風格，讓他個人的財富這麼「一般般」？果決，全球財經大動盪時敢做決定；還有，只專注於工作、拒絕誘惑，才能掌管大錢。但更重要的，是經營的績效！

彭淮南任內為台灣外匯貢獻的績效非凡，近二十年來，央行上繳國庫（含二〇一七年預算盈餘）的總金額高達三．一三兆元；另為維持台灣匯市穩定，彭淮南經常與熱錢廝殺、為外匯存底加值，另一個數字是：每年繳庫盈餘達一八〇〇億元，約佔政府歲入一成。

二〇〇八年九月的金融海嘯，當時各國央行如臨大敵，中央研究院院士管中閔說：「我們會不會擔心新台幣像其他亞洲貨幣一樣被擊垮？我想大家的答案一定是『不會』，為什麼？因為信任彭總裁」；「他在動盪時刻敢做決定（雷曼倒閉後立刻調降存款準備率），這點很了不起」，管中閔說：「雖然我覺得不可能，但假設總裁不是他，我相信新台幣會掉二十五％！」

中華經濟研究院研究員吳惠林也認為，彭淮南的貨幣政策跟其他國家相較，貨幣量的控制很好，沒有暴起暴落，這是台灣物價相對穩定的重要因素之一。長期觀察央行的台大經濟研究所教授林向愷說：「彭總裁對數字有獨特的敏感，對知識沒有偏見，靠數字和實務經驗下決策。」為了專心掌握利率、匯率，彭淮南幾乎拒絕所有誘惑，嚴守紀律。

彭淮南除了赴國外開會外，幾乎天天進辦公室，包括農曆假期；這讓央行成為政府機關中最嚴以律己的部會。很多記者都曾在週六、週日打電話到總裁辦公室「查勤」，沒想到「接線生」真的是彭淮南本人。

為了要讓層峰對國際金融情勢安心，彭淮南一直有寫報告的習慣，包括國際收支，以及各國金融、經濟情勢，直接送到總統府。因為沒有讓總統感受到太多的「意外」，都在掌握中，彭便深受這些「老闆」的信任。前央行總裁梁國樹的夫人、遠東商銀董事長侯金英曾說：「彭淮南很認真」、「他很喜歡幫國家賺錢；賺到錢，他就會很開心」。

炒匯殺手捍衛新台幣，禿鷹知難而退

從彭淮南痛宰外匯投機客絕不手軟的幾個大事件上，可看出他維繫台灣金融穩定的決心！一九九八年有一家英資銀行為了追求績效，其台北分行趁著總統大選前大玩「雙率交易」。估計潛在報酬率有五％到八％，換算年報酬率更「號稱」有兩成以上。此一訊息立刻傳遍香港、新加坡、倫敦、紐約，各路資金匯聚台灣，新台幣在總統大選前急升到一美元兌新台幣三十元，熱錢湧入。

彭淮南抗外資炒匯先發動金檢查緝，並通知銀行暫停 NDF（無本金交割遠期外匯）交易，再邀請八家外資保管銀行到央行「喝咖啡」，表達「若不買台股的外資請離開」；甚至釜底抽薪，縮限外資持有固定收益的比重。

面對外匯投機客，彭的處理方式就是「快、狠、準」；生肖屬虎的他像是一隻「有利牙的老虎」，一道道的指令緊迫而來，讓炒匯的熱錢「玩不下去」，外銀便紛紛棄械投降。而當時水位高達新台幣三千九百億元左右的「外國機構投資人持有新台幣現金部位」，也退潮到當年十月底只剩下新台幣一千七百五十億元左右，這場炒匯戲碼就此結束了。

彭淮南痛宰這類的熱錢的投機客絕對不是第一次，也不是最後一次。在美國量化寬鬆貨幣的政策下，二〇一〇年十一月，國際套匯大鱷索羅斯為首的熱錢流竄亞洲，並再度狂炒新台幣。彭淮南在十二月三十日的記者會上回應，向炒匯外資下達逐客令！他直接找金管會聯手，追查外資保管銀行的資金來去及最終受益人，若查緝外資違反規定嚴重者，便撤銷外資在台登記。

彭祭出微幅升息、選擇性管制措施來對抗炒匯，對於匯率強調「升值的幅度不能超過韓元」，也就是必須將新台幣兌一美元控穩在三十元。央行當時調升利率半碼，大致符合市場預期，升息使原本較為寬鬆回到中性，並調降部分炒房過熱地區的購房貸款成數，逐漸壓制熱錢套匯。

雖然幾次的管制措施引來市場嚴厲抨擊，說彭總裁「開自由化倒車」；但台灣在金融海嘯或是政局動盪的襲擊下，相對未受重創，驗證了彭的專業堅持與果斷決策。

憨厚低調，愛讀書，不收禮，足堪國人表率

彭淮南的簡樸，從他住在台北市麗水街一戶三十多坪的老公寓，可看出其低調殷實的生活態度。有人說，央行總裁住三十餘坪的公寓，那百坪的官邸誰住？沒錯，這正是彭淮南的風格！

雖然在金華街有一百多坪的總裁官邸可住，但彭淮南一直都堅持住在自己的舊房子，不搬家有個很重要的原因，是彭淮南愛讀書！跟彭一起讀新竹高商的同學陳偉峰回憶說：「他不太喜歡跟同學往來，幾乎都在念書，個性很靜。」小他四歲的學弟、常與彭一起打籃球的前新竹高商學務主任羅正光回憶說：「印象中彭懷南都在念書，很少參與課外活動。」

彭淮南覺得，在舊家中要找自己親手整理堆放的國外原文書、資料、報紙、雜誌，很順手很好找，搬家就怕找不到了。所以金華街的大官邸在最近十幾年都是副總裁住，像是陳師孟、梁發進、楊金龍都曾住過。

如果有同事被問到對彭淮南印象最深的是什麼？他是位極愛讀書、活到老學到老的長官；除了在家讀書分類之外，他覺得重要的，還會分送相關局處給同仁參考，即將滿七十九歲的彭淮南，有一顆非常年輕的腦袋！

不收禮也是彭淮南的堅持。彭多年隔鄰的早餐店老闆娘說，每逢年節，都會看到訪客提著伴手禮來，再提著禮物走。央行掌管雙率，能搞懂彭的心思，就等於打通了做生意的任督二脈。彭淮南不收禮，便沒有「探底」的機會，因此，不論政商或民代，走送禮的路徑是此路不通。

不收禮、不受利誘的個性，與彭淮南篤信一貫道有關，這是受家族信仰所影響。彭的父母和兄弟姊妹均為一貫道道親。在彭淮南約莫十歲左右，便與彭家熟識的老前人（即領導人、精神領袖之意）高斌凱結緣。高斌凱後來經常鼓勵彭，還送了一幅「淡泊以明志，寧靜以致遠」

的墨寶給彭淮南，這幾個字目前還懸掛在彭淮南的總裁辦公室。

高斌凱勤儉樸實的生活對彭淮南影響很深。一位道親與彭夫人賴洋珠談到「高斌凱生前非常節儉，內衣穿到破也不肯換」，賴洋珠回應：「彭淮南也一樣，明明破了，他還說可以穿」；另外，彭淮南有一只帶了二十多年的手錶，還有那副方形金邊古板款式的眼鏡，就從來都沒改變過。

談匯率？守口如瓶，最後一任的公職

摩羯座的彭淮南談匯率，他的名句是：「匯率預測有如擲銅板，猜對的機會只有一半」！他對央行貨幣政策動向是出了名的守口如瓶，每當財經記者問到貨幣走向時，彭絕對是一個字都不透露的，理由是「不便預測，以免造成市場的預期心理」。

金融業的同行也不可能從他口中打探到任何蛛絲馬跡；就連立委在財政委員會質詢央行貨幣政策時，彭淮南總是以「央行貨幣政策必須由理監事會議討論」的標準答案擋過。

近十年來，雖然外界常以「人生七十才開始」，邀請或鼓勵彭淮南再攀政壇高峰；彭在二〇一六年九月二十九日的央行理監事會中首度表達：這是他最後的一項公職，也是他最後的一個任期；也就是說，到了二〇一八年二月央行總裁的任期屆滿時，他不再續任，同時也婉拒了再接任閣揆、副總統候選人，甚至總統候選人的一些高層的徵詢，這都看得出彭淮南的堅持，不是在做高官或爭取財富，而是一以貫之的做事品格與品質。（**虞煥榮**）

吳舜文（1913-2008）

吳舜文：巾幗不讓鬚眉

吳舜文（一九一三—二〇〇八年），生於江蘇省常州武進縣，畢業於美國哥倫比亞大學、上海聖約翰大學。曾任台元紡織董事長、中華汽車工業股份有限公司董事長、裕隆汽車製造股份有限公司董事長，被譽為「中華民國第一位女實業家」。其夫嚴慶齡為裕隆汽車創辦人，獨子為裕隆集團現任執行長嚴凱泰，義子林信義曾任中華民國行政院副院長及經濟部長。

她本無意於商界，洋碩士、大學教師、著書立說是她原本的標籤，在「振興台灣百廢待舉工業」的使命感催促下，她步入企業界。

她白手起家，創辦的台元紡織廠，時至今日已發展成全台最大的紡織企業。丈夫去世之後，她受命於危難之際，挑起台灣汽車製造業的重擔，生產出台灣第一輛自己產的新型轎車——飛羚一〇一。

她被人們譽為「紡織女王」、「汽車皇后」，被譽為當代台灣工商界的傳奇女性——她就是吳舜文。

「緣」來如此

一九一三年十二月十五日，吳舜文出生於江蘇武進縣的一個紡織世家。父親吳鏡淵是當時知名的紡織企業家，也是中華書局的創辦人。吳舜文從小就酷愛讀書，中學時常愛到父親所在的中華書局瀏覽群書。這時，長輩們都認為她會沿著書本的階梯走下去，將來會成為學者、教授或以搖筆桿子維生的文化人，壓根兒沒有把她與一個叱吒市場風雲的工業鉅子聯繫到一起。

一九三四年，吳舜文與上海實業家嚴裕堂的六子嚴慶齡結婚。說來教人不敢相信，吳舜文這個畢業於上海中西女校的充滿現代意識的知識女性，竟然奉「父母之命」嫁給著名企業家嚴裕棠之子嚴慶齡。這段婚姻，除了所謂的「孝道」外，還有一個字——緣，因為他們的結合竟取決於嚴慶齡從德國寄回的一封家書。

那年，吳舜文剛從上海中西女子中學畢業，到了可以論及婚嫁的年齡。而嚴家那兩個兒子，老六嚴慶齡比吳舜文大四歲，老七則比她大一歲。但是，這兩個兒子此刻都遠在海外留學，讓吳家從何擇起呢？嚴老先生決定帶上兩個兒子寄來的家書，讓吳家看看，也好做個比較。

父親吳鏡淵聽嚴裕棠說明來意後，考慮到「言為心聲，字如其人」的古訓，便展開了嚴家兩兄弟的來信。兩人雖都才華橫溢，不過從信的內容可看出兩兄弟有著極為不同的個性。老六嚴慶齡的家書，通篇都是推介一位學成歸國的同學，希望父親能夠重用他。而老七的信主要是彙報自己學校生活及收到家中匯款之類的瑣事。吳鏡淵讀罷，向親家嚴裕棠委婉地宣布了自己的選擇：「七賢侄固然不乏守業之才，而這位六賢侄，卻是個難得的創業之才！」嚴老先生一聽，明白吳鏡淵的東床已非自己的六兒子嚴慶齡莫屬了。於是，這段婚姻就這樣初步「敲定」了。

後來的幾十年中，每當嚴慶齡向人們追述這段奉「父母之命」的婚姻故事時，都不無幽默地說：「如果是自由戀愛，可能就碰不到這麼好的伴侶了。」一九八一年，嚴慶齡臨終前還在白板上寫下了「我們嚴家感謝你」幾個字。

「伉儷」興業之道

在德國深造期間，嚴慶齡對西方先進工業國家的興盛富強深有感觸，堅定了他創建與發展「國產汽車」工業的決心。回國後，他在父親所創辦的大隆機器廠擔任工程師，接著又升任總工程師、總經理，獲得了不少實際經驗。

早在一九四八年，吳舜文就與丈夫嚴慶齡一起踏上了台灣島。展現在他們面前的是一片神奇而未知的世界，但秀麗的景色卻掩蓋不了台灣經濟的落後和工業的蕭條。尤其是八年抗戰期間日本人的拚命式掠奪，台灣的工業基礎已經極其落後，甚至連根螺絲釘都得依賴進口。為了振興百廢待舉的台灣工業，他們夫婦倆才遠渡重洋赴美國深造。

一九五二年六月，吳舜文與嚴慶齡雙雙返台。嚴慶齡在台北開始籌備設立「裕隆汽車製造廠」，吳舜文也在丈夫的支持下，開始步入企業界，籌建紡織廠。當時由上海遷台的嚴家紡織廠，不過是一堆零散的破舊機器。一切都得從零開始。經多方奔走洽談，廠址最終選定在竹北鄉一個叫新竹的地方。

吳舜文對自己的事業充滿信心。她決意以兩萬枚的舊紗錠、兩百台的舊布機為基礎，籌建台灣島的第一大紡織廠。「『第一』者，『元』也！台元。我們的紡織廠就叫台元！台灣第一大紡織廠嘛！」吳舜文的雄心壯志可見一斑。

憑藉優秀的產品品質和價格優勢，「台元」一砲而紅，高居全台紡織業榜首，銷路廣闊。吳舜文並沒被眼前的一片紅火所陶醉，她深知島內市場有限，必須把目光投向海外。以外銷為主、內銷為輔的經營策略成了她的主導思想。她果斷地投資五萬美元，從當時紡織業已較發達的日本引進了最新的設備，並安裝了多種鑒定品質的儀器，親自把好品質關。這一遠見卓識之舉，不僅使台元穩居台灣紡織業榜首，而且迅速地打開了澳大利亞、美國、歐洲、非洲、日本、香港等地的市場。

一九六二年，台元紡織廠榮獲全台灣棉紡品質量優良第一名金像獎。後來台元先後成立了元個紡織公司、台文針織公司、聯達實業公司、台興紡織制線公司、牛仔布廠等，吳舜文成了名副其實的「紡織女王」。

當吳舜文在台灣紡織業界漸成氣候之際，丈夫嚴慶齡的汽車製造業卻是舉步維艱。當時台灣的汽車工業處於「內無大銷路、外無競爭力、官方不支援，生產沒技術」的殘酷局面。裕隆建廠之初，有人嘲笑嚴慶齡是「天下第一號大傻瓜」也就不足為怪了。吳舜文卻堅信丈夫的決策是正確的，將來必定大有作為。每當丈夫碰壁歸來或遇到不順心的事時，吳舜文就滿腔熱忱地安慰他，鼓勵他。在財政上更是將「台元」的盈餘源源不斷挹注到丈夫裕隆公司的帳戶中，使嚴慶齡得以熬過最困難的創業歲月。嚴慶齡為此常常感歎道：「沒有我太太助我一臂之力，裕隆公司就不會有今天的局面。」

裕隆汽車廠以拆卸美軍報廢的吉普車開始，經過兩年的研究，於一九五六年製造出第一輛吉普車。三年後生產出第一輛卡車，後來又生產出第一輛「青鳥牌」小轎車。到一九六五年累計生產了一萬多輛汽車，初具規模。一九七六年，裕隆汽車公司生產汽車一．六萬輛，終於雄踞台灣五家汽車公司之首。到一九八一年，年產汽車高達五．七四萬輛，營業額也由當初的三億多元新台幣，增加到一六〇億新台幣。裕隆的業務蒸蒸日上，連美國最大的新聞週刊《時代》雜誌都極口稱讚它的創辦人嚴慶齡是台灣的福特。

糠屑搓成繩

裕隆的股票已經上市，行情看好，就在裕隆展翅騰飛之際，一件不幸的意外事故發生了：嚴慶齡不慎跌跤，摔傷了腦部，住進醫院。經檢查，他患了腦神經萎縮症，生命維持不了幾年。出院後仍需長期臥床，健康狀況日漸惡化，甚至不能出席裕隆高級管理人員的例會。歷經坎坷的裕隆，再一次陷入絕境！

吳舜文在丈夫危難之際，毅然接過裕隆常務董事兼副總經理的重任。業務不熟，就向臥病在床的嚴慶齡求教，並專門聘請一位日籍專家開課輔導。五年之後，嚴慶齡與世長辭。悲痛欲絕的吳舜文強忍喪偶之痛，勇敢而鎮定地接過嚴慶齡的棒子，正式擔任裕隆企業集團的第二任董事長。

在吳舜文剛接任董事長之初，當時社會對一個年近七旬、剛剛喪偶的女人能否管理好裕隆這個包括汽車與紡織兩大企業的龐大集團心存疑慮。有的人開始低價拋售手中的裕隆股票。更有財經界關鍵人物在當局籌設大汽車廠時，力勸她這個婦道人家乾脆把裕隆讓出來。對此，吳舜文斬釘截鐵地予以拒絕：「裕隆就像一件古董，不識貨的人說，你不懂古董，要它做什麼？但我深知它是古董，無論誰要買，我都不會賣！」

面對社會的質疑，她先是投資四十五億元台幣，加快三義汽車廠第一期工程的進度。為了儘快推出由台灣人自己獨立設計車體的汽車，她又斥鉅資二十億台幣，在新園創建「裕隆汽車工程中心」，以開發新型汽車。在吳舜文苦心經營下，一九八三年裕隆汽車公司的營業收入達一六二億元新台幣，名列台灣民營企業的第四位，每月可產一．五萬輛速利轎車與旅行車，佔台產汽車市場總量的四二%。

一九八一年，吳舜文決心研發台灣產汽車，不少人為此擔心，覺得太冒險，並說：「這是不可能的夢」。她在辦公大樓的走廊懸掛一幅標語：「和西洋人、東洋人比我們起步的晚，人力、財力也不如；要是不比他們勤奮，效率更高，那就永無翻身之日。」又在會議室裡布置了兩個鏡框，一個貼滿了世界各國的名牌汽車的照片，另一個橫排幾個粗體黑字：「我們在哪裡？」

正是憑藉這樣一種自強不息的精神，一九八六年四月，苦戰六年之後，以朱信為首的「工程中心」全體員工，果然不負吳舜文的殷切期望，終於推出了台灣第一輛自行設計製造的新型小轎車。欣喜若狂的吳舜文揮筆題名為「飛羚」。羚羊飛奔快如閃電，不僅是汽車本身快捷的寫照，也是期盼裕隆集團能像飛奔的羚羊一樣高速地向前發展。

裕隆飛羚一〇一型轎車上市後，隨即掀起一陣旋風。不僅震動了台灣的汽車製造商，也令海外的同行刮目相看。許多新店鋪都紛紛以「飛羚」為名，使街頭巷尾都散發著中國人的驕傲。

事隔五年，第二代的「飛羚一〇二」問世，並闖入了歐洲市場。一九九一年，裕隆汽車工程中心開發設計的「新尖兵」轎車上市，因車型美觀，性能優良，勇奪當年小轎車市場銷售之冠。吳舜文在汽車事業上的巨大成功令人矚目，當之無愧地成了台灣的「汽車皇后」。

吳舜文首次訪問日本時，佔有裕隆二五％股份的日本日產公司想染指總經理的職位，她嚴辭拒絕，甚至在日方傳媒界拍攝《台灣財閥》紀錄片中，她也敢於表示：「日本人想要的，我絕不答應。」

吳舜文以必勝的信心面對一切挑戰，不僅使裕隆汽車擺脫了困境，而且呈現蒸蒸日上的局面。回首這一次次困難挑戰所組成的奮鬥歷程，吳舜文深有感慨地說：「糠屑搓成繩，越搓越順，萬事開頭難，這是一定的。」

當時，台灣的《經濟日報》刊文形容：「如果嚴慶齡是為台灣汽車工業裝上輪子者，吳舜文就是讓台灣人開發的車種，駛向全世界的實踐者。」吳舜文卻說，她掌理裕隆完全是為了嚴慶齡，她愛她的先生更甚於裕隆。

英明的獨裁

吳舜文在剛執掌裕隆大權的時候，就遇上了子公司「中華台亞」危機。由裕隆、日本淺野齒車及三井、美國德納公司合資經營，生產汽車的傳動系統，供應裕隆的轎車，以替代進口日本的產品。該產品的研製成功，必然會影響日方的利益。美方承受不起由此帶來的中華台亞的負債累累，準備撤資。吳舜文的答覆是：「我才接手裕隆，你們就打退堂鼓？請給我半年時間。」

在這不長的時間內如何轉危為安、轉虧為盈？吳舜文一方面力排眾議調整了公司高層人員，招聘一位事業心強、英語好的副總經理，主持日常事務；另一方面不惜擺出壯士斷腕的姿態，明確告訴日商：台灣正在力行自製率提高政策，裕隆非用自製零件不可，如自製率無法提高，勢必會影響公司的發展，最終玉石俱焚。

日商見勢不妙，只好做出了讓步，裕隆轎車很快換用了中華台亞自己生產的傳動軸。接下來在半年內，公司的營運狀況明顯好轉。

一九八九年「裕隆」與「國產汽車」公司斷然分家，再次顯示出吳舜文敢於並善於獨裁的作風。汽車行業生產和行銷是兩大支柱，早在裕隆一開始創辦的時候，就把汽車及零件的經銷權獨家授予「國產」，三十餘年的合作並非盡如人意，飛羚一〇一車上市之後，雙方的矛盾日漸激化。國產給裕隆下了斷交書，要求分家。

吳舜文敏銳意識到了這次危機對於裕隆而言，是走向獨立自主發展的絕佳機遇，透過與國產的分家，裕隆可以建立起產銷合一的新體系，在短期內，公司的業績會受到影響，但她堅定地認為公司要做的是千秋大業，於是再次力排眾議，裕隆與國產結束了幾十年的合作歷程，開闢了獨立自主發展的新局面。後來證明她的大膽決策多麼富有遠見。

獨裁的基礎是民主。為了避免決策失誤，吳舜文很注重集思廣益。例如她每個月都會召開副經理以上主管的經營會議，瞭解世界先進國家的最新經濟形勢，合作者的經營狀況和競爭對手的技術、管理動向等等。同時對自家公司經營管理的各個環節，她也進行深入瞭解，真正做到知己知彼。在裕隆各級管理人員包括普通職工都可以對公司的總體經營、日常管理提出建議方案。群策群力基礎上的獨裁成為裕隆特色的經營管理方式。基於民主的獨裁也更容易得到下屬的理解和支援，易於貫徹執行。

識人、信人的領導理念

人們對她的評價是：「聰明、反應快。具有高人一等的洞察力。下屬建議進言，往往只須陳述七〇％，她便能掌握全貌，並正確解讀下屬的心思。」

據分析，吳舜文的成就與她帶人帶心、用人不疑的態度有關。即使她接掌裕隆的過程曾經為人事所苦，但識人、信人的觀念，仍為她贏得了幹部的效忠。

有人形容，「用人唯才，大膽放權」是吳舜文的用人哲學。吳舜文自己曾舉例說，裕隆就像一座廟，只要有會念經的大和尚，自然會吸引其他的和尚來「掛單」。由於充分授權，員工感佩在心，即使她已淡出集團權力核心，與許多幹部間的關係依舊相當親密，大家還是會定期前往吳舜文家中問候。

曾在中華汽車任職多年，後來擔任過行政院副院長、她的義子林信義回憶，一九七九年，吳舜文為改革中華汽車公司體制，希望他擔任廠長，但他卻猶豫不決。吳舜文為消除他心中的顧忌，對他說：「如果你當了廠長，我就只聽你的報告，其他任何人給的報告我都不聽。」老闆如此推心置腹，林信義決心接受此職，並大刀闊斧改革公司運作，使中華汽車得以在汽車市場稱雄。

教育文化事業

一九五二年，台元紡織成立次年，吳舜文於東吳補習學校教授英文。學校轉制為私立東吳大學後，吳舜文在學校教授國際關係與英文課。

一九五四年，吳舜文接掌一向爭取新聞自由的《自立晚報》，擔任社長。

一九六四年，吳舜文任教於國立政治大學。一九六七年六月，吳舜文參與創辦新埔工業專科學校（今聖約翰科技大學），並擔任該校第一任董事長與校長。

一九七三年十一月，嚴吳夫妻倆秉著「工業報國」的理念，成立財團法人慶齡工業發展基金會，再透過基金會贊助台灣大學設立嚴慶齡工業研究中心，一九七五年三月正式成立，為台灣企業贊助大學成立研究中心之首例。

一九八六年，吳舜文成立「財團法人吳舜文新聞獎助基金會」，每年選出「對國家社會懷有誠摯之關愛與使命感，以善盡社會公器之責」的優異新聞作品，頒發「吳舜文新聞獎」以示表揚，已成為台灣地區重要的新聞獎項。

吳舜文現在已把事業留交獨子嚴凱泰。嚴凱泰不負所託，把事業版圖日益擴大，且卓有成就，是台灣一位受推崇、被尊敬的企業家。（丁超）

施振榮（1944-今）

施振榮：鴨蛋少年到IT教父

施振榮（一九四四年—今），生於台灣彰化縣鹿港。畢業於國立交通大學電子工程學系學士、國立交通大學電子工程研究所碩士、國立交通大學電子工程研究所榮譽博士。宏碁集團創辦人兼榮譽董事長暨智榮基金會董事長、國家文化藝術基金會董事長、台灣精品品牌協會創辦人暨榮譽理事長、南山人壽董事。

他是《時代》週刊評選的「亞洲英雄」，開發台灣第一台桌上電腦，讓便宜的電腦走進全球億萬家庭；他是台灣「IT教父」，集團「家族」和幾大弟子撐起台灣科技產業半壁江山。他更是「品牌台灣」領軍人，獨創「微笑曲線理論」，率先開啟台灣品牌國際化之路；退休後二次創業，幫助台灣本土企業「走出去」，持續關注台灣未來競爭力議題。

優秀的工程師、傳統的中國生意人，先鋒派經理，以及國際企業家，這就是美國《財富》雜誌對施振榮的總結。這位IT教父施振榮在二〇〇四年最後一天宣布退休，卻在二〇一一年不得不再次出馬拯救危機。

鴨蛋少年

一九四四年，施振榮出身在台灣中西部的知名小鎮——鹿港。胖胖的，不怎麼哭，頭髮很黑。父親和祖父共同經營一個製香工廠和店鋪，店號明叫施美玉香鋪。父親施起深排行老二，因為大哥夭折也就承擔起了長子的角色。常年繁重的體力活加上各地來回的奔波，年少的父親早已經被透支。母親陳秀蓮閨名阿秀，十八歲那年，阿秀嫁入施家。婚後的生活沒有想像的那麼甜蜜，施起深常年奔波在外，兩人總是聚少離多。

一九四六年，父親施起深的身體出現了明顯惡化，在與疾病鬥爭的期間，小小的振榮是他最大的精神寄託。他最喜歡問妻子：「你希望振榮長大以後做什麼？」「做律師、當大官啊！」。他卻說：「我要他做生意，做大生意，做到名聲從台灣頭響到台灣尾。」後來母親阿秀在回憶時說道：「他每次對兒子的期望都沒有變過，現在兒子果然達成了他的希望，只可惜他不能親眼看到了。」

為了維持生計，母親阿秀經營一家小店面。施振榮曾經幫媽媽在店裡同時賣過鴨蛋和文具。他後來在講述賣鴨蛋的經驗時說：「賣鴨蛋賺的錢永遠比文具多。」施振榮解釋，鴨蛋利潤微薄，但是最多兩天就周轉一次，文具利潤高，但是有時候半年一年都賣不掉，不但積壓成本，利潤更是早就被利息吃掉了。鴨蛋薄利多銷，利潤大於周轉慢的文具。施振榮後來將買鴨蛋的經驗運用到宏碁，建立了「薄利多銷模型」。以較低的價格，增加產品的銷路，資金周轉得以加快，庫存減少，經營成本大為降低，實際的獲利反而高於同業。

小時候的施振榮便顯現出很強的數學天賦，母親店裡帳目不僅算的又快又準，後來在高中的時候獲得了象徵數理能力的「愛迪生獎」，也奠定了他將來在理工科發展的基礎。

施振榮參加兩次大學聯考，第一次考上了成功大學數學系，第二年重考，考上了台灣交通大學電子工程系，從而引領施振榮進入電子、資訊工業領域，交大六年（大學和研究所）使得原本木訥、靦腆的施振榮大為改觀，成為他一生中重要的轉捩點。

施振榮回憶在他考上大學之前，母親答應他，如果能考上國立大學就買一台相機給他。後來施振榮不負眾望，母親直接托同學的哥哥從日本帶回一台折合新台幣七千元的相機，這在當時幾乎是一般人一年的薪水。後來施振榮才知道，家裡的錢早已全部拿去蓋房子了，買相機的錢是母親向別人借來的。

大學期間施振榮花費很多時間參加社團活動，他是交大排球隊的隊長、攝影協會會長、棋橋社長。在這些社團活動中，他與每個同學都成了好朋友，而且學會了協調和服務，為以後的創業提供可很大幫助。施振榮的學習成績也沒有落下，大學和研究所分別以第一名和第二名畢業。

初入職場顯輝煌

一九七一年，施振榮自交大研究所畢業，獲得了兩個工作機會，一個是荷蘭菲利浦公司在台灣設立的建元電子，另一個則是台灣人自行創建的環宇電子。當時外企的待遇優厚，是年輕人追逐的理想職場，但施振榮自忖英文不是很好，所以不敢去外企就職。這段看似有些無奈的職業選擇，卻鋪設了施振榮日後的創業路。

施振榮不同於一般技術人員只注重技術，而是對技術產品進行商品化的分析。對於產品可不可行，能不能賺錢，都提前做出判斷分析，這樣老闆也比較容易做出決定。不久之後，施振榮在華宇開發出了台灣第一台桌上型電子計算器，產品上市之後在電子業界引發轟動。

一九七二年，工作一年之後，施振榮因為技術出眾，進入榮泰電子成為合夥人。這期間施振榮不僅在技術研發有所創新，開發出一系列的掌上型電子計算器、風行一時的電子錶筆，而且開始跨出單純的研發工作，接觸物料管理、採購、委外代工及內銷業務。

憑藉在榮泰工作期間的傑出成就，施振榮獲選為台灣年度十大傑出青年。後來榮泰陷入嚴重的財務危機，在多次諫言無效之後，施振榮非常沮喪，決意離開榮泰。榮泰的經歷讓施振榮接觸了公司運作的具體業務流程，可以說這段時間是他日後創業的孕育期。

創業為艱，步步為營

一九七四年，施振榮參加美國羅克韋爾公司舉辦的 PPS4 新產品研討會，第一次接觸到微處理技術，他直覺地認為微處理器將引發電子工業革命性的改變。回到台灣之後，施振榮立即召集當時榮泰的研發部門研究微處理技術，並派遣員工到國外接受技術培訓。經過兩年多的歷練，榮泰儼然已經成台灣微處理器領先的技術中心。一九七六年，施振榮考慮創業時候，微處理器成為他不二的創業目標，他一手帶起來的榮泰研發團隊成為最佳的創業夥伴。

榮泰公司負責研發的黃少華、林家和，專長工業設計的涂金泉，擅長銷售的邰中和，加上他的朋友沈立均，還有施振榮和他的妻子葉紫華，組成了宏碁的創業團隊。

「宏碁」原本是沈立均為他的外貿公司取的名字，後來大家覺得這個名字很不錯，就橫刀奪愛了。宏碁創業時的英文名稱 Mutitech 是施振榮取的，一九七八年之後才改為現在大名鼎鼎的 Acer。

創業資金為一百萬新台幣，施振榮出資五十萬，這些錢大多還是母親資助的。回想當年創業的艱辛，妻子葉紫華對婆婆充滿感激，她經常告訴三個孩子說：「家裡的錢都是用阿嬤的錢賺來的。」公司的辦公地點是岳父以特惠價出租的公寓，辦公桌則是從家裡搬來的葉紫華結婚的嫁妝。七個股東、三個職員擠在三十幾坪的房子裡辦公。

施振榮明白人才和技術是他的優勢，資金缺乏是他最大的弱點，因此，他決定避重就輕，將公司的營運重點放在擔任研發顧問和代理銷售上。

創業之初，施振榮承受著很大的經營壓力，妻子葉紫華為了不讓小孩子吵到他，每次施振榮回家都會把小孩子帶得遠遠的。施振榮回憶說：「那段時間，她怕小孩子吵到我，就跟孩子睡到另一個房間，另外岳父大人反對男人進廚房，所以她要忙小孩、忙公司、還要做家裡的所有的事情。」有一回宏碁希望獲得美國超微半導公司（AMD）的代理權，對方代表想要來公司看看，葉紫華為了給對方留下好印象，身為公司董事長的她挽起袖子，趴在樓梯間，一階一階地洗樓梯。

宏碁的第一筆業務是委託開發橋牌機，後來逐漸成為 Zilog 在台灣的獨家代理。一九七八年，公司創立三年之後，宏碁已經轉虧為盈，真正讓公司大發利市的是代理德州儀器公司的半導體元件業務，讓公司奠定了穩定的財務基礎。

一九八〇年，宏碁逐漸走上正軌，公司員工卻依然保持勤儉的風氣。有一次，員工參加巡展會，十幾個人一共只帶了兩萬元，出門前大家互相揶揄：「省著點用，錢不夠就睡地板。」

宏碁之後涉足過電動玩具行業，電子界曾流傳這樣一個說法：「宏碁是靠電動玩具起家，甚至說宏碁是因為政府取締電動玩具，不得不轉向電腦發展，而因禍得福」。

一九八一年，施振榮在新竹科技產業園區成立宏碁電腦，兩年之後，資本額由一千萬新台幣增加到九千萬新台幣，營業額更是激增到十六．六億。宏碁一下子超越原本執電腦業牛耳的神通電腦，一躍成為台灣最大的電腦公司，初步具備集團企業發展的雛形。

一九八四年，宏碁位於新竹科技園區的電腦廠房遭竊，價值四千萬的積體電路（IC）被偷走，這個台灣有史以來金額最大的電子零組件失竊案，給宏碁的財務和生產造成了近乎斷炊的危機。失竊的原因居然是一個陳姓慣犯因欠錢而想透過偷竊 IC 來抵債，其中一家涉嫌收購贓物的公司負責人，居然是施振榮在交大研究所的學長。

一九八六年，宏碁研發出了世界上第二台以 Intel 80386 CPU 為基礎的三十二位元電腦，該產品在西德的漢諾威電腦展獲得最佳工業設計獎，宏碁的電腦技術獲得國際性的認可。世界各大電腦公司開始注意到這家台灣的公司，訂單更是紛紛而來。

危機到來，再造宏碁

一九八八年十一月，宏碁在台灣上市。但此後，由於成長過快，國際化的步伐太大，連續兩個會計年度營運表現不佳，一九九一年出現創業以來首次財務赤字，虧損六億元。

施振榮明白，如果不對宏碁實施改造工程，公司的前途堪憂。他分析，導致宏碁體質弱化的病因有五種：資金太多引起的「大頭症」；組織大而無當造成的「肥胖症」；缺乏憂患意識的「安樂症」；反應遲鈍的「恐龍症」；責權不分的「大鍋飯心態」。必須尋找這些病症的解決辦法。

一九九二年，為了「再造宏碁」提出了有名的「微笑曲線」（Smiling Curve）理論，以作為宏碁的策略方向。即在整個IT產業上中下游，越接近曲線上揚的兩端，即左側的零組件、核心技術與智慧財產權的延展，以及右端的品牌行銷與服務等，所能夠創造出來的附加價值也越高，而微笑曲線下沉的中間地帶，則代表了組裝製造等附加價值最低的領域。

在借鑑麥當勞經營方式的基礎上，他提出「速食店產銷模式」：「就是要像麥當勞一樣，在當地採購，在當地組裝，讓消費者買到功能新鮮、品質一致的宏碁電腦。」在此理念下，宏碁由系統發展模式轉為零件發展模式。

從一九九二年下半年起，宏碁已極少出口全系統的產品，除了電腦外殼需海運外，顯示器、鍵盤等可能從宏碁在海外的工廠出貨，軟硬驅動器由供應商從世界各地工廠就近支援宏碁分散世界各地的三十四個組裝據點，主機板等附加價值較高的零件則依訂單的規格隨時從台灣空運到據點。

施振榮說：「以前宏碁什麼都做，現在宏碁什麼都賣。什麼都做，小量多樣，經營效率陷入惡性循環；什麼都賣，讓自己跟自己競爭，經營效率走上良性循環。速食店經營模式讓宏碁脫胎換骨，從以前賺勞力錢為主，改為現在賺腦力錢為主。宏碁現在賺的主要是大量生產、行銷和形象的附加價值。」

用以改造流程的「速食店模式」、用以改造組織的「主從架構」和在新的經營學下產生的「全球品牌，結合地緣」成為施振榮引以為傲的商業創新點。

一九九四年，《世界經理人文摘》首先大幅報導這一模式，指出宏碁已替亞洲企業開闢出有別於日本、美國和歐洲廠商的第四種國際化模式。同年，哈佛大學把施振榮改造宏碁的經驗編成教材，評宏碁為「企業國際化管理的傑出個案」。

一九九六年，他被美國《商業週刊》選為全世界二十五位最佳企業總裁之一。曾為挽救宏碁心力交瘁而昏倒在住宅電梯裡的施振榮，終於可以欣慰地笑了。

「尊重人」的企業文化

施振榮不願將他的企業改造歸類為西洋的或是中國的管理模式。「或許你可以說它是中西和璧的。」他說，「我們在講究效率和責任之外，加入了對人性的尊重。」

施振榮認為股權分散、結合地緣，能使每位主管都覺得和公司的利益休戚與共，主從架構讓每個人都能做主，又不能逃避責任。宏碁的管理模式鼓舞了人性中善的部分，圍堵惡的部分，所以能夠成功。

施振榮將創業分為對事的創業和對人的創業，他管自己的創業叫「對人性的創業」：「我一直認為人的潛能是無限的，信奉人性本善，把權力放下去，給下屬一個挑戰的目標，下屬的潛力就會發揮出來。我的創業始終是在設法尋找到能夠把人性組織起來、把人的潛能發揮出來的方法。」施振榮認為，這是中國企業比較欠缺的東西。因此，他要進行人性組織的實驗，也實驗出了一些方法。「可以說，如果不是宏碁的集體創業、全員入股等等這些機制作為高科技企業發展的一種參考，台灣高科技如果還是沿用傳統的、我們以前的家族企業的方式，那麼根本不可能出現今天這樣蓬勃發展的局面。」

在對人的管理上，施振榮用「嚴於律己，寬以待人」體現他的「人性本善」主張。施振榮的身價在一九九五年即達三．二億美元，但他每次出行都使用帶輪子的塑膠旅行箱，自己拖來拖去。當台灣許多老闆身居豪宅、戒備森嚴時，施振榮卻安於小小的辦公室，家裡沒有傭人。

日常把散步當作運動，並不忘把使用過的紙張的背面繼續書寫。

但施振榮並不是吝嗇鬼。作為老闆，他對下屬的錯誤極為寬容。當一個業務員不慎給公司造成十幾萬元損失時，他把這筆錢當作應繳的「學費」一筆勾銷。他對員工充分尊重，宏碁工廠裡的工人上下班從不需要打卡。他甚至開創了「以下試上」的做法，即在招聘和提拔幹部時，允許下屬面試上司。

施振榮認為，人才流失的真正源頭是因為沒有用「人性本善」來思考，導致給予人才的空間舞台太小，嶄露頭角的機會太少，所以人才難留。「如果高層願意享受大權旁落，落實分散式管理，人才自然會有機會歷練成大器。」

重返「王道」

「Me-Too is not my style.」這是施振榮的座右銘。於是大家看到了一個另類的華人企業：有別於「集權」和「家天下」傳統，施振榮很早就立下了分散式授權管理和「傳賢不傳子」。這樣的理念也指導了宏碁的兩次「再造」。

二〇〇四年，施振榮光榮退休，交棒給兩名幹將，跟隨他多年的王振堂任董事長，曾負責國際業務的蘭奇任總經理。這個「中西結合」的管理組合一度將宏碁推上事業頂峰，成為全球第二大 PC 廠商。

然而，隨著 iPad 上市，PC 市場逐漸告別黃金時代。二〇一一年，宏碁市場份額被聯想超越，此後三年接連虧損，二〇一三年第三季淨虧損高達一三一．二億新台幣。

值此危難之際，二〇一一年十一月二十一日，退休近十年的施振榮終於抵不住董事會力邀，緊急復出。

在施振榮看來，職業經理人的弱點在於易受會計原則影響而選擇短期利益，忽視間接、無形、未來的隱性價值投資，賺的是讓企業未來沒有競爭力的錢，「事實上，企業無形的精神傳承是企業永續經營很重要的根基。」

「創造價值、利益平衡、永續經營」，這是近年來施振榮總結推廣的企業經營「王道思維」的核心。做了七個月「救火隊長」，宏碁次年第二季業績首次轉虧為盈，施振榮主動要求卸任董事長，擔當起「自建雲首席建構師」的新角色。「硬體+軟體+服務」的「自建雲」（BYOC），正是他給宏碁指明的新路。

二〇一六年以來，施振榮或投書或當面建言台灣地區新任領導人：應將台灣定位為未來亞洲「創新矽島」（對比美國矽谷），借重「北北桃竹」的高科技產業聚落，成為全球創新源頭，在「矽文明」時代創造出新的價值。

施振榮還建議，產業政策方面應優先選擇已有資源優勢、市場規模大、附加值高的領域，組成虛擬的企業聯盟，長期投入累積台灣競爭力。近期他發起的「智網聯盟」就是借助資通訊產業優勢，整合應用於農業及醫療服務。

施振榮認為，台灣應該不斷以用戶為中心研發新的服務模式，與全球各地合作，塑造國際化的服務品牌。「全球未來市場在華人，面對這個全球最大市場，有多少公司真正瞭解華人未來需求？這就是我們的機會。」

四年前，智榮基金會成立「龍吟華人市場研發論壇中心」項目，專門研究兩岸各大城市人群的消費習慣和價值趨勢，大陸方面除北京、上海、廣州外，即將在重慶也設點研究。

面對新的兩岸政治環境，施振榮坦言，要鼓勵民間交流，不能停滯，「台灣和大陸企業要共創價值，有很多互利互補的合作機會，為全球做貢獻，這是我們希望追求的。」（丁超）

李嘉誠（1928-今）

李嘉誠：香港是李嘉誠的「城」？

李嘉誠（一九二八年—今），香港企業家。出生於中國廣東潮州，一九四〇年逃難到香港。李嘉誠曾是維持華人首富地位最久的香港人，被不少香港人稱為「李超人」，其創立的長江集團已成為香港最大企業之一。現擔任集團董事局主席，經營範圍包括房地產、能源業、網路業、電訊業及傳媒業。

二〇一三年三月，和黃集團旗下香港國際貨櫃碼頭爆發嚴重罷工潮，數百名碼頭非正式員工不滿十五年來工資有減無增，做足二十四小時只有一千三百元港幣，較之一九九七年的一四八〇港幣還要低的現狀，衝擊碼頭抗議，要求加薪兩成。示威人士帶著印有李嘉誠的紙板，高舉多張橫幅及標語：「還錢呀李老闆！」「欠債還錢天公地道無盡剝削忍無可忍」。有工人稱，十年來沒有加過人工，工時卻不斷超標，笑稱是：「養起李嘉誠，養不了家庭」。

被示威的工人們畫成奸商和魔鬼，李嘉誠看到後也非常不高興，但幾個小時之後，他就開解了，李和身邊的人開玩笑說，哇，這個上面，把我的頭畫得還是笑的。

創業至今六十多年，雖歷經多次經濟危機，但沒有一年虧損；自從一九九九年被富比士評為全球華人首富以來，十五年間不管風雲如何變幻，始終穩居此一寶座。

這就是李嘉誠。他究竟是怎樣的一個人？

書香門第，年少變故

一九二八年七月二十九日，李嘉誠出生在廣東潮州一個書香門第，祖籍福建莆田。李氏家族是當地的望族：曾祖父李鵬萬，是清朝甄選的文官八貢之一；祖父李曉帆是清朝最後一科秀才；兩位伯父在民國初年，曾跨海留洋取得日本東京帝國大學博士學位；父親李雲經則是小學校長。年少的李嘉誠聰穎好學，博聞強記，按照正常發展，或許也會像父輩們一樣走上求學治學的道路。

然則，風雲急變。一九三七年抗日戰爭爆發，兩年後戰火波及潮州，為躲避戰火，李嘉誠一家輾轉來到香港。一九四一年日本攻佔香港，母親只好帶著弟妹回老家。不幸的是，貧困抑鬱的父親染上肺結核，半年之後就去世了。十四歲的李嘉誠獨自面對父親的死亡與埋葬，「一夕長大」。

禍不單行的是，年少的李嘉誠也染上了肺結核。

「這是我一生中最艱難的時刻。」李嘉誠回憶說，「我告訴自己不能死，身為大兒子，為了母親和弟妹，為了前途，一定要做好自己的工作。」

喪父、養家、肺病、貧窮……當一個人在自己十五歲左右經歷這一切挑戰而沒有被打垮，他就沒有什麼是不能承受的了。

勤能補拙，成事在人

西營盤「春茗」茶樓的堂倌，是李嘉誠到香港之後的第一份工作，茶館的工作很辛苦，李嘉誠每天工作超過十五個小時。茶樓各色人等來來往往，這給初入社會的李嘉誠提供了難得學習察言觀色、瞭解人情世故的機會。久而久之，李嘉誠對於老主顧的喜好能夠瞭若指掌，對新茶客也能猜到他們的喜好，茶館的生意興隆，李嘉誠深得老闆的賞識。

一年後，李嘉誠辭去茶樓的工作，前往舅舅莊靜庵的中南鐘錶公司，工作之餘，李嘉誠跟鐘錶師傅「偷學」裝配修理鐘錶，技藝突飛猛進，這讓舅舅莊靜庵刮目相看，年少的李嘉誠被調到公司屬下的高升街鐘錶店當店員。剛到高升時，李嘉誠年紀最小，大家根本沒把他當回事。憑藉茶樓工作練就的與人打交道能力和對鐘錶技術、銷售技術的深入掌握，沒幾天李嘉誠就成了鐘錶銷售的行家，年少的李嘉誠再一次讓人刮目相看。

處於風雲際會之計的香港經濟充滿機遇與挑戰，十七歲的李嘉誠放棄早已輕車熟路的鐘錶行業來到一家很小的五金公司做推銷員。雖然年紀小，李嘉誠卻有著一股不服輸的勁，每天工作十六個小時，雖然當時李嘉誠年齡最小，經驗最少，但是銷售成績卻是第二名的足足七倍。十八歲，李嘉誠就是成為部門經理，兩年之後成為總經理。

「所謂的成功並不是看你有多聰明，而是看你能否笑著渡過難關。」李嘉誠後來在回憶中說道。從茶樓的堂倌做起，到鐘錶店員、五金店銷售員，李嘉誠把一件件小事做出名堂，做到了極致。

風雲際會，創業行動，工廠是最好的課堂

一九四八年前後，經過二戰洗禮的世界經濟，開始迅速恢復，並持續增長。國共兩黨的戰爭進入後期，大批逃避戰爭的人們從大陸湧向香港，為香港帶來大量的資金、技術、勞力。帝國主義列強原本在華各大城市的外國洋行及工廠，紛紛撤到香港。香港的轉口貿易和自由港地位顯得越加重要。

一九五〇年夏天，李嘉誠靠著自己積累與借來的五萬元資金，在筲箕灣創立長江塑膠廠。取名長江有「長江不擇細流，故能浩蕩萬裡，彙聚百川，才能氣勢如虹，長流不息」之意。

創辦之初，由於人手有限，李嘉誠幾乎承擔著工廠中從技師到採購員、會計、出納大大小小所有的工作。既要嚴把品質關，做好產品的生產，又得親自帶著樣品去拜訪客戶，做好產品銷售。平均每天工作十六個小時，每週至少一天通宵達旦，這是創業之初李嘉誠的常態。

工廠一開始的條件很苦，吃飯沒有餐桌，大家就蹲在地上，工廠一賺了錢，李嘉誠就抽錢出來，儘量改善伙食品質和就餐條件，以穩定員工隊伍。「你必須以誠待人，別人才會以誠相報」，長江廠的凝聚力，建立在充分尊重的「誠」字上。

而今李嘉誠的商業版圖遍布全球五十二個國家，從事的產業，橫跨通信、基建、港口、石

油、零售等多個領域。集團員工超過二十六萬人。而員工中，中國人只是少數，大多都是英國人、美國人、加拿大人，一個可以佐證的事實是員工的離職率極低，很多都是跟李嘉誠打拚了幾十年的老員工。而這一切無不與李嘉誠從創業初期形成的知人善任、尊重員工、以誠相待的管理理念密切相關，在長江實業，每個人的才華都被發揮到極致。

「每個人都有很多選擇，為什麼要跟著你？你給我很多錢，但需要犧牲我的尊嚴，我不會跟著你；但如果你因為我有能力，尊重我，給我空間和舞台，我一定會跟著你。」李嘉誠在接受記者採訪時說道。

工廠危機奠定一生「穩健」的發展戰略

訂單暴增，工廠的發展前景似乎一片明朗。然而一家客戶宣布長江塑膠廠的產品品質粗劣，要求退貨。工廠資金有限，採用的設備都是老掉牙的淘汰機器，員工技術不熟練。客戶訂單激增，塑膠廠一味追求產品數量，而忽視品質。一時間產品積壓，沒有進賬，供應商要求貨款，客戶要求退貨並賠償損失，銀行派人來催貨貸，長江命懸一線。李嘉誠在母親的指導下，悟到做人處世的根本在於誠實，李嘉誠一一拜訪銀行、原料商、客戶，向他們認錯道歉，祈求原諒，才最終度過危機。

「穩健中尋求發展，發展中不忘穩健」成為了李嘉誠經商的座右銘，並貫穿其商業。跟隨他多年的下屬說，李嘉誠是一個危機感非常強的人，他對公司業務瞭若指掌，他始終認為做成一單生意首先考慮的不是如何成功，而是怎樣失敗，將這些失敗的路堵上了，成功自然就順暢了，因此他對公司負債率這一指標有著近乎偏執的控制。

二〇〇八年，金融危機爆發，而在這之前，李嘉誠已經準確預見，並早已做好了準備，等到危機來臨時，集團不但安然無恙，還從中獲得了擴張的機會。

對李嘉誠來說，早期的工廠經歷，是他最好的課堂，其一生的商業邏輯也大致形成於此階段。李感慨道：「工廠的這段生活，是我人生的最好鍛鍊，尤其是做推銷員，使我學會了不少東西，明白了不少事理。所有這些，是我今天十億、一百億也買不到的。」他對世界經濟形勢的認識，最早也來自這裡。

獨具慧眼進地產，巧借資本力量，逆勢而動成傳奇

二十世紀五〇年代，香港人口激增，房屋卻供給不足，長期鬧房荒，在當時房地產並非人人看好的行業。李嘉誠卻洞察到地產的巨大潛質和廣闊前景。

一九五八年長江開始進軍地產行業，先後在北角、柴灣興建工業大廈。

一九六七年，文革影響波及香港，香港「左派」掀起「五月風暴」。「中共即將武力收復香港」的謠言四起，頓時人心惶惶，移民潮氾濫，物業被瘋狂拋售。一時間香港的房地產有市無價。李嘉誠從大陸流傳到香港的小報中瞭解到文革逐漸得到控制的消息，並預判到香港不會被武力收復。在這場一直延續到一九六九年，香港戰後最大的地產危機後期，李嘉誠逆勢而

動，大力進軍地產業。

一九七〇年，香港百業復興，地產市道轉旺。李嘉誠成為這場地產大災難中的絕對贏家。一九七一年，長江地產有限公司成立。次年，香港股市迎來爆發期，李嘉誠認準時機，將長江地產改為長江實業（集團）有限公司，騎牛上市，成為「華資地產五虎將」之一。後來長江實業先後在倫敦、溫哥華股市掛牌上市，長江雄厚的資金基礎傲視地產界。

一九七三年世界性經濟衰退帶來恆生指數的暴跌，短短一年時間從一七七四・九六點暴跌到一五〇・一一點，新一輪的地產低潮來臨。基於對香港波浪式發展經濟興衰規律的深入認識，一九七四至一九七六年，透過發行新股、售股等方式，長江在資本市場上募集可用資金達三・一億港元。長江在充裕的現金流基礎上，趁低潮時地價偏低，大量購入土地。從一九七二年到一九七五年短短五年之間，長江擁有的物業和土地從三十五萬平方英尺，躍至一〇二〇萬平方英尺。逼近首席地主——置地擁有物業和地盤近一千三百萬平方英尺。

二十世紀八〇年代，李嘉誠已實現趕超置地的目標。如果李嘉誠不將長實上市，未充分借助股市的作用，是不可能在較短的時期內趕超置地的。

一九七九年李嘉誠從滙豐銀行收購英資和記黃埔集團二二・四%的股份，成為第一個入主英資洋行的華人，入主和黃之後，首先考慮得是如何糅合中西方思維，找到適合公司的管理基點，從而建立起靈活的管理框架。

嚴格自律，勤儉樸素

從早年創業至今，李嘉誠還保持兩個習慣：一是睡覺之前，一定要看書，從來不看娛樂新聞，小說基本不關注，比較喜歡的是科技、歷史、哲學類的書籍，不看「沒有用」的書。非專業書籍，他會抓重點看，如果跟公司的專業有關，就算再難看，他也會把它看完；二是晚飯之後，一定要看十幾二十分鐘的英文電視，不僅要看，還要跟著大聲說，因為「怕落伍」。不論幾點睡覺，一定在清晨五點五十九分鬧鈴響後起床。隨後，他聽新聞，打一個半小時高爾夫，然後去辦公室。

每天早晨，李嘉誠都能在辦公桌上收到一份當日來自包括《華爾街日報》、《經濟學人》、《金融時報》等在內全球知名媒體的新聞報導。

李嘉誠旗下的維港投資，最近這兩年，投資了六十多家科技公司，其中不乏很多明星項目，例如 Facebook、Skype、Siri、Waze、Spotify、Summly 等等，作為一名八十八歲的老人，他對潮流的把握遠超很多年輕人。

李總是藍黑色西裝套裝搭配白襯衫，而領帶永遠是藍白色系，李樂於向別人展示他穿了數十年的西裝皮鞋勝於向別人展示他成功的生意。一位下屬說，李的襪子都是不能見人的，因為他自己縫補了好多次。

李辦公室幾乎沒有什麼裝飾，最惹眼的，是清代儒將左宗棠題於江蘇無錫梅園的詩句：

「發上等願，結中等緣，享下等福；擇高處立，尋平處住，向寬處行。」

壟斷、撤資釀危機

「最近十多年來，香港社會對富豪的看法有很大變化。十幾年前坐計程車和司機講起李嘉誠，十個有九個會豎起大拇指，稱他做『李超人』；今天要是坐計程車和司機討論『誠哥』近日的事蹟，十個裡頭有十個會一聽到他的名字就立刻大罵『官商勾結』，甚至叫他為『奸商』。」在《地產霸權》一書的導讀中，梁文道如此寫道。

「李嘉誠，名副其實，香港就是李家的城。」一名小學生曾在作文中如此戲稱。「壟斷」成為近幾年來香港的主題。全球許多國際品牌如家樂福、沃爾瑪，唯獨放棄香港，原因無他，香港市場早已被兩家巨頭——李嘉誠的百佳和香港置地旗下惠康超市所壟斷。據研究機構Euromonitor的資料，截至二〇一二年，百佳和惠康共佔本港超市七三%市場份額，其中百佳市佔率三三．一%。

二〇一二年香港特首選舉，李嘉誠支持的卻是梁振英的對手——同為建制派（愛國愛黨）的唐英年。唐英年是標準的世家子弟，而梁振英則算是平民出身，其父是一名警員。二〇一三年二月，梁振英便推出了香港有史以來最嚴酷的樓市調控政策：非港人購入工商和住宅物業，需要繳納十五%的額外印花稅和雙倍印花稅。

二〇一六年十月九日，李嘉誠旗下的長江實業已將香港嘉湖銀座商場，以五八．五億港元的總價整體出售；國慶長假前，李嘉誠旗下的另一家上市公司電能實業宣布，拆售旗下的香港電燈有限公司；在大陸，他以六十億元人民幣的底價叫賣其在上海陸家嘴開發的首個寫字樓專案「東方滙經 OFC」，同時宣布拋售位於廣州的西城都薈廣場。

故事的另一面，則是李家在歐洲的頻頻收購：從二〇〇〇年至今，李家父子佈局「購買英國」——他們已經或者即將控制英國天然氣近三成的市場，約四分之一的電力分銷市場，以及約五%的供水市場。此外，港口、機場與金融市場業務也在李氏收購範圍之內。

李嘉誠的未來還有更多的「風起雲湧」？（丁超）

劉長樂（1951-今）

劉長樂：傳媒大亨長樂未央

劉長樂（一九五一年—今），祖籍中國山東省萊蕪市，出生於上海，畢業於北京廣播學院。進入中央人民廣播電台，曾任職記者、編輯、新聞評論員，曾是解放軍第四十軍軍官，後升為國家司級幹部。現為鳳凰衛視董事局主席兼行政總裁及香港亞洲電視股東、全國政協常委。二〇一二年被評為二十世紀影響中國的二十五位企業家之一。

因為神似彌勒，一心向佛，劉長樂被尊為「佛商」；因為其傑出的商業成就，當選「中國企業家領袖」；因為一手領導鳳凰衛視走向世界舞台，劉長樂被稱為傳媒界的「智者」和「大亨」。

雖然集多種榮譽於一身，這位在香港被傳為「神秘的大佛」的鳳凰衛視董事局主席和執行總裁，在中國大陸卻因為其刻意的低調而鮮為人知。

作為一名傳媒大亨，劉長樂帶領鳳凰衛視涅槃重生，全球化的佈局加上前瞻性的擴張戰略令鳳凰衛視由單一頻道發展為多頻道的平台。到目前為止，鳳凰衛視擁有中文台、電影台、資訊台、歐洲台和美洲台五個頻道，已覆蓋了亞、歐、北美、北非等九十五個國家和地區，在香港也進入了有線電視和 Now TV 寬頻網，成為公認的在全球最有影響力的華語媒體之一。

強大來自內心

一九五一年，劉長樂出生上海長樂路一家醫院，故取名「長樂」。父親劉向一很小的時候就秘密加入共產黨，在國民黨統治時期，擔任過中共山東省蒼山縣第一任縣委書記和地委宣傳部長。上海解放時，劉長樂的父母隨部隊南下上海。

雖然生在繁華都市，但是，讓他認識人生的卻是貧窮的中國西北。二十世紀六〇年代中期，他的父母調往甘肅任職，蘭州遠在黃土高原的盡頭，地處祁連山和六盤山之間。渾黃的黃河水從青藏高原激流而下，又穿城而走。河岸邊有清真寺的尖頂，有大佛寺的香爐，還有高大的水車吱吱呀呀地轉動，緩慢而沉著。

除了感受西北的乾冷與貧窮，劉長樂和同學們有大致相同的經歷：童年時代「餓」了一傢夥（二十世紀六〇年代「三年困難時期」）；少年時代「亂」了一傢夥（文化大革命）；青年時代「下」了一傢夥（上山下鄉接受再教育）。他經歷了父親被批鬥、母親被剃陰陽頭、雙親被隔離審查、自己由「紅五類」變成「黑五類」的心靈衝擊。雖然父母親被「打倒」，劉長樂從來沒想過要跟他們劃清界限或者反戈一擊什麼的。

一九七六年的唐山大地震，劉長樂以工兵連指導員的身分參加搶險，歷時將近三個月的搶險，救了許多人的命，也把世上該吃的苦吃得差不多了。那時候，一連幾頓吃不上飯是常事。有一段時間，青島送來的海鮮大蝦因為缺少車輛，送不到災民家裡，快臭了，就讓部隊吃掉，那一陣吃得他一聞到臭蝦味就想吐。

「瘦得厲害，雙手十個手指頭的指甲都磨掉了一半，指頭肚上全部結痂。」媽媽忘不了劉長樂當時的樣子。

中國打開自家大門進行改革開放的那一天，劉長樂這一代「五〇後」的人生觀被沖得七零八落，如同波特萊爾詩中的描繪：「思想就像被洪水沖刷過的墓地，大大小小布滿了墓穴」。

這是一種覺醒的痛苦。

面對西方國家的發達與富有，他相信強大來自內心。

商海船經

一九八八年，中國改革開放進入一個全新的時期，劉長樂敏銳地嗅到了商機，憑藉在新聞媒體行業積攢的人脈，首先做起了石油製品買賣的中間商。具體來說，就是利用時間差，在中國客戶和海外客戶之間，用「TT」到岸付款方式，使自己付給對方的時間比協力廠商付給自己的時間長，然後用客戶的錢來周轉。當時，石油成品貿易的利潤非常豐厚，回報率通常高達三〇%左右，而一船油的貿易額在三百萬至七百萬美元之間。很快，劉長樂便賺到了第一桶金。一個依靠信譽白手起家的經商故事，開始了劉長樂在商業領域的躍進。

一年之後，劉長樂離京赴美發展，一九九〇年到香港，一九九三年移居新加坡，為了方便做生意，劉長樂加入了新加坡國籍，成了一名僑商。

劉長樂深信中國古訓「槍打出頭鳥，海淹領航船」，在悄無聲息地建構他的商業宏圖。劉長樂創造的「神話」是他抓住了數次發財的機遇，也避過了幾次大的風浪。「我的戰略總體考慮是，對產業的分析要審時度勢。」劉長樂如是說。

比如他投資的高速公路，作為公用事業，市場風險和短時間的波動對其影響都不大，也容易得到海外投資者的認可。而房地產是目前最敏感的話題。事實上，劉長樂早在一九九三年中國政府進行宏觀調控政策之前，就已抽回大部分資金，並一直採取了收縮戰略。「因為我對中國政府在房地產方面的管理方式有一個準確的判斷，即政府在各地盲目的發展之後，必會有措施來制止。」

作為一名生意人，劉長樂的成就可謂「灼灼其華」——擁有四十多家全資或控股企業，分布在中國大陸、香港、新加坡、美國等，個人總資產達數十億人民幣，僅在大陸投資就上百億人民幣。這些投資項目中包括了中國最大的石油碼頭——廣東茂名二十五萬噸級的單點繫泊碼頭、中國等級最高的高速公路——北京至八達嶺高速公路，以及投資五億港幣建造的皇家園林超豪華賓館——頤和園賓館。

儒家經典著作《論語》中記載了這樣一則故事：「子路宿於石門。晨門曰：『奚自？』子路曰：『自孔氏。』曰：『是知其不可為而為之者與？』」

「知其不可為而為之」是儒家最重要的精神之一，而劉長樂便是這樣一位「知其不可為而為之者」。鳳凰衛視誕生地香港，佔絕對優勢的電視台是能免費收看的亞洲電視和無線電視，鳳凰的進入面臨重重壓力；而對於一個來自香港的衛星電視台，在當時想進入中國大陸開闢市場幾乎是一件「不可能完成的任務」。但劉長樂選擇了另闢蹊徑和拾遺補闕。

作為鳳凰衛視的另外一位合作方，美國新聞集團的傳媒大亨梅鐸給出的節目定位是：娛樂娛樂再娛樂。但劉長樂卻堅持要走更高風險的政治新聞路線。經過市場調查，劉長樂發現了一個值得驚喜的觀眾群體：大學生、商人、學者、政府官員以及關注時事的市民。這是一個擁有部分權力、金錢和知識資源的中產階層，他們對政治有著超乎尋常的熱情。而在當時的大陸，國際新聞和台灣新聞的報導一直是淺嘗輒止，無法滿足這些人的需求。劉長樂於是選擇這兩個大賣點作為鳳凰衛視的突破點。一九九七年九月對戴安娜葬禮的直播，二〇〇一年九月對「九一一事件」迅速持續的報導，二〇〇三年對伊拉克戰爭的直播，二〇〇四年三月對台灣大選的深入報導，讓鳳凰衛視在大陸及港台名聲鵲起。

在劉長樂看來，鳳凰衛視某種程度上是運用了洋為中用、古為今用的謀略。篤信佛教的劉長樂用「陰陽結合」來形容鳳凰衛視的理念和文化內涵。這個理念不僅包括空間的概念，也包括時間的概念，即現實與歷史的結合。歷史來自中國傳統文化中的理性化內容，而現實則來自現代流行文化中的感性化潮流。這使得鳳凰衛視左右逢源。

佛商：悲憫寬容

最讓劉長樂醉心的，是博大精深的佛教。佛教以和為貴的理念，尤其令劉長樂折服：「中國佛教沒有排他性，講的是包容，在當今世界上很值得好好的弘揚。」

一九九一年，他創立「樂天公司」，是「鳳凰」前身。命名「樂天」，已有樂觀、達觀、豁達、超凡脫俗之意。創立初期，即與當時健在的中國佛教協會會長趙樸初老先生合作，創辦「中國佛教文化資料庫」，用現代電子數碼科技，儲存佛寺、佛、菩薩等資料，將古老、抽象的理念形象化，圖片達數萬張。

而在他的生命中，有兩件物什非同尋常。一本他少年時讀過的書，前蘇聯作家卡維林的小說《船長與大尉》；一尊布袋和尚的塑像，布袋和尚笑口常開。他說：布袋，也是不帶，說的就是放下。他每見到佛像都要敬拜，往功德箱裡捐點錢。

二〇〇七年一月十一日，既以鳳凰衛視董事局主席兼行政總裁的工作身分，又以身為佛教徒的個人身分，劉長樂來到位於台灣高雄的佛光山，與星雲大師進行對話。話題從「鳳凰與佛的緣分」、「包容的管理哲學」一直到「和諧社會」。他說，「鳳凰」講和美，佛教講慈悲，有著同樣的精神核心。如果聆聽到這樣的談話，你一定會恍惚：這個長得像彌勒佛的人，到底是傳媒人，還是傳道者？

二〇〇六年四月，劉長樂在杭州召開的世界佛教論壇上發表演講：「儒教治世、佛教治心、道教養身」在經過了千年輪迴後，又一次彰顯出一定的借鑒價值，不僅能為中華民族提供和諧振興的動力，也會為漸趨剛性的西方文明帶來清新祥和的活力；當此之時，把佛教中興放在歷史的、現實的和它與中華文化關係的角度去考量，就會發現有著非同一般的意義：既是傳統文化復興的需要，也是因應時代變遷應該進取的力量。（孟濤）

何鴻燊（1921-今）

何鴻燊：澳門賭王

何鴻燊（一九二一年—今），生於香港，港澳商人，出身於香港赫赫有名的何東家族，是何東的侄孫。曾就讀於香港皇仁書院，後戰爭爆發，香港失守，一九四一年於香港大學理科學院肄業，進入澳門聯昌貿易公司工作，五〇年代中期他已經成為香港赫赫有名的大亨。澳門博彩專利權開放之前經營澳門娛樂賭博公司，在澳門博彩業獨佔鰲頭，有「賭王」之稱，其名下的香港信德集團業務深入航運、地產、酒店及娛樂等多個行業。

在港澳和東南亞地區，沒有人不知道何鴻燊這個名字。他是世界公認的賭王之一，也是澳門首富，其控制的資產達五千億港元之巨，個人財富有七百億港元，澳門有三分之一的人直接或間接受益於他的公司。

在澳門人眼中，他是「無冕澳督」和「米飯班主」，也是澳門博彩史上權勢最大、獲利最多、名氣最響、在位最長的賭王。

這位賭王提供了我們這個時代能見到的最後一個帝王景觀：他一生如猛虎，憑一己之力，將澳門從一個邊陲小城，變成世界聞名的賭場，養活了澳門三分之一的人口；卻也輕嗅薔薇，妻妾四個，子女十七個。

在相當程度上講，何鴻燊的個人傳奇經歷，就是一部濃縮了港澳殖民地近一個世紀以來種族、財富和政治變遷的興衰史。

貧窮的貴公子

香港人過去嘲笑一個人不自量，會說「你以為你是何東」。在二十世紀中葉之前，提起何東的大名，在粵港澳無人不曉。他是香港的首富，做過香港最大洋行怡和洋行的總買辦，後來轉入地產業，並出任多家上市公司的董事。何東曾多次被英、葡、法、意、比以及中國政府授予爵士銜或榮譽勳章。

而這位何東，就是何鴻燊的伯公，祖父是大買辦何福，父親何世光是香港五大華商之一，在商界政界享有盛譽。何氏家族有與外國人通婚的傳統，何鴻燊是第三代混血兒，體內流著英國、波斯、猶太和中國四個民族的血液。

等到何鴻燊出生的時候，他家裡海景別墅、花園洋房遍布港九，單是給嬰兒何鴻燊就建了一個海邊度假別墅，以何鴻燊的英文名字，命名為 Stanley Lodge，其中廚師、園丁、車夫、護士、丫鬟等僕從就有二十多個人。

一九三四年的一天，十三歲的富家公子何鴻燊一覺醒來，發現自己昨日擁有的一切已不存在了。

父親和三個叔叔聯手炒作怡和洋行的股票，破產，負債累累。住宅抵押了，別墅易主了，家私拍賣了，奴僕遣散了，家裡的所有資產變賣掉還不夠抵債。

牽頭炒股的叔叔何世亮，承受不了打擊，飲彈自殺結束性命。二伯何世耀精神錯亂，被送到精神病院，最後吞服安眠藥自殺身亡。父親何世光，則帶著何鴻燊的兩個未成年哥哥和妹妹，逃往越南西貢躲債。因怕債主尋到蹤跡，好些年都沒有跟家裡通音訊。

從此何鴻燊的生活就轟隆隆似大廈傾，他和姊姊跟著母親搬到香港窮人住的棚戶區，昔日出入身後丫鬟簇擁的闊太太，做著粗活咬著牙關供應兩個孩子生活。

何鴻燊從之前眾星捧月的處境，突然就變成走在路上別人見了他都繞道走了，因為生怕他借錢，其實那個時候他還是混沌的，還並沒有覺得十分如何。直到有一天，何鴻燊的媽媽含著熱淚對十三歲的何鴻燊說：「媽媽支付不起你的學費了，現在你有兩條路可以走，一條是去做童工，養活自己和家人，一條是自己賺獎學金，繼續讀書。」

何鴻燊很受震動，才驚覺自己的家境已經淪落到這番境地了。

一個學期後，原本一直穩拿倒數第一的何鴻燊，考了班級第一名，全校第二名，拿到了當年的獎學金。

成長都必須經歷某些裂痛。正是這件事，讓何鴻燊從富家子弟的舊夢中徹底清醒過來，多年以後，成為巨富的何鴻燊回憶辛酸往事，仍然無法釋懷。

「那個時候，我在想，想不到人窮，親戚便如此勢利。經過家境變故後，我們一家人都感覺到人情冷暖，母親更是終日以淚洗面。我於是下決心要爭一口氣！」

搏命的發家史

一九四一年十二月八日，日軍偷襲美國海軍基地珍珠港，太平洋戰爭爆發。同日，日本空軍轟炸香港啟德機場，戰爭爆發。何鴻燊參加了當時政府組織的義勇軍，並被分配在防空警報室，做接線生。

這一年年底，何鴻燊受朋友之邀，身帶著十港元——這是他在報警室工作八天所得的津貼——離開了戰火紛擾的香港前往澳門。

何鴻燊來澳門後不久，就進入了後來讓他獲得起家第一桶金的聯昌公司。聯昌是當時澳門最大的公司之一，擁有不少特權，公司的主要業務是以貨易貨，用機器零件和船隻交換糧油食品等澳門短缺物資，中、葡、日各佔三分之一股權。

何鴻燊在聯昌任秘書，並兼做糧油棉紗業務，學習日語、葡語。作為秘書，何鴻燊擁有很多特殊的專長，據說他記得和公司有業務關係的兩千多個電話號碼，這幾乎是當時商家和客戶電話號碼的全部，如果老闆想要某商社的號碼，何鴻燊立馬就能報出，很快，他就在公司得到重用，負責起公司最賺錢、也是最危險的業務——押船，即把貨物運到海上，與交易夥伴在海上交易。

押船是個把腦袋別在褲腰帶上的風險活，腦袋說掉就掉。那時沒有天氣預報，全憑水手的經驗，若遇颱風，一兩百噸的小船說翻就翻，而且海域領界劃分紛亂，遇日本人時會被當中國奸細殺掉，遇國民黨被當日本奸細殺掉，遇海盜被毫無理由地殺掉。但是何鴻燊心知肚明，亂世淘金，必走險路。

在聯昌冒著九死一生創下的功績，為何鴻燊賺得了名聲和金錢。一九四三年，聯昌給他的分紅達一百萬港元。那時何鴻燊才二十二歲，是港澳最年輕的大富豪。大家頓時對他刮目相看。「只一兩年，我就賺了許多前輩商人一生都賺不到的錢。百萬身家，在當時的人聽來如天文數字，可我的錢來之不易，我是用命換來的。」何鴻燊說這話，是自豪，更多的是無奈。

賭場風雲

澳門向來有「賭埠」之稱，博彩業在澳門可謂歷史悠久。早年最盛行的賭博是番攤與牌九，到了二十世紀，西方博彩傳入澳門，融合本土的賭法，形成一個多元化的博彩架構，並逐漸發展為與摩納哥的蒙地卡羅、美國的拉斯維加斯並稱的世界三大賭城之一。

一九六一年七月八日，澳門政府公開招商承授專營賭博的公告。當時澳門著名的「賭霸」葉漢為了打敗「老賭王」傅老榕，決定競標，為了更有把握，他聯合何鴻燊共同競標，後來何鴻燊又遊說當時的地產富豪霍英東加入。整個競標的過程是迷霧重重，到處都是風險，因為它不僅僅是一個普通的生意，但不可否認，這幾個人實力加在一起是強大的。

一九六一年十月上旬，賭界人士盼望已久的投標揭盅，開標結果：現持牌財團泰興公司（老賭王）的承價三一五萬元；葉漢、何鴻燊、霍英東等香港商人組成的新財團出價是三一六．七萬元，泰興佔了二十四年的江山從此易主。作為新的賭場持牌人的何鴻燊，正式進入博彩業，並成為了澳門新一任的「賭王」。從此何鴻燊開始踏上了賭王之路，他的商業版圖不斷擴大，賽狗等博彩項目都不斷被他攻下，等到一九八二年，何鴻燊輾轉拿到了早已與之分道揚鑣的葉漢的賽馬會控股權，給他龐大的博彩帝國蓋了最後一個流光溢彩的章，從那時起，何鴻燊才開始真正成為澳門博彩業一手遮天的人物。

一九七〇年六月，何鴻燊斥資六千多萬元建造的葡京酒店首期工程竣工，舉世聞名的葡京娛樂場便設在葡京酒店的翼樓裡。主樓的外部造型猶如一隻巨大的鳥籠，外牆的格板卻似中國的古錢幣，大門則像一個老虎口。內部裝修也極為奢華，金碧輝煌宛如宮殿一般。如今的葡京賭場，已然成為了除大三巴牌坊外，澳門的又一標誌。

何鴻燊還以澳娛公司的名義，贊助創辦《澳門星報》。該報大力介紹澳門的博彩娛樂及其他玩樂場所，因此吸引了更多的遊客來澳門，大大刺激了澳門的旅遊業和博彩業的發展。

旅遊業、酒店業、博彩業，每年都會為澳門政府帶來巨額收入。而由澳門娛樂旅遊公司捐款和投資的各種建築，更是遍布港澳兩地。

何鴻燊是澳門有史以來最成功的賭王，這個在澳門歷史上在位最長的賭牌持有人，不但是澳門首富，香港十大富豪，他甚至還掌握著澳門的經濟命脈。他旗下的賭場，每年的投注在一千三百億港幣以上，相當於澳門本地生產總值的六倍，每年上交給政府的賭稅超過四十億港幣，佔澳門總財政收入的五〇%以上。他也是澳門相當一部分居民的「老闆」，有三〇%左右的澳門人直接或間接受雇、受益於他的公司。就經濟上的影響力而言，何鴻燊可以說是澳門的「無冕之王」。

「賭王」的另一面

「賭王」不只是一個硬漢，一個家長，他也有不為人知的另一面。「賭王」有一句口頭禪：「我輕輕地告訴你呀……別告訴別人……」，他的話語沒有高深的理論和嚴密的邏輯，卻繪聲繪色引人入勝。說到深處，他會輕輕地拍拍你，讓人會心又感動。

身為「賭王」的何鴻燊，自己卻從不賭博，還經常低聲奉勸別人：「你們也不要賭啊，贏的永遠是莊家。」何鴻燊自己這樣評價自己：「我為什麼還要在賭桌上賭呢？每天這麼多人來葡京賭錢，不就是跟我賭輸贏嗎？我其實是天天在賭。」

何鴻燊既是掙錢的行家，也以豪爽捐贈而聞名。多年來，他身體力行，參與了不少公益事務，他以個人或公司名義，每年捐資社會基建、慈善福利、文康體育、醫療教育，受惠團體數不勝數，包括：澳門明愛、澳門街坊會聯合總會、澳門大學、澳門天主教福利會、澳門特殊奧運會、澳門鏡湖醫院、澳門母親會、同善堂等。

少年時代家道中落，不但激發了他對讀書的熱愛與渴求，也啟發了日後對教育事業的承擔。為此，他常常告誡後輩：「富貴聚散無常，唯學問終生受用。」

何鴻燊對大陸更是情有獨鍾。早在一九九〇年，何鴻燊就出資成立了「何鴻燊航太科技人才培訓基金會」，還於一九九三年在河北省廊坊市建造「何鴻燊培訓樓」，用作培訓航太科技人才。澳門回歸之際，他為籌建北京人民大會堂「澳門廳」曾數度捐資，捐贈款額十分可觀。一九九九年三月，何鴻燊率先出資三百萬美元，支持北京興建中華世紀壇，表達對新世紀來臨的祝願。北京申奧成功後，何鴻燊更是數度出資支持奧運場館的建設。二〇〇八年，當奧運聖火在澳門傳遞時，八十六歲高齡的何鴻燊擔任了第二棒火炬手，也是澳門一百二十名火炬手中年紀最大的。

「對中華文化我發自內心地熱愛，我希望透過贊助和舉辦不同的文化、藝術活動，搶救那些流失在海外的國寶，宣揚愛國、愛民族的意識，為增強中華民族的凝聚力，為早日完成祖國統一大業，盡一己之力。」何鴻燊說，向國家捐贈圓明園馬首銅像，就是出於這種心情。

其實，回購流失海外的珍貴文物再捐贈給國家的事，何鴻燊已經做過很多了。早在一九八七年，何鴻燊就向國家捐獻了一四七件中國古代文物；一九九九年，他率先捐款三百萬美元，支持北京興建「中華世紀壇」；二〇〇三年，又向國家捐贈圓明園銅鑄豬首，支持搶救流失海外國寶的行動；二〇〇五年，何鴻燊向香港特區政府捐贈一組古董屏風，作為籌建中的孫中山博物館藏品……

何鴻燊所擁有的一切，都是他親手創造的。有人曾向他打聽成功秘訣，何鴻燊說：「我沒有什麼秘訣，一是做事必須勤奮；二是鍥而不捨，有始有終；三是一定要有好幫手；四是待人忠實，做事雷厲風行。錢，千萬不要一個人獨吞，要讓別人也賺。做生意一定要懂得有取有捨，有的雖可獲一時之利，但無益於長遠之計，寧可捨棄，不可強求。勤勞努力，戰勝困難，才是最大的資本。沒有到收工鐘響就已經洗乾淨手的人，一定是老闆最看不起的人，也是人生不會成功的人。」（孟濤）

馬　雲（1964-今）

馬雲：中國互聯網之父

馬雲（一九六四年—今），祖籍浙江省嵊州市（原嵊縣）谷來鎮，阿里巴巴集團主要創始人，現擔任阿里巴巴集團董事局主席、日本軟銀董事、大自然保護協會中國理事會主席兼全球董事會成員、華誼兄弟董事、生命科學突破獎基金會董事等。

一家企業的發展離不開夢想與目標，成功的企業家更是要擁有永不言棄的毅力和激情。馬雲崛起於中國草根階層，因為最早宣揚互聯網而被人稱為「騙子」，一度只能隱棲於市井小樓裡寂寂無聞，卻在曲徑蜿蜒中野蠻成長，短短十年後阿里巴巴成全球最大的電商平台，馬雲和他的阿里帝國在二十一世紀互聯網時代留下了最濃重的一筆。

「今天很殘酷，明天很殘酷，後天很美好，絕大多數的人死在明天晚上。我們要永不放棄，才能見到後天的太陽！」被稱為「中國互聯網之父」的馬雲，將西方的思想和東方的智慧融會貫通，其越挫越勇的創業歷程勉勵著無數懷揣夢想的年輕人，在迷茫困惑的時候砥礪前行。

倔強少年和他屢敗屢戰的大學夢

一九六四年十月十五日，馬雲出生於杭州西子湖畔的一個普通家庭，父親是一家戲劇協會的負責人，常帶馬雲去看戲，他對戲裡的唱腔絲毫不感興趣，倒是對武生們在台上的好身手佩服不已。溫潤的吳越文化並沒有薰染出他儒雅的氣質，馬雲是那樣地倔強，讓父母深感頭痛。在六歲的時候，已經能夠識文斷字的馬雲喜歡上了金庸的武俠小說，俠肝義膽的江湖豪情讓他堅定不移地承擔起了「大俠」的責任，他常常幫弱小的同學出頭打架，打了無數次的架，沒有一次為自己，全是為了朋友。打得縫過十三針，挨過處分，被迫轉學杭州八中，此時的馬雲就凸顯出不同其他孩子的特質——重視朋友間的情誼，而這似乎也暗示了他的人生至少不會像父母認為的那樣毫無希望。

馬雲的成績一塌糊塗，唯獨對英語有強烈的求知欲，七〇年代末，開始改革開放的中國大陸吸引了外國各地的遊客，杭州最能體現南方的風土人情，也成為遊客的必往之地，馬雲憑藉「初生牛犢不怕虎」的精神主動在景點給遊客當嚮導，久而久之英語得到極大提升，甚至很多外國遊客以為他是小華僑。

馬雲小時候玩得太多，基礎很差，這位「英語天才」在數學方面走向了另外一個極端，第一次高考數學僅考了一分，大大拉低了總分，最後不出意外地「成功落榜」。面對如此慘敗，馬雲一度放棄，在表弟的引薦下前往酒店應聘，卻無情遭到老闆拒絕，之後的應聘頻頻碰壁，最終透過父親的關係在一家雜誌社蹬三輪，每天機械打包、搬運，繁重的工作漸漸麻痺高考失利的痛楚，甚至一度讓他以為這就是屬於他的生活方式，但父親卻開始刻意鑵鑿痛處：「你每天來來回回二十多趟都不累，為什麼不再參加一次高考呢!?」。父親的話讓馬雲下了決心：參加第二次高考！他報了高考複讀班。然而這次，數學只考了十九分，總分離本科錄取線相差一百四十分。

這回，馬雲自己執拗地決定第三遍走高考的路，父親是全家唯一沒有反對的人，並煞費苦心地請到了一名數學特級老師，每週輔導兩次。一九八四年七月，第三次參加高考，數學考到了七十九分，但依然離本科線差五分，就當他準備就讀杭州師範學院專科時，等來了機遇的垂青——當年杭州市府學院英語專業剛升本不久，招生未能完成，外語系決定調配英語優秀的專科直接進入本科，這樣，英語成績突出的馬雲便被英語專業本科破格錄取了。

敢為天下先——創立海博翻譯

二十歲的馬雲進入大學之後，也慢慢得到命運的眷顧。憑藉扎實的英語底子，馬雲穩坐外語系前五名，心思活絡的他將精力轉向各種社團，並順利當選學生會主席，後來還擔任杭州市學聯主席，大學畢業後，同屆五百名畢業生，只有馬雲一個人留校擔任講師。在大學教書的六年時間，是馬雲厚積薄發的階段，不但積累了人脈，也沉澱了心性。

一九九四年，改革開放的春風吹遍大江南北，社會上翻譯外文資料的需求越來越大。這時，馬雲發現身邊許多的同事和退休老教師都賦閒在家，於是就產生了一個念頭：「我能不能在杭州成立一個專業的翻譯機構呢？這樣一來，既能減輕自己的負擔，又能讓那些老師賺點外快貼補家用，一舉兩得。」一九九四年一月，馬雲利用青年會沿馬路的兩間房辦起了「海博翻譯社」，「海博」是英文「希望」的音譯。馬雲解釋說：「大海一般博大的希望，這個名字不錯吧！」然而第一個月，海博總收入僅七百元，當時房租就需要兩千元，很多人都勸他不要折騰，甚至連合夥人都打起了退堂鼓，而馬雲堅信：堅持下去，一定會有黎明。

要讓翻譯社支持下去，就必須找到新的利潤來源，馬雲發現賣鮮花和禮品可以賺錢，就背著麻袋坐火車去義務批發進貨，將辦公室一分為二，一半用來賣禮品、鮮花，一半做翻譯社。就這樣，硬是將翻譯社帶上了康莊大道，到一九九五年，海博翻譯社的生意漸漸好起來了，而那時候馬雲已經把重心轉到做互聯網上，就把翻譯社送給了其中一個入了股的學生。

翻譯社至今還在老地方開著，門面也沒有擴大，但現在幾乎所有的語種都能翻譯，常譯的語種就有二十多個。如今，我們再登錄海博翻譯社的網站時，首先就能看到四個大字——「永不放棄」。這四個字，是馬雲當年親筆題寫的。

創立第一家中國互聯網網站——中國黃頁的誕生和沒落

一九九五年，馬雲代表杭州市政府前往洛杉磯溝通一個高速公路專案，事情辦理得並不順利，卻讓他在美國意外接觸到了互聯網，並產生了濃厚的興趣，他敏銳地嗅到了商機。回到國內，他按捺不住心中的激動，立刻開始準備成立互聯網公司，拿著籌集來的十萬元，成立了中國第一家真正意義上的商業網站——中國黃頁。

一種新的商業模式要被大家接受是一個緩慢的過程。一九九五年四月到八月，中國黃頁一度陷入困境，公司賬上甚至只有兩百塊錢，而同時業務局面遲遲不能打開，那時的馬雲與其說是總經理，不如說是個推銷員。一位曾經在大排檔裡見過馬雲的老鄉這樣描述他：喝得微醺、手舞足蹈，跟一大幫人神侃瞎聊。那個時候，大家都不知道互聯網是什麼東西，很多人就說馬雲是到處推銷中國黃頁的「騙子」，但他還是不厭其煩，還是一遍遍地推銷中國黃頁。到了一九九七年年底，網站的營業額不可思議地做到了七百萬元！

隨著互聯網在中國升溫，中國黃頁在一夜之間冒出了許多競爭者，而其中實力最強的就是隸屬於杭州電信的西湖網聯，這是一場實力懸殊的戰爭，杭州電信註冊資本三億多，馬雲註冊資本僅兩萬；這也是一場你死我活的戰爭，杭州就這麼大一個廟，容不下兩個和尚。杭州電信有著非常好的社會資源和政府資源，馬雲一樣都沒有。為了公司生存與長遠發展，馬雲決定與西湖網聯合作：黃頁與西湖網聯合併，中國黃頁佔三〇％股份，西湖網聯佔七〇％，馬雲出任總經理，並竭力將中國黃頁打造為「中國雅虎」。然而西湖網聯的初衷就是追求短期的盈利，雙方頻頻在公司發展理念上發生衝突，馬雲在外拓展期間，與中國黃頁合作的南方公司在杭州註冊了一家新的「中國黃頁」，連名字都是翻版。

面對自己苦心經營的成果被別人惡意獲取並宰割，馬雲悲憤不已，在員工的集體婚禮後的晚宴上，馬雲宣布：離開中國黃頁，股份留給一起創業的員工。承載著馬雲最初夢想的中國黃頁就此淡出人們的視野，慢慢淹沒在互聯網浪潮中，寂寂無名。

不忘初心：阿里巴巴問世

一九九九年，馬雲婉拒雅虎和搜狐開出的優厚條件，毅然從北京回到杭州，為了一個更大的夢想：用電子商務為中小企業服務。這源於他對中國市場環境的深刻認識：大魚吃小魚，小魚吃蝦米，蝦米吃剩餐，中國大量的中小企業最需要互聯網的支援。互聯網可以將獨立的個體連接在一起，構建一個完整的生態圈，這就是互聯網的魅力，而美國的商務模式並不適用中國的國情，他要推出一種新的模式：B2B 電子商務，即透過阿里巴巴進行交易，進行網上採購，減少企業在常規交易中的人力、物力、財力和物流等方面的費用，大幅降低交易成本。

一九九九年二月二十一日，杭州湖畔花園馬雲家，攝影機在進行全程錄影。馬雲妻子、同事、學生、朋友，十八個人或坐或站，圍繞著他們的首領馬雲。馬雲將手一揮，「從現在起，我們要做一件偉大的事情。我們的 B2B 將為互聯網服務模式帶來一次革命！」他掏出身上的錢往桌上一放，「啟動資金必須是 Pocketmoney（閒錢），不許向家人朋友借錢，因為失敗可能性極大。我們必須準備好接受『最倒楣的事情』。但是，即使是泰森把我打倒，只要我不死，我就會跳起來繼續戰鬥！」

創業初期，阿里巴巴資金有限，辦公地址就是馬雲那套接近兩百平方米的房子，環境簡陋，人才招聘面臨困難，工資只有五百元，而且工作極其辛苦，有時候一天工作十幾個小時，累了到頭就睡，醒了接著幹，就在這種環境下，不到三個月，阿里巴巴正式上線，隨著網上中國商品交易市場的加入，註冊會員實現了高速的增長，兩個月後，會員就突破兩萬人，阿里巴巴由零資訊、零會員，成長為一個擁有大批忠實會員的商業交易平台。

「其實最大的決心並不是我對互聯網有很大的信心，而是我覺得做一件事，經歷就是成功，你去闖一闖，不行你還可以調頭，但是如果你不做，就像你晚上想千條路，早上起來走原路，一樣的道理。」馬雲提起當初，讚賞的是自己的勇氣而不是眼光。

一九九九年的中國互聯網處在最喧囂、浮躁的階段，各家互聯網公司間的宣傳戰如火如荼，廣告充斥著街頭巷尾，而此時的馬雲卻異常的低調，他堅定認為應該先把企業做好，內功扎實了才能走得長久，馬雲不斷勉勵員工：「我深信不疑我們的模式會賺錢的，亞馬遜是世界上最長的河，八八四八是世界上最高的山，阿里巴巴是世界上最富有的寶藏。一個好的企業靠輸血是活不久的，關鍵是自己造血。」

阿里巴巴的隱而不發引起了媒體的窺視欲望，甚至海外媒體也對阿里巴巴產生了興趣。《商業週刊》的記者輾轉透過各種關係，說服馬雲接受採訪，但是前提是文章不能公開發表。當《商業週刊》的記者打開阿里巴巴的大門，被眼前的景象驚呆了：二十多個人擠在房間裡，地上散落著床單，難道這就是那個阿里巴巴？按照約定，採訪的文章沒有發布，幾個月後，這篇報導才公布於眾，隨即阿里巴巴聲名大振，引起了廣泛關注，《經濟報導》、《中國經營報》等媒體爭相報導，甚至中央電視台也對馬雲和他的阿里巴巴進行了兩次深入報導。

馬雲在《贏在中國》節目上曾經說過，「人一輩子中的機會其實是很多的，只要踏踏實實抓住一兩個就不錯了。當然，災難會很多，但你每消滅一個災難，就是一個進步，在最困難的時候，我們要學會用左手溫暖右手，還要懂得堅持，因為這個世界最大的失敗就是放棄。」正是憑藉這種「左手溫暖右手」的生存之道，才能讓阿里巴巴歷經風雨而屹立不倒。

壯士斷腕：馬雲的海外擴張與收縮

一九九九年十月到二〇〇〇年一月，阿里巴巴先後獲得了高盛和日本軟銀集團的兩千五百萬美元資金，徹底擺脫了創業初期的資金窘狀，有了充沛的資金，馬雲首先考慮的就是如何引進世界一流的人才，千軍易得，良將難求，就在這時他的老朋友，著名的搜索之王——吳炯，在看望馬雲時深受阿里巴巴的精神感召，毅然辭去雅虎的職務加入了阿里巴巴，阿里巴巴由此正式開啟了海外擴張之旅——在中國香港、英國、韓國成立辦事處，在美國矽谷成立研發中心。除此之外，馬雲還開始招兵買馬，引進了一大批來自跨國公司的技術骨幹和管理人才。

隨著阿里海外版圖的迅速擴張，阿里巴巴韓國網站、日本網站也相繼推出，這一時期馬雲對海外的投資可謂一擲千金：在美國建立了研發中心之後，不惜血本從舊金山、紐約等地引進人才，為了解決路途遙遠問題，馬雲決定用飛機上下班。阿里巴巴的海外名氣高漲，二〇〇〇年馬雲成為《富比士》封面人物，隨後被《世界經濟論壇》評為二〇〇一年全球一百位「未來領袖」之一……一時間阿里巴巴風光無限。

與名氣同樣急速攀升的是阿里的營運成本：大陸、香港、美國、英國、韓國五大辦事處每月燒掉近一百萬美元，同時對於公司的發展方向也出現了不同的聲音：美國分公司要求發展電子商務、香港分公司呼籲立馬上市……國際化戰略埋下的隱患慢慢顯現，二〇〇〇年三月中國互聯網泡沫開始破裂，美國納斯達克市場一路狂瀉，整個互聯網行業風雨滿樓，阿里巴巴賬上只剩下七百萬美元，被宣布進入緊急狀態！

獲得了風險投資的阿里巴巴盲目追求國際化，海外擴張戰略耗費了大量的資金但短時間難見成效，馬雲意識到必須先在本土獲得成功，再開始國際化！為了降低成本，阿里巴巴不得不開始裁員，矽谷的三十名研發室員工幾乎全被裁掉，香港總部的三十多名員工裁掉了三分之二。這次裁員讓整個阿里集團陷入了極度的失落之中，但是，面對生死攸關的阿里巴巴，馬雲別無選擇。

經過這次失敗的海外擴張，不僅促使阿里集團反思，也讓馬雲意識到了企業張弛有度才能走得長久，如同他後來總結的：「一個公司在兩種情況下最容易犯錯誤，第一是有太多的錢的時候，第二是面對太多的機會，一個 CEO 看到的不應該是機會，因為機會無處不在，一個 CEO 更應該看到災難，並把災難扼殺在搖籃。」

不忘初心，方得始終——淘寶的誕生與榮耀

經過馬雲大刀闊斧的整頓，阿里巴巴熬過了互聯網的寒冬，開始為新的增長有點忙碌。在軟銀總裁孫正義的啟發下，馬雲意識到阿里巴巴和ebay的平台是一樣的，即透過電商平台，讓製造商和客戶直接溝通，客戶能夠得到滿意產品，製造商也能夠擴大市場，獲取更多的利潤，這將成為新的發展趨勢，馬雲說過：「聽說過捕小龍蝦致富的，沒聽說過捕鯨魚致富的」，這將成就一個全新的阿里集團，於是一場新的大冒險開始了！

二〇〇三年三月，馬雲挑選了十名員工，簽下了保密協議後宣布：阿里巴巴進軍 C2C 市場，與 ebay 一爭雌雄！而新的網站建設週期只有一個月，這十個人回到孕育了阿里夢想的那套兩百平米的房子，悄悄地開始了網站建設工作，經過一個月的晝夜奮戰，二〇〇三年五月十日，淘寶網成功上線，孫正義以八千兩百萬美元再度注資阿里巴巴，引起一片譁然，也引起了剛獲得 ebay 大筆投資的易趣的警覺，於是易趣與新浪、搜狐、網易等門戶網站達成協定：封殺淘寶。而當時馬雲已經為淘寶的宣傳制定了一個近乎完美的網路推廣計畫，在投放時卻頻頻遭拒，他意識到，面對 ebay 這個龐然大物，農村包圍城市的道路更加有效，於是在大量的個性化小網站進行推廣，並投資一千萬參與《天下無賊》的宣傳推廣。此時易趣一方面在向國際網站轉型過程中系統性能極不穩定，帶來大量用戶流失；另外一方面不惜血本進行轟炸式廣告推廣，在當時 C2C 並未深入人心，ebay 的瘋狂宣傳讓淘寶佔儘先機，二〇〇六年七月淘寶網註冊用戶達到二二五〇萬，超過了 ebay，成為國內 C2C 用戶數量最大、成交額最高的網站，二〇〇六年十二月，這場螞蟻與大象的較量塵埃落定：ebay 撤出中國，TOM 收購易趣。

如今，淘寶網已成為亞洲最大的網路零售平台，並致力於打造全球領先的網路零售商圈，如同海爾集團的首席執行官張瑞敏對馬雲的評價：「他熱心做媒，撮合百萬意中人；他牽橋搭線，接連兩百多個國家和地區，你在他那裡登記個名字，他讓你挑選整個世界。」（孟濤）

任正非（1944-今）

任正非：燒不死的鳥就是鳳凰

任正非（一九四四年－今），生於中國貴州省安順市鎮寧縣，就讀於重慶建築工程學院，畢業後參軍從事軍事科技研發，於建築工程單位工作，歷任技術員、工程師、副所長（技術副團級）等。一九八七年創立民營電信設備企業華為公司，擔任創始人兼總裁，同時是中共黨員及中共十二大代表。

他出身市井，卻成為中國通信行業的教父；他選擇走艱難的獨立技術研發、「中華大有可為」的實業興國之路；他一手創立的華為被稱為「歐美跨國公司的災難」，一步步擊敗國外巨頭的壟斷；他被《時代週刊》評價為：「為了觀念而戰鬥的硬漢」。

這就是任正非，一個中國頂級的企業家、商業戰略者，殫精竭慮二十八載，將一家兩萬元起家的民營企業，發展成為年銷售額超過五千兩百億元人民幣的超級巨頭，五千兩百億元，相當五個格力、兩個聯想、五個中興、五個阿里巴巴、五個長虹、六個比亞迪、七個小米、二十多個康佳！雖然享有盛名，他本人卻很少站在聚光燈下，他不發微博，不玩微信，不搞關係，不參加領獎，不問政謀政，不向任何圈子靠攏，華為在其領導下不幹房地產不搞金融，二十八年來只做一件事，就是通信製造。

他竭盡心力在電信領域裡「把普通做到極致」，因此這些年無時不刻不在思考，如何守好來之不易的江山，並帶領華為走向真正的成功，實現基業長青。

將相本無種，男兒當自強

任正非祖籍浙江金華浦江縣黃宅鎮任店村。任店村住戶雖然不多，但是民風淳樸，鄰里祥和。村子風光秀麗，前有清澈如玉的浦江，後有虎踞龍盤的官岩山。

任姓在當地是一個大姓，任正非的爺爺任三和是遠近聞名醃製金華火腿的大師傅，他製作的火腿色澤紅潤明亮，味香濃郁，一道逢年過節鄰里鄉親競相購買。任三和憑藉這手絕活積攢了殷實的家境，後來娶妻生子，給兒子起名任木生，字摩遜，寓意出人頭地，不遜於任何人。而任摩遜天資聰慧，讀書過目不忘，成了任店村第一個大學生，這在當時幾乎等於古代中了狀元，是莫大的榮耀。

任摩遜求學期間投身到了革命的洪流當中，奔走吶喊，熱血滿腔。然而世事無常，隨著父母的相繼病逝，任摩遜失去了經濟支持，輟學回家後在同鄉的介紹下進入兵工廠，在這裡遇到十七歲的程遠昭，兩人相識、相愛，並育有二子五女，任正非排行老大。除了要養活一家九口人，還要從微薄的薪水中撥出寄給老家的眷屬生活費，生活的重擔壓在了任程兩人身上，但是再怎麼艱苦，哪怕幾個人合用一條被子，父母也讓七個孩子有書讀。

任正非的求學之路充滿了坎坷，終日缺衣少食，與飢餓為伴。十八歲的任正非在縣城念高中，從來沒穿過襯衣，一件厚厚的外衣陪他度過了三年的求學時光，即使在炎熱的夏天，他也知道家裡的困難，從沒有向母親開過口。強烈的求知欲雖然可以讓他盡情地汲取知識的養分，卻無法解決實實在在湧上來的飢餓感，正處於身體發育期的任正非經常餓得頭暈眼花，天旋地轉，那時候最大的心願就是吃上一個白麵饅頭。隨著孩子們不斷長大，母親躊躇再三後決定實行嚴格的分餐制，雖然吃不飽，但是得保證每個人都能活下去。高三的時候，任正非實在餓得受不了了，就回到家裡複習功課，而那張簡易的書桌對面，就是盛著全家人口糧的瓦罐。雖然肚子咕咕直響，但是任正非從沒有想過去吃罐子裡的口糧，他深知自己一把抓下去之後，雖然可以暫時解決肚子的飢餓，但「會有一兩個弟妹活不過幾天」。為了積攢力氣，儘快趕上功課，任正非把米糠和菜烙成餅子吃，菜糠餅子苦澀粗糙，難以下嚥，偶然被任摩遜撞見了，心疼得連連搖頭，為了保證身體營養，母親後來每天早晨偷偷塞給任正非一個小小的玉米餅子，叮囑兒子一定要安心努力，而任正非沒有讓家人失望，「朝為田舍郎，暮登天子堂」，這個飽經困苦的年輕人通過高考被重慶建築工程大學順利錄取。

華為：為中華而為之

一九八三年，任正非從部隊轉業來到深圳的南油集團，商場中的爾虞我詐讓正直善良、極重感情的任正非深受傷害，沒幹多久便被奸商詐騙了兩百多萬的貨款，這在那個平均月工資不到一百元的年代是一筆鉅款，他變賣家產來償還債款，工作和第一段婚姻都在這場「寒冬」中慘敗。

一九八七年，任正非以兩萬元資金創立了深圳華為技術有限公司，寓意「為中華而為之」，任正非在一篇〈祝酒詞〉中寫道：「我們從事的事業，是為了祖國的利益、人民的利益、民族的利益。相信我們一定會勝利，一定能勝利。」

當時國內電話市場需求旺盛，國外的電信巨頭紛紛割佔市場，形成了以日本 NEC 和富士通、美國朗訊、加拿大北電、瑞典愛立信、德國西門子、比利時貝爾和法國阿爾卡特「七國八制」的局面，他們以近乎於敲詐的高昂價格進行銷售，更採取不同制式的交換機，不同廠家之間不能互通，造成中國電信市場的極度混亂，而這一切就因為中國沒有生產線程交換機的技術和廠家，任正非拍案而起：「華為一定要生產出自己品牌的程式控制交換機！」。

研發是個無底洞，購買昂貴的實驗設備需要錢，研製人員設計完電路圖後，得馬上拿到香港製作價格不菲的電路……任正非不僅將客戶預付的訂金全部用光，還一咬牙借了年息二十四%的高利貸，為了鼓舞士氣，任正非對大家說：「大家以後買房子時，一定要選陽台大的朝南的房子，可以用來曬分到的錢，不然就要發黴了。」員工聽到無不受到鼓舞，技術研發人員在簡陋的工作室中廢寢忘食的工作，深圳的夏天悶熱難耐，晚上睡覺的時候蚊蟲叮咬，員工們發明了一種土方法：用包裝散件貨箱子上的塑膠袋，裹在腦袋和身上，只在鼻子和嘴巴處留下兩個窟窿，雖然蚊蟲無處叮咬，但是第二天醒來往往身上起了一身的痱子。任正非為了更快產出成果，每天也吃住在工廠，市場不能等、不能靠、不能要，研發更不能慢、不能緩、不能停。每月償還的高額利息不斷加重，任正非壓力巨大，有一次甚至悲壯地說：「搞研發的錢都是高利息借來的，如果不能成功，大家還可以再找東家，換一份工作，而自己只能從五樓上跳下去。」在給佛堂分局調制局用交換機時，正好趕在寒冬，機房沒有取暖設備，室溫到了零度以下，工程師們穿著兩件夾克衫，仍然冰冷刺骨，腳實在疼厲害了，就原地猛踹地，依靠活血驅寒，白天勞累了一天，晚上累的實在不行的時候，就找塊紙殼或泡沫板，倒在地上睡一覺，醒來不管是幾點，繼續接著幹活，就這樣日以繼夜地攻堅，終於實現了 C & C08 正常運轉，華為的數位程式控制交換機一砲而紅，一經推出就供不應求。

一九九三年初，華為兩百七十多名員工在深圳蛇口的一個小禮堂召開年終總結大會，會議開始後，任正非在主席台上聲音滄桑只說了一句「我們活下來了」，眼淚便止不住地流下來。

華為的引擎：研發

二〇一六年十二月二十七日，歐盟委員會發布「二〇一六年全球企業研發投入排行榜」，德國大眾以一三六．一二億歐元居首位，英國英特爾以一一一．四〇億歐元排第三，華為以八三．五八億元（約合六〇八億元人民幣）穩居第八，這是什麼概念呢？相當於比A股一五四家化工企業加一六六家機械設備加十四家機床業加六十七家醫藥企業等近四百家企業的總和還要多，再看看中共的 BAT，二〇一五年研發投入最多的百度為七十億元，三家互聯網巨頭加起來的總額二七〇億元，也無法跟華為相比！

任正非認為華為要研發最新的產品，但絕不能超越了時代。真正的研發要遵循市場規律，從客戶的實際需求出發，脫離了市場需要的超時代產品是注定要失敗的。任正非說過：「世界是在變化的，永遠沒有精緻完美，根本不可能存在完美，追求完美就會陷入到極端的事物主義，越做越糊塗，把事情僵化了，做精緻完美，就會變成小腳女人，怎麼衝鋒打仗？華為為什麼能夠超越西方公司？就是不追求完美，不追求精緻。」沿著這條道路，華為迅速崛起，雄厚的科研力量與科研能力成為華為騰飛夢想的翅膀。同時，任正非告誡華為的研發人員要有「板凳要坐十年冷」的思想覺悟，講研發和科研緊密結合在一起，走出幼稚的誤區。華為堅持二十幾年如一日，堅持以不少於銷售收入十％的費用和四三％的員工投入到研發工作當中去，其投入強度之大，資金之巨，在世界範圍內也實屬罕見，二〇〇一年英特爾執行副總裁訪問華為時聽說華為的研發人員超過一萬人，大吃一驚：華為的研發人員數量居然比英特爾這個視技術為生命的公司還要多！

截止二〇一三年十二月，華為在歐洲的專利數量達到七千三百項，華為名列專利授權量中國企業第一名，在未來的通信核心技術 LTE 專利方面，華為成為全球前三位的基本專利擁有者。

任正非：無愧於員工

任正非說了三句關於人才的話，成為了經典：

「一個人不管如何努力，也趕不上時代的步伐，更何況在知識爆炸的時代，只有組織起數十人、數百人、數千人一同奮鬥，你站在這上面，才摸得到時代的腳」；

「也許是我無能、傻，才如此放權，使各路諸侯的聰明才智大發揮，成就了華為」；

「什麼是人才，我看最典型的華為人都不是人才，錢給多了，不是人才也變成了人才」。

根據華為二〇一五年報，華為二〇一五年的工資、薪金、福利等總開支接近了一〇〇八億人民幣，加上絕大部分配給了員工的三六九億元淨利潤，華為在員工身上花的錢達到了一三七七億元，十七萬名員工，人均年收入超過了八十萬元！

「爵以功為先後，官以能為次序」，任正非在企業成立之初就清醒的認為人才就是企業的成敗，他堅持近乎「共產主義」的理想——人人股份制：華為是大家的，把九八．六%的股權開放給員工，他本人僅持有一．四%的股權。

任正非在人才培養上和很多其他的公司不同，很多公司急於將員工的價值變現，入職之後直接上崗，達不到期望的直接辭退，而任正非堅持要打造自己的行銷鐵軍，透過五大絕招：塑造「狼性」與「做實」企業文化；選擇良才；魔鬼訓練；制度化用人；有效激勵。從學校招聘的良才，首先要瞭解華為的價值觀，將「狼性」文化在腦中根深蒂固，然後經過上崗培訓、崗中培訓、下崗培訓等一系列培訓活動，最終脫胎換骨為華為的「狼性鐵軍」。「銷售是一段刻骨銘心的經歷，沒有做過銷售的人生是不完整的」很多華為市場人員如是說。

任正非：無愧於祖國

「我一生無愧於祖國、無愧於人民、無愧於事業與員工！我唯一有愧的是對不起父母。」

二〇〇八年五月十二日汶川發生大地震，造成了當地通信線路和基站的損壞，汶川縣對外聯繫管道被切斷，資訊無法傳遞，面對急需恢復通信的情況，任正非急忙召開緊急備戰會議，做出兩點決定：一是發動全體員工為受災地區捐款；二是向災區捐贈通訊器材。隨後公司為災區捐款五百萬，國內外員工捐款兩千五百萬元，另外捐贈一億元的電信設備。一百五十名華為的技術工程師，在華為董事長孫亞芳的帶領下連夜飛赴成都。五月十六日早上八時十五分，華為員工在汶川開通第一座基站，同時在華為工程師的幫助下，四川移動使用華為設備，在都江堰地區開通了五座基地台。

汶川大抗戰，華為捐錢捐物，折合總金額名列國內企業第一名，可是任正非不許華為的員工接受任何媒體採訪，他說：「救災捐款不是作秀，有接受採訪的時間，還不如老老實實做一些抗震救災的工作。」

任正非從不接受中外媒體的採訪，被稱為「中國最神秘的商人」，他曾經這樣說過：「在輿論面前，公司長期的做法就是一隻把頭埋在沙子裡的鴕鳥……。」任正非不僅辭掉工商聯副主席和全國人大代表的資格，而且很多榮譽都堅絕不受，他承載著褒貶與壓力，為了國家的電信事業發展、強大，不受制於國外，為了中華民族五千年的「中國夢」，他「窮經十年圖破壁，鯤鵬展翅居偉功，欲酬壯志風霜苦，斬荊披棘興華為。」（孟濤）

張士平（1946-今）

張士平：紅海之王

張士平（一九四六年—今），山東鄒平人，畢業於安徽財貿學院企業管理專業。山東魏橋創業集團董事長、第十二屆全國人民代表大會山東地區代表。

當主流媒體在追逐互聯網公司的快速成長和資本市場風雲變化的同時，身處山東濱州的魏橋的兩家工廠：宏橋集團和魏橋紡織卻默默無聞地把中國製造輸往全世界。與華為的狼性文化及成長軌跡相比，魏橋在增長曲線完全相反的產業裡如苦行僧一般，一點點磨礪出世界級的企業。尤其是在充滿浮躁與短視的今日之中國，生存壓力讓本就缺乏匠心的中國製造業已無路可退。

中國的紡織行業自千禧年起就一路向下，甚至屢屢出現斷崖式的滑坡，紡織業的景氣指數在所有產業中常年墊底；而自二〇一四年中國經濟進入調整拐點之後，鋁業也隨之成為全球供給過剩最嚴重的產業之一。但同時能在兩個產能嚴重過剩的紅海產業裡賺錢，甚至獲得不菲的利潤，這兩家工廠的掌門人張士平絕對可稱「紅海之王」。

張士平同時集亞洲棉王、電力鬥士、鋁電巨擘以及山東首富等榮譽於一身；與這些巨大名頭相比，他又只是出身山東鄒平小縣裡的農村，初中畢業，篤信最傳統的家族企業價值觀，屬於名副其實的山東「老農民」；用著兩百元的功能手機，在黃河邊的小鎮裡號令著全球兩大最具影響力的實業。

小鎮故事：猛將必發於卒伍

張士平出生在鄒平縣一個叫做魏橋鎮的偏遠鄉村裡，父母都是窮苦的普通農民。張士平說他最早的記憶就是餓肚子。他是家裡的長子，在初中之後便停止了學業，擔負起家庭的重擔。他開始進入當地的一家油棉廠工作。

只有初中學歷的他，在那裡扛了十七年棉花包，一包有一百多斤重，一天扛幾十包。少有人能堅持下來，張士平卻從不嫌累。他先被提拔為廠裡的消防隊長，接著是車間主任、副廠長，一九八一年升到廠長。

讀書時一直是班幹部的張士平，歷來爭強好勝，認準的事情一定要爭第一。鄒平盛產棉花，棉油廠很多，他管理的棉油廠由縣供銷社主管，卻是最爛的一個。面對這個局面，剛一當上廠長，他就主動進攻，立志做到比所有人都要好。

「車間裡頭大小便都有，所有窗戶沒一塊玻璃。」更大問題的是，上世紀八〇年代的中國仍是計畫經濟的時代，國家對棉花管控嚴格。油棉廠就是收棉花，加工棉花，再賣出去。過了旺季，工廠無所事事就只能歇業。

於是，張士平想著法子開動工廠，利用已有的榨油機，從當地收購棉籽榨油出售。而原來廠裡的那些「閒人懶漢」，在獎罰分明、多勞多得的勞動紀律下也紛紛發動起來，成為從早到晚忙碌的「勤快人」……整個工廠的氣象煥然一新。後來生意太好，張士平又從外省調種子擴大生產，第一年就納「巨稅」九十三萬元。三年之後，他領導的企業已經成為了全國棉麻行業的利潤冠軍。

張士平對內開始改變人力資源政策。他說自己是全國第一位實施超定額計件工資制的人，這使得業績出色的員工拿得更多。張士平痛恨大鍋飯，他知道集體庇護下人的懶惰將蠶食一切。這種意識在他被下放勞動改造時就有了。他主張把人分成八個生產隊，自己所在的生產隊更是分工到個人，最後他所在的小隊拿了第一。而在這家工廠裡，張士平在獲得了上級的充分授權之後，推行了嚴格的紀律制度。他說：「按照舊模式，你沒法開除人，沒法把優秀的人提拔到那些幹了很久的人的上面。」

張士平為了告訴所有人自己不是鬧著玩的，他曾經因為發現一名工人偷吃了三顆花生而將其直接開除，而這名工人還是縣裡領導的親戚。此外，他還引入了一個對於很多公司來說都相當陌生的概念：推銷。他解釋說：「國企過去常常等著買家上門。」突然之間，張士平搶走了很多的生意。更重要的是，張士平逐步透過與人合資，掌握了公司的控股權，並且不斷擴大企業的規模。

這在當時被認為是一件鋌而走險的事情。但是張士平用出類拔萃的業績不斷地向地方政府證明，自己在做正確的事情。一九八五年，張士平被評選為全國商業勞動模範，並且代表全省的所有勞模走進北京的人民大會堂接受國家總理的頒獎。這個榮譽是當時政府對於商人的最高褒獎。張士平說那是他第一次去北京。多年以來，張士平自認為這是對他從商最大的鼓舞。

魏橋邏輯：逆勢生長

一九八五年，全國棉花行業蕭條，大量的棉花賣不出去，國家下達「限產壓錠」政策，老牌棉紡企業濟南國棉一廠、二廠相繼倒閉。張士平到一家國有紡織廠去推銷，對方卻連門都沒讓他進。這刺激他重新思考這盤生意，到一個新領域：自己搞紡織。

之後，從成立毛巾廠開始，張士平拿出全部家當，又號召員工把準備用來結婚的錢都掏出來，成立了毛巾紡織廠，直接把過剩的棉花轉向生產供不應求的棉織品，毛巾不好賣了就做服裝。隨後張士平陸續進入毛織、紡紗和織布領域，一邊向紡織加工大步前進，一邊抓住國企改革的機遇，將油棉廠改制成了自己控股、國有參與的魏橋創業集團，進而從產業和產權爭取到更大的主動權。

張士平還在這個過程中對棉紡行業的發展有了深刻的認識。結論是，這是一個大規模、低成本、好品質才可以生存的行業。

看準這一點之後，張士平開始「悶著勁擴大規模，壓縮成本，一路往前衝」。當時的環境也為他的擴張提供了便利，首先是大量紡織企業經營難繼，給了他收購兼併的機會，再就是大量農村剩餘勞動力閒置，讓他擁有到取之不盡的勞動力。「不管誰，看到這個生產力都會有擴張的衝動。」他在接受訪問時這樣回憶。

在規模越來越大，成本越來越低的強大優勢下，張士平只用十年時間，就把魏橋的規模和成本做到了全國無敵手。中共加入 WTO 之後，他又把握機會，進一步加快規模擴張，到二〇〇五年，他已把魏橋幹成全球最大的棉紡織企業，產品覆蓋歐美、日、韓東南亞等許多國家和地區。

一九九八年，張士平的魏橋紡織廠收購了一家歷史悠久的國有棉紡廠。但是不久之後，習慣了輕鬆日子的職工因為不滿張士平的嚴苛紀律而開始罷工。「圍了我七個小時，叫我答問題。市委領導也在那裡。」張士平回憶，其中一個工人直接挑明了說，自己幹夜班，睡著了，晚到兩個小時被扣一天的工資，他不服。當著市委領導的面，張士平強勢回應：「我覺得扣你扣少了，如果在我魏橋，你一個月的工資都沒有了，因為你嚴重違反勞動紀律。」而這之後，濱州一棉再有員工反對和抵抗，魏橋的回應就更簡單：想幹就幹，不想幹就走人。

後來，張士平把濱州一棉全部高管都免職了，因為他們做垮了工廠，不能留。同時，勞動紀律被強制貫徹，不服的隨時可以走。

鐵腕政策，加上配套的、獎罰分明的薪資制度，最大限度地降低了魏橋及收購企業的生產環節浪費。濱州一棉僅被收購一年，毛利就增長了四十四倍，每一萬紗錠的盈利率，是國營企業的十倍，人均勞效是國營企業的五倍。而且，張士平擴展了銷售管道，透過香港把貨銷往全球，並不愁賣。

無奈絕唱：孤獨「電王」

「我當時想，淄博電網叫我下網，他以後就管不著我了，我的發電量肯定還要擴大，以後他求我上網，我也不上了。」

擁有百億財富的張士平可能怎麼也想不到，自己不是以富豪而是以「電改鬥士」的形象在全國「聲名遠播」。

上世紀九〇年代，中國電力資源緊缺，電力供應不穩，且常出現隨意的拉閘限電現象，嚴重影響紡織企業生產秩序並大量增加成本。而推進熱電聯產是張士平投資自備電廠的另一重要原因。電廠投產前，魏橋系一直以燒鍋爐的形式生產紡織所需的蒸汽，經濟性差，也不環保。而熱電廠在生產電力的同時還能夠產生紡織工藝中所必須用的蒸汽。

一九九九年九月二十八日，魏橋第一熱電廠建成投產，額定裝機容量七．八萬瓦。但第三天上午，魏橋方面就接到淄博電網通知，要求其必須從大電網中解列。考慮到孤網運行的風險，魏橋一時也不敢答應解列。但淄博電網還同時對鄒平縣政府提出了警告。

張士平回憶，「縣長親自找到我，說淄博電網警告了，如果魏橋的自備電廠不解列，將對整個鄒平縣的用電安全產生威脅。」

縣長登門，突然讓張士平強硬的性格因素在內心發生巨變，他告訴縣長，一定會爭口氣，要變壓力為動力，同意解列，「我當時想，淄博電網叫我下網，他以後就管不著我了，我的發電量肯定還要擴大，以後他求我上網，我也不上了。」

其後的故事已為業界所熟知。十八年來，走上孤網運行之路的魏橋旗下所有項目再也沒有用過國家電網的電，「我不是吹牛，我們從來沒有出過停電事故」。其透過不斷擴張的自備電廠獲得了穩定可靠的電力供應，這一模式也成為魏橋降低紡織和鋁業兩大核心業務成本、增加利潤和加速擴張的一台發動機。

匠心精神

張士平生活簡樸，應酬很少，至今用的是人民幣兩百元一支的手機，喜歡回到家裡吃老婆孩子做的飯，尤其是玉米窩窩頭。有人評價不喜歡，也沒有什麼名牌享受的他，「對物質追求不是不高，而是很低。」到今天，他依然沒有什麼專職的秘書，出差經常是獨行俠。他說：「只要我自己拎得動行李，我就不用別人。等我拎不動了，也就是該休息了。」

張士平還曾公開表示，自己非常看不慣，也看不起那些有了職位、財富或權勢就帶上一大班隨從講風頭和排場的人，「管理、紀律和作風都是上行下效。如果一個領導出行要有十幾個跟班，這種作風，何談企業的效率和成本控制？」他說。

張士平之所以能夠在不可能中取得成功，其實就四個字：做到極致。他一直將做企業比作賣菜，他說做再大的企業都和賣青菜是一樣的，無非「低買高賣，中間不浪費」。說得再直白點，就是降低成本和提升效率。

自二〇〇一年起，張士平花了近十年時間，完成魏橋在鋁業全產業鏈上的佈局，從上游原材料鋁土礦到氧化鋁、電解鋁，貫通到下游的鋁材加工業，並且盡可能降低上游到下游中間環節上的各種消耗，比如利用密集的產業佈局優勢大大降低內部物流和加工儲運上的成本。

雖然魏橋旗下的中國宏橋和魏橋紡織都已經在香港上市，但張士平很少關注股價，更反對身邊人炒股。他視投機為賭博，也從不眼紅別人的快速暴富。在為數不多的專訪中，他幾乎每次都要強調，不碰金融，不玩房地產。

「前幾年房地產比較火的時候，我們做房地產非常有優勢。第一批入選可以做民營銀行的企業名單上，魏橋也是第一個，但不管外界怎麼引導，我都不進入這兩個行業，因為我很有自知之明。」張士平解釋說，魏橋創業的核心領導幹部和幾百名管理骨幹，包括他自己，都不具備駕馭本行業之外產業的能力。

「我們不打算發展任何第三種產業，只會在原有兩個行業上延伸產業鏈。」在張士平看來，製造業才是國家發展最重要的支撐，如果沒有製造業支撐，金融再繁榮也是假象。（孟濤）

王　石（1951-今）

王石：永遠在路上

王石（一九五一年—今），原籍安徽金寨，出生於廣西柳州。萬科企業股份有限公司創始人，現任該公司董事會主席。

王石身上被賦予著多重身分：作為中國著名的企業家，他在地產界呼風喚雨，指揮萬科這個地產大鱷實現中國地產界唯一的千億銷售記錄，以「萬科品質」為中國地產樹立標杆；作為明星，他上演了中國企業家代言跨國公司的精采首秀；作為登山家，他鍾情於在峰巒山川間書寫快意人生；而作為一名作家，他文采斐然，用半生的閱歷撰寫了多部暢銷佳作。

著名的《中國企業家》雜誌這樣評論他：「他有時很高調，曾在珠峰之巔留下腳印；他有時又很低調，隱匿在山的背後打量生命。」而王石卻說，登山後他學會了珍惜生前身後事，也懂得為了夢想永不言棄。

成長的煩惱

一九五一年一月，王石出生在廣西省（今廣西壯族自治區）柳州市的一個軍人家庭，父親是一名老紅軍，母親是錫伯族人，這是一個遊牧民族，母親祖上是清朝的鑲藍旗任將官，姥爺是張作霖的少將旅長，東北軍不抵抗時，出家當了道士。

王石骨子裡遺傳了母親能征善戰的天性，從小就比一般的孩子頑皮，是夥伴中的「孩子王」，學生時代也不願意遵守學校的紀律，精力沒有放在學習上，所以除了數學以外，他的成績都很一般。

後來「文革」爆發，整個社會秩序都被打亂，這時候的王石還在上初中，學業也不得不中斷，軍人家庭出身的王石隨後應徵入伍，一九六八年，王石成為了新疆空軍三團的駕駛兵，負責南北疆運送軍備、給養物品的工作，在戈壁的漫漫黃沙中，他開始自學高中課程，打下了扎實的文化功底。

部隊生活的磨練對王石日後的成功是有巨大價值的，「在冰天雪地之中，裸露的手指都凍僵了，還要繼續修車。後來到了深圳，再苦的環境也就不覺得了。」但在骨子裡，王石是不怎麼喜歡軍旅生活的，「我的性格和軍隊要求的紀律格格不入。」

一九七三年，入伍五年的王石選擇退伍，先是進入鐵路系統，後來參加招聘，進入廣東省外經委，做招商引資工作。他活躍在春秋兩季的「廣交會」上，經常出入高級賓館，生活方式有點鳥槍換砲的味道。但就在滿懷熱情、忘我工作的時候，王石發現在論資排輩的傳統體制中，他的自我實現、自我追求的工作表現欲受到了強烈的抑制。

一九七八年，中國開始改革開放，昔日的深圳小漁村變成了那個年代熱血青年嚮往的熱土，王石心裡也蠢蠢欲動，「在一九八二年到深圳之前，我的命運都不是自己選擇的。」他自己也承認：「我先是參軍，後來上大學，可以說一直是屬於令人羨慕的社會主流。」但是一種「不安分」的情緒總讓他「感受到一種壓抑」。

心中升起熱血澎湃的豪氣，強烈的個人責任感和尋求出路的迫切感，加上受文學的薰陶產生的不甘平庸的精神，使王石最終決定到深圳特區大展拳腳，實現一番作為。

商海浮沉，方顯英雄本色

一九八三年五月七日，王石乘廣深鐵路抵達深圳，開始挖掘他的第一桶金。

來深圳之前，王石已經打定主意，到深圳當時最有影響力的公司——深圳市特區發展公司（簡稱特發）謀求發展。但做什麼呢？他心裡沒一點數。但是王石看準市場規律，只要是求大於供的產品肯定好銷。

王石乘小巴去蛇口。從深南路拐進蛇口的丁字路口，望見路北一側聳立著幾個高大的白鐵皮金屬罐。在蛇口碼頭邊也見到三座類似的金屬罐。他好奇地向周圍的人打聽，得知是飼料廠的玉米儲藏倉。位於丁字路口的是泰國正大集團、美國大陸穀物公司與深圳養雞公司合資的飼料生產企業——正大康地；依託蛇口碼頭的飼料廠是新加坡遠東集團投資的麵粉加工以及飼料廠——蛇口遠東金錢麵粉飼料企業。

王石敏銳地嗅到了商機，他多方打聽，當時香港需要大量的玉米，而香港本土並不產玉米，幾乎都是從國外進口。王石想為何不從東北直接運到香港呢？於是王石的第一單玉米生意開始了，經過幾番周折，它與正大康地公司簽訂了第一單生意，「空手套白狼」賺了四十萬。這是他攫取的第一桶金。有了第一桶金，王石在一九八四年組建深圳現代科教儀器展銷中心，也就是「萬科企業股份有限公司」的前身。

商業市場充滿機遇的同時，也暗湧著各種風險。當時有一段困難的經歷，至今仍讓王石記憶猶新。一九八三年八月，香港媒體報導說雞飼料中有致癌物質，手上幾千噸玉米賣不出去，整個筍崗北站都堆放著玉米，賠了一百一十萬，好在後來香港報紙及時闢謠，公司沒有破產；一九八五年進口機電市場萎縮導致了價格大戰，公司不得不裁員。另一個困難是當時的體制對公司發展的束縛，科教儀器展銷中心產權並不明晰，上級單位對它的日常經營干預過多，限制了公司的進一步發展。

習慣於冒險的王石並沒有因此被擊倒，挫折和困難反倒成了他後來創業的財富。一九八八年，公司更名為「萬科」，王石任萬科企業股份有限公司董事長兼總經理，十一月，萬科參加了深圳威登別墅地塊的土地拍賣。十二月，萬科發行中國大陸第一份《招股通函》，發行股票二千八百萬股，集資二千八百萬元，開始涉足房地產業。

那些登山教給我的事

這個不安分的錫伯族兒子沒有馳騁在草原，他愛上了高山。「中國傳統文化並不鼓勵冒險精神。我把登山探險視為個人生活方式的選擇，這種選擇恰是獨立人格的體現，而獨立人格恰是我們這個民族缺少的。」王石如是說。

一九九五年，醫生在王石的腰椎處發現了血管瘤，並且腫瘤壓迫到了神經，由此診斷出王石可能會下肢癱瘓。王石震驚之餘，為自己定了一個計畫：去西藏，這是他長久以來的願望。在擺脫纏繞了兩年的工作之後，一九九七年，王石終於第一次休了一個月的長假，他和朋友兩人取道青海格爾木，沿青藏線入藏。

死亡是每一個登山人都要面對的，而且與任何的財富、名望無關，生命面前人人平等，王石也概莫能外。一九九九年，王石登柏格迭峰，他一人進山，第三天下午就遇到了非常惡劣的天氣。前面是雪崩區，天氣又很糟糕，當天要想走過去顯然是不可能的，王石只好在冰地上打錐掛上繩子，套上睡袋，當晚就吊在繩子上過了一夜。第二天天氣依然惡劣。王石只好往下撤，不幸的是在經過一段四十多米長的六十五度坡時，保護繩被飛石砸斷。巨大的恐慌向王石襲來。他從來沒有這樣害怕過，甚至控制不了自己的哆嗦。他心裡明白，即便有人從大本營趕來救自己，也得兩天以後，而兩天的雪山停留，足以把自己送進天堂！王石最後決定：關掉與大本營聯繫的對講機，抽自己幾個耳光止住哆嗦。然後獨自下山。這正好是王石辭去萬科總經理、僅保留董事長職位的一年，人生的放棄與得到，在他嘗試登柏格達峰後，越發清晰。

此後，王石一發而不可收拾，「登山已經成了我的一種生活方式，就像舞者腳上的紅舞鞋，脫也脫不下來。」

修道士般的學者

08:40～11:00，哈佛聽主課
13:00～14:30，英語選修課
14:45～18:00，英語語法課
每週兩次 19:30～21:00 口語課
每晚看資料做筆記至凌晨一點

這是王石在哈佛的日程表。為了圓自己的遊學夢，王石在六十歲這一年決定接受哈佛的邀請去做訪問學者。過語言關，過基礎學科關，不帶助理，生活自理，謝絕應酬，潛心學習……王石說「衝擊」二字已經不足以形容當時的狀態，「簡直脫胎換骨，每一週都會有新的閃光點跳出來，思維、邏輯和方法論甚至看法和表達都得到了全面的變化。」在哈佛三年的學習，被王石形容為「修道院的生活」：「我住的地方很簡單，旁邊是一棟教堂式的建築，頂尖是十字架，中世紀風格，就像一個修道院。不管在學校，還是在附近的星巴克，裡面的學生都是一邊吃一邊看作業。這就是一個讀書學習的地方。」

到英語學校報到的第一天，六十歲的王石差點被人誤認為是「老師」。他的周圍，都是十五、十六歲的孩子，開學自我介紹後，發現最大的也才二十五歲。

為了克服「啞巴英語」，王石強迫自己每天跟這群比自己女兒還要小的孩子混在一起。美國課堂強調遊戲互動，由一個學生來比劃單詞，王石來猜。「往往一個單詞掛在嘴上，卻怎麼也說不上來」。最有壓力的要數每週一次的考試，每次六十分鐘，周圍的同學答題三十分鐘後陸續交卷，六十分鐘後，整個教室變得空蕩蕩，只剩下握著筆的王石，和一位等待收考卷的老師。

在哈佛的前三個月，他幾乎聽不懂主講人在說什麼，於是花錢請了一位翻譯幫忙做筆記，「自己裝模作樣地聽，聽懂一個單詞，想一想，接下去，又聽不懂了」。三個月後，他開始自己做筆記，讓翻譯糾正，四個月後，他已經能聽懂六七成，便毅然擺脫了翻譯這根無形的「柺杖」。

一年的時間很快過去，王石開始申請在哈佛學習的第二年，到了第二年感覺到時間更加不夠用，他也不願意再去應酬，每天就只奔波於公寓、校園、課堂、圖書館之間。這個時候王石覺得自己像換了個人一樣。

第二年結束後，王石來到了劍橋繼續學習，「我在哈佛，如熬地獄；到了劍橋，如沐浴春風。」王石回憶道，因為語言基礎好了，企業家主動、熱情和開放的特質得到了更大程度的釋放，王石也成為在劍橋大學被最多當地人認識的華裔學生。即使如此，你還是可以在他的微博上，發現北京時間的下午一點左右，即英國時間的凌晨四點，看到他已經起床，在拍下窗外的第一眼朝霞之後，開始進入晨讀時間。

似乎王石的身上總有一種光環。當年卸任萬科總經理跑去登珠峰，就成為中國最大年紀登頂珠峰的人，並引發中國企業界的登山熱；現在去哈佛劍橋學習，又在企業界引起了很大的正面反響，很多人才意識到，「啊，原來企業家還可以活成這樣」……

「萬寶大戰」：趕走野蠻人

二〇一五年七月，潮汕商人姚振華旗下的「寶能系」，以旗下的鉅盛華、前海人壽等「一致行動人」，在二級市場透過連續暴力舉牌，於二〇一五年十二月末成為萬科第一大股東。曾經的第一大股東華潤公開反水，同寶能聯手對抗萬科管理層。寶能曾一度提議罷免全體董事和非職工代表監事，逼走王石。萬科管理層曾透露出共進退的資訊。

對於萬科而言，這無疑是一場「地震」。面對寶能系對控股權的步步緊逼，二〇一五年十二月十七日，王石在北京發布言辭激烈的講話，將寶能系稱為「門口的野蠻人」，「萬寶之爭」資本大戲正式公演。十二月十八日，萬科緊急宣布停牌，聲稱公司正籌劃股份發行，用於重大資產重組及收購資產。

一時間，「寶能」與「萬科」的控股大戰演變為火爆的全民話題，萬科股權終將鹿死誰手、險資為何熱衷於頻頻舉牌成為焦點所在。

三十年來，王石在多元化與專業化爭論不休的情況下，給萬科做了減法；在市場經濟起步之初，拒絕誘惑，堅持了職業化的底線；雖然股權設計的漏洞也給現在的寶萬之爭留下隱患，但在股改之初，王石放棄股權也使萬科建立起了透明完備的管理體制及職業經理人團隊。這些積澱都成為萬科現在可以抵禦動盪的關鍵。

王石的挑戰還在繼續，然而，卻也並非孤身一人。（孟濤）

王健林（1954-今）

王健林：愛拚才會贏

王健林（一九五四年—今），原名王建林，生於四川省綿陽市，籍貫蒼溪縣。就讀遼寧大學黨政專修班，獲得經濟管理學位。一九九二年創立大連萬達房地產集團公司，現為大連萬達集團創始人暨董事長。二〇一五年，《胡潤全球華人富豪榜》發布，王健林首次超越李嘉誠成為全球華人首富。

他憑藉遠超常人的毅力和戰略眼光而成為中國地產大鱷，又信奉「人在巨富中死去是一種恥辱」而積極投身公益事業，將九〇%的資產用作慈善資金；他不喜歡高談闊論企業家的責任和擔當，又自然地體現出「捨我其誰」的魄力與勇氣；他對外是規則的挑戰者，對內，則是不可抗逆的規則制定者。

這就是萬達集團的掌門人——王健林，雖然坐擁巨大的財富，卻一直刻意保持低調，被稱為地產江湖最後的隱形大佬，一手締造了地產市場和資本市場的一個又一個傳奇，但他本人在骨子裡是一個簡單、樸素的人，為簡單、樸素的願望所驅動，與普通人不同的是，他還是具有非凡的洞察力和執行力的人，這也促使他不斷攀爬事業的高峰。

男兒壯志不言愁

一九五八年，四川省大金縣的原始森林鬱鬱蔥蔥，王健林的父親王義全受四川省林業廳的指示，帶著妻子秦嘉蘭和四歲的王健林到大金縣負責組建森工局，而這一待，就是十四年。王健林在這裡度過了他的少年時光，適逢國家物資緊缺年代，「外面都在餓死人，我們還能一個星期打一隻兔子吃。」緊鄰著藏區的阿壩州有不少荒山，母親秦嘉蘭獨自一人過鐵索橋去對面山上開荒，種蘇聯甜菜，自己養兔子。王健林幸運地沒有餓肚子。

王健林是家中長子，下面還有四個弟弟，按照當時的規矩，長兄如父，他承擔更重的擔子，繁重的勞動模糊了孩童和青年的界限，王健林有著不屬於那個年紀的成熟和歷練，完美演繹著「長子」的身分，這種長時間的領導身分，也讓他在外面成為了「孩子幫」的老大。森工局院子碩大，成了這群精力旺盛的孩子們的天堂，捉迷藏、爬樹、打彈弓這些遊戲，他帶著弟弟還有其他院裡的孩子玩得不亦樂乎。

一九六九年，珍寶島衝突爆發，緊張的戰士要求中方需要不斷增加在役軍人，此時的王健林在營林處已經工作了一年多，他決定回應號召，從伍當兵，這得到了母親秦嘉蘭的支持，這位傳統的女性覺得，子女應該繼承前輩的光榮傳統，家裡的老大就應該是個軍人。

軍隊的組織原則，王健林銘記肺腑，不斷吸收來自革命軍隊的養分，磨練著意志。王健林參軍在東北，每年九月份就開始入冬，十一月份大雪封山，一望無垠，部隊要定期進行野營拉練，就是在看不到邊的雪原上徒步行走四十公里，還要背著至少二十斤的軍需物品，而那時候的王健林不過十五歲，寒冷的天氣、肆虐的風雪還有崎嶇的山路，考驗著每個人的生理及心理極限，全團一千多人，能夠完成的不足一半，而王健林硬是憑著一股信念堅持到了最後。

除了艱苦的軍事訓練，王健林把所有的業餘時間用來學習，貪婪吸吮著知識的養分，部隊枯燥的生活不僅沒讓他覺得孤單，反而十分充實。一九八三年，王健林就讀遼寧大學黨政專修班，並在一九八六年以優秀的成績畢業，獲得經濟管理專業的學位。

一九八六年，因為表現優秀，三十二歲的王健林調任陸軍學院管理處任副處長，屬於副團職幹部。而王在管理處的主要工作除了負責整個學院的後勤保障，還肩負與大連政府以及官員打交道的任務。

那段期間，王健林開始認識級別更高的社會人士，處理更複雜的關係。實際上，外面的世界也不一樣了。一九八六年，中國的改革開放已經第八年，政府轉變思想，提出「經濟建設是大局」，市場化建設正逐漸脫離原本的計畫經濟，而這一切，只要走出軍營大門就能看到。王健林顯然比別人更早做好了投向市場的準備。

富貴險中求：人生第一桶金

為了響應國家「百萬裁軍」的號召，王健林告別了自己十七年的部隊生活。轉業後，王健林來到大連市西崗區區政府任辦公室主任。不過，沒過一年，不太安分的王健林又主動請纓，自願去擔任瀕臨破產的西崗住宅開發公司經理。就此正式進入地產圈。

據王健林回憶，當時公司註冊需要一百萬，但是因為沒錢，還被迫向一家國企借了一筆「高利貸」，才拿到了執照。「利息高達二十五％。」而除了缺錢，更重要的是「指標」，那時候的中國還處在計畫經濟階段，一切都要「計畫指標」，而要拿到指標，必須在「國家計畫委員會」指標名單裡。

為了「指標」，王健林一次次拜訪市政府的領導，適逢大連市市政府附近的棚屋區改造因成本居高，回遷問題複雜，加之歷史遺留問題，三家開發商看了都不敢接手，市領導把這個燙手山芋轉給了王健林，經過測算，這個項目改造完，每平方米的成本達到了一千兩百元，而當時大連最好的房子也只能賣到一千零幾十塊，公司很多員工都反對，但是王健林還是堅持要幹：「開發公司，只有開才能發，你都不敢開怎麼能發呢？」

為了不虧損，唯一的辦法就是提高售價，王健林適時提出了四個創新性的措施：

1. 「大高層」概念。當時的大連還沒有高層，王健林第一次建起了三十層的高樓，這些高樓後來被稱為「萬達高層」。
2. 設計上的創新。當時受制於計畫經濟，好多人家戶型都不超過一百平方米，公司不僅推出了一百三十多平方米的大戶型，設計了明廳，進門後就是一個大明廳，並且帶有窗戶。

3. 為每套房子建造大約五平方米的廁所。當時的房子只有縣處級以上的幹部才允許配一間廁所，普通百姓只能忍受刺鼻的異味。

4. 安裝防盜門。當時「盼盼」防盜門開始出現，雖然成本沒有增加太多，但是對整個房子的感觀都完全不一樣。

除了在房子上動腦筋，王健林在市場行銷方面也展現了與眾不同的思路：他積極與當地電視台聯繫，並獲得插入廣告的時段。隨後電視劇播出來，廣大市民都看到了王健林的廣告。

隨著這些耳目一新的設計，棚戶區改造項目一經推出便搶售一空，這是王健林第一次進入房地產開發，除了賺取將近一千萬萬元的利潤，他還開啟了一種新的盈利模式：舊城改造大有可為。這次的小試牛刀，開啟了他通往財富帝國的道路。

打造百年企業

敢闖敢試不是蠻幹。王健林如此界定兩者的區別：「敢闖敢試是看準了去試不怕失敗，蠻幹是沒有目的去幹。」看準了，也就是把握大方向。

一九九二年，鄧小平的南方講話極大地鼓勵了改革開放的步伐，「姓資」還是「姓社」不再成為限制性的門檻，國企改革拉開了序幕，而此時的王健林早已不滿體制內各種條條框框的約束，積極爭取進行股份制改造，得到市政府的認可後，王健林積極籌措資金，置換國有股份，西崗區住宅開發公司被「大連萬達集團股份有限公司」替代，至此，王健林與萬達集團一起插上了自由的翅膀，翱翔在改革開放的春風中，開啟了屬於他們的「萬達時代」！

二〇〇〇年，萬達開始從單一的住宅開發公司向商業地產轉型。當時王健林已經意識到住宅開發的產業模式不好做，「世界上沒有一家做住宅的企業是百年企業，城市化發展到一定程度，它的需求必然會下降。」

不過，真正讓王健林下決心要做「百年企業」，主要是兩位老員工得癌症治療的刺激。

「都是創業時候進來的員工，救不救？打一針兩塊錢，打不打？那個時候沒有社保，就是企業自己拿錢。我當時決定，不要吝惜錢，能活一天就活一天，這兩個人花了我一百萬塊錢。」王健林回憶道。

但問題是，當公司發展三十、四十年的時候，員工龐大的醫療及福利支出該怎麼辦？這個問題很現實，卻直奔根源，那就是住宅到底能不能無限蓋下去？很多人並不認為這是個問題：一九九八年房地產被確認為支柱產業，房地產市場剛剛啟動，錢那麼好賺，哪兒有什麼問題呢？但到了二〇一〇年，幾乎所有的住宅開發商都遇到了這個問題，而王健林已經比他們早想了十年。

王健林思索，一定要有長期穩定的發展模式和利潤管道，萬達轉型不是拋棄自己所有的資源和經驗徹底轉行，而是要將已有資源優勢與穩定可持續發展的商業模式相結合，尋求永續發展。商業地產才是最佳選擇，收租就可以有穩定的現金流。萬達為此開了三天的會，但所有的萬達高管都反對，投贊同票的只剩他一人。那時，沒有人知道商業地產長什麼樣。未來的不確定性，讓人不敢面對，但王健林沒有退縮。

最早發現問題的王健林，也最早出現問題。早期的幾個萬達廣場，無一例外地遭遇慘敗。第一家開業的長春重慶街萬達廣場，生意慘澹，業主鬧事是家常便飯，打了一百多個官司。瀋陽太原街萬達廣場先後開業了五次，打了二二二場官司，更換了十九任總經理，被稱為「總經理的墳墓」。

但萬達有足夠的時間犯錯，因為它早走十年。經歷了長春、瀋陽的失敗，很多高管已經失去信心。王健林還要堅持。他帶著隊向美國的商業地產巨頭學習，發現萬達廣場失敗的源頭是規劃，瀋陽萬達就是規劃出問題，這是「娘胎裡的毛病」，怎麼改造都不行。張瑞敏砸冰箱成為美談，王健林手筆更大，他炸掉了瀋陽萬達廣場進行重建，代價是十五億。

經過十年發展，如今，萬達已經成為中國商業地產的領軍企業。

萬達的成功，引來無數的模仿者，王健林也十分樂於與人分享自己的經驗，他甚至正在計畫把萬達經驗整理成書公開出版。「別人老問我擔不擔心被人學走，要我說，如果讀一本書就把你的核心競爭力學走了，那也就不是什麼核心競爭力。」

敢問路在何方

二〇一七年七月，中國房地產市場迎來一個重磅消息：萬達商業、融創中國、富力地產聯合發布公告，萬達商業以一九九．〇六億元的價格將北京萬達嘉華等七十七個酒店轉讓給富力地產，以四三八．四四億元的價格將西雙版納萬達文旅項目等十三個文化旅遊城項目九一％股權轉讓給融創房地產集團。

此次交易引起巨大關注，人們紛紛猜測：萬達為什麼賣得那麼急、為什麼賣得那麼快，又為什麼賣得那麼乾淨？這些做法，並不合乎人們對於房地產業的常規判斷，這個巨大的資產包裡含有大量的土地儲備，它們是業內通行評判下的巨大發展潛能。

事實上，此次售賣資產正是王健林的輕資產化發展戰略和萬達彪悍執行力的體現，在二〇一五年七月十一日，在萬達集團二〇一五年上半年工作會議上，王健林就首次吹響公司全面轉型的號角。「中國房地產已經走到供需平衡的拐點，躺著掙錢的高利潤時代已經過去。」王健林如是說，因為中國沒有支持長期不動產投資的金融產品，所以萬達只能以「售」養「租」。雖然重資產模式還能發展，但難度在加大，要快速擴大規模，就要轉型去房地產化，將萬達從一家房地產公司，轉向一家以服務業為主的世界一流跨國企業。按照王健林對於萬達集團的轉型規劃，王健林給萬達的輕資產模式定了兩個具體目標：一是二〇二〇年集團服務業收入、淨利佔比超過六十五％，房地產銷售收入、淨利佔比低於三十五％；二是二〇二〇年海外收入佔比超過二十％。

萬達集團自二〇一二年啟動國際化以來，業務遍及全球，主要圍繞商業地產相關與文化娛樂體育佈局。二〇一六年，萬達集團相繼投資並購美國卡麥克、歐洲 Odeon & UCI、北歐院線集團三大院線，截至目前，萬達集團在全球電影市場的份額已超十五%，並佔據歐洲、北美、中國電影院線市場首位。與此同時，萬達還以三十五億美元購入美國傳奇影業控制權。

王健林的輕資產道路引起廣泛爭議，文娛和體育等文化行業的確是超級行業，雖然利潤高，但這行業的特點就是分散，百家爭鳴，雖然已經發展了這麼多年，卻沒能誕生出超級巨頭，已經很能說明問題了。細數王健林收購的這些企業，最早納入萬達旗下的AMC院線二季度宣布虧損一．七七億美元，股價也一直走低，相比房地產等傳統產業，影視、體育等文化產業天生就不是賺大錢的產業，而且回報週期相當長，這也是拖累萬達利潤的重要原因。王健林要想整合這些行業，形成一個超級航母，難度可想而知。

靠「財技」發家的王健林，面前有兩大難題：

一是萬達商業在A股上市是一道必選題，萬一失敗怎麼辦？

二是目前轉型是以出售資產為代價的，且介入的都是回報週期長的產業，速度能否維持住？

一個企業一旦跑不動了，那將是多米諾骨牌似的連鎖效應，其速度極快，後果之嚴重，超乎很多人的想像。曾經的首富未來路在何方，我們拭目以待。（孟濤）

雷　軍（1969-今）

雷軍：給夢想加點顏色

雷軍（一九六九年—今），生於湖北省仙桃市，就讀武漢大學計算機系，並獲得理學學士學位。中國大陸著名天使投資人，為小米科技創始人、董事長兼執行長，金山軟件公司董事長。

你還記得小時候的夢想嗎？你還敢說出來你最初的夢想嗎？不論夢想是什麼，有夢想，就不一樣！

——二〇一一年十二月十日雷軍在微博如是說

對於人生的意義，每個人都有著不同的詮釋，或紛繁宏大，或淡泊明志，而在雷軍的眼中，人類的偉大之處就在於夢想，或者說，人生的價值就在於不斷追求、實現夢想的過程中。而關於雷軍的夢想，他在多次的訪談中給出了相同的答案：向偶像賈伯斯那樣，引領時代的發展。在這一夢想指引下，他投身金山，揮斥方遒，在即將功成名就之際，卻毅然選擇了離開，這一極富悲壯色彩的行為只為心中不曾熄滅的夢想，也正是這一「加料」的壯舉，讓雷軍實現更加精采的人生。

那麼，在你的心中是否也有那麼一個夢想，讓你願意不顧一切地追尋，即使飛蛾撲火，也在所不惜！

順勢而為，乘勢而上

人生如行舟，如逆流而上，則舉步維艱，反之順流而行，遠行千里。雷軍篤信順勢而為的理念：造勢最難，借勢其次，順勢最易。他曾經說過：「人家說四十不惑，而在順勢而為這一點上我是尤為不惑的。」

雷軍出身教育家庭，一九六九年十二月十六日出生在湖北江漢平原中部北岸趙灣村，在那裡度過了九年的歡樂童年。雷軍從小善於思考，看到媽媽晚上摸黑生火做飯，十分辛苦，就嘗試買了兩節乾電池和一個燈泡，裝在自己製作的木匣子中，做了一個移動的照明燈，內心的成就感溢於言表。

一九八七年，十八歲的雷軍金榜題名，雖然分數能夠選擇清華、北大，他還是選擇了武漢大學的電腦系。在大學四年時間裡，他精打細算地安排每一點時間，用兩年的時間修完了四年的課程，即使高年級學生都頭痛的程式設計他也興致盎然。回憶起大學畢業後在社會上摸爬滾打的幾年，雷軍說：「改革開放三十多年，我曾有過無數次機會，像二十世紀九〇年代的深圳炒股熱，海南的炒地熱……可惜我一個都沒有撈著。」

後來在求伯君的賞識及大力邀請下，雷軍進入到了金山工作，投身互聯網的浪潮，十六年的金山生涯，目睹互聯網的舞台上各個大佬你方唱罷我登場，有的人努力一生卻收穫寥寥，而有的人在雲淡風輕中功成名就，其中的原因何在呢？雷軍思考、求索，一直到二〇〇五年底，他覺得思路慢慢清楚了：勤奮是成功的重要因素，但絕不是唯一的，在當下的時代中，機遇比努力更加關鍵，要在對的時候做對的事情，時代性的產業變革帶來大量的機會，每個個體都是一顆小草，風來的時候，個體的力量微乎其微，潮流推動時代發展，而潮流天天都有，觀潮是一回事，但能否先知先覺，並在到來的時候勇立潮頭，成為時代的弄潮兒就是另外一回事了。

對此，雷軍曾經這樣說過：「回顧過去的互聯網，如果你知道會這麼發展，我相信你會等於馬雲＋李彥宏＋馬化騰的總和。很簡單，關鍵是誰能洞察未來。未來真的有那麼難洞察嗎？這是我一再思考的問題。」

站在風口上的豬

一九九九年，中國互聯網浪潮興起，當時的金山忙著推出 WPS，雷軍帶動他的團隊與微軟在辦公應用軟體一決雌雄，而當二〇〇三年雷軍轉過頭來一看，自己已經被遠遠甩在後面了，那時候他的壓力非常大，是因為自己不夠努力，決策失誤，導致陷入被動嗎？二〇〇七年，金山在香港港交所掛牌，雷軍發現他傾注十六年心血的公司市值僅僅六・二六億港幣，而當時同樣在香港上市的阿里巴巴已經達到了十五億美元，更不用說在納斯達克上市的百度（市值三九．五八億美元），就算跟盛大網路等遊戲界相比，金山也遠遠不如，這極大地刺激了雷軍，他不停地反問自己：「金山軟體有中國最優秀的一批工程師，大家都很團結，執行力也非常強，但為何最後上市依靠的反而是網遊業務」。

痛定思痛之後，雷軍得出結論，他缺乏的是大勢，「勢」在人為，要順勢，那些「大成」的人，無不是利用了潮流的力量。雷軍在仔細地考察了市場以後，發現三個方向最具有潛力——電子商務、移動互聯網、社群。

在這三個領域中雷軍尤其偏愛移動互聯網，因為雷軍本人就是手機的發燒友，他判斷移動互聯網可能是未來十年最大的機會。雷軍不斷摸索移動互聯網行業的發展，體會到移動互聯網的體驗最終在於軟硬一體化，智慧手機是最佳的載體，他走訪國內的手機生產廠商，希望投資或直接收購一家，但是都不盡人意，雷軍說：「沒有合適的企業，對方想做的和我要做的很不一樣，改變觀念是最難的事，一張白紙最好畫。」二〇一〇年，小米科技應運而生。

小米的米拼音是 MI，也是 Mobile Internet 的首字母，與雷軍進軍移動互聯網的初衷契合，小米手機成為雷軍移動互聯網夢想的載體，在小米獲得巨大成功之後，雷軍多次指出，小米的成功，最重要的就是遇到了「風口」，每個企業要取得成功，都需要尋找適合自己的下一個風口。

「破壞式」的顛覆

小米顛覆傳統行銷模式，擺脫傳統依靠大量廣告、做公關進行推廣的手段，而關注與用戶之間的溝通，進行口碑行銷。口碑行銷是指企業的產品資訊和品牌資訊透過親友間的交流進行傳播，這種依託人際的傳播與大眾傳播相較，最直接的優勢就在於更高的可信度。

雷軍堅持產品是口碑的唯一來源，互聯網不能顛覆「品質第一」的理念，組織專業的團隊在網上透過微信、微博、QQ 空間、論壇等途徑廣泛徵集粉絲對於產品研發的意見，而且會遵從粉絲的需求對小米產品進行升級，《第一財經日報》原總編秦朔這樣評價：「小米有一個很大的貢獻，就是真真正正地站在了消費者的立場上。小米要提供給消費者的是他們應該享受到的最好的產品和服務。」

小米的顛覆式行銷及售價也受到其他廠家的質疑：「蘋果能夠把一個支值一兩千的東西賣到五六千元，非但如此，它還有頻繁的更新換代，這種模式為整個行業創造了很大的利潤空間。而小米把價格打得這麼低，他一家成功了，下面可能會死傷無數。」對此，雷軍認為小米就是要顛覆傳統行業，他舉了一個例子：全國有三千家生產插線板的廠家，卻鮮有公司著力生產高品質的產品，而都是在努力拓展銷售管道，進行推銷，成本二十元的插線板定價到了兩百元，消費者需要的是實實在在的產品，而不是兩百元的面子。如果整個產業鏈都被困在低效運轉的循環中，不但企業得不到發展，消費者利益也會受損。而小米做的，就是在手機行業乃至整個科技行業進行加速升級，沒有小米這條「鯰魚」，行業難有大的突破。

「超越用戶想像」

「超越用戶想像」是雷軍創辦小米的踐行宗旨，首先將產品專業化，鎖定產品範圍，在既定的範圍之內，追求產品的極致化體驗。比用戶想像的更好，這對每一個商家都是極大的挑戰，為了實現這個目標，雷軍為此沒少費心思。如果在短時間內全面超越三星和蘋果，是空中樓閣，小米所追求的是，對發燒友來說，在部分性能上滿足他們的需要，同時在首期電腦發行的時候，盡可能降低粉絲們的期望，雷軍叮囑團隊們一定要保持低調，如果他們對「小米」沒有期望，才會覺得產品好，如果期望太高，就不可能說這個產品好了。

對此，雷軍多次總結經驗：初期的市場行銷要堅持少花錢甚至不花錢，才能看出來產品對使用者的吸引力。產品完成後，不要著急，先堅持在小規模的用戶中試用，聽聽用戶回饋，大規模的推廣會帶來兩個問題：一是使用者的期望值很高，如果產品不完善，容易引起用戶的負面情緒，為以後埋下隱患，二是大規模推廣得到的測試效果不準確。

「超乎用戶想像」更關鍵的是真正把產品的細節做到位，經過一年四個月的努力，經過籍籍無名的探索，小米手機成功面世，當時小米的雙核一．五G，是全球處理速度最快的手機，也是全球第一家在一個新的平台做手機。小米不靠硬體來賺錢，得到了廣大「米粉」的支援，僅僅三十個小時，小米手機一售而空！雷軍抱著碩大的顯示器，抑制不住內心的激動，他知道，這個風口，他牢牢地抓住了！

粉絲經濟

小米在創立的時候就有清晰的目標定位：年齡二十至三十五歲的年輕人、電子發燒友，雷軍提倡「簡單、極致、快、為發燒而生」的極客精神，他認為在互聯網時代，商家與客戶之間應該是一種互動的社交關係，而不是單純的買賣關係，小米的創新，在於一系列創新組合的結果，而不單指某一方面的創新，在這個過程中，小米非常重視和用戶之間的直接溝通和情感建立，在互聯網浸淫多年的雷軍清楚知道，最重要的就是擁有粉絲而不是客戶，雷軍說：「怎麼真心實意對待你的用戶，讓你的粉絲支持你，這是最重要的。」

MIUI 論壇為小米科技的發展立下了汗馬功勞，也是雷軍引以為傲的，二〇一〇年八月十六日成立的 MIUI 沒有進行任何的廣告推廣，僅僅依靠產品就吸引了四十多萬狂熱的粉絲，對他們提出的意見，小米工作人員都在第一時間給予答覆，粉絲在這裡得到了重視，而不僅僅作為一個消費者，每一代小米的產品，都凝聚了粉絲的智慧，「我們不是做產品，我們是做使用者，做社交網絡。互聯網時代，人與人之間的關係方式正在發生變化，產生了 Facebook 這樣的社交網路，人與公司、人與產品之間的關係也會變化，你可以把小米理解成這樣的社交網路公司。」

雷軍創立不僅僅創立了小米手機，更成了把粉絲經濟引入商界的第一人，開創了一種全新的行銷模式，小米的迅速崛起就是粉絲經濟的印證，從二〇一一年八月十六日小米手機面世到現在，小米手機的作業系統 MIUI 是首個實現每週升級的手機作業系統，它完全改變以往封閉的模式，完全以使用者需求為導向，透過廣泛徵集論壇粉絲的回饋，解決 BUG，推動升級，雷軍和他的小米充分體現了互聯網的商業核心邏輯：當你擁有足夠多的使用者之後，盈利模式還會遠嗎？（孟濤）

張汝京（1948-今）

張汝京：紅色台商

張汝京（一九四八年—今），畢業於台灣大學，後取得布法羅紐約州立大學工程學碩士學位、南方衛理公會大學電子工程博士學位。曾在德州儀器任職二十年，現為中芯國際積體電路製造（上海）有限公司總裁。

張汝京，中國崛起最快的半導體明星，知命之年懷著赤誠之心從台灣到大陸振興半導體事業、敢於挑戰晶圓霸主張忠謀、勇於超越晶圓梟雄曹興誠的企業家；他是民進黨政府眼中帶走晶圓技術的黑名單流浪者；他是誠信擺第一，眼裡容不下絲毫貪瀆的現代酷吏；他也是虔誠的基督徒，將一切榮耀歸於主，奉獻家財的慈善家。

張汝京的故事，就像海峽兩岸，命運交纏的現代縮影，雖然在時代的洪流中漂泊不定，但是無論怎樣的風吹浪打，都澆不滅心中的赤誠。

「我也是上海人了」

一九四九年，中國大陸風雲變化，時代的更迭改變著許多人的命運。就在這一年早春的某一天，在一艘從上海出發的客輪上，一位年輕女子懷抱著繈褓中的嬰兒，憂戚地向上海告別。而她懷裡的孩子，全然不知這趟旅行的意義，他只是睜著好奇的眼睛，仰望著被砲火燻黑的天空。這母子兩人，此行的目的地是台灣，那個對他們來說還很陌生的海島……

半個世紀匆促之間就翻過了。二〇〇〇年，上海，浦東張江，豔陽高照的某一天，隨著一聲巨大的打樁聲，一個新的企業在這個高科技園區誕生了。這家企業的主人，正是五十一年前那個裹在繈褓裡的嬰兒。如今，他已年過半百，但是他精神矍鑠，看著眼前還是滿眼萋萋芳草的廠區，臉上充滿了欣慰。他手裡挽著的，正是那位當年抱著他出海的母親，如今已是白髮蒼蒼的老太太……

那位在嬰兒時代離開上海，在壯年時代回到上海的人，就是中芯國際的總裁兼首席執行官，他名叫張汝京。雖已加入美國籍，但他始終不忘自己是炎黃子孫，中華民族的一份子。

當年跟隨母親跨海遠赴台灣的張汝京，在台灣完成了大學學業後，即轉赴美國深造，先後取得了工程學碩士學位和電子工程博士學位。一九七七年，剛剛二十九歲的他進入當時美國德州儀器（TI），從此開始了與晶片行業的不解之緣。在德州儀器，他從小工頭做起，帶著工人從安裝、生產到維修，全過程都要參與。就這樣，他前前後後參與了九個晶片廠的建設，這些工廠遍布於美國本土和新加坡、義大利、日本、台灣、泰國等地。

此時的張汝京人在美國，但他始終沒有忘記自己是炎黃子孫。在他的少年和青年時代，他的母親，那位當年從名媛雲集的南京師範大學畢業的高材生，儘管身居台灣，但一直在向自己的兒子灌輸將來學有所成後能夠報效祖國的想法。因此，儘管兩岸長期隔絕，但張汝京對祖國大陸並不陌生，奔騰的長江、高聳的泰山，北方的雪漠、南國的椰林，他雖然沒有機會親臨，但說起這一切，卻都是如數家珍。上世紀八〇年代的改革開放，喚起了張汝京兄弟姊妹和他母親的尋親夢，一封地址不詳的家信終於使他續上了宗族的血脈。一九八六年，張汝京假道日本，終於回到了他多年憧憬的故鄉，和親人的會見使他更堅定了報效祖國的決心。

雖然他的老家在河北，但現在張汝京和他的全家，包括他的母親和家人都已在上海定居。說起這，張汝京總是充滿自豪地說：「如今我也是上海人了！」

鑄就中國晶片夢

二〇〇〇年張汝京在上海創辦中芯國際，沒有人認為他會成功。因為半導體製造行業也被業界戲稱為做到一半就會「倒」的行業。主要原因在於，這是一個需要巨額資金密集投入，大量高科技人才集群工作的行業。巨額的資金和大批高精尖人才的需求，形成這個行業巨大的進入壁壘。

中芯國際開業以來，張汝京一直處於各種矛盾的風口浪尖之上。除了要面對兩岸關係的尷尬，中芯國際還一直面臨著業界「老大」台積電的纏訟。

二〇〇二年初，在中芯國際剛剛投入生產的時候，台積電就向台灣新竹地方法院提交訴狀起訴中芯國際，而在中芯國際準備上市之際，台積電開始在美國發起一連串訴訟。在這之後，台積電一直不停止對中芯國際的纏訴活動。二〇〇四年三月，中芯國際於香港、紐約上市。這次起訴給剛剛上市的中芯國際造成了影響，中芯國際上市後股價振盪波動，其中的原因很複雜，台積電的纏訟不能不說是箇因素之一。

說起與台積電的這場訴訟，張汝京介紹說，當年台積電宣稱之所以起訴中芯國際，主要是因為有一些台灣專業從業人員看到大陸發展的機會，選擇到了大陸，而台積電宣稱他們帶走了商業秘密。由於對方董事長張忠謀是自己的老上級，而且人品正派，出於對張忠謀的尊敬，張汝京一直低調處理這場糾紛，後來在二〇〇五年一月與台積電達成和解，中芯國際同意分六年向台積電支付一．七五億美元。

至此，此事本已了結。但令人感到遺憾的是，這個「停戰協議」只勉強維持了十七個月，二〇〇六年八月，台積電的某些人士再起訟戰，又向美國加州高等法院提出控訴，指控中芯國際未能遵守雙方的和解協定。這一次，張汝京不再委曲求全了，九月十二日，中芯國際向加州高等法院提出強烈否認的辯狀，並反控台積電違背和解協議，要求其予以賠償。

除了與台積電的法律糾紛，張汝京面對的壓力還來自企業的盈利。中芯國際開業六年期間，只在二〇〇四年出現過盈利，並被視為半導體行業中的大亮點，後來即因需支付台積電和解金的壓力，又為企業長久發展投注了大量研發資金，目前尚未出現盈利紀錄，這在客觀上也影響了其股價走勢，前不久在香港主機板上市的股票，其股價甚至跌到了一港元以下，全球各地的投資者對此不僅有疑惑，還有意見。

對此，張汝京解釋說，晶片業是高技術、高投資、高人才的三高行業。中芯國際開業以後，一直處於擴張階段，投資的九〇％都是生產設備，設備折舊的壓力相對較大。而且中芯國際的快速佈局得到了強大的資金支持。一方面，中芯國際在香港、紐約兩地上市為企業擴大規模提供了切實保證，另一方面銀行界的貸款也很積極。

讓張汝京高興的是，從二〇〇六年開始，中芯國際進一步加快了與國際巨頭們的合作步伐，尤其是在當時國際最先進的九十奈米技術方面。二〇〇六年一月，英飛凌將自己最尖端的九十奈米 DRAM 溝槽技術和三百毫米產品生產技術轉讓給中芯國際，並進一步商談七十奈米的相關技術合作；五月，中芯國際採用 ARM 公司物理 IP 系列產品用於九十奈米處理工藝，以說明客戶縮短設計階段、降低風險並加快產品上市速度；六月，透過與爾必達公司和另一家客戶的技術合作，中芯國際九十奈米五一二兆 DDR2 DRAM 產品以及九十奈米的邏輯晶片，雙雙成功通過認證並開始量產。

基於這一系列的技術成果，張汝京很有信心地說，中芯國際的全面盈利，指日可待，中芯國際會全力以赴讓投資人、客戶和員工都獲益。

簡樸生活與奉獻之心

張汝京素以克己精神著稱。每天早上，在中芯國際的停車場，一輛白色福特嘉年華總是最早進來。這輛不起眼的一千三百 cc 小轎車，就是「總裁座駕」，親自駕車的張汝京，是每天最早上班的公司高管。張汝京在上海的生活很簡單，一星期上班六天，每天在工廠待十二個小時。至於假日，身為虔誠基督徒的他，固定上教會。生活儉樸，加上工作拚勁十足，是張汝京帶領中芯國際領先同儕的重要原因。他也是以身作則的領導者。張汝京不僅每天帶頭加班，出差搭飛機時，也一律坐經濟艙，而且儘量當天來回，就是為了要節省旅館費。員工看到老闆這樣，當然也效仿，當時出差視察北京工廠的建設，也只住工地，簡樸之苦，以至於其手下笑著說：「除非迫不得已，不要跟張總出差。」

「我是一個外剛內軟的人，最看不得女孩子哭。」張汝京笑談到。事實上，這個被業界稱為「酷吏」的人，擁有一顆仁慈的心。除了建立中芯國際，張汝京最熱衷的事情就是興建學校和慈善事業。當時不少台灣友人，都以為張汝京到中國大陸獻身教育事業去了。原來，一九九五年是張汝京第一次接受中國大陸邀請，代替長官邵子凡到北京演講半導體技術。接待單位安排入住的是富麗堂皇的五星級旅館，向來節儉的張汝京一看，寧可換住便宜一點的旅館。接待張汝京的資訊產業部官員也按張汝京的意思，換一個只要五分之一價錢的旅館。

資訊部的官員叫唐新萍，是貴州狀元，學歷是清華大學微電子研究所畢業。她跟張汝京說，窮人家的孩子只少了機會，只要有好老師、好教材，貧脊的土地也能開出鮮豔的花朵。

就在這位官員牽線下，一九九六年，張汝京與友人到了貴州鄭安縣碧峰鄉，捐了生平第一個希望小學工程。從此，張汝京就愛上了辦學，這一蓋，就蓋了二十所希望小學。從貴州、雲南、四川、甘肅，都有張汝京這群人奉獻的心血。

「在台灣，我在股票上賺了錢，就把股票賣了些捐出來；其實很多人這樣做的。我們的group算小的，還有更大的呢！」每次談起希望小學，張汝京的臉上彷佛就發了光。

張汝京一直不願意公開這些捐款的具體去向，我們在一些公開的報導上能夠看到的，只是他出資在中國大陸貧窮地區建起了二十九所希望學校，而我們在一些「慈善榜」上，同樣看不到他的名字。（孟濤）

縱橫國際

第四部
縱橫國際

〈外交人物篇〉

董顯光・沈昌煥・錢　復
蔣廷黻・葉公超・周書楷
陳之邁・薛毓麒・楊西崑
芮正皋・何鳳山・沈劍虹
喬冠華・錢其琛

主編的話／潘家鑫（中國文化大學廣告學系助理教授）

「年輕人的教育不能等！」是近來很夯的語型，尤其是台灣的下一代青年，不可不知中華民國是如何走到了今天的這一步！所謂「以古為鏡可以知興替，以人為鏡可以知得失！」在我國的歷史進程中，正有許多的傑出、大師級的人物，在歷史的關鍵時刻，扮演著重要的角色，但有多少位大師的故事為年輕人所認識、傾慕呢？

我身為五年級生，對於中華民族文化與歷史的承先啟後，自然是責無旁貸。

我的背景是新聞與大眾傳播專業，在參與這項出版計畫之前，有一件事值得一提，日本放送協會 NHK 在二〇一五年創立九十週年時，播出傳記類戲劇節目《經世濟民的男人們》，介紹三位分別在明治、大正、昭和年代，對日本經濟發展有重大貢獻的產經界人士，不禁思考，我們也應該運用大眾傳播的力量，向下一代年輕人，說說對我國發展有功人士的故事。

而事實上，我的恩師、中國文化大學榮譽博士鄭貞銘教授，已經在進行這項文化傳承的工作，在編著、出版鉅著《百年大師》上下兩冊之後，獲得兩岸青年讀者廣泛的肯定與迴響，但仍無法將在各行各業碩彥之士的故事一一介紹，難免在一百位大師之外有遺珠之憾，因此有此一新的出版計畫，我也很榮幸地參與這項出版計畫，其中介紹的外交界大師，是較具知名度或有豐富文獻資料傳世者，但對於我國外交發展具有卓越貢獻，拋頭顱、灑熱者，絕不僅止於這十多位，然因，本身的專業與學力有限，在兢兢業業寫作的同時，也對於無法達到外交史與專業人士的期待，甚感惶恐抱歉，也特別對其中幾位大師的介紹，若有未盡之處，要向其家屬、故舊、門生磕頭賠禮，希望相關人士多多體諒包涵。

在寫作期間，有幸親炙錢復大使的大師講座以及訪談，並得到戴瑞明大使、劉瑛大使、王飛大使、沈大川、鄭向恆教授、張小月主委等人提供文獻資料、意見與協助，尤其是著作等身的劉大使，熱心提供豐富的外交人物資料，並最後協助完成審訂文稿的工作，厥功至偉，若沒有他們，這項出版計畫是無法完成的，謹此一併衷心感謝！

《聖經》上說：「因為我們成了一台戲，給世人和天使觀看！」值此中華民國的發展，向著不可知的未來走下去，我對於這些大師級外交家生平與重要貢獻的描述，並不是要對其功過做出定論，而是要向青年朋友們宣揚與傳承，這幾位外交家，如何在國家重要時刻，為中華民族貢獻所長，不屈不撓，發揚中華文化「為天地立心，為生民立命，為往聖繼絕學，為萬世開太平」的精神！

董顯光（1887-1971）

董顯光：點亮國際宣傳燈光

董顯光（一八八七－一九七一年），浙江省寧波人，著名報人、外交家，中國第一位赴美專攻新聞學並獲得學士學位的人，也是中國情報工作的創始人。赴美先後於巴克學院、密蘇里大學和紐約哥倫比亞大學普利茲新聞學院就讀，之後出任上海《民國共和報》、《北京日報》主筆，創辦《庸報》。抗戰爆發後擔任國民黨中央宣傳部副部長，爭取西方媒體支持中國對日八年抗戰，並培養國際宣傳人才。一九四九年隨國民政府遷台，擔任中國廣播公司總經理兼《中央日報》董事長，後出任駐日大使、駐美大使、總統府資政。一九七〇年移居美國，次年病逝紐約。出版有《蔣介石總統傳》（英文版）、《萬年長青》等。

農家子弟與報人

一八八七年，董顯光出身浙江寧波一戶虔誠的基督教家庭當中，董氏人家平時務農為生，男主人從事著木匠的工作，勤奮地掙錢勉強支撐家裡經濟上的開銷，過著清苦的生活卻也知足常樂。這戶人家有個名喚顯光的男丁，此時的董顯光尚且年幼，但卻表現得比其他同齡的幼童成熟，彷彿與生俱來就是要成就不凡。

由於家裡經濟貧困，幼年的董顯光憑藉信仰，只能勉強接觸基督教的刊物，讀些《聖經》當中的故事滿足內心求知的慾望，但一直沒有接受過正規的教育，一直到了十歲那年，才得以進入蘇州的一所教會學校就讀小學。

一八九九年，董顯光隨著父母舉家遷居上海，此時他先後就讀了上海中學及清心書院，接受了西式教育的啟蒙，由於受過中西式學校的薰陶，造就董顯光的中英文程度比同期的其他同學來得優異，奠定良好的語言基礎。

等到中學畢業之後，董顯光受到浙江奉化龍津中學的邀請，前往教授英文，當時蔣介石正好也在這所中學讀書，於是開啟了兩人相遇的契機，發展了一段短暫的師生關係。

一九〇六年，董顯光辭去了學校的工作，來到上海的商務印書館，做了一年便遠赴美國求學，先後在密蘇里州的派克學院和密蘇里大學就讀新聞學院，之後又在紐約哥倫比亞大學的普利茲新聞學院就讀。在哥倫比亞大學期間，董顯光曾經到《紐約時報》工作一段時間，這段經驗也成為日後影響他的重要資產。

一九一三年董顯光的母親病危，這個重大噩耗使他陷入兩難的抉擇，一邊是考慮繼續留在外國完成學業，另一邊則是回到中國就近照料母親。經過一番謹慎的思考，董顯光最後決定放棄完成碩士學位，立刻動身前往日本，打算經由日本返回故鄉。在返鄉的過程當中，董顯光結識了孫中山，後來透過孫中山的介紹，回到上海擔任英文《國民日報》的副總編輯一職，從此開始他的記者生涯。

新聞工作與從政之路

在董顯光擔任英文《國民日報》的副總編輯期間，中國發生了袁世凱派人暗殺宋教仁事件，對於這起震驚社會的大事件，董顯光發揮過去接受來自海外及國內的專業新聞訓練，所培養的新聞敏感度與使命感，成為全國第一個揭發這起事件的報人。

一九一四年，董顯光再度前往北京，擔任英文《北京日報》的編輯，同時擔任全國石油委員會的英文秘書，四年後又升任上海《密勒氏評論週刊》的編輯，在報業領域的董顯光可以說是一帆風順，充分發揮其新聞專業與使命非凡的成就。

一九二〇年開始，董顯光踏入了政壇，先後出任北洋政府交通部顧問，以及鐵路經濟財務委員會執行秘書等職務，任職期間政績突出，曾經三次被授勳嘉獎。然而血液裡終究流的是報人的天性，從事政治工作五年過去，董顯光決定重返報業，並於一九二五年三月，在天津創辦《庸報》。

一九二八年皇姑屯事件爆發後，《庸報》率先披露肇事真兇為日軍，這起報導引發社會的高度重視，也打響了《庸報》的知名度。到了一九三〇年，《庸報》的發行量已將近兩萬份，成為僅次於《大公報》和《益世報》的天津第三大報紙。

在三〇年代初期，董顯光開始把工作重心轉移至報業的行政管理，他先出任上海《大陸報》的總經理，然後擔任《時事新報》、《大晚報》以及申時電訊社的發行人等職務，成為當時上海新聞界的領頭人物。

一九三四年，經由曾是學生的蔣介石介紹，董顯光加入了中國國民黨，並且再次開始了他的從政之路。入黨初期，董顯光在軍事委員會上海辦事處負責檢查外國的新聞電訊，一九三七年抗日戰爭爆發之後，他在上海租界內率先組織一個反日委員會，與溫源寧、劉湛恩等人聯手從事反日宣傳，有效抗擊日軍的侵略。

由於董顯光的抗日行動發揮功效，因此吸引了國民政府的注意，決定任命其出任軍委會第五部副部長，下令授權創建國際宣傳處。在這個國家動盪的時刻，董顯光感受到國民政府的請託與厚望，於是臨危授命也義不容辭，盡職盡責努力嘗試各種方法和管道，致力於讓國際社會瞭解中國抗日戰爭的真相，以及處在怎樣一個水深火熱的困境當中。

在董顯光跨足新聞與政治雙領域的工作生涯，有幾個比較特殊的事蹟，包括他曾經在一九四二年陪同蔣介石的夫人宋美齡赴美國就醫，並且爭取美國各界的支持，當時引發全美國社會的高度關注。一九四三年，董顯光隨著蔣介石、宋美齡夫婦，代表中國出席戰時高峰會議，這個高峰會又被稱為開羅會議，當時的董顯光便是負責國際宣傳的工作，由此可以看出他受到蔣介石高度地重視與信任。

虔誠信仰與晚年人生

一九四七年，董顯光成為中國史上首任的新聞局長，次年則轉任行政院政務委員。中日戰爭爆發之後，董顯光隨著國民政府來到台灣，先後擔任國民黨《中央日報》董事長，以及中國廣播公司總經理等要職，持續發揮他在傳媒領域的專業和影響力。

一九五〇年，董顯光接到蔣介石的命令遠赴美國進行訪問，訪美期間他見到了前美國駐中國大使司徒雷登、國務卿杜勒斯，以及當時擔任哥倫比亞大學校長的艾森豪等人，董顯光也趁著這次機會，努力爭取美國對國民政府的支持與援助，這段訪美期間不只促使中國在外交上的能見度大增，對於董顯光個人而言，也是提升個人眼界與汲取西方國家優點的一趟學習之旅。

一九五二年八月，董顯光奉命擔任首屆中華民國駐日大使，四年之後又受命出任中華民國駐美大使，擔任兩國大使共計六年的時間，董顯光才得以卸職返台，並且受邀擔任總統府資政一職。

由於董顯光在信仰上十分敬虔，自幼隨著原生家庭篤信基督，在生活當中的各個環節，他始終持守著基督徒的生活，每個主日都去教會做禮拜。當國民政府定都南京時，董顯光曾經擔任凱歌堂首任執事會主席，該堂也是蔣介石和宋美齡夫人，以及其他國民政府政要們參加的教會。

雖然凱歌堂隨著國民政府數度搬遷，董顯光卻始終是該堂的教友，足見其對基督信仰的虔誠。董顯光也曾經環島進行調查研究工作，分析基督教在台灣的教派發展、傳教、醫療、教育、社會福利等各種方面的現況，這是信仰帶給他的力量，也是深受原生家庭的啟蒙。

一九五一年，他的日記全書寫教會生活與自省，鄭貞銘教授將其出版為《萬年長青》轟動社會。

董顯光因為信仰虔誠深得蔣宋美齡的信任，曾經受其委託，於一九六〇年攜帶家屬前往高雄的西子灣，與張學良夫婦會面，在董顯光的傳教與信仰見證影響之下，張學良於該年二月九日的日記上清楚註明開始禱告，請求上帝堅定信心。董顯光也陪伴張學良夫婦前往教會聚會；在董顯光的鼓勵之下，張學良夫婦均成為虔誠的基督教徒。

董顯光的生平因為新聞專業的機緣，結識不少中國近代知名人物，但他不只懷著作為一個報人應該擁有的堅持，在外交上的卓越貢獻也是有目共睹。一九七一年，這位一代報人病逝於紐約，結束其精采又輝煌的一生。（潘家鑫）

沈昌煥（1913-1998）

沈昌煥：外交教父

沈昌煥（一九一三—一九九八年），祖籍江蘇蘇州吳縣，生於江蘇嘉定。中華民國政治人物，著名外交官，曾任駐教廷大使、駐泰國大使、外交部長，有「外交教父」之稱。

在我國外交史上，截至今日為止，做外交部長做得最久，首推被尊崇為「外交教父」的沈昌煥，兩任部長，共十二年半。其後，他調升國家安全會議秘書長、總統府秘書長，仍然一手主導外交系統與外交事務。全部時間長達將近三十年。

沈昌煥一九一三年出生於江蘇嘉定，祖籍江蘇吳縣，一九三三年上海光華大學政治系畢業後，就讀燕京大學研究所，繼赴美深造，一九三七年獲得密西根大學政治學碩士學位，其後中日抗戰開始，沈昌煥立即束裝返國服務。先在交通部工作，一九四〇年轉入外交部。

老一輩的外交部同仁說：一九四一年間，蔣介石曾以軍事委員會委員長身分暫兼外交部部長。其實他很少到外交部，部務由次長傅秉常代行，那時正是對日抗戰最吃緊的時期，沈昌煥剛進外交部工作不久，地點是陪都重慶。

有一個週日下午，蔣介石心血來潮，輕車簡從，蒞臨外交部視察。整個外交部非常寂靜，所有辦公室都是關著的。忽然，有一間辦公室中傳出讀英文的聲音。蔣介石到那間辦公室查看，讀英文的，正是沈昌煥。

見到蔣介石，沈昌煥立刻站起身行禮。蔣介石問：「星期天，大家都休息了，你為什麼不出去玩？」沈昌煥回答：「出去玩還要花錢！自覺英語能力還有待加強，所以，趁辦公室空著，正好來讀英文，也不會吵到別人。」幾句話問下來，蔣介石覺得沈昌煥一表人才，又誠實，又用功，口才又好，便記在心上。後來，一九四六年，便把沈昌煥從駐印度專員公署二等秘書調任國民政府文官處秘書，進入陳布雷主持的軍事委員會委員長侍從室第二處工作，擔任蔣介石的外文秘書，之後負責接見外賓時的翻譯。

一九四八年蔣介石引退，副總統李宗仁代理，由閻錫山組戰時內閣，任命胡適為外交部長，但胡適未到任。一九四九年，大陸變色，政府遷台，蔣復行視事。當時代理外長的政務次長葉公超已萌去意，欲擺脫政治，重執教鞭，沈昌煥「慧眼識英雄」，密電人在高雄的蔣經國，轉呈蔣介石，推舉葉公超代理外交部長，並稱此舉對大局有利，對外交前途也有所發展，沒幾個月當局就擢升葉公超為外交部長。

葉公超部長下的兩位次長：胡慶育、時昭瀛，胡的中文強，時的英文好，但葉公超看上了沈昌煥的進取、機智，胡政務次長外放大使之後，便挖角時任行政院新聞局長兼政府發言人的沈昌煥來作政務次長。

沈昌煥如何積極主張進取？還有一個故事作證。

一九五四年秋，沈昌煥從拉丁美洲訪問歸來。當時有一批前一年度外交領事人員及格而在外交部實習的學員。一天，他召集這批實習員訓話。他說：「做外交官，一定要積極，要進取，要把握時機。」他舉了一個故事作證：「南美一銀行家有子獲得哈佛博士學位。其子返國後，銀行家盼望兒子擔任外交官，因此囑咐其子往見好友外交部長。會見之時，外交部長問此一年輕博士：『假如你住在一家豪華大旅社中，誤走入他人之睡房，其時，房中僅有一身材噴火、面目姣好的女郎裸體躺在睡床上休息，你將如何？』這位少年博士說：『我會假裝未看清楚，說：『對不起，先生。』而後走出，當然隨手關門。』外交部長未置可否，但說：『過幾天再聯絡。』而後便無消息。月餘之後，銀行家與外長在一酒會中相遇，銀行家認為其子頗有急智，對外長未能予以錄用頗為不解，外長說：『令郎品學俱佳，一表人才，但有點老古板，現今辦外交，有任何機會都不能放過。令郎在這一點上似乎太拘謹了一些。』銀行家無言以對。」（劉瑛：《我所認識的沈昌煥》，傳記文學，〇五卷第五期，頁二一。）

大將無赫赫之功

每次有同仁外放，沈部長講訓，他常講兩點：一、不可爭功。尤其不可與部下爭功。他舉《孫子兵法》中的話「大將無赫赫之功」為座右銘。他還會說：「漢有文、景之治，而兩帝本紀中卻無可記之事，唐代房玄齡、杜如晦襄助太宗作成貞觀之治，而唐書兩人列傳上都無可載之功。」第二，他強調合作。他常說：「水牛落單了，會被獅子吃掉。水牛團結合作，一群獅子都四散奔逃。」

此外，沈昌煥有識人之鑑，一九五一年他任新聞局長，赴法出席聯合國六次大會前，推介時任新聞局專門委員兼外事科科長的沈錡擔任代理發言人。他任外交部長時，又派沈錡為駐剛果大使，一九六五年為駐美大使館公使，次年召回台北，出任外交部政務次長。

其他由他拔擢的外交菁英還有丁懋時、錢復、王飛、邱進益、劉達人、邱榮男、金樹基等人，較年輕的有吳子丹、胡為真等。

一九六〇年六月，沈昌煥第一次出任外交部長，在當時冷戰的大環境下，美國在東亞持續強而有力地支持中華民國政府，外交情勢尚稱平穩，有多位重要友邦元首訪華，包括美國總統艾森豪、日本首相佐藤榮作、泰王拉瑪九世等等，是外交最風光的時期。

沈錡大使在《沈昌煥紀念文集》中寫著：「沈昌煥對於蔣公是絕對忠誠，但他對於孔宋豪門的貪污歛財，自私誤國，經常有所批評，這些話傳到蔣夫人耳中，當然使她很不高興，若不是蔣公對昌公的充分信任，他可能不會做那麼久的外交部長。」

按中華民國政府自一九四九年遷台後，中國在聯合國的代表席次問題就一直是被討論的議題。由於美國支持中華民國的立場，多年來得以保住在聯合國的席次，然而支持北京的聲音一直不絕於耳。一九六〇年代後，亞非新興國家大量出現，北京給予大量的支援，換取他們在聯合國對北京的支持，美國改以將北京入會列為「重要問題」的方法來加以阻止，英美等皆曾促使考慮雙重代表權方案。

一九七一年聯合國大會召開前夕，由於美國預估「重要問題」無法成案，直言宜取「雙重代表權」的方法，讓北京入會的同時，保住台北的席次。此一議案經過中美多方談判，等候蔣介石的首肯時，沈昌煥面見蔣介石，強力反對「雙重代表權」乙案，並同宋美齡堅持「漢賊不兩立」的外交原則，使台北在公開場合猶宣達死守不讓步的立場，對於「雙重代表權」一案表達「最強烈的反對」。儘管台北在最後關頭已允駐聯合國外交人員為「雙重代表案」奔走，但限於公開立場不明，且沙烏地阿拉伯駐聯代表支持「雙重代表權」一案發言過久，亦引起他國不耐，最後在一九七一年聯合國大會相關投票結束、於宣布結果的前一刻，台北表明退出聯合國，接著聯合國大會公布結果，北京取得入聯資格。

此事使得沈昌煥日後受到多方責難，因為對於當時的中華民國來說，在聯合國內比不在聯合國內為佳，但沈昌煥堅持強硬態度的結果，使得台北代表以「安理會常任理事國」之姿被聯合國大會所逐出，影響日後中華民國外交甚鉅。陸以正大使曾為此事辯駁，他表示即使當年真的通過「雙重代表權」一案，北京必不接受，一定會等到台北不在聯合國內，他們才進去，所以離開聯合國是早晚的問題。

堅持漢賊不兩立

沈昌煥堅持「漢賊不兩立」的態度，強硬反對與所有共產國家及中國共產黨進行任何交流

接觸，堅守中華民國是代表中國唯一合法政府的立場，並以此為外交國策，前外交部長朱撫松在《沈昌煥紀念文集》中寫著：「沈昌煥是一個外交政策的執行者，他公忠體國，獲得兩位蔣介石的高度信任。他在外長任內不能說完全沒有可以批評之處，做人做事人各有其想法和作法，但沈昌煥辦外交可以說是忠誠的奉行國策，方向正確，沒有偏差，沒有噱頭，沒有花招，也不會標新立異，也不會自我包裝，更不會自我膨脹……沈昌煥為忠誠地執行外交而背黑鍋，不為自己辯護，不計個人名利，無私無偏，任勞任怨任謗，不失政治家的風範。」

一九七一年聯合國大會之後，我國退出聯合國，周書楷的聲望一落千丈，隔年行政院內閣改組，蔣經國出任行政院長，與蔣家關係深厚的沈昌煥第二度出任外交部長，頗有整頓外交系統的意味。然而再次出任部長並不如第一任時順利，由於已經失去聯合國代表權，台北的國際地位大幅滑落，東亞情勢丕變。沈昌煥堅守蔣介石的漢賊不兩立立場，於是眾多中華民國原本的邦交國被迫表態選邊站，在國際情勢衡量下，絕大多數國家選擇與北京建交，結果在一九七二年創下與二十九個國家斷交的紀錄。眾斷交國之中，尤以日本最具代表性，由於日本與中華民國和台灣複雜的政治歷史關係，日本宣布與北京建交時，引起台北方面強烈反彈，民間更是爆發多起大規模反日抗議行動。

與美國關係也發生重大變化，一九七二年美國總統尼克森訪問中國大陸，與北京當局簽下《上海公報》，重傷台北與華盛頓的關係。兩岸之間的情勢也隨之變化，隨後繼任美國總統的福特也訪問中國大陸，華盛頓與北京的關係正常化已無可避免。一九七八年鄧小平訪問美國，同年底美國總統卡特正式宣布與台北斷交，沈昌煥宣布辭職。

在二度就任部長之前，沈昌煥係駐泰大使，在大使任內，泰國對中國政策立場不定，泰國華僑界形勢不安，沈曾多次召集會議，穩定士氣。為鞏固邦交關係，上任即邀蔣經國訪問泰國，竭力呈請政府捐贈亞洲理工學院研究基金，以爭取成為該學院董事，台灣每年可選派在職人員及學者前往攻讀碩士或博士。此一方案不僅敦睦了兩國邦誼，也造就了不少台灣經貿科技人才，對日後台灣經濟起飛也發揮了一些作用。後又與泰國軍方合作協助推行泰王山地計畫，成效卓著。中泰斷交之後，雙方關係之維繫頗有賴於此次合作計畫之進行，此計畫於二〇〇二年才終止。

一九八八年連戰出任外交部長，一上任即促成「蘇聯貿易訪問團」成行。訪蘇是台灣經貿外交的一大突破，但這項大膽的外交行動由於事先未按過去常例徵詢沈昌煥的意見，在決策定案之後，引起沈昌煥的恐慌和不滿，於是沈昌煥便在國民黨中常會中大舉反攻，手拿《蘇俄在中國》一書，痛斥「訪蘇團」的成行，引發了一場風暴。但結果被李登輝順水推舟地准許他辭總統府秘書長職務，轉任總統府資政，結束近三十年的外交「沈昌煥時代」。

中華民國政府偏安於台灣，已超過了一個甲子，雖然沒有軍事戰爭，而實際上外交作戰，表現得可圈可點，沈昌煥實在大有功勞，從維護聯合國席位，到退出聯合國後力爭與國，保持在國際間一定程度的地位，實都有賴沈昌煥的主持。（潘家鑫）

錢　復（1935-今）

錢復：外交才子

錢復（一九三五年—今），字君復，浙江省杭州市人，為前中華民國外交部部長、監察院院長。現任國泰世華銀行董事、國泰慈善基金會董事長。與陳履安、連戰、沈君山（前清華大學校長）並稱政壇「四公子」。著有《錢復回憶錄卷一．外交風雲動》、《錢復回憶錄卷二．華府路崎嶇》。

八年抗戰，日軍攻佔上海後，中央政府除特區法院外，所有機關都已撤離。汪精衛偽南京國民政府派特工暗殺了郁達夫的胞兄、時任上海特區法院刑庭庭長的郁曼陀之後，由錢鴻業代理院務，仍堅拒移交租界法院，令日偽政府腦羞成怒。

雖然生命受到威脅，但錢鴻業心中坦盪，毫不畏懼，一九四〇年七月二十九日中午，一如往常地乘人力車返家午餐，不料在到家前的路口，遭到汪偽政府特務組織「七十六號」狙擊，連開四槍，均中要害。車夫急忙將其送到家中，但已經血流如注，無法救治。兒媳張婉度痛哭失聲，錢鴻業對她說：「我是法官，眼看國家將亡，我死不足惜，你們是學科學的，將來要報效國家。」這也是他最後的遺言，時年五十歲。重慶的國民政府下令褒揚，從優撫卹。

政壇四公子之一

人稱外交才子的錢復在回憶錄中寫著：「祖父逝世時我才五歲半，但是他遺留給我的影響卻是終生的。」自幼即烙印下為人臣者當如何為國盡忠的深刻印記。他的四十年公職回憶錄，就是一部台灣開拓外交、發展經濟、實施民主的關鍵歷史。

錢復一九三五年二月十七日生，字君復，浙江省杭縣人，父親錢思亮曾任台大校長、中研院院長及原委會主委，為中國近代傑出科學家及教育家。承繼家學，錢復自幼受大師胡適、傅斯年等人親炙勉勵，學貫中西。台大畢業後，負笈美國耶魯大學取得國際關係碩、博士學位。返國後自外交部科員基層做起，歷任外交部、新聞局、經建會、國民大會、監察院等首長要職。走過中華民國四位總統的年代，錢復擔起多項台灣與國際社會接軌的歷史任務，他的舞台構築在國際；從退出聯合國、中美斷交、八一七公報、軍購、中美貿易失衡、江南案、修憲之種種，在國際現實下忍辱負重，臨政治危境時絕處逢生。

兩位兄長錢純及錢煦，俱為國內財政及醫學界知名人士。而錢復更與前副總統陳誠之子陳履安（曾任國防部長及監察院長）、前內政部長連震東之子連戰（曾任中華民國副總統及中國國民黨主席）和前農業復興委員會主委沈宗瀚之子沈君山（前清華大學校長）併稱政壇「四公子」。

錢復很早就立志從事外交報國，就讀建國中學時，課後和同學常跑教會與外籍傳教士交談，增進英文能力，之後，順利考取台灣大學政治系，在校成績優異，連續拿了七次書卷獎，畢業時即考取外交、領事官。一九五八年，錢復在二哥錢煦的資助下，前往美國耶魯大學求學，結果僅用三年時間就念完政治學碩士和博士。學成歸國後，錢復先後擔任陳誠和蔣介石的英文傳譯。

在宋美齡的傳記中，記載蔣介石和宋美齡對他進行的口試，一個小時結束後，蔣介石問宋美齡：「妳覺得這個青年人如何？」宋美齡回答得很乾脆：「英文還馬馬虎虎，算是不錯了！」蔣介石馬上明白，所謂馬馬虎虎，以宋美齡的標準便是可以錄用了。事實證明，他才子的稱號絕非浪得虛名。每逢重要場合，如果由他擔任翻譯，總給人一種具備大將之風的感覺，很少有翻譯不清楚的時候。一九六三年，錢復當選首屆十大傑出青年。

從蔣經國主持「中國青年反共救國團」初始，錢復就積極參與各項活動，追隨蔣經國三十多年。馬英九、宋楚瑜，當年都曾在蔣經國身邊做過傳譯工作，而錢復與馬英九、宋楚瑜都有極深的淵源。他在台大兼課時最器重的學生就是馬英九。馬英九後來到哈佛留學，也得到他許多的關照；宋楚瑜的發跡也與錢復有關，那時的行政院長蔣經國需要找一位青年英文傳譯，錢復推薦他在國防研究院時的同學宋達將軍的公子宋楚瑜，並兩次於華府約見人在喬治城大學的宋楚瑜。救國團時期還帶給錢復一生的美好際遇，他結識了政治大學西語系畢業的田玲玲，並結為夫妻。田玲玲在學生時代，曾擔任青年節大會總主席。

在蔣經國的栽培下，錢復的仕途順利，從新聞局長扶搖直上，一九八二年被任命為北美事務協調委員會駐美代表。在華府的六年時間，他竭盡所能，與美國建立深厚綿密的關係。他離任時，《洛杉磯時報》發表了長篇報導，其中引述美國官員的話說：「錢復可能不是大使，但是他對於華府的一切和如何運作的瞭解，以及所掌有的影響力，遠超過華府百分之九十八的大使。」

「解嚴」推手

在蔣經國擔任總統時期，錢復最了不起的大手筆，就是勸說蔣「解嚴」。這件事情改變了台灣的歷史命運。一九八六年三月，錢復自美返台，曾到中山樓與蔣經國長談。他告訴蔣經國：美國政府將對台灣的人權狀況認真檢視，如果不理想就不再對台軍售。

當時陳文成案、江南案、李亞頻案等事件嚴重影響到台灣的國際形象，錢復在美國直接感受到巨大壓力。他也看到，結束戒嚴時期已是大勢所趨，儘管這個話題在當時是政治上的禁忌，但仍決定請求蔣經國結束戒解，以改善台灣的國際形象，他在回憶錄中說：「這一段話我說了約半小時，蔣介石很慈祥地聽，沒有打斷我，等我結束以後他回答說：『君復，我曉得你在這個問題上受了許多委屈，我要告訴你，這個問題我也想了很久，不能做，做了會動搖國本的。』」

蔣經國雖然口頭上沒有鬆動，但內心的觸動似乎很大，因為錢復是他最親近的人之一，而且錢復代表的是美國人的意見，他不可能不認真考慮。四天後，他又召見錢復，要錢復再報告一次美國人對於「解嚴」的意見，結果聽完後還是回答說：「會動搖國本的。」之後，錢復在任所接到蔣孝勇從台北來電說：「父親要我告訴你，他想了很久，認為還是君復的意見對。」

政府邀《華盛頓郵報》發行人葛蘭姆夫人來訪時，一九八六年十月七日蔣經國直截了當地對她表示，政府將很快終結戒嚴令。之後，蔣經國假釋十多名政治犯，包括美麗島案的姚嘉文優先獲釋，更積極與剛成立的「民主進步黨」對話，台灣的政治革新措施獲得多位美國國會議員的肯定，錢復功不可沒。

兩岸位階高於外交

一九九〇年，錢復受到總統李登輝重用，當上外交部長，但隨著李登輝的台獨面目逐漸暴露，兩人的分歧也越來越大。一九九五年，李登輝執意訪美，錢復極力阻止，認為會破壞兩岸關係，大大得罪了李登輝。同年年底，錢復在外交部年終記者會上說：「外交政策只是當局政策的一個環節，而大陸政策是台灣未來走向，攸關台灣興亡，其位階應高於外交政策」。他被新聞媒體譽為能看透兩岸關係的資深外交家。

二〇〇八年馬英九當選總統，特別拜會錢復，向他請教兩岸關係。馬英九說：「老師當年曾說過一句非常重要的話，『兩岸關係位階高於外交工作』，後來台灣外交關係的發展，果然與老師所言相符，老師對兩岸關係的問題與見解，十分透澈。」錢復告訴馬英九：「兩岸應做務實的事，別做虛的事，舉凡貿易、求學、旅遊等，這些都是實際的事，若兩岸經由接觸，可以讓台灣民眾生活過得更好，那當然是好事。」

二〇〇九年四月十六日，錢復以國泰慈善基金會董事長及兩岸共同市場基金會最高顧問名義，率領三十四人的代表團抵達海南，參加博鰲亞洲論壇年會，與中國國務院總理溫家寶會面。馬英九希望錢復向大陸傳達「同舟共濟，相互扶持；深化合作，開創未來」十六字立場。

二〇一一年，錢復第三度參加博鰲時透露，溫家寶在博鰲演說時提到大陸要擴大內需，錢復說：「大陸有四兆元家電要下鄉，請優先採購台灣的東西。」溫說：「沒問題，我們會來。」當時，台灣面板業很慘，錢復說：「我們是兄弟，我們有難，你們是不是可以到台灣來？」溫家寶點頭答應。

二〇一〇年的博鰲論壇，出席的是時任中國國家副主的席習近平。錢復提出：「ECFA開始協商了，好像進行得不順。」習近平說：「問題在哪？」錢復回答：「就是早收清單一直不公布。」習近平回應道：「這個不好。」錢復順著話說：「那就拜託，ECFA早收清單，請快點公布。」接著，錢復又指著國泰金董事長蔡宏圖、富邦金董事長蔡明忠等人說：「你看我帶來的這個團，十個台灣金融界的大老闆都來了，他們都想講，但是不好意思說，早收清單裡好像金融業始終沒有在裡面。」

習近平說：「哦，是這樣嗎？」並在得知狀況後接著說：「好，我們這個可以考慮。」沒多久，金融業敗部復活、順利納入EFCA早收清單。錢復為兩岸企業家創造更多商機。

錢復應邀在文化大學鄭貞銘教授所開創的「大師講座」上演講時強調：「青年要腳踏實地，青年要報效國家。」（潘家鑫）

蔣廷黻（1895-1965）

蔣廷黻：歷史外交家

蔣廷黻（一八九五—一九六五年），生於湖南省寶慶府邵陽縣，十六歲赴美國留學，主修歷史學，後擔任清華大學歷史系主任，專攻近代史及近代外交史。而後離開清華大學，以非中國國民黨員的學者身分加入國民政府，任行政院政務處長、駐聯合國代表兼駐聯合國安全理事會代表。著有《最近三百年東北外患史》、《蔣廷黻回憶錄》（未完成）、《近代中國外交史資料輯要》（上、中）、《蔣廷黻選集》等。

一九四九年國民政府遷台之初，外交方面的重點，第一是聯合國的代表權，第二是鞏固現有邦交國的外交關係。其時，駐聯合國常駐代表蔣廷黻博士，憑他的學識、機智、口才始終能化險為夷，保住了中華民國在聯合國的地位。

一九二六年十一月二十一日，蔣廷黻出生於湖南省邵陽縣黃陂橋巨竹村，字綬章，乳名全青。家中只有三畝田，他的父親和二伯父共同經營鐵器店。他六歲喪母，父親續娶，繼母是一位有錢的寡婦。父親原有意讓蔣廷黻進鐵器店當學徒，四歲入私塾讀書，由於伯父的主導，他十一歲進入長沙昭德學堂就讀，後轉入美國長老教會傳教士林格爾夫婦在湘潭所辦的益智學堂。十六歲受洗為基督徒，在教會協助下，蔣廷黻前往美國密蘇里州派克學堂半工半讀，畢業後以優異成績獲推薦，於一九一四年進入俄亥俄州歐柏林學院主修歷史學，一九一八年獲得文學士學位，並應基督教青年會之邀，赴法國為戰地華工服務。他在回憶錄中說，戰爭結束後的和會召開期間，「數度赴巴黎，除了閱報外，我從參加和會的中國朋友處，又得到一些有關會議的報告。」中國代表團因山東問題拒絕簽署和約，最後引起中國的五四運動，蔣廷黻「心焉嚮往」，對祖國懷著滿腔熱血。

一九一九年，蔣廷黻回到美國，進入紐約哥倫比亞大學研究院，師從海斯教授，攻讀歷史，一九二三年獲博士學位。

一九二三年，蔣廷黻回到中國，先後任天津南開大學、北京清華大學教授，清華大學文學院院長、歷史系主任。他是在回國的船上，由船長證婚，與唐玉瑞完成終身大事，蔣、唐兩人是留美時在學校認識，她不但喜歡蔣廷黻，而且在經濟上幫助他。一九二二年十一月十一日，九國會議在華盛頓召開，當時留美學生曾組成「中國留美學生華盛頓會議後援會」，蔣、唐兩人當時就是留學生中的活躍份子。唐玉瑞回國後在南開中學教數學和鋼琴。

唐玉瑞為蔣廷黻生了兒子懷仁與居仁，女兒志仁與壽仁，但夫婦感情並不太好，且有日趨惡化的趨勢。

西安事變兩面得罪

一九二九年，蔣廷黻開始在清華大學任教授，直至一九三四年，以任滿五年依例可出國休假一年，由學校支付旅費及安家費。蔣廷黻乃以調查散失的明代《永樂大典》為目的，出國考察。當年八月十六日，他從北京啟程，經東北、西北利亞到蘇聯，在莫斯科停留了兩個多月。十一月十日，他才離蘇前往歐洲。

一九三五年，由國外考察回來不久，蔣廷黻回到南京，任行政院政務處長。一九三六年十月，奉命接替顏惠慶任駐蘇聯大使，實際年齡才四十歲。剛到任不久，國內發生「西安事變」。行政院副院長孔祥熙電告蔣廷黻，「即向蘇聯外交部提出嚴重抗議，抗議蘇聯干涉中國內政」。

大使館參事吳南如建議：先向外交部請示。但蔣廷黻未同意，便立即備妥一應檔案，於一九三六年十二月十七日親自前往見蘇聯外長李維諾夫，表達抗議之意，李氏甚為不快，堅說「蘇聯與此事絕無關聯」。並將蔣廷黻的抗議書丟進字紙簍中。蔣廷黻從字紙簍中撿出抗議書，放在李氏桌上，隨即離去。蔣廷黻出任外交大使，尚未弄清楚外交門路，弄得灰頭土臉。殊不知李維諾夫還令其駐南京大使向我外交部抗議，而我外交部尚不知有這麼一回事。部長張群當即電令蔣廷黻：「嗣後無外交部指示，不得擅自行動。」可說兩面得罪。而此後蘇外交部所舉辦的各種活動，概不邀蔣廷黻參加。

一年之後，蔣廷黻回國，重任行政院政務處長。後來，他在聯合國任常任代表、在華府任駐美大使，便養成了十分謹慎的習慣。

一九四四年，蔣廷黻出任聯合國善後救濟總署中國代表，一九四五年一月，行政院善後救濟總署成立，直接隸屬於行政院，蔣廷黻擔任首任署長，兩年後，發生「血清」案。當時政府窮，把美捐贈的血清賣給醫院使用，遭到美國派員來華抗議。此事經當時外交部政務次長葉公超擺平。但蔣廷黻仍自動請辭，以示負責。然後擬回大學教書。

其時，我駐聯合國常任代表原任外交部長的郭泰麒，一九四七年六月初患重病，一時不能執行職務，政府給假三個月，並將在上海賦閒的蔣廷黻派往紐約，暫代代表職務。郭泰麒後調任巴西大使，蔣廷黻奉令真除。

一九四九年，大陸變色。九月，蔣廷黻根據一九四五年八月十四日中蘇之間所簽訂的《中蘇條約》，向聯合國提出「控蘇案」，並且獲得通過。充分展現出蔣廷黻的學識、機智、口才與果斷力。

揚名國際

一九四九年十一月二十五日，控蘇案於聯合國第一委員會討論時，蘇聯代表維辛斯基搶先發言，否認以蔣廷黻為首的中國代表團。

這是「中國代表權案」首次在聯合國中提出。從一九四九年到一九六五年，十七年之中，蔣廷黻絞盡腦汁，年年為護衛中國代表權，在政府的大力支持下、幕僚們的全力協助和駐各國大使館通力合作之下，表現出他過人的智慧、廣博的學識、優美的口才，舌戰群儒，保住了代表權。在國際尤其在美國外交界，建立極高的聲譽，在國內更是家喻戶曉的大外交家。

十七年之後，他以近古稀的六十九歲高齡，轉任駐美大使。把聯合國常任代表的棒子交給了劉鍇。

蔣廷黻於一九六一年受命出任駐美大使館特任命全權大使。其時，他還兼任駐聯合國常任代表。是以，他在一九六一年十二月二十日，聯大閉幕後，才收拾行囊，於一九六二年元月初，由紐約乘火車到華府上任。元月十二日，向美總統甘迺迪呈遞到任國書。不但快，才數日而已，而且是單獨呈遞。通常，新任駐使向美總統呈遞國書，都是好幾位大使一起。周書楷大使到任五週後才呈遞國書。

最有成就的歷史學者

其時，蔣廷黻已年近古稀，體力略不如前，但處理對美外交還是遊刃有餘，深受美朝野器重。甘迺迪對他敬佩；國務院自國務卿魯斯克以下，提起 TF. Tsiang，無不肅然起敬。他們和蔣廷黻晤談中美間問題時，常就蘇聯、中共、越戰等重大問題，徵詢蔣廷黻的意見。國際間發生重大事件，魯斯克也常約見蔣廷黻密談。蔣廷黻也都竭誠表達自己的意見，言無不盡。是以，魯斯克對蔣廷黻也十分敬佩。

美國的學者名流也常與蔣廷黻接觸，就中國歷史文化問題有所請益。蔣廷黻在美國聲望之高，儕輩無出其右。

在出任駐美大使之前，一九五六年三月，蔣介石特頒給蔣廷黻一等卿雲勳章，以表彰其在駐聯合國常任代表任內的功績。那是我國最高級的勳章，一般部長級官員通常只能獲得二等卿雲勳章。

在學術方面，蔣廷黻的表現也是輝煌的，一九二三年，蔣廷黻回到中國，先後任天津南開大學、北京清華大學教授，清華大學文學院院長、歷史系主任。

作為歷史學家，蔣廷黻不贊成中國傳統史學研究的考據方法，引進西方現代綜合式的歷史研究方法。先在南開大學教學之餘，研究中國近代外交史，校長張伯苓在經費困難的情況下，仍肯撥款購置已出版的史料，讓他終生難忘，他在研究中國近代外交史過程中，形成了一套對近代中外關係變化如何影響中國歷史發展的看法，十分重視中國近代對外關係史檔案資料的整理工作。他以當時首次影印刊布的清宮檔案《籌辦夷務始末》為基礎，編輯了《近代中國外交史資料輯要》（上、中兩卷），收購散藏於民間的檔案，編輯道光、咸豐、同治三朝《籌辦夷務始末補遺》（同治五年以下未編成）。這是第一部不依靠英國藍皮書等外文編輯的外交史資料，他說：「研究外交文獻六年使我成了這方面的專家。」他奠定中國近代外交史乃至近代史研究的基礎，因此有「中國近代史研究拓荒者」的美名。

他編著《中國近代史》，將千年的史料融會貫通，僅用五萬多字，造就出字字珠璣的傳世經典，更讓他被視為「民國以來學者從政中最有成就的一位」。

一九二九年五月，清華大學校長羅家倫親自邀請蔣廷黻，前往領導清華大學的歷史系。在他的領導下，清華大學歷史系重綜合、重分析、重對歷史的整體把握，迥然有別於傳統的史料派。在清華大學六年，蔣廷黻不僅顯示了學術上的實力，行政才幹也得到一定展現，後來擔任文學院院長，進行一項建立現代中國歷史學的偉大計畫，要使中國歷史的每一個時代都有專門學者和教授研究。為此他一面著力網羅已有成就的學者，一方面積極訓練一批年輕的學者，減少他們的授課時數和行政事務，為他們提供良好的研究條件（參考書、助理人員），讓他們潛心研究學術。因此，清華歷史系的中國史研究形成了陣容可觀的教師隊伍：中國通史及古代史專家雷海宗、隋唐史專家陳寅恪、元史專家姚從吾和邵循正、明史專家吳晗、清史專家蕭一山（兼任北大教授）。他的好友、史學家李濟曾說：「現在研究近代史的學者，不是蔣博士的學生，就是他的好友。」

婚姻糾紛

但蔣廷黻在婚姻方面卻是失敗的，他在善後救濟總署署長任內，認識了署中編審處處長沈維泰的夫人沈恩欽。兩人竟墜入情網中，無法自拔。後來，蔣廷黻要和原配唐玉瑞離婚，但唐不同意。離婚官司由上海打到紐約，最後鬧到墨西哥。一九四八年，蔣廷黻委任律師，為他在墨西哥法庭單獨辦妥與唐玉瑞的離婚手續。沈恩欽卻更早便和先生離了婚。於是蔣廷黻與沈恩欽於一九四八年七月二十一日在美國康乃狄克州舉行婚禮，正式結為夫妻。

但唐玉瑞不同意離婚，認為蔣廷黻重婚有罪，一狀告到紐約法庭。紐約法庭認為蔣廷黻是外交官，有外交豁免權，無法受理。唐玉瑞不甘心，又鬧到聯合國，終於無法解決。

蔣廷黻一九六五年十月九日病逝紐約。十一日，美國各大報都有刊出這個消息。對於蔣氏畢生在外交方面的成就，無不齊聲推崇。

中國傳統儒家風度

哲人已矣。開弔時，唐玉瑞與沈恩欽分坐在靈堂左右達禮。次日，由唐玉瑞在《舊金山少年晨報》刊出謝啟，向與祭人士致謝。蔣廷黻與兩位女士的恩恩怨怨，隨著他的逝去，也都畫下了句點。但他對國家的豐功偉績，青史流芳，將永遠會流傳下去的。

曾在蔣廷黻大使館中任三等秘書的歷史學家周谷，在他所著《外交秘聞》一書中，有一段對蔣廷黻的讚美之辭：

「蔣廷黻所稟賦的個性、學識、才智都特別為西方人所喜，尤其他正直、誠懇的作風，使人更易與他相處，但也給他帶來處理外交事務和人事上的麻煩。他主持會議總是滔滔不絕，很難令他人有發言機會。而他又始終堅持對一個問題的一貫看法，他不是一個容易被說服的人。他對政治外交等問題，有其一貫的歷史見解，像泰山一樣絕難動搖。

蔣廷黻做官沒有中國傳統氣勢凌人的官氣，完全是中國傳統儒家的風度。所以他既能受國人的尊敬，有能受西方人士的推崇。像這樣一位可親的學者，在學術上，四十歲後未有更大的貢獻；在事業上，身為欽差，未能有機會貢獻其智慧，於國家政策和制度，十分可惜！人總難很完善完美的。」周谷的讚語，極為中肯。（**潘家鑫**）

葉公超（1904-1981）

葉公超：才氣逼人的大使

葉公超（一九〇四—一九八一年），原名崇智，字公超，後以字行，祖籍浙江餘姚，廣東番禺人，生於江西九江。中國學者暨外交家，新月派代表人物之一。曾任北京大學、清華大學外文系教授，上海國立暨南大學、西南聯大外文系主任，中華民國外交部長、駐美大使、總統府資政。著作有《介紹中國》、《中國古代文化生活》、《英國文學中之社會原動力》、《葉公超散文集》等。

漂洋求深造歸國展才學

葉公超出生於書香之家，父葉道繩，前清時任九江知府。他四歲喪母，父亦早逝，自幼依叔父葉公綽，葉公綽民初任北洋政府交通總長，他視公超如己出，用心撫育教誨。

葉公超從小天資過人，十三歲時，以同等學力考入天津南開中學。五四運動時，十六歲的葉公超加入著名的「南開救國十人團」，參與遊行、演講，十分活躍。家人擔心其學業荒廢，未等葉公超畢業即安排他赴美留學，先入中學，又輾轉美、英、法幾間大學，一九二五年，葉公超獲美國麻州愛默思特大學文學學士學位，次年又獲英國劍橋大學文藝心理學碩士學位。

在劍橋期間，葉公超結識了著名詩人、諾貝爾文學獎得主艾略特，兩人過從甚密。歸國後，葉公超最早向國內介紹艾略特。

一九二六年回國，葉公超考進外交部。考題是將《北京早報》的一篇社論翻譯成英文。當時沒有薪水，只給稿費，論字計酬，一個月不能超過一萬字，待遇連雇員都不如。他也在北京大學、北京師範大學教授西洋文學，除執教外，葉公超當時還兼任北京《英文日報》、《遠東英文時報》主筆。適逢新月社和中國戲劇社興辦，葉公超與徐志摩、陳源、胡適、余上沅、聞一多等同好結盟，為《現代評論》、《劇刊》撰稿，介紹當代英美文學，還在北京《晨報》上發表以英文寫作的十四行詩。

一九二七年，葉公超赴上海就任暨南大學外文系主任兼圖書館館長，這期間與胡適、徐志摩等人開設新月書店，繼之合編《新月》雜誌。《新月》停刊後，葉公超又與聞一多、林徽因等原《新月》同仁，創辦《學文》月刊，自任主編，但好景不長，刊物因葉公超要出國休假而停辦。

一九三一年葉公超在清華大學任教時，與燕京大學物理系畢業的袁永熹結婚，育有兒女一雙。

盧溝橋事變之後，葉公超與梁實秋等人歷盡艱險，逃至南京，向教育部請示分配新的工作。政府已決定將北大、清華、南開合併為長沙聯合大學，他們即被派去長沙。兩個月之後，聯合大學遷往昆明，葉公超繼續擔任西南聯大外文系主任兼北大外文系主任。

胡適說葉公超「天下第一等英文」。遊學歸來後便在北大英文系任教，是當時中國年紀最輕的英文教授，但一開口就是倫敦腔，並沒有造成信任危機。

葉公超認為，「你要把一種語言學好，就要把這門語言裡所有的罵人的話整套學全。」曾經他有個鄰居是美國人，鄰居家的小孩整天翻牆調皮，終於有一天葉公超忍不住了，就衝美國小孩開罵，小孩也不示弱地回罵，直至葉公超罵出了英文俚語，隔壁美國家長聽聞立馬趕出來，感慨他的英文說得倍感親切，在萬里之遙的中國聽到長期未能聽到的家鄉味，自此雙方成為了無話不談的好朋友。

葉公超發表演講不用稿，講話的姿態和語調像極了英國首相邱吉爾，因此都公認葉公超是文學的奇才、外交的奇才。

錢鍾書、季羨林、穆旦這些人，他們當年都是葉公超的學生。他對學生很少表揚，從來都是批評，脾氣大、直率，上英文課通常不解釋，就讓學生讀原文，如果有學生提問，他就來一句「查字典去」。

劉瑛《傳記文學》一〇七卷第四期中刊出的〈怒而寫竹的葉公超〉一文中說：「大凡才人，多恃才傲物，葉公超才大，不免氣粗。筆者和他相處時間不長，每次見到他，總覺得他什麼都看不慣，都要批評一、兩句，終於臨老失意，鬱鬱而終，可惜，可歎。」

時勢多變遷，才子涉政壇

葉公超平時講課很少涉及時事，卻在日本侵華在即之時，葉公超對學生說：「日本人要是開始蠢動，就是他們自掘墳墓的日子到了。我們中國，平時雖然破破爛爛四分五裂，可是，對外戰爭一開始，大家就會拋棄成見，凝聚起來，共同擬定方案，救亡圖存。中國太大了，要吞，誰也沒本領吞得下去。」

一九三七年，盧溝橋事變爆發，對日抗戰開始。一九三九年春，一件突發事件改變了葉公超的生涯。葉公超的叔父葉公綽是知名收藏家，抗戰爆發後，葉公綽前往香港避難，將毛公鼎藏於上海的寓所，葉公綽寫信給姪兒葉公超：「過去日本人和美國人兩次想出高價購買毛公鼎，我沒答應。這是國寶，絕不能落在外國人手中。現在把此任務交付於你，不得典質，不得變賣，更不能讓它出國，有朝一日，可以獻給國家。」收到信後，葉公超火速趕往上海，日本憲兵到葉宅突擊檢查，搜出大批字畫和兩把手槍，當即以間諜罪逮捕了葉公超。葉公超被關在大獄中四十九天，經歷七次提審，兩次鞭刑、水刑，仍堅絕不肯說出毛公鼎的下落。之後，葉公綽仿造一贗品上繳，其兄葉子剛又重金具結保釋，才使得葉公超重獲自由，之後他秘密攜毛公鼎赴港。此鼎幾經周折後，一九四八年隨政府至台灣，現存於台北故宮博物院。

經歷風波後的葉公超回到重慶，國仇家恨集於一身，已無意再回到平靜的校園教書，他的朋友、時任國民黨中宣部副部長的董顯光趁機動員他出仕，為國家服務，葉公超決然告別學界，步入仕途。轉年奉派出任駐馬來西亞專員，負責馬來半島一帶的抗戰宣傳事宜。太平洋戰爭爆發後，馬來半島淪陷，葉公超回國稍事休整，又遠赴英國，以駐英大使館參贊銜，任國民黨中宣部駐倫敦辦事處主任，職責仍是抗戰期間的國際宣傳。抗戰勝利後，葉公超轉入外交界，並憑藉其優秀的英語能力和外交能力，很快成為外交部長。

一九五八年八月，葉公超繼董顯光擔任駐美大使，表現深受艾森豪、邱吉爾、甘迺迪等西方冷戰領袖的肯定。葉公超赴美到任前，專程到桃園大溪角板山總統行館，向蔣介石辭行，蔣介石對這位外交主將，殷切叮囑，諄諄囑咐，親送其上車離去，依依之情顯露於臉上。

智慧外交，建樹卓越

二次世界大戰後，人民生活窮困，中華民國政府財政支絀，美國成立善後救濟總署，將作戰剩餘物資分贈友邦。贈送物品種類繁雜，有衣服、被服、奶粉、罐頭，甚至藥品、血漿等，一次達二百九十噸之多。政府因為財政艱難，於是把這些物資廉價賣給人民，得款以挹注政府的開支。血漿以廉價賣給西藥商，西藥商竟以每品脫二十五美元轉賣給病患。

適逢美國一記者到中國採訪新聞，把藥商賣血漿的事加油添醋，大肆報導，引起美方不滿，派出的兩位大員，先禮貌拜會了蔣介石，而後到外交部正式提出抗議，由外交部次長葉公超接見。

葉公超對兩位美國大員說：「假如我送給二位十公斤牛肉，那這十公斤牛肉是屬於你的，還是屬於我的。」兩位大員說：「當然是屬於我們的。」葉公超又說：「那麼，你們要把這些牛肉拿來紅燒、或者清燉、或者火烤、油炸，甚至乎送人，我還能管得到嗎？」「當然管不到。」「那好。」葉公超說：「你們把這些剩餘的物資贈送給了我們，那便是我們的東西，我們有權處理。政府財政支絀，把這些東西賣了來補貼；或者我們拿出來送給比我們更需要的國家，你們當然也管不到，是不是？」

雙方相談不到半個小時，兩位美國大員覺得錯在己方，既然已經送了，便不能要求中華民國如何處理，道歉而去。

此外，葉公超對於中華民國外交的貢獻亦不容小覷。

第一，他堅持以考試方法用人。劉瑛大使的《外交官列傳》評論葉公超對外交部最大的貢獻是確立制度，堅定支持國家考試制度。對於推薦介紹而來的人，除萬不得已，他很少採納，葉公超認為，任用考試及格的人，可避免當政者濫用私人。

第二，他創立福利金制度，存本取息。外放人員每月從美金薪水中扣繳很小一個百分點，回饋基金，在部人員每月可從福利金中取得一點津貼。當時國內薪水太低，若無福利津貼補貼，調部辦事的同仁便寧願滯留國外，不回國服務，這一基金，使同仁安心工作，當時產生過很大的作用。直到台灣經濟起飛，薪水提高好多倍，這個制度才予結束。

多變的性格脾氣

朱自清日記裡提到葉公超的性格：「他是一個極不容易被瞭解的人，喜怒無常，狂狷耿介，有時會遊戲人間，有時治事謹嚴，有時異常天真，有時顯得非常複雜。和他相處，如同喝一杯醇酒，吃一碟辣椒。他常罵人，但被罵的人並不懷恨，而且感激，這就是他的與眾不同之處。」

・喜怒無常

他的副官王仲文便經常無緣無故受到他的責罵。有一天晚上，十一點左右，突然電話鈴響，王仲文接聽，是《聯合報》的記者于衡，有要事找部長。王仲文便把話筒交給葉公超，他聽完電話後，聲色俱厲地罵道：「部長也是人，也需要休息。三更半夜，你為什麼還要我接聽電話？」

沒幾天，場景重現，王仲文接電話，也沒問何人何事，直截了當地說：「對不起，部長已經休息了。」然後掛了電話。不料葉公超又罵道：「人家三更半夜打電話來，一定是有要緊的事。你憑什麼不讓我聽電話？」王仲文不敢作聲。

・不留情面

葉公超的妻子也經常受他脾氣的罪。葉夫人袁永熹是當年燕京大學的校花，兩人算師生戀。他在清華大學任教時，學者吳宓到葉公超家裡吃飯，因為飯菜不可口，當時他就拍桌子，衝著袁永熹大發雷霆，袁永熹當時忍了，後來跟葉公超講理：「飯菜不可口，我作為主婦有責任，但你當著客人的面衝我發脾氣，你也不對。」

・虛懷若谷

據說他在駐美大使任內，館中的一位傳奇人物王湧源，高中、大學沒念過，畢生鑽研英文，英文程度遠超過一般大學教授。他有時改了葉公超的英文稿，葉公超見改得好，不但不生氣，還會誇讚幾句：「你這句改得好，可謂是神來之筆。」有時還會添加上一句：「你這句話是哪一本書中偷來的呀？」

・度量很大

一九四九年，外交部人員乘專機由廣州赴台，當時代部長的葉公超要求：「非公物，不得帶上飛機。」奉命在現場主持運輸的司長時昭瀛，當場把葉公超兩管名貴的獵槍丟下了飛機，葉公超不但沒責備他，反而說他「公正、耿直」，到了台灣，便提升時昭瀛為常務次長。

後來有一次，時昭瀛擬了一篇英文稿，呈給葉公超，葉公超看畢，改動一字將文稿退回，時次長見狀不高興、也不服氣，便寫下兩頁不可改動的理由，附原稿一併再送呈。葉公看後正預備批示，因有急公遂驅車赴官邸，與蔣介石商討直至深夜，次日全天接待友邦元首來訪。待第三天，葉公超回到辦公室，發現辦公桌上多了一份時次長的辭呈。

葉公超立即請時次長到部長辦公室，對其說：「第一，我同意你的英文原稿一字不改；第二，希望你撤回辭呈。」時昭瀛也是有名的才子脾氣，堅持不撤回辭呈。於是，葉公超說：「你的英文文稿，我已經同意不改。但你的辭職簽呈，我可要改個字，你同不同意？」時次長說：「只要不改主文，我同意。」葉公說：「好。」

葉公把時次長的擬稿日期「四十三年」，在「三」字上面添加了兩筆，「三」字變成了「五」字。時次長啞口無言，他若要辭職，必須再等兩年才能提出辭呈，一場風波就此結束。這件事，顯示出葉公的大度量，也展現出他的機智。

．風趣幽默

葉公超身邊的人回憶，說他這個人有時也很幽默。一次，他在台灣找《英文中國郵報》發行人余夢燕，打電話給對方報社問余夢燕在不在？接電話的工作人員詢問他是誰，他說：「我是葉公超。」葉公超可是大名人，對方不信，便回：「你要是葉公超，我就是葉公超他老子。」葉公超也沒有生氣，繼續說道：「噢，好吧，爸爸你告訴我，余夢燕在哪兒呢？」對方一聽覺得真是葉公超，趕緊把電話給掛斷了。

・關愛部下

當時外交部人事處有一位少女同事，穿著短裙上樓梯，後面跟了一位傅姓年輕科員，這位科員由下往上看，看到了少女白嫩的大腿，於是情不自禁摸了一下。小姐面斥完後告狀，人事處陳科長擬寫了一份簽呈給葉部長，堅欲對傅姓科員嚴予懲處。

葉公超心有不忍，向陳科長詢問：「你如何嚴予懲處？」陳科長說：「記過一次。」葉公超說：「廣告為什麼要用穿得清涼而又面目姣好、身材曼妙的少女為幌子？」「那是因為要引起男人的注意。」「男人為什麼會注意？」「當然是天性使然。」「假若廣告用穿得整整齊齊、包得密密的老太太呢？」「那便沒人看了！」「要是傅科員看到的是穿長裙、或穿著長褲的小姐，會不會發生同樣摸大腿的行為呢？」「大概不會。」「那好。」葉公說：「好色而慕少艾，人之常情，少女太過暴露，等於是廣告商要引起人們注意的心理。傅科員當然不對，但他已向我悔過了，而且被我狠狠地罵了一頓，也就算了。若要記過，這會在他人事資料裡永遠留下一個污點，實在太過分了些。而那位小姐衣著太少，也有不是，你說是不？」

・名士派頭

當年葉公超出使美國，應邀發表演講，不看講稿，出口成章，手揮目送，亦莊亦諧。有時聲若洪鐘，排山倒海；忽然把聲音降低到如怨如慕，竊竊私語，全場聽眾屏息靜聽。演講完畢，三四百位聽眾起立鼓掌，歷數分鐘不息，外國專家學者紛紛讚許他的英語是「王者英語」，「王者之風」，聲調和姿態簡直可以和溫斯頓．邱吉爾相媲美。

葉公超在英美受教多年，他身著西裝瀟灑，紳士風度盡顯，可是實際在他的骨子裡非常反感西方所謂紳士風度的文化，即便自身英語講得再好，也對英美那套不以為然。葉公超說西裝袖口的釦子現在是裝飾用的，其實當年是為了防止他們吃完飯抹嘴用的，老外當年也是野蠻人。葉公超喜歡穿長衫，頭髮時而梳得溜光，時而亂如雜草，但他的學生覺得他這就是名士風度，就是這個派頭。

葉公超在學校是一副名士派頭，到了官場上也還是一樣豁達、開朗，不拘小節。葉公超任外交部長時，放手讓副手和部下工作，笑呵呵地公開宣布：「我一天只看五件公文，其他的都不必送上來了。」

身邊的朋友都知道葉公超，太不給人留面子，不給人留餘地，說話太直，只要有人在他面前耍花腔，當即揭穿，但是他三教九流，朋友遍天下，很多人都表示想把自己埋進葉公超家的沙發裡，聽他漫無邊際的講話，這就是他的人格魅力，講課講到高興處，他也配以手勢，相當美妙，迷倒了好多女學生，有很多紅顏知己。在他死後，他的好友陳香梅曾寫「有多少雙纖手為你磨墨添香，有多少顆芳心為你似醉非醉。」

外交生涯的終結落寞晚景的開啟

葉公超暮年時曾說：「若沒有抗戰，我想我是不會進外交界的。現在，我倒是有些後悔沒有繼續從事文學藝術。」

二〇一四年十月十七日《中國時報》中刊出〈憶葉公超二三事〉中說：葉公超是不能忍受蠢人的人，為此得罪不少人。

連有好好先生之稱的新聞參事任玲遜都對葉頗有微詞：《中美防禦條約》在美國務院談判時，葉公超常大踏步地走在前面，旁若無人，資深望重的顧維鈞大使只得亦步亦趨地尾隨於後，有時還替葉提皮包，性格由此可見。

葉公超是蔣介石手下任期最長的外交部長，當官大以後脾氣更是見長。他在官場有個座右銘：「見大人則藐之」，然而官場如何能依其性子來，不是誰都能藐視的，蔣介石要是罵了他，他的部下就要遭殃了，把無名火發在部下身上。他的老友魏景蒙的看法是：「公超的線裝書讀得不夠，不懂伴君如伴虎的道理，致有後來的結局。」

專欄作家林博文評論說：「在強人的王朝裡，順從凌駕才幹，領袖一直高於理性判斷，愛放刺耳雜音的葉公超，得罪士林官邸，亦不見容於蔣氏朝廷，從政生涯竟以悲劇收場，七十七歲抑鬱而終。這是葉公超的命運，亦為中華民國坎坷外交的寫照。」

曾擔任傳譯的沈劍虹在《傳記文學》的回憶文章中透露：大陸砲擊金門的八二三砲戰，葉公超專程與美方簽署「聯合公報」，但發布時的版本，卻仍保留部分文字，讓人以為政府已放棄以武力光復大陸，而這些文字之前已下條子要葉公超刪除的，「這是蔣公日後對葉公超信心動搖的前奏。」

後來外蒙古加入聯合國案成了葉公超遭罷黜的原因之一，趙世洵在《傳記文學》引述葉公超自己的話：「蔣先生是反對外蒙古入會的，我是主張外蒙入會；蔣先生表示要向今後歷史負責，責備我同魯斯克一個鼻孔出氣，問我是做美國的大使還是做中華民國的大使？」葉公超受到美國和蔣介石的夾板氣，蔣介石礙於美國的壓力棄權但只得把氣發在葉公超身上。

一九六一年十月，葉公超突然奉調返國述職，再未返回任所，他被免去駐美大使職務，改任行政院政務委員，從此遭到長期監視，並被禁止出國長達十六年，一九七八年五月後轉任總統府資政。他離開仕途後寄情書畫，「怒而寫竹，喜而繪蘭，閑而狩獵，慼而賦詩」，牽著兩條大狗在山上亂轉，稱自己是「悲劇的一生」，梁實秋亦形容其晚年「情況相當落寞」。

葉公超生前曾自題勉志聯句：「受苦是非生性直，不憂得失此心寬。」

一九八一年十一月二十日，葉公超病逝台北榮民總醫院，身後蕭條。他的公子葉煒曾返台奔喪，把葉公超的「遺產」，以兩萬美元賣給商人。一代才人，便如此落寞而終！（黃燦）

周書楷（1913-1992）

周書楷：在聯合國奮鬥

周書楷（一九一三—一九九二年），湖北安陸人。南京中央大學畢業後赴英國留學，先後求學於倫敦大學、劍橋大學。曾任駐英國大使館專員、駐曼徹斯特副領事、國民政府外交部秘書、情報司副司長。赴台灣後，歷任台灣駐馬尼拉總領事、駐菲律賓代辦、僑務委員會委員長、台灣駐西班牙大使與駐美國大使、外交部部長、行政院政務委員、台灣駐梵蒂岡大使。

周書楷，湖北安陸人。祖父周苐田在家設書塾，聘請安陸名師分別教授國文、英文。周書楷自聰穎好學，入書塾攻讀，奠定了國文、英文的基礎。

一九三一年，他考入南京國立中央大學政治系，曾參加教育部舉辦的東南十所大學國語及英語演說比賽，均獲第一名。被譽為中央大學的天才學生。一九三五年他參加全國第三屆外交、領事官高考，卻名落孫山。後經推薦到國際聯盟中國同志會工作，中央大學校長朱家驊為理事長，政治系主任杭立武亦為理事之一。

一九三六年四月，年方二十三歲的他，在當時最權威的《東方雜誌》發表了〈洛迦諾公約毀棄之檢討〉萬言論文，他指出德國法西斯在西方的行動，必將鼓勵日本軍國主義加快在東方的步伐。隔年果然爆發日軍全面侵華，周書楷以民間團體名義，起草了「中國人民反對日本暴行宣言書」，並以英、法、德等多種文字向全世界散發。

一九三八年八月，以促進和平、伸張正義為宗旨的世界青年大會，在美國紐約舉行第二屆大會，邀請中華民國派團出席，政府指定由教育部負責籌備。經由朱家驊、杭立武推薦，周書楷被選為中國青年代表團十六名團員之一。代表團冒著敵機轟炸和敵艦攔截的風險，遠渡重洋，歷時二十二天方抵達紐約。隨後在大會開幕式和全美五十八個城市，宣傳中國抗日戰爭的偉大意義，贏得與會各國代表廣泛同情支持。會後，周書楷應邀訪問英國並發表講演。一九三九年二月，正當他即將返國參加抗戰之際，突接杭立武的電報，將他推薦給外交部，不只改變周書楷的行程，轉赴中華民國駐英國大使館報到，也決定了他終生從事長達五十三年的外交工作。

周書楷初任駐英大使館「甲種學習員」，先在倫敦大學政治系獲碩士學位，後於劍橋大學從名師研究近代歐洲外交史，並受到駐英大使顧維鈞的重視，先後擔任駐曼斯徹特副領和大使秘書，協助顧大使開展對英外交，並協助接待行政院長宋子文、國民參議會主席王世杰等訪英。一九四四年顧維鈞擔任中華民國首席代表，與蘇、美、英、法代表於華盛頓召開敦巴頓橡樹園會議，籌建聯合國，一九四五年四月至六月在舊金山召開的聯合國制憲會議，周書楷以他深厚的中英文根柢，參與了聯合國憲章起草工作；周書楷根據外交部的指示，起草了中華民國出席聯合國代表團組織條例，其中除設正副代表外，並增設顧問若干名，其地位相當於副代表。六月二十五日，憲章的起草宣告完成。次日，顧維鈞代表中華民國政府第一個在聯合國憲章上簽字，包括中共代表董必武在內的各黨派及無黨派人士等九人，也同時在憲章上簽字。從此，中華民國成為聯合國安全理事會成員之一，在國際事務中發揮積極作用，得到長遠的保障。

隔年八月，第一屆五國外長會議在倫敦舉行，由外交部長王世杰為團長，包括顧維鈞等五名代表組成代表團，王世杰並借調周書楷為個人秘書與會。在短期內經歷重大國際會議，見習中外知名外交家的卓越才幹與風采，使得周書楷外交才能迅速提升。

周書楷於一九四五年底奉調回國任王世杰秘書，當時抗戰勝利不久，政府在國際上聲望正隆，外事活動繁忙，他經常連續工作十六個小時以上，乾脆把行軍床搬進辦公室。這期間周書楷最重要的工作是擔任國（代表張群，後為張治中）、共（代表周恩來）、美（特使馬歇爾）三方會談中馬歇爾的翻譯，以及後來隨王部長一行，出席在巴黎召開的二十一國對義和約簽訂會議，擔任中國代表團長私人顧問和發言人。因工作勤奮負責，才華橫溢，他備受王世杰及後任葉公超器重，仕途一帆風順，由科長、秘書、專門委員繼而升任情報司幫辦。

一九四九年底，周書楷隨政府播遷台灣，一九五〇年任駐菲律賓參贊和公使。一九五三年一月，奉派為出席聯合國亞洲和遠東經濟委員會第九屆會議的代表。一九五六年一月他被任命為外交部常務次長，一九六一年六月升任僑務委員會委員長。正如他所說，「我奉派為僑務委員長，而我的臍帶仍連著外交部。」

一九五〇年代末、六〇年代初，東南亞國家排華事件不斷，當局擬調整僑務委員會負責人，需一熟悉外交事務的人來主政僑務，決定由周書楷出掌僑委會，打破僑委會過去由閩、粵兩省人士擔任委員長的慣例。周書楷上任之初即為安頓數十萬歸僑忙碌，從住處安排、生活照顧、就業、就學到疾病傷亡者的撫恤等無一不親自過問，甚獲僑界好評。周書楷認為，僑務工作治標更需治本，從改變華僑經濟體制，改善華僑所處環境入手，制定一系列政策，並再三勸導僑胞融入當地社會，盡可能取得僑居國公民權，不斷改進僑胞文化教育和技術培訓，並組成專家技術服務團赴東南亞各國具體指導僑胞生產技術、工業投資、工商管理、產品改良等，受到僑胞及僑居國的讚許。

雙橡園的新主人

他雖離開了外交部，但外交部還是要借重他。當時，隨著聯合國中關於中國代表權的鬥爭日趨激烈，美國等國認為單純採取「擱置討論」的辦法已不靈了，轉而採取「重要問題提案」。從一九六一年九月起至一九六四年，周書楷均作為外交中生代幹才，被國民政府委任為出席聯合國大會的全權代表。一九六二年八月，擔任總統特使出席馬達加斯加國獨立慶典。一九六二年十一月，周書楷重回外交部，出任駐西班牙大使。

一九六五年三月十日，周書楷應國防研究院之邀，向第七期學員作了〈聯合國及歐洲情況〉的演講。對聯合國的誕生及其演變過程加以全面闡述。一九六五年六月初，年僅五十二歲的周書楷將出任中華民國駐美大使、成為雙橡園新主人的消息，在輿論界掀起「周書楷熱」，廣播、電視、報紙、雜誌爭相報導。過去的駐美大使都是威望極高的著名外交家，如胡適、顧維鈞、董顯光、葉公超、蔣廷黻等，可以說駐美大使是除了外交部長之外，外交界的頭號人物。

當時蔣廷黻因年事已高，堅辭駐美大使一職，當局高層內定候選人有三人，外界看好曾任外交部長的沈昌煥和甫卸任的國防部長俞大維，周書楷排第三，但因宋美齡力薦周書楷，蔣介石也表支持，此一決定，在當時的朝野獲得起用新人的好評。依據周書楷兒子周亞特的說法，宋美齡選定周書楷，是因為周書楷「年輕、肯幹又聽話，便於自己直接指揮對美外交」。果不其然，周書楷於一九六五年六月上任，宋美齡即於八月赴美，而且在美停留長達十四個月，周則必須每天忙著安排並陪同宋出席各種演講會、招待會，各種參觀、訪問，會見美國政要、朝野名流等等，忙得不可開交。

周書楷在擔任駐美大使期間，也曾三次陪同蔣經國訪美，周旋於美國政要之間，其外交才幹，尤其是在美國上層人士及僑界的人脈關係頗受蔣經國器重。一九六五年九月，蔣經國應美國國防部長麥克納馬之邀，以國防部長身分赴美國考察軍事，與麥氏發表了聯合聲明，並由周書楷陪同拜會了當時的詹森總統。一九六九年三月二十日，蔣經國以總統特使身分赴美，參加了前總統艾森豪的葬禮，這次訪美也由周書楷陪同。

一九七〇年四月十八日至二十八日，美國以蔣介石接班人名義邀請蔣經國訪美，周書楷又陪同拜會了美國總統尼克森。這次訪美卻遇到轟動海內外的台獨份子行刺事件。二十年後周書楷與兒子周亞特談及這一事件時，仍心有餘悸。周書楷回憶時說：「四月二十四日八時左右，蔣經國一行抵達下榻的皮埃爾飯店，與隨行安全人員三人推門進入旅館大廳，我也緊跟其後。這時兇手出現了，用報紙蓋著手槍，也要跟進去，美國警衛人員發現情況不對，用腳將旅館旋轉門堵住，使門不動，另一員警用拳擊打兇手，其槍就射歪了。那一刻，子彈就從我頭上飛過去了。此時，其他安全人員一擁而上，迅速將兩名兇手制伏。」

簽太空人援助協定

一九六八年四月，周書楷代表中華民國政府簽署對太空人援助協定。七月簽署禁止核子武器擴散條約。一九六九年一月，代表中華民國政府正式加入國際金融公司簽署協議條款。十二月為出席建立國際電信衛星公司確定辦法全權代表會議代表。一九七一年二月奉派為中華民國出席禁止在海洋底床及其下層土壤放置核武器及其他大規模毀滅武器條約全權代表。

一九七一年三月，接替魏道明出任中華民國外交部部長。七月率團出席在馬尼拉召開的第二十六屆亞洲暨太平洋理事會部長會議，在會上，他代表中華民國政府重申南沙群島是中華民國固有的領土。九月，第二十六屆聯合國大會即將在紐約召開，蔣介石召開高層會議，研究中華民國代表團應對方針。會上根據一九七〇年二十五屆聯大關於中華人民共和國和中華民國代表席位的表決情況是五十一比四十九票。與會人員中有兩種意見：一種認為，如果派代表團出席本屆聯大，表決失利將陷入被動狀況，因此，主張乾脆不參加。另一種以蔣經國和周書楷為代表的意見則認為：不參加會在外界造成不戰而退的印象，主張派團出席作「背水一戰」。蔣介石最後做出決斷，仍然派代表團參加，但同時授權周書楷在適當時機見機行事，視表決情況做出退出聯合國的決定。

美國在會前與台北交涉協商多時，打算以「雙重代表權」保住台北在聯合國的席次代表，但是美國為拉攏中共制衡蘇聯，而大肆替中共加入聯合國宣傳，又派遣國務卿季辛吉秘密前往北京與周恩來商量入聯事宜，導致大批原本支持中華民國的國家倒戈中共。

中華民國政府於一九七一年九月，由周書楷率領四十六人組成的龐大代表團出席紐約聯合國大會，另一方面美國在每年都將中國代表權一案列為「重要問題」，在一九七一年沒有闖關成功，十月二十五日晚，當美國駐聯合國代表老布希提出「雙重代表權」提案，以五十九票反對，五十五票贊成，十五票棄票權被大會否決，即將就阿爾巴尼亞等國提案（即二七五八號決議）交付表決前，周書楷提出臨時動議並登上講台，代表中華民國宣布退出聯合國組織。隨即率領代表團全體與會人員走出會場。在當天午夜舉行的記者會上，周書楷向記者們散發事先準備好的退出聲明。他說：「這是卸下我們肩上的一個包袱，它是二十一年來一直套在我們脖子上的一塊大磨石」，並表示「今後將繼續加強與各同心同德的國家政府一起奮鬥，以求實現聯合國所賴以建立，但卻遭大會破壞的各項理想。」

退出聯合國晴天霹靂

退出聯合國對周書楷個人而言，使在其事業如日中天之時，聲望大打折扣，一九七一年十一月一日，周書楷啟程回台北。在飛機上，他對隨行的錢復坦言這次聯大失利他要負最大責任，將向層峰堅辭外長職務以示負責，當時流下了眼淚。十一月二日抵達台北時，行政院副院長蔣經國和國民黨大老黃少谷等都到機場迎接。蔣介石派人將他直接接到官邸親表慰留。

一九七二年蔣經國組閣時，仍屬意由周書楷任外交部長，然遭到宋美齡反對，於是改任政務委員，外交部長一職由外交重臣沈昌煥再次出任，蔣經國遂在行政院設外交和經濟兩個小組，以統籌協調有關外交、經濟重大決策，安排周書楷任外交小組召集人，成員有陶百川、連戰、王紀五等，每週一次例會，研究有關外交重大課題，形成意見後，由周書楷報告蔣經國參考，是蔣經國實際上的首席外交顧問。不僅如此，蔣經國下鄉或出訪等多邀周書楷陪同，在蔣經國的辦公室有一特定的沙發，專為與周書楷談話之用，被稱為「周政委椅」，可見蔣經國對周書楷的重視。

一九七八年，周書楷出任中華民國駐教廷大使，長達十三年，直至一九九一年回國，任總統府國策顧問和外交部顧問，周書楷的職業外交官生涯終於走近尾聲。

周書楷原配夫人湯錚，為他生了四個兒子，依次為周鴻特、周亞特、周維特和周秀特，一九四四年元配病逝故鄉衡山。周書楷不久與第二任妻子張莉在重慶結婚，他任駐教廷大使時，

張莉已過世。他再和外交部同仁賴家球的遺孀屠雪貞結婚。周書楷於一九九二年七月三十一日病逝台北。（潘家鑫）

陳之邁（1908-1978）

陳之邁：外交手段高超

陳之邁（一九〇八－一九七八年），筆名微塵，廣東番禺人，出生於天津，中華民國外交官，著有《中國政府》、《中國政制建設的理論》、《天主教流傳中國史》、《蔣廷黻的志事與平生》、《舊遊雜憶》等書。

陳之邁幼年接受近代新式學校教育，並上承家學淵源，陳家當時是廣東著名的讀書人家，曾祖父陳澧是一位大學者，人稱東塾先生，一生對於求取功名很不順利；祖父一輩也有志於求功名，但成就亦有限；父親陳公睦繼承先人遺志，雖有成就，時當西力東漸，很早即洞見中國圖強之道不在於科舉老路，在於輸入西洋學術才能挽救國家危亡，便毅然放棄固有求取功名之道，隻身留學日本，學習法政。

陳公睦先後在濟南、天津擔任學堂監督，接觸來自德、奧等國教習，後進入外務部，一九一一年外放駐檀香山領事，攜眷赴任，不久接任總領事，其間特別與旅居檀島華僑卓海結交，他是興中會原始的二十五位會員之一，之後國內發生武昌起義，中華民國成立，陳公睦在檀香山領事館舉行盛大慶祝酒會。一九一四年回國，在外交部任秘書多年。

陳之邁的大哥陳之達曾參加孫中山領導的革命運動，協助陳少白、陳樹人鼓吹革命，後留學德國，返國擔任津浦鐵路工程師，抗戰時拒為日軍服務病死獄中；二哥陳之逵曾隨父親到檀香山讀中學，後入康乃爾大學，回國後在銀行界服務；陳之邁最年幼，在檀香山上幼稚園時開始學英文，回到北京讀美以美教會辦的匯文小學有英文課程，又請了英文家教，國文的學習由父親親自督導，承祖訓用硃筆點讀《資治通鑑》、鈔錄祖傳藏書東塾公批注，以及查閱《康熙字典》、《淵鑑類函》、《佩文韻府》等類書，另在暑假時參加舊式私塾，背誦經書、作文習字，辛苦打下國學基礎，終身受用不盡。

一九二八年，陳之邁從清華大學畢業後赴美國留學，獲俄亥俄大學文學士、哥倫比亞大學哲學博士學位。一九三四年歸國後，在清華大學政治系任教，翌年加入胡適、蔣廷黻等學人所創辦之獨立評論社為社員，經常撰文發表於《獨立評論》。一九三六年夏，應行政院行政效率研究會之聘，赴東南各省考察地方行政。這段時期是陳之邁全家在北京團聚最快樂的時光，但不久就被盧溝橋的砲火轟散了。一九三七年盧溝橋事變爆發時，陳之邁正在廬山參加中央召集的牯嶺談話會，結束後，清華、北大、南開三校教職員遷往長沙，組織臨時大學，因緣際會，陳之邁就在日機空襲長沙那一天，與清華首屆女校友之一的黎憲初結婚，抗戰初啟，學人們心情沉重，但也因婚禮得以讓大家輕鬆半天，第二天新人照常上課、吃包飯。隔年陳之邁經武漢遷往重慶，應聘中央政治學校行政系教授。

之後中央政校停招一年，一九三八年五月，陳之邁改任教育部、行政院參事等職，辦理地方行政事宜，後兼法制專門委員會兼任委員。同年十一月，與蔣廷黻等人在重慶創刊《新經濟》半月刊，以討論戰時戰後建設問題為主。一九四四年六月，因蔣廷黻引薦，陳之邁任駐美大使館參事，從而開始其長達三十五年之外交生涯。一九四六年，陳之邁任中國出席聯合國善後救濟總署副代表，並代表出席該署中央委員會；後兼任中國出席國際緊急糧食理事會及其附屬稻米、穀類、肥料、茶葉、油脂等委員會代表、聯合國糧食農業組織中國代表，為戰後中國爭取物資。

國民政府遷台後，自一九四九年至一九五五年間，陳之邁獲高層倚重，一面任職華盛頓駐美大使館，一面每年九月赴紐約參加中華民國出席聯合國大會代表團工作，一九四九年，中華民國代表團於聯合國推動「控蘇案」之文本，即出自他的手筆。一九五〇年，陳之邁加駐美公使銜，秉持堅定的反共信念，展開一連串對美宣傳工作，經辦美國記者團訪台事宜。此事曾引起美國輿論界對台灣的關注，在中美關係低迷時期是重要的外交成果。然而，陳之邁苦心經營美國政界與輿論界人脈，向美國政府爭取奧援，其傾向美國共和黨的活動路線，卻也產生矛盾，捲入「中國遊說團」風波。

一九五五年十一月，陳之邁調任駐菲律賓全權大使，之後在馬尼拉創建「菲律賓華僑華人宗親會」的聯合機構，由各宗親會推派固定代表一人出任當然理事，再由理事中推選常務理事出有十一人（後改為五人）組成常務理事會，負責推動聯絡菲華社會各宗親會的感情，發動全菲華人力量，共謀合法權益，為菲華社會排難解紛，宣揚中華文化，加強中菲文化交流，推行中華傳統道德，移風易俗，促進社會福利等。

同時，陳之邁著手處理中菲外交史上最複雜的「逾期華籍遊客問題」，所謂的「華籍遊客」是指中共取得中國政權前後，一九四七至一九五三年間，數十萬難民逃避戰亂，湧入東南亞鄰近國家，也有的再輾轉前往土耳其、埃及、美國等國家，對於難民，聯合國會員國皆採取人道、同情的態度，如美國國會通過「難民救濟法案」，給予難民公民身分，也有給予當時自大陸逃亡美國的學生工作許可；土耳其政府也曾協助難民安置及就業。但有一部分約三千名逃往菲律賓的難民，是因有親友在當地，或曾住過菲律賓，卻仍被菲國政府視為逾期居留的遊客身分，自一九五〇年起被菲國移民局下令逾期華籍遊客展期並研議遣配步驟，之後按月報到登記，繳交高額保證金。

一九五八年，陳之邁以其高超外交手腕，與其哥倫比亞大學同學、菲國外長塞萊諾（Felixbero to M. Serrano）原本已議定處理原則，卻先是在台灣政壇引起風波，後來又被菲國參議院反對，此案長期爭論未決，直到一九七五年菲律賓總統馬可仕準備與中共建交，為避免建交後尷尬的處境，遂下令這批「逾期遊客」以難民身分取得居留權，問題才獲解決。

一九五九年七月，陳之邁改任駐澳大利亞大使，同時奉命與紐西蘭建立外交關係成功。一九六〇年，陳之邁在澳洲國立大學內發表英文學術演講，以〈中國山水畫的黃金時代〉為題，指出唐初畫家以山水取代人物，大抵是因為釋家善巧方便之顏，道流修真度世之範，已抵於極豪傑之士，不得不於山水之中，另闢蹊徑。然唐代山水畫的崛興，似應與禪學的發明相提並論。我國早期的人物畫，以釋儒兩家的產物居多。一九六一年十月，陳之邁兼駐紐西蘭大使。

一九六六年八月，陳之邁任駐日大使，隔年，就「光華寮問題」向京都地方法院起訴，要求中共留日學生王炳寰等八人搬出光華寮。光華寮是坐落在日本京都市左京區北白川西町，面積約為一千平方米的五層樓，建於一九三一年，第二次世界大戰後期，京都大學受託於日本政府「大東亞省」，將該寮租用供汪精衛政府派赴日本留學生住宿之用。日本投降後，「大東亞省」被撤銷，從此由中國留學生組織自治委員會對該寮實行自主管理，並將該寮取名為「光華寮」。

光華寮自一九四五年起由中華民國政府向京都大學租用，以供中國留學生居住。一九五〇年由中華民國政府買下，並於一九五二年與屋主簽定買賣合約，一九六一年起登記成為中華民國國有財產，由國有財產局管理。一九七七年九月十六日，京都地方法院作出判決，確認光華寮為中華人民共和國的國家財產，中華民國政府的原訴被駁回。在中華人民共和國與日本建交之後，光華寮由中華人民共和國駐大阪總領事館委託京都華僑總會代為管理。二〇〇七年最終判決認定中華民國政府不具有訴訟權。

推崇蔣介石以德報怨

一九六七年九月二十八日，陳之邁應邀主持長崎孔廟修建落成典禮，日方代表為前總理岸信介。陳之邁曾記載典禮結束前，一位日本銀行的森俊雄要說話，他說：「日本人自古便讀孔子之書，但是不實行孔子之教，做出許多傷天害理的事來。中國人讀孔子之書，蔣介石於戰後即實行以德報怨的對日政策，如果沒有蔣介石的德惠，日本那裡有今日的繁榮？」他的講話博得全場熱烈掌聲。

一九六九年二月，陳之邁任駐教廷大使。一九七一年，兼駐馬爾他國大使；七月榮獲教宗保祿六世頒贈十字勳章。一九七八年一月陳之邁辭職返國，受聘為外交部顧問暨國際關係研究所研究員；同年十一月八日病逝台北。

集政治學者與政治家於一身的陳之邁，曾評述由希臘哲人亞里斯多德提出的政治認識，是不可磨滅的真理：「政治的目的，是使得每個人都能夠得到人類所能得到的最高的人生。」

（潘家鑫）

薛毓麒（1917-2001）

薛毓麒：洞悉外交，縱橫國際

薛毓麒（一九一七—二〇〇一年），江蘇武進人，中華民國外交官，曾任總統府國策顧問。曾駐澳大利亞、蘇瓦、雪梨、馬尼拉、菲律賓、加拿大、西班牙、沙烏地阿拉伯、大韓民國各使領館服務。著作有《國際之交流安全制度》。晚年致力於中華民國阿拉伯文化經濟之交流工作，後患阿茲海默症，於二〇〇一年十一月九日離世。

薛毓麒大使學貫中西，終其生手不釋卷，鑽研國際公法、國際政治趨向不遺餘力，著作有《國際之交流安全制度》；持身謹嚴、潔已奉公、啟迪部屬，在外交領域折衝樽俎，資歷達五十多年，為國鞠躬盡瘁。

他在駐韓及駐沙大使任內時，從事學習韓文與最艱難之阿拉伯文。在利雅德期間，時以可蘭經之一二金句，向來賓誦出，使客人驚異。他曾說：「我每到一個國家，一定開始學當地的語言。一方面是我覺得很有趣，更重要的是這是尊重當地文化的表示。等有機會，我會用學來的話和當地人講幾句，露一手，讓他們知道：我對貴國的文化、文字都非常尊重，希望能學好。即使沒學好，對方聽了也很受用，這常有很好的效果。」

為磨練邏輯，亦常在公餘之暇，演算大代數之習題。薛毓麒曾說：「開始喜歡上數學是很偶然的，有一次看報紙，剛好大學聯考放榜，我看到考題覺得好玩，就自己試試，沒想到別科還好，就是數學大部分不會，我不服氣，去買了一套高中數學，自己從頭學起，這一做就做出興趣來了，在吃午飯前十五分鐘都要研究一番，因為它能讓我專心下來，而且做一做很有成就感，想想看，做數學可以常常有結果，做外交要有這樣的成就感，不容易呀！」

前駐科威特代表葛延森回憶說：「在外交部服務期間，從一九五〇年起，即追隨時任條約司司長的薛大使，並非常幸運地在司長辦公室工作。一九五二年四月二十八日，我國與日本簽訂《中日和平條約》，獲致圓滿結果。這是條約司及亞東司在葉公超部長及胡慶育政務次長領導下，殫精竭慮的成果，其中薛司長貢獻良多，功不可沒。」

葛大使說：「事實上，薛司長在當時列為重點工作的維護我在聯合國安全理事會常任理事的席位上，表現更是傑出。蔣介石總統經常命薛副代表回國述職，面報我維護聯合國代表權的應因方針及策略，足證對薛副代表之賞識與器重。某年中國國民黨在陽明山成立革命實踐研究院，蔣介石總裁兼任院長，張其昀主任主持院務。該院旨在培養黨政高級幹部，成立後，蔣總裁曾親自點名薛副代表回國參加革命實踐研究院為期三個月的訓練，惟外交部經特別考量，回報陳明薛副代表在我駐聯合國代表團任重事繁，不宜久離職守，獲蔣總裁破例准予回國受訓一個月。」

薛毓麒一九一七年生於上海，童年回原籍江蘇武進讀書，中央政治學校畢業、澳洲墨爾本大學碩士。一九四〇年進入外交部服務。早年駐澳大利亞、蘇瓦、雪梨、馬尼拉、菲律賓各使領館服務。一九四九年任專門委員兼幫辦。曾任歐洲司、條約司司長。一九五五年任中華民國駐聯合國公使級副常任代表，代表處處長，之後歷任中華民國駐加拿大大使、西班牙大使、外交部常務次長、沙烏地阿拉伯大使、大韓民國大使，一九八六年任外交部顧問，總統府國策顧問。晚年患阿茲海默症，於二〇〇一年離世。

薛大使在駐沙烏地阿拉伯期間，積極推動全方位中沙經濟合作，藉以加強中沙兩國友好關係，例如推動中沙肥料廠合作，相繼派遣農技團、電力支援團、醫療團，另有榮工處、中華工程公司建築高速公路等工程，政績不勝枚舉。晚年獻身於中華民國阿拉伯文化經濟之交流工作，熱心推進。

民航發生劫機事件

他曾說：「我奉派駐沙烏地阿拉伯，也曾運用『總體外交』的力量，來創造兩國的相合之處。當時我常到沙國的首都和政府官員見面，由於大使館在吉達，我必須坐飛機去首都利雅德。有一次我去找工業部長，他看到我就說正要找我。因為沙國要造一座電廠，希望我們幫忙。我立刻打電報回國，政府找台電，台電同意了，我就答應他。好幾次合作都是這樣『串門子』串來的。後來我決定促成政府和政府的合作，不但找台電幫忙建了電力公司，還讓台肥幫忙建肥料廠。當時共有『十大建設』，以醫療最出名，因為他們的技術很好。這樣一來，沙國對我們和對很多其他國家就不同了。例如韓國人在沙烏地也很活躍，包了許多工程做，但沙國人認為他們是來賺錢的，彼此間只是交易關係；對中華民國就覺得是欠了債——你派技術專家來工作，又沒有拿我的錢，他們只拿了薪水——沙國認為這是一種友好的幫忙，很感激我們。所以後來能源缺乏時，我們需要多進口石油，他們一下就由一天供給二萬桶增加到五萬桶。」

一九八二年駐韓國大使任內，發生中國民航二九六號航班劫機事件，向韓方發表聲明說此次劫機為「反共義士的投奔自由」，成功將「六義士」接來台灣。「六義士」在韓國待了一年又三個月，薛大使在當時常去看他們，他說：「他們受到的待遇很好，韓國政府請了中國餐館為他們做飯。他們也沒有像國人以為的關在黑牢裡，而是住在很好的招待所。我常帶我的廚師去做菜慰勞他們，也帶了陳年紹興、長壽菸給他們享用。他們平時無聊最喜歡看小說，尤其是金庸寫的武俠小說，我就到處為他們搜購。韓國買的看完了，只好打電話回國要部裡購買。現在大使館放了很多瓊瑤、金庸的小說，就是這個原因。大使館現在還有二百多卷電視節目錄影帶，也是當初請國內為他們特別錄的。外交部設想真周到，從頭到尾連一個廣告都沒有，他們看得也很快，我常打電話回台北要。」

薛大使說：「六義士之後，孫天勤、蕭天潤、陳寶忠相繼而來，總計我在韓國三年，共接了卅個義士。平心而論，處理每個義士假道韓國投奔自由的案子，對韓國政府都是難題，那是現實利益與邦交友誼的兩難。如果能認清國際關係的現實本質，再多瞭解韓國的處境，就更能掌握異中求同的精髓。」

但「六義士」事件被普遍認為是中共與韓國間關係正常化的開端，也為中華民國及韓國的邦交動搖揭開序幕。

薛毓麒曾接受《光華雜誌》專訪時指出，外交官最重要的任務，是找出兩國共同有利、彼此可以相合的地方。雖然每個國家都有他自己的利益，兩國的政策與利益絕不會完全一致，但有些地方仍然可以努力。「所以我有一個原則是：異中求同。如果能夠捨掉不同的地方，強調相同的部分、不斷加強，兩國關係才會友好。」

他曾仔細分析過中韓兩國的異同：「這兩個國家都因共黨而國土分割、都反共。在遠程目標上，兩國都希望國土統一，而且無論誰先統一，對彼此都有幫助。我曾經對韓國大統領全斗煥提出這個看法，他也非常同意。可是從現行的國家目標來看，兩國差距卻很大。韓國的最前線板門店，距離漢城只有四十公里，而且一路平地，無天險可守。設想如果我們在台北，敵人在桃園，不知道他什麼時候會打過來，一定每天寢食難安。這正是韓國最大的憂慮。」

指出外交四方向

薛毓麒主張：「為了國家的安全，韓國在內政方面要努力發展經濟、加強軍事以厚植國力；外交方面，則積極朝四方面增進：

第一是美國。美國派了四萬部隊，配備了最新式的武器來保護韓國，所以美國是他最重要的盟友。第二是日本。日本在二次大戰前曾經亡掉韓國，這是很大的仇恨。但國際關係沒有過去式，都是現在式。當年韓國政府流亡海外，曾在上海成立臨時政府，並得到我國大力支持。但過去的事在今天沒有作用，所以無論是恩是仇，都會忘掉。今天日本已經是一個超級強國，不但經濟發達，也在國際舞台扮演很重要的角色。韓國需要日本幫忙，所以對它非常重視。

第三是我們最遺憾的，它要拉攏蘇俄和中共。目的之一是希望中共勸阻北韓，不要南侵；其次，韓國想加入聯合國，過去都遭蘇俄、中共否決，韓國希望將來他們能高抬貴手。再來就是為了即將舉辦的亞運和奧運，他希望這兩個共產政權派隊伍參加，使運動會更成功。當然，韓國希望把貨品銷往大陸，也是拉攏中共的原因之一。

第四是不結盟國家。這是一個親蘇親共的國際組織，北韓勢力很大。韓國為了打擊北韓，花了很大的力氣去拉攏他們。其中有一個國家叫馬爾地夫，人口只有十萬，國土沒有一定的面積，漲潮時就縮小，退潮就變大。但是大韓民國外交部長認為它很重要，還親自去訪問。從這四個方向來看，我們和韓國的外交有點不即不離，就是因為在今天的國際社會，我們對韓國幫助不大，他才不特別來和我們加強關係。」

薛大使曾說：「我在國際關係上得到一個結論：和別國講邦交，用口頭講情感道義、同仇敵愾，不能說完全沒用，可是效果實在有限；一定要從實質著手，變成實際的禍福與共。那麼不必多做外交工作，也會自然友好。」（潘家鑫）

楊西崑（1910-2000）

楊西崑：非洲先生

楊西崑（一九一〇—二〇〇〇年），字宿佛，生於中國江蘇省奉賢縣，中華民國外交官，曾任外交部次長，後出使西非與南非，人稱「非洲先生」。楊西崑曾說「外交形同作戰」，他在六〇年代已預見，中華民國未來外交艱險，中共勢必步步侵蝕，因而向蔣介石總統建議派出農耕隊，幫助這些窮困的新興獨立國家。

有「非洲先生」美譽的中華民國外交官楊西崑，一九一〇年生於江蘇省奉賢縣，北京大學外文系畢業，在校期間甚為活躍，一度被指為共產黨學生，後受葉公超幫助離開北平，至國立西南聯合大學擔任助教。抗戰勝利後，楊西崑赴美國哥倫比亞大學留學。一九四七年遇其母校教授傅斯年，經安排擔任當時甫接任駐聯合國常任代表蔣廷黻的技術助理。回國後，曾在北京大學及西南聯大任教，之後投身政界，歷任外交部非洲司長、常務及政務次長，駐南非大使及國策顧問等職，一生為外交奉獻。

楊西崑曾說「外交形同作戰」，於一九四八年出任駐聯合國代表團專門委員，一九五二至一九五五年擔任聯合國託管理事會西非訪問團委員，已預見台灣未來外交困境，中共勢必步步進逼，後來回國，向總統蔣介石建議派出非洲農耕隊，幫助這些窮困的新興獨立國家，開啟了台灣的農耕外交，並靠非洲友邦鞏固一九六〇年代中華民國在聯合國席位。

曾任駐盧安達大使、駐薩伊共和國大使與外交部非洲司長的丁懋時，與楊西崑相識很早，並曾一同參加喀麥隆訪問團，達成與多國建交任務。丁懋時於二〇一五年底接受中央社專訪時回顧，農技援外「先鋒案」這個名字是楊西崑取的，楊西崑在聯合國託管理事會訪問期間，發現多數非洲國家農業技術落後，且這些國家很喜歡吃稻米，我方可以利用專長提供農業上技術合作，由我方選擇農技人員組成專家團派到非洲友邦，提供種子等，協助農民種植。計畫推動之後進展順利，一九六一年開始就有收成，從最初農耕示範隊，後來改名農業技術團，都受到非洲國家很大歡迎。主要是因為我方技術專家親自下田，和農民一起耕作。一般歐洲專家都在辦公室設計、講理論，農民沒辦法加以執行。

中華民國當時和非洲沒有什麼聯繫，最早只有和北非利比亞、賴比瑞亞、南非有邦交，但從一九六〇年開始，中華民國一連串和新獨立國家建立邦交，這些都是楊西崑親自一個國家、一個國家去爭取來的。

一票一票爭取非洲

楊西崑每年都要走非洲一趟，甚至兩趟，聯繫非洲國家首長，敲定中華民國在聯合國的代表權，一票一票努力。

楊西崑熱愛工作，不打牌，也不打麻將，興趣就是工作。工作結束之後，就喜歡在旅館酒吧喝喝酒、看看風光。「楊西崑學識豐富、見解正確、平易近人，且非常體恤同仁。」丁懋時說他曾和楊西崑一起翻譯電報，工作非常繁複，翻譯完差不多天也要亮了，楊西崑都在一旁親自陪同，令他非常感念。

一九五九年，經濟部長楊繼曾率領中華民國慶賀西非喀麥隆共和國獨立特使團，楊西崑擔任副團長，偕台北紡織公司副總經理蔡元以及丁懋時赴喀麥隆，隨後兩個月內沿著非洲西岸一路造訪十二國，包括奈及利亞、象牙海岸、塞內加爾、突尼西亞、西北非衣索比亞、東非索馬利亞等。

喀麥隆當時是法國託管地，預定一九六〇年一月一日獨立，中華民國因為與法國有邦交，獲得喀麥隆政府邀請參加獨立慶典。特使團在一九五九年十二月三十日抵達喀麥隆首都，主要任務是和喀麥隆建立外交關係。由於楊西崑事先交涉、安排，加上法國協助，中華民國順利和喀麥隆建立邦交。整個非洲之行以與喀麥隆建交為主，對當時將要獨立的非洲國家，也依序建交。

胡宗南將軍哲嗣、曾任國安會秘書長的胡為真回憶，當時南非把對楊西崑的友誼轉為強化兩國經貿軍事交流，讓國人獲得很高禮遇。他在一九七九年與楊西崑大使一起飛到南非就職，擔任政治參事三年多時間，每天朝夕相處，對這位長官的工作精神與方式十分敬佩。至於楊西崑為何能與南非政要不但有公誼還有深厚私交？胡為真透露，其中一種方式就是「寫信」。楊西崑通常拜會政要官員後會寄上一封文采並茂的謝函，人家一看到覺得很佩服而回信，而楊西崑收到對方的信後又再回信，就是用這種方式把友誼接續下去。胡為真表示，楊西崑駐南非十年期間，可說把南非的政要「一網打盡」變成好友，當時南非所有的部長幾乎都來過台灣訪問。

一九七一年，面對中華人民共和國即將加入聯合國的現實，楊西崑與前駐美大使葉公超向蔣介石提議，尋求美國支持台灣獨立。中央研究院近代史研究所副研究員陳儀深引述美國前外交官譚慎格（John J. Tkacik, Jr.），依據編號為「台北五八六九」「僅供國務卿（羅吉斯）及助理國務卿葛林過目」的六頁密電，描述這段歷史。密電是馬康衛根據他與楊西崑的談話內容以及他本身的附註意見所寫成，於二〇〇二年附在尼克森檔案中被解密。

譚慎格說，一九七一年十月，中華民國政府的代表被逐出聯合國之後，十一月二十六日駐台北大使馬康衛接到楊西崑的緊急電話，要求秘密會談。據密電內容，楊西崑提出新的政府名稱是中華台灣共和國（The Chinese Republic of Taiwan），而「中華」二字沒有任何政治意涵，僅為族群的泛稱，表示台灣人民源自中華民族，就如同阿拉伯國家的國名加上「阿拉伯」一樣。並主張蔣介石應動用緊急權擱置憲法，解散國民大會、立法院、監察院等機構，設立一個新的單一臨時民意代表機構，該機構由三分之二台灣人、三分之一外省人組成。

陳儀深說，楊西崑建議由美國副總統安格紐（Spiro Agnew）出面遊說，並安排蔣介石信任的美國老朋友勸說。然而，馬康衛認為，要蔣介石一掃舊體制，設立一個新立法機構的前景極小；同時，楊西崑也低估改變中華民國國際身分在國內及國外造成的後果。最終，因美國總統尼克森計畫訪問中國大陸，楊西崑的建議將會帶來難以應對的複雜情況及無法預估的結果，華盛頓方面選擇對其置之不理。陳儀深說，譚慎格的描述給予外界一種蔣介石已同意楊西崑建議的印象，但這不確實，相關檔案中，蔣介石始終堅持「漢賊不兩立」，未曾同意台灣獨立。

總統府前資政彭明敏曾透露，過去戒嚴時期，他與楊西崑某一次陪同外賓前往台中縣參觀，當時有人建議去日月潭玩，楊西崑竟然公開說，「日月潭周邊擠滿了蔣介石的特務，有什麼好玩的？」讓不少人都為他大膽的言論捏一把冷汗，卻也讓彭明敏覺得他與一般國民黨官僚有些不同。

美國與中華民國斷交

一九七八年十二月，美國通知將與中華民國斷交，當時任職駐美國大使館政治組一等秘書的前外交部長程建人，曾多次陪同楊西崑前往國務院談判；十二月三十一日下午，楊西崑在官邸雙橡園主持最後一次降旗，當時天氣寒冷，下著毛毛雨，倒楣的是連租來的發電機都壞了，麥克風不能用；楊西崑用最大的音量對大家說，中華民國最講誠信，沒有對不起人家，不懂怎麼美國會突然斷交，最後並引用麥克阿瑟將軍的名言「We shall return」（我們將會回來），當時大家聽到都流下淚來。

楊西崑當時是以外交部政務次長身分，在十二月二十二日就抵達華府，一開始是為館內同仁打氣，以及安排從有邦交到無邦交過渡的需要安排，但後來因美方不再讓台北派官方代表團到華府，於是一九七九年一月六日中美斷交後，楊西崑變成特使，代表中華民國跟美國談判，並力促美方簽署《台灣關係法》，直至二月二十七日離開。

程建人認為，當時與美方對未來台美如何交往，有什麼待遇，在複雜的交涉過程中，把台灣與最重要盟邦美國關係穩定下來，楊西崑可說厥功甚偉。

「斷交前中華民國在美國有十四個辦事處，斷交前美方原只答應給四個辦事處，我們要求最少十二個，大家一來一往最後爭取到八個辦事處」。楊西崑處理與美國斷交後談判事宜時，已經六十九歲了。楊西崑實際參與談判，是第一線關鍵人物，以他的涵養及條件，很難有更好的人選去談判。

楊西崑的夫人梁鴻英曾在回憶錄《折衝樽俎話當年》書中指出，「總統府資政江丙坤是經貿長才，做事聰明敏捷，他在南非經貿處負責時，最為楊西崑所賞識，對推展我國與非洲貿易成果顯著，貢獻良多」。

江丙坤與楊西崑一起在非洲野外大地差點遇險，至今難以忘懷。他指出，楊西崑到南非就任後，曾邀請當時台泥董事長辜振甫來訪，他開車載楊大使與辜振甫前往獅子公園（Lion Park）遊園，沒想到車子因為電瓶沒電卡在公園中間，當時已接近黃昏，按喇叭沒聲音，他們又是最後一部車，後面不會有人來，而且四周都是猛獅的蹤跡，一群人真的嚇壞了。幸好過了半小時，園區警衛清點發現少了一部車出來，馬上開車進園找人，才結束一場有驚無險的野外之旅。事後，楊西崑與辜振甫時常在朋友面前提及此事，引為笑談。江丙坤說，很多人念念不忘追隨楊大使的日子，因為在楊西崑的領導下，大家工作賣力且愉快相處，感覺就像一家人。

勇敢的人只死一次

楊西崑是北京大學外文系畢業，因此談話時常伴隨名言，他經常以莎士比亞說的「怕死的人死很多次，勇敢的人只死一次」來鼓勵大家，因此他對該做的事總是全力以赴。

楊西崑在建立非洲外交上，功勞卓著，但仍有外交部同仁說他邀寵攬功，無中生有。更有人指出：楊西崑自非洲訪問拍回外交部的密電不計血本，長而空洞，有點好大喜功的味道。他的密電幾乎有一定規律可循。首先報導其所訪問之非洲元首極為推崇中華民國總統，次敘共黨之危害與中共對非洲之陰謀，及建交與開辦農業技術合作之艱難，而後談如何艱苦達成任務，最後途經華府拜訪國務院有關人士後，請駐美大使館代發其親擬之密電回國，駐美大使館公使江易生每次拿楊親擬的長文電報連說：「這個電報怎麼發出去。」結果還是發出去了。這種電報外交使楊更輕易贏得「非洲先生」的美名。

楊西崑在外交官任內外傳常製造糾紛，引起外交部部分人員不滿，據言有人指其「殘害忠良，排斥異己，包庇奸宄，結黨營私，凡我外交部同仁，無論現任或退休，均應共起而除之，國家之幸也。」楊一度誣指房金炎為台獨，迫使房金炎請假在美進修，旋又指房「持節不還」、「與政府斷絕關係」。又因翟因壽、房金炎整頓農技團不法情事，誣翟不受當地政府歡迎。楊西崑之行徑一度受到政府司法機關調查，如今功過是非皆已成歷史，隨時間飄去。（潘家鑫）

芮正皋（1919-2015）

芮正皋：號稱狩獵大使，獲封「酋長」

芮正皋（一九一九—二〇一五年），字器先，出生於上海。祖籍浙江吳興，震旦大學法律系畢業之後，考取公費赴法國留學，獲法國巴黎大學國際法學博士、英國劍橋大學英語專修、荷蘭海牙國際法學研究院、巴黎政治研究院，專攻國際法及國際關係學，曾任非洲上伏塔（今布吉納法索）、象牙海岸大使，東吳、淡江等校教授。

一九四九年國民政府遷台，當時的外交部長是葉公超，他是考翻譯員進外交部的，他極力主張：非經正式考試的人員不予錄用，各部門中，以外交部的人事最上軌道。

但不久，這個制度便被破壞了。葉公超一九五八年卸任，繼任者黃少谷於一九五九年六月部令外放十八人，其中十六人均無外交官資格。若是立法院新通過的「駐外外交領事人員任用條例」在六月十八日由總統簽字實施後，這十八個人便失去派任外交領事人員的資格。此「十八羅漢」案曾引起部內人士的不滿，罵黃少谷「大開恩科」，罵人事處「不知人事」。

這十六人中，總務司幫辦劉邦彥、美洲司幫辦姚守中、條約司幫辦董宗山，是副總統陳誠的人馬；禮賓司幫辦芮正皋，是政務次長沈昌煥所提拔；科長馬紹棠是前南京市長馬超駿的公子；專員張世傑是趙鐵頭趙耀東的妹夫，幾乎都是大有來頭的。有人說：這十六人中，唯一有出息的，就是芮正皋。

芮正皋排行老七，下面還有一個妹妹。三哥茂沐，四哥德光，都曾留學德、法，是個大家庭。一九四一年，他和潘詠馥結婚，生有一女二子。震旦大學法律系畢業之後，他考取公費赴法國留學。獲得學位之後，正擬回國團聚，而大陸變色，一時莫知何從。

一九五一年，聯合國在巴黎召開第六屆常會，芮正皋接下中華民國代表團臨時秘書的工作，認識了代表國顧問、時任行政院新聞局長的沈昌煥。沈昌煥建議他去台灣，他也很願意到新聞局工作。一九五三年底他回到台灣，沈昌煥已調任外交部政務次長，也就順理成章地把芮正皋帶進了外交部。從歐洲司專員、科長，而於一九五八年升任禮賓司幫辦，次年派任駐土耳其參事。通常一個高考進入的科員，爬到科長都要十年左右，要做參事，最少也要十五年，而芮正皋不過五年左右便升了參事。

在初進部工作五年多的時間中，芮正皋最吃重的工作是擔任總統蔣介石的法語傳譯。傳譯是一門非常艱深的學問，不但要中外文都好，而且用字要典雅，不可加油添醋，更不可偷工減料。

擅長傳譯

芮正皋初為蔣介石任傳譯，他為了討好，特地說浙江話。蔣介石立即糾正他：「你會不會國語？」芮正皋立即改用國語。

芮正皋說，蔣介石在接見訪賓時，慣用口頭語「好」字。但是，在翻譯時卻不能刻板地用「是」來直譯。因為這一方面未免顯得單調、枯燥，失去了「對話」的風格；另一方面也有曲解或者誤解蔣介石真正涵義的風險。所以，必須首先默察雙方的談話內容和上下文語氣，並努力體會蔣介石的真實涵義，是否涉及「外交承諾」等等之後，才可以譯成確當的用語，才可以在不背離其原意的情況下，略加潤飾地反應出蔣介石單純的「好，好」，塑造出既確切又活潑的對話氣氛。譬如，可以分別譯作「是的」、「您說得對」、「您講得不錯」、「我同意您的看法」、「是這樣嗎」（並非真的提問）、「謝謝」、「正是如此」、「我很高興」等等。這真是傳譯的真諦。

一九五九年，芮正皋參加國防研究院第一期培訓，寫了一篇〈黑非洲新形勢〉畢業論文，引起了高層的重視，於是在當時缺乏非洲外交人才的情況下，他承擔了開拓非洲外交的責任，出使非洲並鞏固與建交國家的關係，以及積極拓展其他領域的工作，爭取和儘可能多的國家建立外交關係。由於第二次世界大戰之後，非洲民族主義傾向抬頭，數年之間，英國、法國、比利時、葡萄牙各國在非洲的殖民地紛紛獨立了，非洲成為了第二個拉丁美洲。這不僅使國際局勢大為改變，而且聯合國的投票形勢也完全不同，假如要維護中華民國在聯合國的「中國代表權」，那就一定需要足夠的票數，而當時中華民國在非洲的建交國家寥寥可數，這便直接影響到如何維護「中國代表權」的大問題。

於是，芮正皋便注定了要到非洲發展的命，由駐馬利代辦開始，而後駐薩伊（比屬剛果參事）襄助沈覲鼎大使。在派到上伏塔（布吉納法索）設大使館，真除大使。在上伏塔，除辦理外交部事務，他也精於槍法，狩獵槍殺食人的獅子，獵殺侵犯莊稼的野牛，成為上伏塔人民心中的英雄，獲封「酋長」頭銜。

一九六八年，芮正皋調往西非重鎮象牙海岸任駐象大使，這一任大使由一九六八年到一九八三年三月中象斷交，中間經歷我國退出聯合國與中美斷交，非洲許多國家皆與我斷交，而芮正皋在西非獨自撐起一片天，長達十六年之久，全在「往來無白丁」的日子度過。

芮正皋精於打獵，對於狩獵他有一套理論，他說：狩獵最要緊的是要沉得住氣。能沉得住氣，才能做出正確決定，用心瞄準獵物。若一慌亂，不知所措，則必定為獵物所乘。輕則重傷，重則喪命。這是勇。

其次是判斷。首先是要確定風向，將食指放入口中潤濕，然後高舉食指，哪一邊感到涼涼的，便是風吹來的方向。要狩獵野生動物，必須處於獵物的下風。如此，人的氣味便不易被獵物發現。若處於上風，獵物聞到人的「異味」，早就逃之夭夭了。

而後是查察動物的腳印，從腳印的形狀，可看出是什麼野獸。腳印上若蓋了灰，灰的厚薄，可以顯示出獵物經過了多久時間。從糞便的乾濕度、草葉樹枝折斷的新鮮度，也能判讀出動物過去的久暫。而後已從足印所看出的野獸種類，該種野獸漫遊的速度，便能推算出牠們大約在距離若干公尺外的地方。這是智。

處變不驚態度從容

《論語．述而篇》中說：「孔子釣而不網，弋不射宿。」所以芮正皋也主張：懷孕的母獸、未成長的幼獸、或有哺乳幼獸隨在身旁的母獸，獵殺牠們是殘忍的，要盡量避免。這是仁。由此可見，狩獵行為，也需要智、仁、勇齊備才可以。

其實，芮正皋這一套狩獵理論，是從他的外交經驗而來。他任大使時，不論發生什麼大事，他從不慌張，從容思量對策。跟他相處過的同仁都說：「從未看過芮大使滿臉愁容的樣子。」他處變不驚的處事態度，正是他外交成功的秘訣。

退休後，他從事教學工作，先後任東吳大學法學院教授、淡江大學教授兼歐洲研究所所長、淡大區域研究中心執行長，以及中國文化大學中山學術研究所教授。

芮正皋恪於兩岸形勢，與在大陸的首任妻子無法通問。一九五四年回台之後和劉嶼梅結婚，育有三個兒子：芮傳正、芮傳賢和芮傳嘉。第一任妻子所生為長女芮英、長子芮傳中、次子芮傳明。父子相隔六十餘年之後，芮正皋時在澳洲僑居，第一次得到次子芮傳明的信，才取得聯絡，但前妻潘女士早已身故。**（潘家鑫）**

何鳳山（1901-1997）

何鳳山：救人千萬的外交官

何鳳山（一九〇一－一九九七年），湖南益陽人，中華民國外交官，因在二戰初期簽發上千張「生命簽證」，拯救過數以千計的猶太人，聯合國譽其為「中國的辛德勒」，晚年擔任中華民國外交部情報司司長，然遭指控侵佔一筆兩百美元的專款遭彈劾，退休後移居美國，著有《我的外交生涯四十年》。

劉瑛所著《大使列傳》，有載何鳳山大使舊屬薦任主事卞壽昌述說何鳳山任職奧地利公使館一等秘書時發給猶太人簽證的勝事，十分傳神。

卞壽昌其時已年近六旬，頭髮有點花白。他總是西裝筆挺，襯衣雪白，領帶別針，一樣不缺。頭髮上抹的是英國雅禮牌頭髮蠟，梳得十分整齊、服貼。有時還噴上一點可侖水。他操一口揚州口音很重的國語，經常口沫橫飛，向我們這些初進部的「後生小子」，大談他當年外派在埃及大使館、追隨何鳳山大使的一些輝煌事蹟。

他說：「何大使留學德國，取得博士學位。德語文的造詣，外交部裡沒有人趕得上。英語文程度也是『呱呱叫的』，『沒得話說！』」（他最後兩句是用道地的揚州話說的，頗有加強語氣的效果。）

他特別提及何鳳山在維也納任駐奧地利大使館一等秘書代理館務時，拯救了成千上萬猶太人的故事。

據老一輩的同仁說，第二次世界大戰前，何鳳山任職駐奧地利大使館一等秘書代理館務，大約是一九三八年左右。德國由希特勒領導的納粹政權大事迫害境內的猶太人，由德國而擴及到奧地利。猶太人紛紛申請外國簽證，逃去外國避難。一九三八年七月國聯（有如今日的聯合國）召集了三十八個國家在法國的艾維安（Evian）集會，討論猶太人難民問題未有結論。之後，英國駐維也納領事館停止發給猶太人赴英簽證。法國隨即跟進。猶太人走投無路，紛紛轉向中國大使館申請簽證。何鳳山代辦基於人道考量，認為不宜拒絕，盡可能予以通融。於是猶太人好似溺水的人抓到一塊木頭，像潮水一般湧進中國大使館，申請辦赴華簽證。數目十分驚人。

萬頭鑽動為搶簽證

「那時候，我們駐維也納大使館真可說是門庭若市，天天都有大批猶太人排隊申請簽證。人頭攢動，黑壓壓的一大片。（其實猶太人的頭髮並不像中國人是黑色的。）好像我們三軍球場七虎對大鵬籃球賽時觀眾排隊買門票。可真熱鬧、緊張。」卞壽昌說。

我說：「有那麼多人嗎？」

「那可不！」卞壽昌駁道。「那可是性命交關的事。拿到了簽證，便能逃離納粹的魔掌，逃離奧國。好似拿到了護身符，老命可算是有希望保住了。若是拿不到簽證，這條命可就仍握在納粹手中。只要納粹手這麼輕輕一捏，這條命可就報銷了！」（他這幾句話全用揚州話說的，十分傳神。）

「那時候！」卞壽昌繼續說：「我們何大博士天天簽發簽證，簽到手瘦眼花，從早到晚，沒有一刻停手。只要是他大筆一揮，就救了一條人命。那真是，乖乖弄的懂，猶太人把我們何大博士看成了他們的救世主呢！」

像何鳳山自傳《外交生涯四十年》中說：「自德奧合併後，希魔（希特勒）逼迫猶太人的氣焰日益高漲，於是有美國的教會與慈善機構極力救濟猶太人。我與這些機關密取聯繫，凡能盡力之事、無不盡力。不知救活了多少猶太人。」

因為，當時的納粹政府，只關注猶太人是否有去處，而外國簽證便提供了去處。有外國簽證的人，納粹政府都准他們離開德國。

一九三八年，奧地利為德國吞併，中華民國駐維也納公使館改為總領事館，何鳳山升任總領事。

當時納粹對猶太人的迫害逐步升級，猶太人為避免被抓入集中營，只有離開歐洲，但要想逃離就必須獲得外國簽證，於是成千上萬的猶太人奔走於各國使館之間申請簽證。在當時，一張簽證就可以救一條命，因而被稱為「生命簽證」。

在其他國家拒絕接受猶太人移民之際，何鳳山基於人道，給數以千計的猶太人申請者發給了「生命簽證」。

這時，駐德國大使陳介（湖南人，曾任外交部次長），深恐何鳳山簽發簽證給猶太人辦過了頭，可能會激怒德國的納粹政權，影響中德邦交。因而發電報給駐維也納總領事館，要求總領事停止發給猶太人赴華簽證。但陳介非何鳳山的直屬長官，外交部也沒有訓令何時停發猶太人赴華簽證，再鑒於每日申請簽證的猶太人實在太多，他們都是為「逃命」而來的，不忍心置之不理。經再三考慮之後，何鳳山繼續簽發給猶太人赴華的簽證。就這一個決定拯救了數以萬計的猶太人。據後來報紙刊出新聞：一九四三年以前來不及逃離德、奧的猶太人，幾乎全被納粹所殺害。

這中間還有一段插曲。納粹當局也以總領事館原屬猶太人房產為由，將總領事館沒收。而在國民政府又拒絕出資租房後，何鳳山自掏腰包在約翰巷二十二號租下一套小公寓，把總領事館搬到那裡，繼續堅持發放簽證。一九三九年四月，何鳳山被外交部記過一次。

何鳳山在自傳中說明，當時中華民國對於發給猶太人簽證，態度並不一致，一方面行政院長孔祥熙同情猶太人，外交部的訓令是開放政策，放寬條件、不予拒絕，但另一方面，駐德大使陳介的態度則不然，為維持中德邦交，不能與希特勒的反猶政策唱反調，打長途電話要求何鳳山限制簽證發放，並稱會向外交部反映，何鳳山只有唯諾稱是，等待外交部指示，但一直毫無音訊，同時，副領事周其庠仍照原外交部指示發放猶太人簽證，竟被人誣告出賣簽證，陳介抓到把柄開刀，派人由柏林到維也納調查，但查無事實，也就不了了之。

助猶太人逃離魔掌

不過，何鳳山自傳中並未詳述發放猶太人生命簽證的過程，但有懷念幾位不及逃離希特勒魔掌的奧籍猶太人好友，其中只有記載協助駐維也納美孚石油公司經理羅申保全家逃往上海，與納粹特務發生衝突的過程，羅申保曾寫過一本書，感謝何鳳山的見義勇為。

那時到上海避難的三萬猶太難民，超過了加拿大、澳大利亞、印度、南非、紐西蘭五國當時所接納猶太難民的總和。維也納愛樂樂團首席小提琴演奏家海因茨・格林伯格（Heinz Grünberg）、美國前財政部長麥可・布魯蒙賽爾和億萬巨富伊斯雷爾・辛格都是當年手持何鳳山所發的簽證到上海避難的見證人。許多人憑著何鳳山發放的簽證，逃到加拿大、南美各國、菲律賓、美國、巴勒斯坦、古巴等地，躲過災難。還有一本書中說，一九三九年有四千名猶太人在維也納拿著到上海的簽證，逃到了巴勒斯坦。

十七歲的猶太青年艾瑞克・歌德斯德堡，他疲憊地花了數月的時間，走了五十多個外國領事館，都失望而回。可是，當他向中國領事館申請簽證，何鳳山卻給艾瑞克簽發了二十份前往上海的簽證。因此，艾瑞克整個家族得以順利離開奧地利。消息傳開後，等候簽證的長龍在中國領事館的門前輪候了。當時何鳳山坐車回領事館時，車窗是開的，有人把申請書丟進車內給他，這些人都能得到簽證；何鳳山離任坐火車離開時，還把簽好的簽證送給月台等待的民眾。

一名已被關進集中營的猶太人摩里斯．格羅斯費爾德，在妻子拿到全家去上海的簽證後得以釋放，一家人平安到了上海，逃過劫難。

一位經歷過大屠殺的猶太倖存者說：「有些人雖然早已不在人間，但他們的光輝仍照亮世界；這些人是月黑之夜的星光，為人類照亮了前程。」美國的億萬富翁伊斯雷爾．辛格的父母當年也是何鳳山所救的。辛格在全美各地擁有許多家醫院，現任世界猶太人組織秘書長。他說：「我的父母是何鳳山博士救的，他是一位真正的英雄。」

何鳳山一九〇一年九月十日生於故鄉湖南省益陽縣的桃花崙。其地山明水秀，風景幽美，是有名的文化區。他七歲喪父，祖母是虔誠的基督徒，家境貧寒。挪威的基督教信義會十九世紀來中葉在桃花崙建立了教堂，開辦了聾盲院、孤兒院、醫院、小學和中學。母親在信義會的孤兒院中任褓姆，維持家計。何鳳山便是依靠教會，讀小學、中學。

一九〇二至一九〇六年間，美國耶魯（Yale University）的四位校友 Brownell Gage、Warren B. Seabury、Lawrence Thurston 與 Arthur Williams 到長沙設立雅禮大學。雅禮乃 YALE 的音譯，亦採取《論語．述而》中「予可雅言，師、書、執禮。」何鳳山便畢業於雅禮大學，時為一九二六年。一九二八年，進湖南省政府長沙署任職，全家即由桃花崙搬到長沙。為維持家計，並在多所中學充當英文教員，以尋求額外收入，一九二九年考取公費留學，進入德國慕尼克大學，攻讀政治與經濟，於一九三二年獲得政治經濟學博士學位。回國後，任湖南省主席秘書，並在湖南大學任教，後進入外交部工作，一九三五年，第一次外派於土耳其大使館二等秘書。

一九三七年，何鳳山升任駐奧地利公使館一等秘書。也就是在維也納，發生了簽發生命簽證搭救猶太人的義舉。

一九四三至一九四七年，何鳳山任外交部情報司司長。他的公子何曼德院士所著《我的教育，我的醫學之路》一書中說：

父親一九四三至四七年在重慶任外交部情報司司長。這是他在外交部主管團隊中首次大展長才的時候。他第一注重人事，著重人才的培訓與提拔。這點得益於他當老師的本領。他設法廢除中國官場的惡習，革除「代簽」虛偽上班的惡習，他將機關學術化，還鼓勵同事進修，賞罰分明、杜絕走後門晉升的作風，他在書中說：「這些年輕小夥子的確可教，令人羨慕，只要你帶之以誠，以身作則地幹，他們就會聽從你的指揮……。」

第二，他在情報司的確辦了一些事。為了收集國際情報，於一九四三年得到委員長侍從事國際情報獎，並獎情報司十萬元以資鼓勵。情報司收集的情報並不是從秘密管道取得的，而是自公開來源得到的。廣泛地收集世界各國的報章報告，再加以分析結論，有點像一個研究所的研究工作。此外，他對國內、國外宣傳有責。父親辦了重慶唯一的英文報《自由西報》與《政治生活》雜誌，雜誌由父親主編，以輕鬆的筆調談天下事。

由於他在情報司的表現，升任駐埃及大使。

一九四九年，大陸變色，許多國家與中華民國斷交。中華民國一時關閉了上百個使領館。何鳳山在埃及的處境，當然也面臨困難，不得不特別用心，維持邦交。他不但要隨時遊說埃及政客，與初使周圍所有的阿拉伯國家，他還得防範慫恿埃及承認中共的兩股壓力：印度的尼赫魯與英國外相貝文。他培養了與當時強人納吉布（Mohammed Naguit）的友誼，維持了中埃一段時期的友好關係。一九五二年父親回國述職，可以說是這個時期成功的高峰。蔣介石給他設宴表示特別重視。

感於蔣介石的信任，何鳳山返回開羅後，加強努力，要求自己要進一步加強兩國關係。在他加倍努力的情形下，中埃邦交一直十分友好，直到一九五六年，政府遷台七年之後，由於納吉布的下台，納賽（Gama Abdel Nasser）接任掌權，中埃的關係才發生變化，埃及承認中共的形勢已無法挽回，何鳳山才黯然下旗撤館，返回台北。

一九五七年，他自願到陽明山受訓，在受訓的六百多人中，結訓時，他以第一名成績結業，其時，他已五十五歲，而壯志不滅。奮發努力，一如年輕之時。甚得高層的讚賞，不久，國府派他出使墨西哥。

與墨西哥簽商業條約

曾追隨何鳳山多年的卞壽昌說：「何大使辦事非常認真，出任駐墨西哥大使時，鑑於西班牙語國家，如同法國一樣，假如一國的外交官不能說西班牙語或法語，而以英語作為溝通的工具，他便很難得到駐在國的尊重。何公到任之初，即找了一位西班牙語老師，苦讀西班牙文，數月之後，便能和墨國官員談話、交涉。他駐墨西哥任滿後，接著，先後被派去玻利維亞和哥

倫比亞作大使，部方便是看重他西班牙語文有相當造詣的原故。」（前引《大使列傳》）

在墨西哥，他促成兩國簽訂商業條約，和新總統羅培士（Jose Lopez Pacheco）、外交部長芮武（Luis Padilla Nervo）都建立了深厚的友誼。經常安排國內企業家和藝術家往訪，盡力防止中共商業、藝術與政治方面人物滲透，做得有聲有色。一九六四年，返台略做逗留，轉任駐玻利維亞大使，再任駐哥倫比亞大使。

就在他任駐哥倫比亞大使時，館中一位孫姓秘書告他貪污兩百美元。這位孫先生在駐菲律賓納卯領事館任副領事之時，便曾和另一位館員聯名控告館長貪污。公文呈到部長沈昌煥處，沈昌煥看了，很不受用，命令人事處將三人全部調部辦事。一般說起來，控案多由主管人事的次長控管。結案時，呈請部長過目。部長對於主管次長的意見，大都予以尊重。不會作更改。所以，若是當事人曾得罪過次長，他的處境是會比較辛苦的。當時掌權的次長是楊西崑，他從常務次長再升任政務次長，掌握「生殺大權」十數年之久。

但控告何鳳山的那位孫某人非常惡毒，他不但向外交部控訴，還把一切證據影本分呈監察院、行政院和公務人員懲戒委員會。目的是一定要把何鳳山告倒。雖則法院並未起訴，但何鳳山因此遭外交部停職，強迫退休，並失去終身俸的資格。後經監察院彈劾，退休後，司法院公務員懲戒委員會決議撤職並停止任用三年。何鳳山本人宣稱無罪，認為指控與彈劾、懲戒皆是因為政治因素。

何鳳山心灰意冷，拒絕返國，於一九七三年定居美國舊金山。他為一吐怨氣，把一生四十年貢獻於外交的種種，寫成七百頁的自傳《外交生涯四十年》。我們常說：「救人一命，勝造七級浮屠。」何鳳山救出來的猶太人，那是成千上萬的「命」。功德之大，等於造了成千成萬的七級浮屠。和千萬條生命相比，實在不成比例。何況孫某所告，也未必是事實。即使是事實，也不過是雞毛蒜皮，何鳳山的遭遇，令人扼腕！

一九八六年十一月，何鳳山應邀參加了母校長沙雅禮中學八十週年校慶，並向母校捐資九千美元。一九九七年九月二十八日，九十六歲高齡的何鳳山在舊金山去世。中華民國政府並沒有派代表參加他的葬禮，倒是中華人民共和國駐舊金山總領事館送去花圈。二〇〇七年九月，他的骨灰迎回湖南益陽安葬。

何鳳山一九九七年過世之後，他的小女兒何曼禮，一位報社記者，撰寫了他的訃聞，並且刊載在西方國家的報紙中，內容提到父親在一九三八年擔任駐維也納總領事期間幫助猶太人的事實。這篇訃告吸引了舊金山的艾瑞克．紹爾（Eric Saul）的注意。紹爾自命的工作是致力於發掘大屠殺期間幫助猶太人的非猶太籍外交家。他和曼禮合作，兩人在往後的三年間，找到許多義舉的詳細資料，包括許多簽證。一九九八至二〇〇〇年間，他們將所搜集的資料，有系統地整理，並在耶路撒冷、斯德哥爾摩、日內瓦、多倫多、西雅圖、紐約、聯合國及美國的康乃狄克州巡迴展覽。在此同時，名號紀念館也開始研讀關於何鳳山義行的證據。其中一份證辭是由辛格所寫，辛格是當年經由何鳳山協助逃往上海的難民之子，也是現任世界猶太委員會的秘書長。他說：「我的父母受到何博士的營救，他是一位真正的英雄。我要將他介紹給全世界。」像這種個人的證辭，是耶路薩冷名號（大屠殺）紀念館頒贈「國際義人」勳章的根據之一。

於是何鳳山於二〇〇〇年獲以色列追授該國最高榮譽「國際義人」（Righteous Among the Nations）獎章；姓名遂永遠鐫刻在耶路薩冷大屠殺紀念館（Yad Vashem）正義花園榮譽牆上。二〇〇八年，美國參議院一致通過決議表揚何故大使；同年及二〇一五年，美國政府海外遺產保護委員會與以色列政府先後於我國駐維也納兩總領事館舊址鑲嵌紀念牌，以中、英文及德文鐫刻其感人事蹟。

遲來的褒揚令

二〇一五年，紀念抗戰勝利七十週年，中華民國總統馬英九頒發褒揚令給何鳳山，由何曼禮代為接受，以色列理工學院教授懷思（Daniel Weihs）列席觀禮。何鳳山擔任駐維也納領事時，核發猶太人赴上海簽證共約兩千份，協助猶太人逃離納粹迫害。但何出任駐哥倫比亞大使時被控虛報公款遭彈劾，何鳳山子女多年企圖為父平反皆未果。馬英九在典禮中向何鳳山家屬致歉，強調這是遲來的褒揚令，「政府應該最早頒發獎狀，但卻是最晚頒發，令人感到很遺憾。」

褒揚辭的內容如次：

何故大使於外交建樹上，宣揚人道主義，無畏強權，陶鑄千秋奇勳，輝耀青史。綜其一生，無可指責。

何大使救人無數，福緣身後，活到九十六歲高齡。他的公子何曼德院士，研究干擾素，名聞全世界，名列美國名醫榜，女公子何曼禮為名記者，為父親的義行搜集證據，促成以色列的授獎，我國總統的頒發褒揚令，一門俊秀，堪慰大使在天之靈。

二〇〇一年何鳳山百歲冥誕，曼德、曼禮兄妹同家人回湖南益陽，參加慶祝會。益陽市政府籌辦了長達三天的慶祝會，包括中外賓客演講和許多遊藝活動。曼德兄妹帶了一百多幀何鳳山生前活動照片，在益陽展出之後，還在長沙、北京和上海展覽，博得媒體的廣泛注意。（潘家鑫）

沈劍虹（1908-2007）

沈劍虹：駐美最後一任大使

沈劍虹（一九〇八－二〇〇七年），外交官，是中華民國末任駐美大使，任內經歷了台美斷交。沈劍虹的大半生涯都和新聞及宣傳有關，只是他從來不是第一線的新聞記者，而是政府的發言人及形象化妝師，他擔任駐美大使期間，和新聞界的關係不盡融洽，甚至有時還很緊張。不過他有一長處，即每逢他和記者們聚會，會一一點名記者發表對問題的看法，而他也注意傾聽，這是其他駐美大使所沒有的特色。

前半段的人生

沈劍虹一九〇八年出生在上海市蘇州河北虹口區的沈家灣，父親與友人河谷開設磚瓦廠，但因生意不好，所以無法負擔子女的學費。讀完光華附中後，因為英文很好，所以靠翻譯籌措學費。高中畢業後，由在郵局服務的大哥資助，讀滬江大學，後來轉學到北平燕京大學。曾在上海英文《大陸報》服務，上司是董顯光。工作兩年後，赴美就讀密蘇里大學新聞研究所。

一九三六年一月回國，經董顯光介紹，進入蕭同茲主持之中央通訊社擔任英文部編譯。一九三七年淞滬戰爭爆發前，奉調至上海分社工作，後至武漢中央宣傳部國際宣傳處，任英文編撰科科長。一九三八年十月下旬，隨處西撤於十一月中旬至重慶。一九三九年與魏惟儀（魏景蒙之妹）結婚。一九四三年外放，赴美主持國際宣傳處駐金山辦事處。一九四七年國際宣傳處改組為行政院新聞局，第一任局長董顯光請沈劍虹擔任對外宣傳處（後稱國際處）處長，借重他的英文能力與從事多年新聞工作的經驗。

一九四八年十二月，沈劍虹奉派香港行政院新聞局設立辦事處。因中華民國政府遷廣東、成都、台灣，新聞局解散，離開公職。先後在香港《中國郵報》、英文《虎報》、麗的呼聲有線廣播電台工作，前後七年。直到一九五六年經陶希聖介紹，出任總統府秘書，為蔣介石翻譯《蘇俄在中國》一書為英文。在工作上接待過多位訪華的重要賓客，包括美國國務卿杜勒斯、美國總統艾森豪等人。

他擔任總統蔣介石的英文秘書長達十年。新聞界有一個說法是，蔣介石發表的重要英文稿，都要先經宋美齡核閱；在沈劍虹接任英文秘書後，宋美齡即很放心，往往只要沈劍虹看過就可定案。

金馬奔騰（一九六一～一九六六年）

一九六一年沈劍虹接任新聞局長，在宣傳角色極為重要的英文刊物上，下了很多工夫。當時局內只有國際、國內兩處。他成立編譯室，專門編寫英文資料，並網羅外籍翻譯，以及英文寫作能力俱佳的人才到局裡工作；更整頓、創辦由新聞局直接編印、分發的各種英文定期刊物，包括年鑑、月刊、畫刊、週報。

新聞局同仁回憶，沈劍虹除注重文字宣傳，也特別強調視聽宣傳。當時雖未設立廣電、視聽兩處，他卻已製作大批圖片、電影及錄音廣播，擅長利用各種媒體。

但另一方面，他又覺得「國際宣傳是不得已才自己做」。沈劍虹在接受訪問時解釋：宣傳工作最好借重別人之手，因為，由自己來做不容易客觀。他回憶說：「國外很多記者都不願意接受新聞局的邀請，尤其要免費招待他們時，他們怕因此影響了自己的客觀、公正。」沈劍虹認為：最好是透過外國記者主動來訪，或報社派駐在國外的通訊員來加強宣導；新聞局甚至也可以鼓勵或放手給民間傳播媒體去做。

細密、果斷，是對沈劍虹的形容。在他任內共事的同仁對新聞界表示：沈劍虹不但對同仁口頭的請示，立可決斷，就是在公文上，也從不做模稜兩可的批示，使部屬無需遲疑，立刻去做。「決定什麼就去做」的作風，使沈劍虹在新聞局局長任內有許多創舉。電影界一年一度的盛事——金馬獎，也在他手中誕生。

一九六二年，鑑於國內本土士氣低落，沈劍虹希望效法金門、馬祖兩外島的國軍精神而舉辦了首屆「金馬獎」，為國內製片業開創一個新局面；現在「金馬獎」已轉由民間舉辦，且一年比一年盛大、熱鬧，為國片產生的影響更是有目共睹，沈劍虹功不可沒。

只是他也曾很感嘆地表示：「時至今日，還有多少人記得『金馬』二字指的不是金做的馬？」他希望電影界以金門、馬祖精神拍片，不要圖利而追求「金馬」。

對新聞局同仁，他也有期許，「不要只聽後台叫好，要前台聽好」他以為要接受宣傳的人說好才是真好。後來宣傳業務越來越多、工作吃力，他說：「看人挑擔不吃力啊。」

一直到一九八八年，每月發行三萬份的《自由中國評論月刊》（*Free China Review*）就是在沈劍虹任內創刊，多年來一直獲得海內讀者好評。原名《自由中國紀事報》（*Free China Journal*）的《自由中國週報》（*Free China Weekly*）也是他任內創辦的。

駐美最後一任大使

一九七一年七月二十七日，沈劍虹赴美就任中華民國駐美大使，並與時任美國國家安全顧問的季辛吉見面，當時季辛吉曾當面表示美國絕對會堅定地支持中華民國。

沈劍虹剛到任時，確曾意氣風發，想大幹一番，外界對他也有所期待。記得某日在白宮門前，記者巧遇那時中華民國駐世界銀行的常任代表陳長桐，這位金融界的老前輩有感而發地說：「沈大使早來些時就好了」。可見沈初蒞任時，予人觀感一新，尚有可為的一面。

但這只是曇花一現，因為他出使華府不到兩個月，季辛吉即為美中台關係投下一顆原子彈，季辛吉在同年訪問巴基斯坦時，以腹痛為名取消原定的公開活動，暗中前往北京與周恩來會面，秘密推動中華人民共和國與美國的關係正常化，時任中華民國駐美大使的沈劍虹完全不知情。在同年十月的聯合國大會中，通過「二七五八號決議」：恢復中華人民共和國的一切權利，承認其政府代表為中國在聯合國組織的唯一合法代表，並立即把蔣介石的代表從聯合國組織及其所屬一切機構中驅逐出去。

決議前，時任中華民國外交部長的周書楷已宣布中華民國政府退出聯合國。協議當天，日方首次提出一九七一年的聯合國大會投票結果可能出現「贊成四十一、反對五十八、棄權二十二，缺席一」的結果，會中日本代表西堀正弘分析，「中國加盟的現實為逐漸提高」，日本為了反制，計畫在聯合國提出「聯合國驅逐台灣必須要有三分之二的贊成票」之「反向重要事項指定決議案」，當時日本政府立場是，就算中國加盟聯合國，也需找出讓台灣留在聯合國的方法，西堀正弘在會中表示，「雖無法估計票數，但是『反向重要事項指定決議案』應該會有好的結果。」

一九七一年的聯合國大會對日本提出的「反向重要事項指定決議案」投票，以贊成五十五票，反對五十九票而遭否決，中華民國代表當場退出議場，之後在「阿爾巴尼亞決議案」（二七五八決議案）中，贊成七十六票，反對三十五票的結果下，承認中國加入，台灣從此退出聯合國。

一九七二年美國總統尼克森訪問中國大陸，在上海簽訂「上海公報」，沈劍虹完全無能為力。隨後中國大陸政府與美國雙方之間進行了更多的交流，包括繼任的美國總統福特訪問中國大陸、中國大陸領導人鄧小平訪問美國，對此，沈劍虹都只能默默承受。

那時沈劍虹已到任四年，以心力交瘁為由請辭，政府批准以周書楷繼任。但因美國政府回應「目前非換大使時機」，沈劍虹又做了四年，直到斷交降旗。

沈劍虹自此之後的四年是「跛足大使」，被美國「冷凍」，只能逆勢而為。他於是走遍美國，爭取美國民眾支持與同情，廣泛接觸國會議員，傳達美國與大陸發展關係之「不利」。

一九七九年中華人民共和國與美利堅合眾國正式建交；沈劍虹黯然離開中華民國駐美大使館，降下中華民國國旗，返回台北。他成為中華民國最後一任駐美大使，而後駐美大使的職務由駐美代表取代。

由於沈劍虹長於英文，尤其喜歡改部屬的英文，也在大使館內引起不同的反應，但不能否認，他當大使時，中華民國大使館對外行文是極具國際水準的。沈離任之前，把他歷年在美各地的演說輯成一集，印成兩冊，書名《雙橡園的觀點》（*The view from Twin Oaks: A collection of selected speeches*），雖然印刷簡陋，但內容卻是字字珠璣、擲地有聲。是在他卸任後撰寫的《使美八年紀要》（*The U.s and Free China: How the U.S. Sold Out Its Ally*）一書之外，留給我們的另一重要遺產。其中許多文字係出自老外交家譚紹華和新聞界老前輩任玲遜的手筆。睹「書」思人，亦曾對那個一去不復返時代人物懷念。

一個時代的落幕：悼沈劍虹與溫哈熊

二〇〇七年七月十二日，中華民國最後一任駐美大使沈劍虹與前聯勤總司令溫哈熊相繼逝世。儘管兩人在年齡上相差十四歲，但代表同一個時代，而他們一度絢爛的外交與軍旅生涯，也因受之於兩蔣而來。

那個時代是中華民國奮發有為、也極為艱難的歲月，沈、溫分別做出了他們的貢獻，雖然他們都有其爭議性的一面，總的來說，正面是絕對大於負面的。

如今他們分別以九十八和八十四高齡乘鶴歸去，確實是一個時代的落幕。當美國前駐北京大使李潔明聽到沈、溫的過世，就是以「The end of an era」為他們的辭世劃上句點。（潘家鑫）

喬冠華（1913-1983）

喬冠華：紅色外交家

喬冠華（一九一三─一九八三年），江蘇鹽城人。中國外交家，清華大學哲學系畢業，德國杜賓根大學哲學博士。抗日戰爭爆發後回到中國參與抗戰，主要從事新聞工作。出任香港《華商報》和《大眾生活》編委，主編黨刊《群眾週刊》，在《新華日報》主持「國際專欄」，參與外交事務，逐漸成為周恩來在外交事務上的得力助手，後赴上海創辦英文版《新華週刊》，之後再次回到香港出任新華社香港分社社長。

著名外交家喬冠華才華橫溢，秉性曠達，曾任中共外交部長，叱吒新中國外交風雲三十多年，被認為是新中國成立後僅次於周恩來、陳毅的外交家。他留學歸國後即投身救亡的革命洪流，指點江山，激揚文字，為共產黨的宣傳文化工作做出了卓越貢獻。

新中國成立後，他一直在外交工作第一線縱橫捭闔、殫精竭慮，以一枝利筆，兩排靈牙，為中共外交迅速打開局面，在國際舞台嶄露頭角，立下了赫赫戰功。尤其在打開中美關係的大門、中國重返聯合國的歷史進程中，喬冠華充分展示了他傑出的外交才能和獨特的個性魅力。

而喬冠華的晚年遭際，則折射出複雜歷史的特殊因緣，如同老友的評價：「當初不求聞達，而聞達自至；不期蹭蹬，而蹭蹬及身。」留給世人沉重的思索……

豪情才子與狂放不羈的「酒仙」

一九一三年，喬冠華出生於建湖縣慶豐鎮東喬莊，父親喬守恆，雖然家境漸落，但重視教育，教子嚴苛。喬冠華上有兩兄，喬馭陸、喬一波。母親劉氏在喬冠華三歲時病逝，留下三男四女。喬冠華年幼時，主要是靠四姊精心看護餵養。他天資聰穎，有過目成誦之譽。早年在鹽城第二高等小學、宋村亭湖中學、鹽城淮關中學上學，由於學習成績優秀，在初中、高中時幾次跳級插班，十六歲高中畢業即考入清華大學哲學系，成為大學同屆中最年幼的學生。

在大學期間，他廣泛涉獵各種書籍，胸懷遠大抱負和人生志向。一九三三年，他在日本東京帝國大學繼續攻讀哲學，並參加革命活動，由於他的活動為日本所不容，不久被驅逐出境。一九三五年，喬冠華又赴德國杜賓根大學留學，一年多後，即在二十三歲那年，他以優異成績獲得德國哲學博士學位。德國哲學博大精深，晦澀艱深，能取得德國哲學博士學位的中國人，在當時可說是鳳毛麟角。

喬冠華在德國留學期間，正值第二次世界大戰前夕，國際局勢日趨緊張，各帝國主義國家爭奪激烈，瘋狂擴軍備戰，喬在德遇到國民十九路軍的朋友趙一肩，兩人對國際局勢看法一致，志同道合，在歐洲利用課外的一切時間鑽研軍事科學，特別研讀了德國著名軍事理論家克勞塞維茨的三卷本《戰爭論》，除此之外，他廣泛研討了歐洲的戰爭史和軍事地理等方面的書籍，並且對著歐洲和世界地圖，反覆思考目前的局勢，這為他日後寫出大量如同身臨其境又不同凡響的國際評論文章奠定了堅實的基礎。

喬冠華聰明過人，才華橫溢，同時他也有文人的某些特質，據說喬冠華年少時曾口出驚人之語：「天下文章李、杜、喬」！這句話雖然言過其辭，但喬冠華自詡文章敢與千古詩人李白、杜甫相比，足見他少年時代的豪氣！其恃才傲物、狂放不羈的性格於此也可見一斑。

他指點江山，性格外露，好吸菸，喜喝酒，確切地說是嗜酒。他寫作的習慣，常常是深夜伏首案前，邊寫、邊吸，邊喝，午夜時分，文稿完畢，第二天見諸於報刊。他的工作、生活無規律可循，特別是在香港時期，他衣著隨便，頭髮長約二寸，被朋友戲稱「怒髮衝冠」。他居於陋室，在鬧市中一間悶熱如蒸籠的狹窄樓房裡，涼風罕至。吃的更是簡單，往往因為寫文章，飽一頓飢一頓，朋友看他失飢傷飽，心生憐憫，多次提出發稿後到友人家裡吃飯休息，好不容易他才同意。可是不久，其家保姆便來訴苦，說「老喬」為「酒仙」，「酒仙」除了喝酒看新聞稿外，從不好好吃飯睡覺，把他的書報拿開，不一會兒又在他的手頭，看他睡下，一轉身又見他在看書，難道他真的成了神仙？朋友問他何以如此這般？「老喬」摸摸腦後寸許長髮說：「國內外形勢這麼緊張，怎能休息。如果當初規定一天有四十八小時多好。」

「英達盡用於當年」

李白在《金陵與諸賢送別十一序》中曾經感慨道：「自古英達未必盡用於當年」。對於喬冠華來說，則是生逢其時，「英達盡用於當年」。

喬冠華生逢伯樂，周恩來對他十分器重，委派他的職務及擔當的責任，似乎常常與他的年齡不相符。新中國外交部一成立，周恩來就把國際形勢和外交政策的調查研究工作放在非常重要的位置，曾明確指出「外交工作是以國家和國家的關係為對象，透過國家和國家的關係這個形式來進行的」。他在內部組建了外交政策委員會，親自兼任主任委員，並把年輕的喬冠華調來任副主任。

一九五一年，周恩來特意挑選三十八歲的喬冠華擔任舉世矚目的朝鮮停戰談判中方代表團的高級顧問。朝鮮停戰談判，中朝代表團由鄧華、解方、朝鮮人民軍南日大將和李相朝為談判代表，全盤工作由李克農主持，喬冠華協助。但李、喬對外都不露面。兩年多漫長的談判鬥爭的大部分過程，喬冠華都參加了。

一九五四年的日內瓦會議是新中國第一次作為五大國之一參加的國際會議。為朝鮮問題取得和平解決，並討論恢復印度支那和平問題，中國派出以周恩來為首的近兩百人龐大政府代表團出席日內瓦會議。代表團中除有張聞天、王稼祥、李克農、王炳南等知名人士外，喬冠華和妻子龔澎也雙雙在其中。

出席日內瓦會議的有蘇、美、英、法、柬埔寨、越南、印度、澳大利亞、比利時等十幾個國家，喬冠華隨從周恩來在各國代表團中穿梭往來，揮灑自如，起草、整理檔案也是喬冠華承擔的一個重要工作。

喬冠華不但撰寫文章氣勢恢弘，有一瀉千里不復回的氣魄，而且作為一個外交家，更是風流灑脫，豪放不羈，氣度不凡，加之他修長的個子，給人一種充滿詩人氣質的外交家的印象。一九七一年喬冠華率領中國代表團途經巴黎時，他同大家一起下榻於中國駐巴黎的使館招待所。大使黃鎮見了他熱烈握手，兩人握手拍肩，親熱得不得了。一切安頓好了之後，喬冠華和黃鎮在館園內散起步來。黃鎮指著使館院內各個建築，向喬冠華一一作了介紹。喬冠華高興地點頭稱是。不一會兒，兩人來到使館門口，喬冠華當即在使館台階前坐了下來，而且身子後仰大笑了起來。隨團記者錢嗣傑腦子靈活，按下快門，把這個獨特的鏡頭拍了下來。喬冠華為這張照片起了個名字，叫做「老年維特的歡笑」。喬冠華熟悉德國哲學，對德國文學十分愛好。他甚至可以背誦整篇歌德詩句，朗誦歌德名著《少年維特之煩惱》中的名句。他為這張照片起了這麼一個名字，可見他當時的心情之歡快。這種歡快不但是對黨中央、毛澤東和周恩來交付給他重要使命的一種反應，更重要的是他對當時中國外交取得節節突破的一種袒露。黃鎮瞭解喬冠華的氣質和為人，隨即說了一句：「喬老爺為中國外交的勝利高興啊！」黃鎮作為畫家，內心時時燃燒起一股對美好事物的激情，長征途中作了多少令人讚歎的素描，而喬冠華作為一個有詩人氣質的外交家，這時歡悅之情激蕩著他的身心，從而作出外人可能認為有些不那麼正襟危坐的瀟脫行動：坐在台階上大笑。然後兩位外交家會心地大笑起來，可謂心心相通！

在中共外交系統，毛澤東讚賞喬冠華寫的文章。六〇年代中期，一次毛主席給非洲一位國家元首寫賀信，由於工作繁忙，要外交部的同志先起草初稿。寫畢，主席閱後不滿意，謂之曰：「文章硬如鐵，讀得滿嘴流血」，隨後，主席點名叫喬冠華重寫。在世界上引起重大反響的「五二〇」聲明，也是毛澤東授意喬冠華起草的，據說「老喬」受命後，在他家當晚的餐桌上，多擺了一瓶好酒，一個晚上，他就拿出了這篇氣勢磅礴文章的初稿。

喬冠華分析深刻、預見準確的國際評論早已聞名於世；他旁徵博引、談古論今的演說報告使聽眾為之傾倒；他風趣幽默、機敏熱情的性格頗有人情味；他修長的身材、「紳士般」的舉止，再加上他時時顯露的微笑，使他在任何一個交際場合都引人注目，他「既是一個活動家，又是一個學問家」，是一個「把善於分析的冷靜頭腦和熱情的性格結合起來的人」。喬冠華是一個職業外交家的合適人選，周恩來對年輕的喬冠華委以外交重任不是偶然的。

「讓喬老爺做團長」

「每個人一生都有一個頂點，在那個頂點上，所有的原因都起了作用，產生效果。這是生命的中午，活躍的精力達到了平衡的境界，發出燦爛的光芒。」可以說，一九七一年十一月，喬冠華在二十六屆聯大的活動是他「人生的頂點」，「所有的原因都起了作用，產生效果」，這是他「生命的中午，發出燦爛的光芒」。

一九七一年，中華人民共和國受邀出席第二十六屆聯合國代表大會，這在當時出乎所有人的意料，毛澤東主席聽聞當即拍板參加，並點名讓喬冠華出任代表團團長。喬冠華緊急受命，欣喜異常，回首三〇年代，他在香港、重慶寫國際評論，何等不易，他是以一個「小人物」的身分來抨擊法西斯和國民黨，而這一次則是以聯合國常任理事國代表團團長身分去的，他將代表新中國八億人民登上聯大講壇，面對全世界暢所欲言，何等翻天覆地！

他廢寢忘食地準備著聯合國之行的各種檔案資料。他珍惜在「文化大革命」的艱難歲月裡中國外交所取得的重大勝利；他珍惜自己在擺脫厄運不久，毛澤東、周恩來就任命他為首次赴聯大的中國代表團團長這個榮譽和機會。首要的一件事是他連續數夜趕寫出席聯大的第一篇主發言稿。他還是老習慣——在吸雪茄和暢飲茅台酒之間，凝思揮毫。

十一月十五日美國時間上午十時三十分，被大會主席馬利克稱之為「歷史性的時刻」到來了，本來，十五日的全體會議是以「世界裁軍會議」為議程而召開的，但是許多會員國都把時間用來發表歡迎中國代表團的演說。大會主席致歡迎詞後，五十七個國家的代表相繼登台致歡迎詞，歡迎儀式進行了整整一天。

中共登聯大講台第一人

最後登上講台，也是新中國代表第一次正式登上聯大講台的是喬冠華。他身著藏青色中山裝，手持一份雪白的發言稿，於嚴肅中又昭示著某種正義，他健步走上講壇，目光明亮而銳利。在講壇上站定以後，他首先頗有風度地向主席台上的大會主席輕輕點頭致意，這是他準備發言前的歷史性的一刻，就在這一瞬間，全場突然於靜默中爆發出雷鳴般的掌聲。他（和他代表的新中國）受到了長達半分鐘的歡呼。他兩次高舉起右手微笑著向大會表示謝意。

喬冠華在發言中抨擊了兩個超級大國的霸權主義行徑，譴責了前美國、日本政府製造「兩個中國」的圖謀，在裁軍等問題上維護了第三世界人民的利益……他立場堅定，旗幟鮮明。他在講話中有時躬下身子，雙手按在案前，他的語調中肯而略帶嚴厲，更顯其發言的分量。

當喬冠華發言結束時，熱烈的掌聲長時間地回蕩在聯合國大廳。恢復中國合法席位的二十二個提案國及許多其他國家的代表團圍著他，向他頻頻握手表示感謝。國外各大新聞機構對喬冠華代表中國首次在聯大的發言給予高度評價，他本人的活動及其熱情外向的性格特點也成為各新聞機構爭相報導的熱點。

外電報導的一則小花絮是：在大會的另一個議題裡，喬冠華駁斥了蘇聯代表的裁軍提案，當蘇聯代表馬立克又登上講台無力地揮臂為自己辯解時，坐在台下的「老喬」，竟面對自己的對手辛辣地放聲大笑！馬立克目瞪口呆！

喬冠華在聯大的發言及其活動影響之大，使紐約市長也不甘落後，他特意宴請以喬冠華為首的中國代表團，紐約一家大報報導的新聞標題則是「大國家，大人物」。外電對喬冠華發言所作的高度評價以及對他本人的關注，自然首先是有強大的中華人民共和國作其堅強的後盾；是因為他發言內容的有力和正確；是毛澤東、周恩來獨立自主和平外交路線勝利的結果；同時，喬冠華本人的風度和魅力也產生了相當的影響。

喬冠華是代表新中國以聯合國常任理事國的身分首次登上聯合國講壇的。他在裁軍、中東、印巴衝突等一系列問題上中肯而有力的發言；他在答謝與招待各國代表團的宴會上、在往來穿梭於數十個國家代表團的活動中，那種不卑不亢、談笑風生、充滿自信又揮灑自如的泱泱大國風度，極大地提高了中國在世界講壇的威信。（孟濤）

錢其琛（1928-2017）

錢其琛：中國外交教父

錢其琛（一九二八—二〇一七年），江蘇省嘉定縣（今上海市嘉定區）人，生於天津。中國外交家。蘇聯列寧共產主義青年團中央團校畢業。曾任國務委員、國務院副總理、外交部部長等職。曾在中共中央、國務院長期主管外交、港澳事務和對台工作；一九九五年發表《香港涉台問題基本原則與政策》（簡稱「錢七條」）。

從一九八八年出任中國外長，到二〇〇三年在國務院副總理的崗位上退休，錢其琛執掌中國外交前後達十五年，是改革開放後任職時間最長的中國外長。他擔任外長的十年中，經歷了改革開放以來中國外交最困難、最複雜的時期。當時，美國和一些西方國家在政治、經濟、軍事、文化、科技等領域對華實施一系列制裁。又時值東歐劇變、蘇聯解體，一時電閃雷鳴，烏雲翻滾，頗有「黑雲壓城」之勢。作為外長，錢其琛以原則和靈活兼備的審時度勢，以外柔內韌、寵辱不驚的特有風格，突破了困局，先後訪問了一百多個國家，打開了中國外交的新局面。面對嚴峻的挑戰，他沉著冷靜、敢於鬥爭，贏得各方讚譽，被尊為「中國外交教父」。

學運出身

「我從不記日記。這是年輕時七年地下黨工作養成的習慣，不留片紙隻字，一切只憑記憶。」錢其琛在《外交十記》中這樣寫道。

一九四二年，十四歲的錢其琛在上海大同大學附屬中學讀書期間加入中國共產黨，很快擔任了該校的黨支部書記。一九四五年抗戰勝利後，中學剛畢業的他被提拔到中學區委，當時，中共中央上海局下轄中共上海市委，根據工作對象，市委又分為工人運動委員會、學生運動委員會（學委）等，學委下轄若干個大學區委、專科區委、中學區委，每個區委再聯繫若干學校支部。

錢其琛在黨支部工作不到三年，就提拔到區委，這種情況很少見。原因是錢其琛頭腦十分靈活。他在會上話不多，有事說事，工作中懂得運用「辯證法」，正面事物注意反面影響，反面事物會開掘它的正面用途。他很善於做靈活細緻的群眾工作。例如，對於那些死讀書、不關心政治的，就引經據典，用孟子的「入則無法家拂士，出則無敵國外患者，國恆亡」等話語，來引導對方認識到國難當頭的時局。

錢其琛在上海的公開身分是《大公報》職員。他一九四五年高中畢業後進入該報館，在上海館會計科做財務工作，後調入總管理處做稽核工作，後來在解放前夕悄悄離開了報館。此前大家竟一點都不知道，他是一位共產黨員。

新中國成立後，錢其琛因為青年時代的學生運動經歷以及較好的教育、社會背景而進入共青團系統，隨後轉入外交部門，先任職於駐蘇聯大使館，七〇年代中期派駐此際外交系統重點維護的非洲地區，直至一九七六年十一月奉調回國出任外交部新聞司司長。至此，他的外交生涯開始踏上快車道。

「有情敘往事，無官開新卷。」

一九七七年至一九八二年任外交部新聞司司長期間，錢其琛提出了外交部設立新聞發言人制度的建議，並擔任了外交部第一任新聞發言人。一九八二年三月二十六日，時任外交部新聞司司長的錢其琛舉行了中國外交部第一次新聞發布會，就中蘇關係發布只有三句話的簡短聲明：「我們注意到了三月二十四日蘇聯布里烈涅夫主席在塔什干發表的關於中蘇關係的講話。我們堅決拒絕講話中對中國的攻擊。在中蘇兩國關係和國際事務中，我們重視的是蘇聯的實際行動。」聲明雖然簡短，卻在國內外引發廣泛關注，這次記者會也成為外交部發言人制度的雛形。

錢其琛還曾主管聯合國事務，發表談話，全面闡述中國對裁軍問題的立場。他還同加拿大、美國、澳大利亞的政府官員進行裁軍磋商，並多次率團出席聯合國亞太經社理事會年會。

錢其琛精力充沛，勤於鑽研政策，特別注意研究國際形勢新動向。他通曉英語和俄語。對談判有豐富經驗。他在新聞發布會上從容鎮定、機智得體，給記者們留下良好印象。

在終其一生的外交生涯中，錢其琛經歷了世界許多風雲變幻，包括中蘇關係正常化談判，打破西方對華「制裁」，美國特使秘密訪華，中國與韓國、印尼、南非等國的建交突破，香港回歸過程中的中英爭端等。

錢其琛曾說過，外交其實就兩件事：第一，為人類謀和平，第二，為祖國和平發展交朋友。

在錢其琛擔任外長的第二年，北京發生政治風波，西方對中國實行外交封鎖。他在《外交十記》中感歎：一時電閃雷鳴，烏雲翻滾，頗有「黑雲壓城城欲摧」的味道。

根據鄧小平提出的「冷靜觀察、穩住陣腳、韜光養晦、絕不當頭、有所作為」的對外關係指導方針和中央的指示，錢其琛抓住一切機會擴大對外交往，開始一點一點為外交破局。

利用波斯灣戰爭的契機，和美國周旋；以西方制裁中國的聯合陣線中「最薄弱的一環」日本為突破口，「分化瓦解」；鞏固非洲老朋友的支持，開創了中國外長每年制度化訪問非洲國家的先例……都是其中的步驟。

沈國放告訴《中國新聞週刊》，錢其琛是一個天生的外交談判家，冷靜從容，綿裡藏針，既堅持原則，又體現靈活。錢其琛常說，好的外交家，不是盲目強硬，而是知道國家的核心利益在哪裡。要懂得在合適的時間、合適的問題上，做出合適的妥協。

年逾六旬的外交史學會會長、前駐希臘大使杜起文回憶錢其琛，「把握大局、注重戰略思維的能力」是留給他最深刻的印象。「他處理事情的時候，體現出一種高屋建瓴、勢如破竹的氣勢，能夠抓住問題的實質，把握事情總體的發展方向，很少在無關緊要的細節上拖泥帶水。」

杜起文說，這種快速處理問題的能力與錢其琛堅持學習、不斷自我提升密不可分。錢其琛只用一上午就能處理完送來的檔案，並交代下午若無緊急事項不要打擾，「那是他學習、思考問題的時間」。

「有情敘往事，無官開新卷。」這是錢其琛曾作一首五言詩中的兩句。在《外交十記》自序中，他這樣寫道：「我已經七十五歲，超期服役，退下來只想有時間，看些以前想看而沒時間看的書，做些以前想做而沒時間做的事。」

杜起文說，錢其琛的思維「犀利得像鐳射一樣」，但在具體對外表態上始終是「低調的、含蓄的、冷靜的、留有餘地的、很少令人難堪的」。「輕聲說重話」、「提起來千斤重，放下去四兩輕」，在今天看來，這些錢其琛留下的話語仍舊值得外交工作者們深思和學習。

「用簡單的話講，他的風格就是柔中帶剛。」前中共駐歐盟大使丁原洪表示，作為外交工作者，既要堅持原則，亦需策略靈活。錢其琛令他印象最深的是其「原則的堅定性和策略的靈活性，兩者結合得非常好」。

香港回歸：與「末代港督」交手

錢其琛擔任外長期間，不僅參與了香港回歸祖國的最關鍵歷程，更透過高超嫻熟的外交談判手腕，在中英雙方有關香港政制發展的交鋒中，堅決維護「一國兩制」原則。據理力爭又臨危不亂，這是錢其琛在中英較量中給後人留下的印象。

在錢其琛所著的回憶錄《外交十記》中，他曾滿懷深情地記述道：「香港回歸是祖國統一大業的重要組成部分，幾代中國人曾為之英勇奮鬥。回歸歷程漫長，作為這一代人，我能夠親眼見證回歸，已深感幸運，又有機會親身參與回歸歷程，更是感到無比榮幸。」

錢其琛在親歷中英最後的香港問題談判階段，前後與五任英國外相打過交道。一九八八年他直接參與香港問題磋商伊始，中英「蜜月期」尚未結束，孰料次年中英關係風雲突變，時任英國外相的賀維單方面推遲中英聯合聯絡小組會議，又給時任中國副總理吳學謙寫信，妄言香港信心嚴重受挫，並意圖對此前雙方的磋商共識「翻案」，公然拋出解放軍駐港問題甚至要求中方推遲《基本法》頒布時間。

面對突如其來的外交風雲變化，錢其琛沒有客氣，直接批駁英方關於香港信心的說法，指出恰恰是英方的一系列不友好舉措，打擊了港人的信心，「關於香港政制問題，中方不能同意英方單方面的改變。」此後約翰．梅傑接替傑佛瑞擔任外相，又打算加快香港政制改革的步伐，錢其琛再一次亮明底線，「政制改革必須與以後頒布的《基本法》相銜接，中方主張在香港推行民主，但必須循序漸進。」

從一九八九年底到一九九五年中，錢其琛與時任英國外相赫德展開了中國外交史上前所未有的交鋒。這一時期，中英圍繞香港政制問題的爭執也最為激烈。「我們交換信件、正式互訪以及在國際會議場合會晤、頻繁接觸、反覆磋商，就是因為香港問題不僅複雜繁多，而且雙方就一些問題爭執不下，再加上有一個緊迫的時間表。這種情況，在我與其他國家的外長交往中是很少有過的。」錢其琛如是說。

本來《基本法》的相關內容，就是按照行政主導和香港民主制發展循序漸進兩條原則擬定。但一九八九年後英方改變主意，要大大加快政制改革步伐，企圖搞「代議政制改革」，影響《基本法》對未來政制的安排。

在有關立法局直選議員比例的交鋒中，錢其琛前後與赫德在一個月內交換過七封密信，這也是中英達成的唯一書面協定。不過，令錢其琛所沒有想到是，這些後來被雙方公開的外交檔案卻被英方所毀棄。

一九九二年，末代港督彭定康就任後，拋出一個與中方對抗的香港政制改革方案，進而演變成中英之間公開而嚴重的較量。在與彭定康的直接交鋒中，錢其琛絕不妥協，指出彭定康的方案是「對中英合作提出了挑戰」，今後的問題在於雙方是「繼續合作」，還是「分道揚鑣，另起爐灶」。據他回憶，「這些話說得很重，在過渡期以往的交涉和談判中，我們還從未使用過這種語言。」

自一九九三年七月至一九九五年十二月，錢其琛擔任香港特別行政區籌備委員會預備工作委員會主任，而從一九九五年十二月至一九九七年七月，出任香港特別行政區籌委會主任委員。錢其琛屢屢揭穿英方破壞香港回歸前後政制銜接的企圖，一九九六年三月，為了順利回歸，香港特區籌委會正式決定成立特區臨時立法會。

回顧往事，錢其琛給出了冷靜的分析，「上世紀九〇年代初東歐劇變和蘇聯解體後，英國的當權人士根據這種變化，錯誤地估計了中國的形勢和發展前景。他們認為，過去與中國簽署的香港問題協議，英方讓步多，吃了虧，想趁機翻案。我想，這才是英方在香港政制問題上引發一場大風波的根本原因。」

一九九七年七月一日，錢其琛作為中國代表團成員，出席香港回歸的政權交接盛典。面對終日大雨滂沱，心潮起伏澎湃的錢其琛之後在書中寫道：「我想，不同心境的人會由此產生不同的感受。全世界的炎黃子孫，都會覺得這場大雨暢快淋漓，將中國的百年恥辱洗滌乾淨，使香港迎來一個全新的未來。」（孟濤）

穿引中外

第五部
穿引中外

〈國際人物篇〉

李約瑟・司徒雷登・陳納德
亨利魯斯・賽珍珠・鮑羅廷
史迪威・費正清・錫質平
季辛吉・哈雷特阿班・愛德加史諾
鳥居龍藏・八田與一・陳香梅・趙小蘭

主編的話／黃群仁（捷達威數位科技公司執行長、數位時代，UDN專欄作家）

百年前的中國與台灣，劇變是一直是歷史的主軸……

在這劇變的舞台中，又有哪些外籍人士在此駐足並成為舞台中的要角？

當被詢問這個問題時，立刻引起我極大的興趣。

也許當年的記者魂還在體內等著甦醒，讓我忘記了自己學術上的膚淺與不足，接受這個挑戰。而對這個議題我開始著手展開準備。

典型在夙昔，這些叱吒當年的百年英雄早已做古，後人也只能不斷在查找資料中獲得蛛絲馬跡。在我藉著這個命題而有機會大量地閱讀各種自傳、文章與典籍，也從中回顧當年中國與台灣歷史的點滴。甲午戰爭後，民國建立，北伐統一，八年抗日，近七十年的兩岸分治，中國改革開放……讓我不得不感概，百年來的中國與台灣，儘管只是世界歷史中的一角，卻無疑是驚心動魄的！

誰會在這麼動盪的歲月裡，離鄉背井遠渡重洋來到中國、台灣生活，從而創造出人生璀璨的一頁為後世人緬懷。他們是誰？他們的共同特色又是什麼？

在選定人物書寫時，我不斷詢問自己這樣的問題？也嘗試想為讀者解答這樣的疑惑。

政治、宗教與新聞學術

我找到這樣的答案。

二十世紀前半頁中國的衰敗與動亂，也展開與各國不平等卻緊密的接觸。甲午戰爭導致台灣劃歸日本統治，才有八田與一能利用水利專才建立至今仍造福台灣的嘉南大圳系統；鳥居龍藏得以將台灣高山族帶入人類學的學術殿堂。

因為孫中山的聯俄容共，鮑羅廷得以成為中國國民黨與中國共產黨的雙棲要員；二次世界大戰，讓退休飛官陳納德與參謀軍官史迪威都在中國找到了戰場，共同為中國拚戰，卻也互相成為仇敵，捲入了國共之間複雜又慘烈萬分的爭鬥。是政治的引力，引導著這批人來到這裡，推動著時代的命運。

傳教士，帶著海外拓荒的精神遠到中國傳教。在這遙遠國度裡，長相奇異、語言不通，加上文化的差異，其辛苦可想而知。第一代的傳教士在飽受辛苦、努力傳教之餘，也孕育了讓子女瞭解中國並註解中國的沃土。諾貝爾文學獎得主賽珍珠、燕京大學校長司徒雷登、《時代》雜誌創辦人亨利．魯斯都是傳教士的後代，而生長於此讓他們對中國的情感都是深厚而獨特的。而從歐洲來到台灣來的錫質平神父所帶領的白冷教會數十位神父，更是為台灣東部的後山寫下悲天憫人的篇章……。

還有些百年人物，是對於中國、台灣這樣神秘的國度的好奇，而在新聞與學術上的鑽研進而影響世界。中國科技史巨擘李約瑟讓中國議題得以進入世界之眼。紐約時報中國首席特派哈雷特．阿班把南京慘案報導給世人；賽珍珠用中國鄉土文學進入諾貝爾殿堂；亨利．魯斯用《時代》雜誌的影響力在抗戰年代把中國大力推展給美國人民，他們因為中國而在世界耀眼，當然也深深影響著中國。

斯人已遠，我們無法武斷地判定他們為了中國所做之事的功過與動機。但也許從這些英雄人物的事蹟上可以學習他們堅苦卓絕，得以為人所稱道之處。畢竟能站在巨人的肩膀上遠眺未來，是難得的幸福！

謝謝本書的策劃人兼總編輯鄭貞銘教授的信賴與抬愛，讓我有機會得以學習並書寫這麼大的題目。過程中取材的困難與擔心才疏學淺的恐懼從未間斷，實在不足與外人道。當然，所有缺失都是本人不足，責無旁貸。

但我總相信學習而知不足是人生重要的動能。如果能讓讀者有些收穫就是最大的回報了。期待你也跟我一樣，為這些百年名人的功績，一同動容！

李約瑟（1900-1995）

李約瑟：中國科技史研究第一人

李約瑟（Joseph Needham，一九〇〇—一九九五年），生於英國倫敦，生物化學家。所著《中國的科學與文明》（即《中國科學技術史》）對現代中西文化交流影響深遠，其關於中國科技停滯的「李約瑟難題」亦引起各界關注和討論。

一九三七年，英國劍橋大學某日午後，三個遠渡重洋來攻讀博士學位的中國留學生，懷著忐忑不安又極為期待的心情來敲李約瑟博士研究室的門。當時的李約瑟只有三十七歲，卻已經是個傑出的生化科學家，甚至被稱為「胚胎生化學之父」。當天的會談極為融洽，能說善道的李約瑟風迷全場，他也對三人中唯一的女學生魯桂珍留下美麗的印象，進而對她追求交往。誰也沒想到這場聚會的蝴蝶效應——透過與魯桂珍的交往中，李約瑟慢慢認識原本陌生的中國，也更好奇中國。他問了自己一個有趣也讓他思索一輩子的問題：「同這些中國生化學家們一起工作，我發現他們的聰明才智跟我幾乎沒有兩樣，那麼，為什麼近代科學不是源自中國？」

就這樣，遠道而來的中國訪客們改變了李約瑟，也創造了歷史。這位當時已經聞名生化學界的科學家從此一頭栽進中國研究。雖然之前李約瑟既不是歷史學家，更不曾受過學校漢語與科學史的正規訓練，但這位天才憑著他對學問的執著，開始學習中文並致力於中國古代科技史研究而名揚全球。

一九五四年，李約瑟發表鉅作《中國科學技術史》（*Science and Civilization in China*），往後數十年更埋首著作，在與旗下門人通路合作下，中國科技史七卷十四冊的大作展現在世人面前，是將中國古代科學技術的文明推進全球學術界的第一人。

不認識李約瑟的人，如果知道提出中國四大發明——火藥、造紙術、印刷術、指南針的作者便是他，相信都會對這位半路殺出的中國科技史專家，有著與有榮焉的親切感！

李約瑟出生於倫敦的一個蘇格蘭裔的中產階級家庭，父親是軍醫，母親是音樂教師與作曲家。他成名甚早，在進入劍橋大學就讀後，二十四歲（一九二四年）就被劍橋大學的岡維爾與凱斯學院聘為教授。在當時知名的弗雷德里克·霍普金斯實驗室研究胚胎學與生物型態學。

在成為劍橋大學教授的同年，李約瑟與大他四歲的女同學Dorothy Moyle Needham（後來取中文名為李大斐）結婚。而兩人都是胚胎生化學界的翹楚，雙雙當選為英國皇家協會的成員。而李約瑟在三十一歲時出版了《胚胎生化學》，繼而發表「生物化學型態學」和「胚胎學史」。他的成就斐然，被當時的科學界譽為「胚胎生化學之父」。這麼年輕就踏上學術桂冠的頂點，此時的李約瑟肯定無法想像，他將與中國產生無可切割的關係，而踏上另一個學術冒險的旅程。

愛烏及烏改變李約瑟

提到李約瑟與中國，幾乎不能跳過他的親密愛人魯桂珍。雖然李約瑟已婚，卻是一個自由主義者。他主張生活的任何形式都需要由自然支配，當然也包括身體自由與婚姻生活。生活中他是一個不受拘束的天體主義實踐者，對外也不抑制喜歡與女性交往的天性。儘管已有婚約，他也與太太相互約定，絕不約束個人與其他異性的交往與性愛。因為他長相俊帥又能甜言蜜語，加上妻子李大斐信守承諾，從不干涉他與其他女性交往。所以當李約瑟遇見美麗的中國女子魯桂珍，便立即墜入愛河，有了親密關係。而妻子也毫不在乎，竟能出現三人經常共聚品茶，相互討論科學的景象。

愛屋及烏改變了李約瑟。魯桂珍出生中醫世家，受到父親栽培，成為當時中國少見的女性高知識份子，也因為這樣的出身讓她能與李約瑟相互激盪學問，進而更認識中國。她說：如果李約瑟是搭起中國與西方兩個文明中間的一座橋梁，而我就是支撐這座拱橋的支柱。

魯桂珍介紹了中國歷史悠久的「科學文明」與「醫藥學」給李約瑟，讓原來處在「西方中心論」思想中的他極為震撼，心中認知了一個信念，中國的科學技術文明曾經對世界起過很巨大的貢獻，但卻從來不被人認識。因此他開始對中國好奇，越深入就越發現中國人與西方人對科學的掌握與知識的洞察力沒有差異。

這引起他強烈的好奇心。他問自己一個問題，為什麼現代科學只產生在西方世界？為了解答，他與魯桂珍兩人一同調查了中國歷史之後，另一個更成謎的問題迎面而來——為什麼在十四世紀之前，中國在掌握自然現象與各項工藝技術方面都遠勝歐洲？而又為何後來又停滯不前，錯過了十九世紀的工業革命？

思考，是許多有智慧的人都喜歡做的事情。但對於思考時出現不解的問題能深究並窮盡一生之力研究的，卻不多！李約瑟很明顯就是身體力行、窮究問題核心的人。為了解答上述的兩個問題，他開始學說中文，學文言文。並立志要研究中國科技的歷史。

一九四一年是李約瑟研究中國很關鍵的一年。當年他被提名為英國皇家學院的院士，並且被任命為當時位於重慶的中英研究館館長。儘管當時中國仍深陷日本侵略的戰火中，進入戰區隨時都有生命威脅，但一點都沒有澆熄李約瑟前往中國的熱情。一九四二至一九四六年間，李約瑟生活在中國，收集了大量中國科學技術史的文獻，密集地參觀考察中國各學術機構，把所有重心都放在收集中國歷代的技術檔案上，這對他後來寫《中國科學技術史》有極大的幫助。

來到中國，對李約瑟的幫助當然不是只有研究文獻。他出錢出力幫忙重建中國大後方的大學，這對當時身處戰火的中國學術界無疑是雪中送炭。同時，他利用中英研究館館長的身分與其在西方世界顯赫的學術地位，努力地幫助當時中國優秀的科學家在西方科學雜誌發表成果，並與傅斯年、竺可楨等學者結識為友人。他也遊歷了中國各地，例如當時大後方的四川、雲南、沿海的福建，甚至遠到敦煌與大戈壁。李約瑟也真正看見了代表中國古科技文明的都江堰大壩，深深折服於這座屹立兩千多年的偉大工程。無畏戰火旅遊各地，讓他真正地瞭解中國的風土民情，而這也說明了李約瑟喜歡冒險，為學問深入研究的個人特質。

一九四六年，李約瑟被聯合國教科文組織任命為自然科學部的第一位部長而前往巴黎。這時的他不再只是個對中國有興趣的門外漢了，多年來虔心研究甚至親身進入中國所得到大量有系統的知識，讓李約瑟決定開始書寫《中國科學技術史》。幸運地，他得到同在聯合國教科文組織工作的中國學者王鈴的幫忙，開始撰寫《中國科技史與文明》。

一九四八年，李約瑟回到劍橋大學的岡維爾與凱斯學院任教。讓他更專心一意埋首在中國科技史的研究中。一九五四年，《中國科學技術史》第一卷正式問世。這書的出現立刻造成世界級的風潮，幾乎研究世界文明史、科技史的學者無可避免地都要討論一個話題——「李約瑟難題」！

轟動世界的「李約瑟難題」

李約瑟描述，中國是個文明古國，技術上的發明也曾經令人驚豔，研究西元六世紀到十七世紀的資料發現，世界重大科技發明，中國所佔的比率高達五四％，他推崇這段時間的中國科技，「就技術的影響而言，在文藝復興時代甚至之前，中國佔據著一個強大的支配地位。……世界受中國古代和中世紀的頑強手工業者之賜，遠遠大於受亞歷山大時代的技工、能言善辯的神學家之賜」。

但為何到了十九世紀，驟降為〇．四％，究竟是何種因素導致中國技術發明的崩跌？

這個問題，在李約瑟的《中國科技技術史》出版後立刻引發熱議，贊成與反對觀點激烈地辯論，這樣的現象延燒了二十年，使得研究科技史或中國文明史的學者幾乎都需要嘗試回應這個議題，此種現象在學術上極為罕見。一九七六年，英國學者肯尼士·博爾丁（Kenneth Ewart Boulding）正式將這個歷史問題訂名為「李約瑟難題」（Needham's Grand Question）。

提出了這大哉問後，李約瑟選擇進入中國的發明史文獻中，嘗試尋找答案。也許一九五四年首冊出版後，針對中國科學思想議題的迴響太過轟動，讓原來只想寫一冊的李約瑟繼續鑽研在中國科技發展檔案裡。隨後李約瑟帶著他的學生、門人進入中國科學的史料中，凡舉中國的天文、數學、地理、物理、機械、土木、印刷、火藥……甚而細至紡織、中醫、煉丹術都造冊研究。這套由劍橋大學出版社在一九五四年推出的大作，因為李約瑟的研究計畫不斷擴大，完稿時間不斷被推遲，直到一九九五年李約瑟過世前，也只出齊了前四卷，而後來第五卷的化學相關技術、第六卷的生物學與第七卷的社會背景，都是由門生與敬愛他的學者所共同創作成而，可惜李約瑟有生之年並未能看見全書出齊的盛況。

李約瑟研究中國科技史的同時，也嘗試著對李約瑟難題做出解答。他認為中國歷來的王朝為了維持統治，產生了士大夫制度來鞏固對農業型態社會，並且貶抑工、商。對照歐洲在文藝復興時期後商人權力急遽增加，而能將工匠技藝與學者發明的數學物理及邏輯推理能力融合成新科技。所以李約瑟認為，中國無法產生經常而持續的創新，跟中國獨尊官僚體制、貶抑其他階層的意識形態有很大關係。

當然，對於這麼重要的問題，李約瑟自己的解答肯定有褒有貶。同意者從此加深了批判中國儒家思想妨礙科技發展甚至限制其他意識形態發展的論點，導致後來中國的積弱不振。反對者認為李約瑟高估了商人階層對於科技發展的重要性，甚至還有學者認為，李約瑟根本問錯了問題，其實科學與技術根本是兩個不同的概念。

為中國研究奉獻終身

不管如何，李約瑟的研究成功地吸引了全球科技史、文明史學者對於中國的興趣。他也掃除了之前西方學者狹隘的民族歧視，只用白種人優於一切民族的觀點解釋複雜的科技乃至文明的發展。他為得到解答，埋首中國兩千年的歷史文獻中孜孜不倦，直到去世之時已經九十五歲高齡，仍埋首研究，這種精神確實令人敬佩！

不過，真實生活中的李約瑟並非十全十美，他與妻子李大斐與情人魯桂珍的三角關係一直遭人非議。他堅信社會主義，對進行共產主義革命的中共政權十分支持。韓戰爆發時，李約瑟在一九五二年到中國查核，並宣稱發現聯合國軍隊對中國進行細菌戰，後來被證實根本是場鬧劇。他因此徹底被封殺並被美國拒絕入境，導致他在政治上四面楚歌。

但這並沒有阻撓他的寫作計畫，一九五四年後，更幾乎把所有的精力都放在中國研究上。一九七六年，李約瑟從岡維爾與凱斯學院院長退休，將所有個人藏書捐出並建立了劍橋大學東亞科學史圖書館。一九八七年正名為李約瑟研究所，從此成為研究中國科技史的全球重鎮！一九九四年，他更被提名為中國國家科學院的第一位外籍院士，這個殊榮代表著中國政府與學界對他的肯定。

一九九五年，高齡九十五歲的李約瑟病逝。親人按照遺囑將骨灰葬在李約瑟研究所大門前的菩提樹下，與他研究的結晶長相左右。他花了五十八年的時間研究中國，對於研究的專注令人動容。

李約瑟向全世界展現了中國科技文化的豐富，數十年的中國科技史研究，全面而有系統地提出許多獨到的見解，不僅佔有重要的學術地位，更重要的是，他啟發了更多的學者認識進而投身中國科技史的研究，讓世界更瞭解中國，也讓中國人瞭解自己民族輝煌的歷史，而鼓舞自己能開創更多璀璨的科技，成為貢獻世界的資產。

這，何嘗不是研究學者對人類文明最尊貴的奉獻！（黃群仁）

司徒雷登（1876-1962）

司徒雷登：二十世紀中國最知名的美國朋友與敵人

司徒雷登（John Leighton Stuart，一八七六—一九六二年），出生於中國杭州，逝世於美國華盛頓。美國傳教士，燕京大學創始人，中華民國遷往台灣前最後一任美國駐華大使。

一九三五年十二月，北京的大學生們發起了街頭遊行。抗議當時國民政府對日本侵華採取容忍的政策，並發起到南京請願運動，內外交迫的情景令整個社會十分不安。當時正在美國為學校募款奔走的燕京大學校長司徒雷登得知這緊急的情勢，立刻趕回中國，一回到燕京大學便立即召開師生大會。

面對禮堂滿滿的師生，他首先沉默了幾分鐘，然後開口說：「我在上海下船，一登岸首先就問來接我的人：『燕大的學生來南京請願了嗎？』他們回答說：『燕大的學生大部分都來了！』我聽了之後才放下心！如果燕京學生沒來請願，那說明我辦教育幾十年完全失敗了。」

一說完，整個禮堂歡聲雷動，每個師生激動的眼神與熱烈的掌聲，久久不散……

一九四九年八月二日。司徒雷登又一次旅行，但這次卻是永遠離開中國。伴隨他離開的，是中國共產黨政府給他的特別通行證上寫著「美國前大使」，還有兩週後毛澤東親筆寫的，

〈別了，司徒雷登〉。

文章上說他是「美國侵略政策徹底失敗的象徵」，嘲笑他，沒有人理他，使得他煢煢孑立，形影相弔。沒有什麼事做了，只好拾起皮包走路。

這是司徒雷登，一個在中國充滿傳奇的美國人。他的名氣在美國知者不多，卻在當時的中國家喻戶曉。他生在中國，為了幫中國創辦一流的大學努力而備受推崇，但卻為了複雜的國際政治角力而被趕出中國，永不准入境，成為他人生最後歲月裡永遠的遺憾！

司徒雷登，一八七六年六月二十四日出生在中國杭州，從小就在西湖畔玩耍，能說流利的杭州話。爸媽都是美國基督教長老教會的傳教士，當時在中國傳教辛苦無比又經常遭遇挫折。司徒十一歲那年被帶回美國阿拉巴馬州的鄉下，想不到他的中國經驗又讓他在自己的故鄉遭受白眼，讓他年幼的心蒙上了一層陰影。

他的父母為了能夠得到家鄉同胞的捐款，經常帶著他與三個兄弟參加聚會，大庭廣眾下把他們當成中國的陳列品。讓他們穿上中國服裝、用筷子吃飯，甚至用中文唱聖歌，這讓他們成為同年小孩中的怪胎。

這段不愉快的經驗，讓司徒雷登抗拒成為跟爸媽一樣的傳教士，更別說回到中國了。念完大學後，他拒絕了雙親在中國的召喚，選擇接受恩師的邀請，回到母校潘陶普斯學院去教書。在這愉快的三年時光裡，讓他體認了對於教育的喜愛。但上帝沒有忘記司徒雷登。幾度波折，他仍進了協和神學院學習，接受神的旨意成為傳教士。一九〇四年，司徒雷登受長老教會的徵召，回到他的出生地，中國。

長期捲入中國各領域

如果司徒雷登只是一名傳教士，也許他就不會像歷史學者林孟熹評論的：整個二十世紀大概沒有一個美國人像司徒雷登博士那樣，長期而全面地捲入到中國的政治、文化、教育各個領域，並且產生過難以估計的影響。

回到中國後，他重新學習中文並且在杭州北部鄉下傳教。但司徒雷登的才能很快就受到重視，他先被金陵學院邀請去南京教書，因緣巧合下成為美聯社的通訊記者。一九一二年，民國成立，在南京召開臨時大會，孫中山辭任臨時總統，並提出由袁世凱繼任總統，在這樣的歷史場合，親臨會議採訪報導的，竟然只有他一位外國記者。司徒雷登也在此見到了孫中山與蔣介石，從而認識許許多多的中國政治人物，閻錫山、孫傳芳、馮玉祥、張學良，當時各地的軍閥都是他來往的朋友，這他讓他隨後不可避免地捲入了中國的政治風雲裡。

真正讓司徒雷登贏得中國人民尊敬的，不是政治，而是他創建並致力讓燕京大學成為一所聞名世界的大學的那段奮鬥史。一九一八年，北京的匯文大學堂與華北協和大學想要合併成為一所基督教大學，但因為分屬兩個教會，對於合併方式鬧到不可開交，幾乎破局。董事會最後找上了司徒雷登，將他從南京請到了北京，神奇地解決了歧異，創建了燕京大學。司徒雷登成了首任校長，也走上他在中國最輝煌的舞台。

初成立的燕京大學，沒錢沒人甚至連校址都需要重新尋找。司徒雷登自傳說當時他為了燕京大學到處募款的情景，到處向捐款者伸手，屢遭拒絕，形同丐幫。終於，從美國募款二百五十萬美金，才得以開始籌設燕京大學。而這些錢沒有任何一塊錢是美國政府捐贈，都是民間捐款而來。這打造了燕京大學是中國唯一不靠任何政府出資而能成立大學的美名。

司徒雷登夢想讓燕京成為真正世界一流的大學，所以雖然是由基督教支持，但他要求學校不能強迫員工和學生非自願參加禮拜與宗教活動。他也秉持著「因真理得自由而服務」的校訓，在他職掌校務的二十七年裡，燕京大學強調學術自由，充滿包容。凡是有本事的教授，不問信仰、政治與學術流派，一概聘請。因此很快的，燕京大學就與北京清華大學等並駕齊驅，成為當時中國最優秀的大學之一。燕京大學法學院、新聞系甚至開辦女子學院，幾乎都是當時大學的翹楚！

司徒雷登身為燕京大學校長，也積極支持學生的愛國運動，鼓勵學生要關心國事，主動參與。五四運動時他批評北洋政府，公開同情學生。他向師生說：「燕京大學應該成為訓練愛國青年的場所，造就愛國青年學子，期能服務祖國，拯救同胞。」

發生日本侵略東北的九一八事件，司徒雷登更是親自走上第一線，跟燕大學生上街頭遊行示威，高喊打倒日本帝國主義！

一九三七年盧溝橋事變，中日大戰序幕開啟，北京許多大學紛紛向後方撤退。司徒雷登做了讓燕京大學留守北京的決定。燕大的校園裡第一次升起美國的國旗，保護校園的自主。儘管當時佔領北京的日軍多次威脅，司徒雷登還是嚴厲禁止日本人任意進入校園，並且照常地招收學生入學，這讓燕大成為淪陷區裡仍有尊嚴的校區。

在北京淪陷的同時，司徒雷登的美國公民身分讓他擁有得以進出各地的自由，因此保護了燕京大學的學生，讓他們撤離到後方，甚至他還前往重慶去探望蔣介石獲取情資。他的行為深深鼓舞當時艱苦的抗戰大後方。日方當然對他的舉動都瞭若指掌，但礙於不想與美方開戰，只能忍耐司徒雷登的行為。

不做出賣夥伴的事

太平洋戰爭爆發的半小時後，日軍立刻包圍燕京大學並強行解散，逮捕司徒雷登，將他押往憲兵總部，經歷四次長時間的審問，想方設法要知道幫助學生逃亡的路線與協助的中國人身分。但司徒雷登總說，他已經是老頭子，可以少活兩年，所以不在乎怎麼被處置。他告訴日軍，幫助中國人是因為他信任中國人，而中國人也信任他，中國也是他的故鄉，所以出賣夥伴的事情他做不來。

就這樣，校長成為階下囚，當時已經六十五歲的他被拘禁直到二戰結束後才得以釋放，在被囚禁的一千五百個日子裡，生活條件極差，冬天冷到連吃飯時喝的水都會結冰，夏天熱到幾乎是赤身裸體。還要經歷長時間的逼供，但司徒雷登在這種情況下仍然甘之如飴。

這樣的人格，受到當時很多中國人的尊敬，就算日後在政治上與他針鋒相對的毛澤東、周恩來，也公開稱讚他在對日抗戰時堅定的情操！

因為他在中國的高聲望，也讓他在傳教、教育事業之外，進入了政治這個是非之圈。談司徒雷登的政治路時，要先說明當時中國的政治局勢。

一九四五年，二戰即將結束之前，為了確保讓蘇聯出兵東北攻擊日本，早日結束亞洲戰爭，美蘇瞞著中國相互簽署《雅爾達密約》。美國同意讓蘇聯擁有許多利益，包括外蒙古獨立、可使用大連旅順港，並有東北的鐵路優先經營權。而美國總統羅斯福找了二戰馳名歐洲戰場的馬歇爾將軍來執行這個政策。

馬歇爾在一九四五年十二月被派到中國，調停國民黨與共產黨的內戰糾紛，並同時希望能維持美國與蘇聯在中國共存的現狀。因此，他急需要一個能為兩方都接受的美國駐華大使來幫助他完成任務。而司徒雷登在中國的高人氣，熟知中國以及身為燕京大學校長崇高的地位，使他雀屏中選。

所以毛澤東說：「司徒雷登是一個在中國出生的美國人，在中國有相當廣泛的社會聯繫，在中國辦過多年的教會學校，在抗日時期坐過日本人的監獄，平素裝著愛美國也愛中國，頗能迷惑一部分中國人，因此被馬歇爾看中，做了駐華大使，成為馬歇爾系統中的風雲人物之一。」

在馬歇爾的極力推薦下，一九四六年七月，司徒雷登成為美國駐華大使。他的工作主要是參與和平談判，但是在當時，國民黨與共產黨水火不容，相互戒備，夾雜美國與蘇聯在中國利益思量下，要達成休戰的和平協議無異是緣木求魚。而身在這個是非圈中的司徒雷登，也無可避免地成為權謀的影武者。

在中國輸了一切

隨著國共之間不斷地談判與衝突，戰爭爆發幾乎不可避免。馬歇爾與司徒雷登的居中協調幾乎是徒勞無功。而隨著共產黨在軍事上的勝利，國民黨敗退的情勢越來越明顯之際，司徒雷登面臨了中國與美國角色利益的衝突。

不管他個人多麼熱愛中國，但事實上，為了達成美國駐華大使這項政治使命，他仍然必須有所選擇。首先，他跟親蘇聯的共產黨站在對立面，美國政府拋棄了跟共產黨毫不妥協的蔣介石，選擇了願意跟共產黨隔江共治的李宗仁。

但最後，司徒雷登在中國輸了一切。

當共產黨攻進首都南京時，司徒雷登仍然坐鎮美國大使館，嘗試透過昔日燕大學生黃華做最後的努力，期望能跟毛澤東、周恩來溝通，讓美國能與共產黨保持聯繫，但結果卻是對方關上大門，連他的外交官身分都不被承認，要他早早打道回府。

一九四九年八月二日，他奉命離開中國。八月五日，美國國務院發出美中關係特刊白皮書，內容大量引用他所報告如何保障美國利益、防範中方的建議，嚴重損毀了他長期愛護中國的形象。

而中國人的回應？陪同他離開的就是毛澤東那篇知名的〈別了，司徒雷登〉，諷刺他是美國侵略政策徹底失敗的象徵！

在被那神話般領袖拍板定位的司徒雷登，從此變成為美國侵略的象徵，甚至被列入教科書而家喻戶曉，再也不是當時那個為中國教育盡責，認定中國比美國更像自己家鄉的教育家了。離開中國後的司徒，也被美國視為在中國失敗的代罪羔羊，一回國就受到當時恐怖反共的麥肯錫主義者的壓迫，不准他任意對外發言。

這個失意的老人在雙重的壓力下，一回到美國就生病了。一九四九年十一月，在旅途中司徒雷登突發腦溢血，也因此半身不遂，失去語言能力。在病床上，司徒雷登努力寫下了他的自傳《在華五十年》，記錄在中國的點點滴滴。他在自傳中說，宗教、教育跟中國，是影響他一生的三大因素。他最驕傲的是當了二十七年燕京大學的校長，但遺憾兩年的駐華大使把先前的努力毀滅。

晚年的司徒雷登仍然心繫中國。他的遺囑是希望能在百年之後，將遺骨回到當年燕京大學校園能與他的妻子一起合葬。

一九六二年九月十九日，司徒雷登在華盛頓因心臟病去世，享年八十六歲。

二〇〇八年，司徒雷登過世的四十六年後，他終於回到中國。在出生地杭州半山安賢園為他舉辦了一場骨灰安放儀式，由燕京大學師生發起向他致意。

冰心的難忘恩人

主持者也是他的學生，作家冰心這麼形容這個教育家：你添了一個孩子，害一場病，過一次生日，死一個親人，第一封短簡是他寄的，第一盆鮮花是他送的。第一個歡迎微笑，第一句真摯的慰語，都是從他而來的。……他總是盡量地給你機會，讓你傾吐你的來意，然後他用低柔的聲音，誠摯的話語，來給你指導與安慰……。

也許被這樣人性而溫暖的追思著，才是最想被中國人認識的司徒雷登吧！（黃群仁）

陳納德（1890-1958）

陳納德：守護中國天空的飛虎將軍

陳納德（Claire Lee Chennault，一八九〇—一九五八年），美國人，四十七歲到中國任職適逢中日戰爭，幫助組織美國空軍志願隊而屢建奇功，世人稱為飛虎將軍。曾任美國駐華空軍司令，中國空軍參謀長。

中日戰爭爆發後，戰火迅速蔓延。中方在軍隊配備與訓練都不及日方的狀況下，一開戰即陷入挨打狀態。短短一年，不僅上海與北京南京相繼失陷，中國空軍更是在首波對壘中損傷慘重，情況危急！

當時的中國空軍剛剛成立不久，一九三三年，淞滬戰役後才開始有規模地建設機隊與飛行員，但由於時間過於匆促，也只能仰賴由義大利、蘇聯、法國、美國等多國的軍事支援，甚至是傭兵林立，各自為政的窘狀。因此在戰爭初期屢吃敗仗，讓日本空軍氣燄高漲，更喊出不讓任何中國空軍飛上天的狂妄言詞。

粉碎日本空軍如意算盤

一九三八年四月，中國軍方得到明確情報，日本空軍為了裕仁天皇的誕辰，將在當天派大量的飛機對漢口進行大轟炸做為宣傳。儘管敵我實力懸殊，但中國空軍卻仍精心地佈下了一場請君入甕的空城計。

四月二十八日，日本天皇生日前一天，中方在漢口的所有飛機，繞著城市低飛盤旋後，大隊飛機都飛往南昌。這種大規模的舉動，意在引起日本間諜注意，對日軍通風報信。

然而，飛往南昌的戰鬥機卻在數小時後返航，神鬼不知地潛伏在漢口附近的機場，等候日本空軍的到來。

四月二十九日，日本天皇生日當天早晨，果然各地空襲警網開始通報，十五架日本飛機來自南京，二十七架來自蕪湖，紛紛往漢口集中而來。

大出日本空軍意外的，原先以為能輕易突襲的任務，竟然在武昌就遭受中國空軍的激烈迎擊。二十多架中國空軍駕駛的蘇聯飛機從天而降，把日軍著實嚇了一跳。

在短短幾分鐘的交戰，被中國空軍奮力擊下幾架後，日軍毫不戀戰地呼叫所有飛機返航撤退。但其實他們並不知道，這二十架空軍的任務只是在盡量消耗他們戰機的燃油，中方真正的主力正在返航的路上，好整以暇等著他們。

擊落日機三十六架

當時日軍習慣把蕪湖做為戰機進襲漢口的加油站，為了飛機的靈活度，通常只會搭載回到蕪湖的油量。此時幫助中國空軍作戰的蘇聯飛機正在漢口東方三十里的雲層裡，等著自大的日軍返航前，迎擊這已經油量不多，如甕中之鱉的日本軍機了。

這一戰，中國與蘇聯的駕駛員聯手，把當時前來漢口的三十九架飛機打落了三十六架，日方飛行員全數死亡或被俘，雖然中方也損失了十一架飛機與四個飛行員，但這一次重大的勝利鼓舞了當時低迷的中國空軍士氣。這就是中日戰爭史上武漢會戰中聞名的「四二九空戰大捷」。

諷刺地，當晚日本無線電報仍然得意地宣布，日本空軍在漢口上空擊落中國飛機五十二架，做為對天皇生日的大禮。

為這次空中空城計獻策並主導戰役的，正是對日抗戰中，在中國天空發光發熱的飛虎將軍陳納德。他的威名連敵人都予以肯定，戰後投降的日本華中指揮官高橋中將就說：「我們軍隊在華所遭受的困難，陳納德的十四航空隊軍力，要佔中國所有的隊勢力的百分之六十到七十五的分量。如果沒有這支空軍，我們當可以隨意到達，毫無忌憚。」

一個已經在美國退役的空軍飛行教官，卻成了守護中國天空的飛虎將軍，陳納德的故事至今仍為人所傳頌不已！

陳納德將軍，一八九〇年出生於美國德州的康默斯（Commerce），祖先是法國人，跟隨名將拉法葉支持美國獨立革命戰役軍隊的將領，戰後便定居美國。媽媽則是出身南北戰爭時知名將軍羅伯．李的家族。儘管系出名門，但到他的父親時已經是個再平實不過的家庭，昔日繁華如過往雲煙。

在中國實現的飛行夢

陳納德從小就展現非凡的氣質。生長路易士安納州的密西西比河畔，小時候常在森林裡嬉遊，甚至整個星期住在野外。十二歲起，陳納德就自己打獵垂釣覓食，甚至當起小獵人提供全家晚餐。這樣的成長背景使得年輕時陳納德精力充沛，對任何問題都喜歡當機立斷，立馬執行，非常看不慣照章行事與優柔寡斷，甚至喜歡挑戰權威。當然，這樣的行事風格也給他帶來很大的麻煩。

一九一一年，陳納德在博覽會上見到一架在空中搖搖擺擺的寇蒂斯雙翼式飛機，讓他決意投入航空事業。他申請進入航空學校，卻幾次遭受阻撓，不受長官喜歡，甚至被評斷「該人員沒有俱備成功飛行員的條件」。最後陳納德從路易士安納的師範學校畢業，開始在鄉下當起小學教師。因為當時老師待遇微薄，結婚生子的陳納德為了養家活口，換了很多工作，他做過體育教練，還做過車胎工廠的技工，一直等到一九一七年，陳納德的飛行夢才得實現。

第一次世界大戰期間，美國在一九一七年四月對德宣戰。陳納德立刻報名空軍從軍。但這時他已經二十七歲，又是兩個小孩的爸，明顯已經超過年齡，所以這次的嘗試又告失敗，但陳納德不放棄，他加入了印第安納州的士官學校受訓，很快成了陸軍中尉。下基地時就發現離城不遠的凱利（Kelly）機場是通訊隊訓練飛行人員的基地。陳納德二話不說，立刻申請轉職去通訊隊，只為了要學習飛行。一年內他連續申請三次飛行訓練，但總是被回絕。陳納德沒有放棄，繼續爭取，終於在第四次獲准了。

但陳納德那種不服權威的個性，還是讓他在飛行訓練時吃足苦頭，他竟然在飛行中為了對抗教官拒絕駕駛，差點釀成空難而瀕臨淘汰，更因被派去處理機場工人的動亂，染上猖獗的流感而差點喪命。

歷經兩年的辛苦，一九一九年的春天，陳納德正式完成他的夢想，用盡方法，歷盡艱辛的他，終於在二十九歲時成為戰鬥機駕駛員。但世界大戰已經在前一年結束。英雄無用武之地的陳納德只能黯然退伍。

所有跡象都顯示，陳納德注定屬於中國！

如果沒有來到中國，那麼他充其量也就是個默默無聞的退伍老兵。一九一九年成為飛行員的他，進出軍隊多次，其實有志難伸，歷經浮沉。

一九三七年的春天，四十七歲的陳納德躺在美國陸海軍醫院的病床上，罹患慢性支氣管炎，加上長年飛行導致聽覺受損，被美國空軍判定精神與體力雙重衰弱，不再合適服役，因此獲准退伍。

也許陳納德自己也夢想不到，四個月後他飛越重洋到中國的決定，開啟了他事業最大的春天，一場陪伴中國浴血抗戰，動魄驚心的歷史。

在他退役後，透過以前美國軍中同袍何魯伯的推薦，接受了當時遠在中國的第一夫人宋美齡的聘書前往中國。結果陳納德才到中國數月，就發生了震驚世界的盧溝橋事變。大戰爆發之際，宋美齡在上海為空軍備戰，發現竟然沒有一個中國軍官能勝任帶領空軍做戰。情急之下，就委託陳納德這位航空委員會的顧問掌管軍權。在自己國家一直無作戰機會的他，就這樣陰錯陽差地成為中國空軍作戰重要的靈魂人物。

陳納德開始將他在美國時所鼓吹的「偵查、攔截、驅逐」的防禦性驅逐任務理論，用在中國對日本的空中戰鬥裡。他跟澳洲的工程師麥雷（Austin Maley）以老式的馬斯威爾磁場（Maxwell Field）為基礎，利用電話與電報系統做出了中國第一個空中警報網的雛型，成功攔阻了日方在南京的第一波轟炸，也訓練了中國在杭州撤退到昆明的航空學校飛行員，以補充人數不足且犧牲慘重的中國空軍戰力。

儘管中國空軍在中日戰爭爆發後，也創造了如武漢空戰般的輝煌戰役，但在這種長期消耗戰中，很明顯的，中方的飛機配備與飛行員的訓練不足，如果沒有外力援助，結果將很不樂觀。

飛虎標章聞名全球

戰爭進行到中期，日本軍方每日以一百到一百五十架轟炸機不斷空襲重慶，嚴重打擊中國大後方，而中國空軍也苦於無好的飛機與飛行員升空做戰。陳納德於是在一九四〇年十月，取得當時中國最高統帥蔣介石的命令，回到美國召集志願隊。當時美國尚未參戰，而且許多美國的政客也都主張袖手旁觀，開始籌劃時極為艱難，幸而在宋子文的大力幫助下，同時也獲得美國總統羅斯福的私下命令，挑選了飛行員及其他技術後勤人員共兩百多人。

這支全數美國空軍的志願軍，全名為「中國空軍美國志願大隊」，在一九四〇年底、一九四一年初抵達，全部集中在緬印邊界受訓，並在一九四一年八月一日正式成立。這支屢建奇功而被歌頌不已的部隊，後來以其寇蒂斯 P-40 戰機頭部有鯊魚演化而成的飛虎隊標章聞名全球，陳納德與飛虎隊開始了他們的傳奇篇章。

飛虎隊的傳奇，是他們在飛機的配備與後勤極度落後、數量完全劣勢的狀況下，竟然能夠與日本空軍分庭抗禮，甚至主宰制空權而令人嘖嘖稱奇。陳納德在自傳中提到，飛虎隊所駕駛的 P-40 飛機比起日本當時的零式戰機，飛不高也飛不快，唯一可以比拚的就是這些久經戰鬥的飛行員，靠著突然俯衝的速度來擊落敵機。還有佔日本人便宜的，是千千萬萬睜開眼睛、豎起耳朵的中國人做為情報網，幫助我們贏取戰爭的勝利！

當時日本空軍幾乎宰制天空，每日從漢口、香港、印度支那，甚至緬甸，無時無刻地攻擊重慶昆明，甚至威脅到了印度物資補給線——知名的駝峰戰線。敵人對於這支志願軍無情地恥笑說他們都是衰老不堪的美國老人飛行員，用盡心機想將飛虎隊擊垮。而剛成軍的飛虎隊確實也只有四十架戰鬥機與七架轟炸機的規模，比率極為懸殊。

但憑著中國在各地組織綿密的無線電報台，百萬人努力傳遞的情報，在地圖上一根接一根地插著標誌針，探窺敵情。原本幾乎淘汰不能使用的老爺飛機，憑著地勤人員拼湊再拼湊，以及大量民工日以繼夜地搶修被日軍轟炸的跑道，飛虎隊仍然贏得了一次又一次的戰役。

飛虎隊成軍後，立即對企圖侵入滇緬公路的日軍陣營的軍火庫、機場、橋梁大肆破壞。第一次交鋒就將景東機場的十二架日軍全數殲滅，收復了緬北甚至到臘戍的制空權。

陳納德更主張除了防守外，也要攻擊，才能將主動權拿回中國手中。因此一九四一年十月，令日軍訝異的空戰出現了，一直被壓著打的中國空軍竟然主動襲擊香港，成功進行轟炸並且擊落敵機二十架。往後一直到大戰結束，香港日軍一直遭受飛虎隊的突襲，這對日本軍隊物資的補充影響甚鉅。

成了日本空軍的噩夢

就這樣，飛虎隊成了日本空軍的噩夢，他們開始在天空中反攻，用轟炸機不斷地轟炸日方基地。衡陽、漢口、廣州、越南、東京灣、緬甸臘戌與密支那，範圍之廣令人吒舌。日軍的戰鬥機不斷反擊，但總是被飛虎隊擊退。一九四一年的「一一二七大捷」，雙方在廣州天空交手四十五分鐘，結果二十七比〇，中方大獲全勝。在接下來的六天中，飛虎隊總計出征十一次，最遠的航程超過八百公里，且毫無折損，帶來的輝煌戰果是擊毀日機七十一架、軍艦三艘，轟炸了廣州、香港、臘戍的碼頭、機廠、倉庫等戰略設備不知凡幾。

一個非正式編制的隊伍能夠將號稱亞洲最強的日本空軍打得落花流水，飛虎隊的名聲很快為國際知曉。一九四一年十二月珍珠港事變，英美同時加入戰爭，也改變了飛虎隊一直屬於志願軍的命運。一九四二年夏天，美國駐華空軍（China Air Task Force）成立，陳納德成為美國駐華空軍副司令，後身兼中國空軍參謀長，畢生夢想成為空軍將領的陳納德終於如願以償。

不過，即使陳納德已經晉階高位，他那反抗權威、喜歡力爭的個性絲毫沒有改變，以至於跟當時美國在中國戰區的最高指揮官史迪威將軍形同水火。對於史迪威跟美國駐華空軍司令畢塞爾的不支持，他耿耿於懷，不斷據理力爭，甚至形成了陳納德與蔣介石一起對抗史迪威、宋美齡到美國遊說國會，向總統告御狀的內部分裂窘狀。

一九四三年三月，陳納德被擢升為少將，成為駐華空軍十四航空隊指揮官，並且脫離畢塞爾的指揮獨立作戰。雖然這使得十四航空隊的戰力大增，卻也使陳納德陷入了無窮的政治鬥爭中。

隨著美軍配備與飛行員的加入，飛虎隊終於讓老邁的 P-40 退役，改成新式的 P-51 戰機。中日雙方的戰力也開始反轉。由十四中隊帶頭反攻，中方空軍開始大量清掃中國天空，除了原來交戰密集的華東戰區外，也開始攻擊濟南、青島甚至北京的訓練中心，將日軍在中國的空軍基地幾乎掃蕩無存。

從成軍到抗戰勝利的三年裡，十四航空隊總共擊毀兩千六百架日機，可能擊毀一千五百架，同時擊沉四十四艘軍艦，以及無數戰略基地，而自己的損失僅五百架，這樣的成績證明，中國戰區的日本空軍已經徹底被飛虎隊摧毀！

中日戰爭勝利在望，但並沒有給陳納德帶來好消息。史迪威一九四四年十月離華後，對陳納德始終耿耿於懷，甚至認為陳納德是促使他離開中國的主要原因。因此在史迪威好友馬歇爾的命令下，一九四五年七月六日，陳納德被去職，並且第二次自軍中退休。

戰爭中耀眼的名將卻在勝利前夕被剝奪一切，引發了中美各界高度爭議，但陳納德在中國受到的歡迎有增無減。當他離開中國時，重慶滿城的民眾揮舞著中美國旗，巨大的飛虎旗幟飄揚在灰色的山城上，陳納德的座車在水洩不通的人群中根本無法移動，乾脆關掉引擎讓人用手推車，他沿路跟民眾握手，人潮久久不散。

與陳香梅的「一千個春天」

歷史終究會給出公道。儘管美國軍方給他極不公平的對待，但陳納德卻在戰後被美國媒體譽為五十名二戰中戰功卓越的美國軍人。美國國防部在終戰二十五年紀念時特別製造了三十位將軍銀質肖像徽章，並在華府頒獎給他的夫人陳香梅。而陳香梅持續在台灣美國政壇發揮影響力，並書寫了《一千個春天》，不僅留存陳納德的身影，也讓飛虎隊的傳奇廣為流傳。

二〇一五年的抗戰七十年紀念活動，中台兩方爭相邀請飛虎隊老兵蒞臨慶祝，兩邊的最高領導人都親自頒獎給陳香梅，表彰陳納德將軍的貢獻。在兩岸政治紛擾、錯綜複雜的局勢中，陳納德一心為中國抵抗日本侵略的努力與辛勞，是極少數能同時贏得兩岸一致讚賞的美國友人。

一個老被拒絕，二十九歲才正式成為飛行員的人，卻成為中國對抗整個日本空軍的領導者；一個老是被自己國家掣肘，甚至多次非自願退役的軍人，最終成為了中國人的救星。陳納德的故事給予我們諸多發人深省的啟示。（**黃群仁**）

亨利·魯斯（1898-1967）

亨利・魯斯：二十世紀最有權勢的傳媒王者

亨利・魯斯（Henry Robinson Luce，一八九八—一九六七年），美國《時代》雜誌集團創辦人，支持中國抗日戰爭的美國第一人。

一九四三年，在中國對日抗戰進入最疲困的持久戰時，遠在一萬兩千英里外的美國卻意外出現一陣中國熱潮。除了珍珠港事件美對日宣戰，讓美國民眾對中國開始產生興趣外，真正導致這波熱潮的，是中國第一夫人蔣宋美齡前往美國各地尋求支援，她所到之處都有支持者擠爆會場，全美媒體無不爭相報導這個東方女子用優雅的英文尋求美國各界支持中國的發言，紐約竟然還出現「紐約公民歡迎蔣委員夫人籌備會」的團體。

中國與蔣介石夫婦聞名美國，並非只是一時的熱潮。全球知名的《時代》新聞週刊從一九二七年以國民軍北伐為題材，讓蔣介石首度登上封面後，一直到一九五五年，蔣氏夫婦總計上了十一次的封面。這種絕無僅有的禮遇，讓美國的精英份子認識了中國第一家庭的蔣氏夫婦，幾乎無人不知，無人不曉。

在背後支撐這股中國熱潮，一手策畫蔣宋美齡訪美，並數十年對國民政府幾乎毫無條件支持的關鍵人物，就是公認二十世紀最有權勢的新聞王者，催生《時代》雜誌、《財富雜誌》（*Fortune*）、《運動畫報》（*Sports Illustrated*）等全球知名雜誌的《時代雜誌》集團老闆亨利・魯斯。

亨利・魯斯跟中國的淵源，從他出生開始就濃不可分。一八九八年，亨利・魯斯生於中國山東省的小城登州，父母親都是長老教會的傳道者。雖然亨利・魯斯並不會中文，但出生與幼時受教育的經歷，讓中國成為他與周邊朋友時常交流的話題。他十四歲便隻身前往歐洲，並違抗父親的意志在隔年回到美國就學，一九二〇年從耶魯大學畢業。在耶魯，他擔任過《耶魯每日新聞報》的執行編輯，並成為學校兄弟會骷髏會的成員，這段經歷對他往後建立媒體王國極為關鍵。

大學畢業後，魯斯曾短暫到英國牛津大學深造一年。年輕的魯斯選擇從事新聞媒體工作，他先去了《芝加哥每日新聞》，不久便因經濟衰退，報社裁人，怏怏離職。改變命運的機會馬上到來，他與高中時代起就一起搞學校刊物的大學同學布里頓・哈登（Briton Hadden）重逢，一起到《巴爾的摩新聞》工作。

兩個沒有報業經驗也沒有錢的耶魯才俊聚到一起，開始暗中策劃創辦自己的夢想：辦一份世界上最偉大的刊物，宗旨是以簡潔、易讀有條理的方式，為忙碌人士提供高效深入的新聞報導。他們既瞧不起當時美國以腥色新聞為主的八卦報紙，也瞧不起美聯社那種嚴肅的媒體，因為前者太低級，後者太沉悶。幾個月後他們辭去工作，到紐約租了一間辦公室，開始策劃他們的偉大刊物。後來的評論者說，他們的成功，貴在不知天高地厚。

《時代週刊》開創先河

亨利．魯斯和哈登創業的第一步，是把有權威和有影響力的人拉進他們的創業軌道。兩人利用自己的耶魯關係，逐一拜訪名人，懇請其予以公開支持。第二步，籌集資金，過程很辛苦，但是他們終究在半年時間內，成功籌集到近九萬美元。接著招兵買馬，從朋友、熟人以及耶魯同輩中招募人才。一九二三年二月二十七日，《時代週刊》創刊號出版。籌備時間不到一年，雖然艱辛，但總算順利誕生。

《時代週刊》的創刊，開創了週刊型雜誌媒體之先河，導引全球讀者為旁徵博引的敘述體新聞所風靡。魯斯擔任發行人，善於利用歷史資料來對比現實事件製作新聞題目，使《時代週刊》刊登的文章比報紙與廣播更具有可讀性。哈登擔任總編輯，他獨特的寫作風格與活潑的版面編排，也有助於《時代週刊》很快成為銷路最廣、影響最大的期刊之一。

極短時間內，以《時代週刊》為標竿的各類新聞雜誌就打敗了當時還是主流的報紙與廣播，極受精英人士所喜愛。《時代週刊》也創立了許多雜誌的黃金規則，例如其所創造的「封面報導」（Cover Story）一直被其他雜誌媒體沿用至今，而每年《時代週刊》到底挑選誰作為「年度風雲人物」（Man of The Year），仍是全世界關注的焦點。

一九二九年，哈登染病去世。哈登才華橫溢，自由灑脫，初期的編務也確實為哈登主導較多，魯斯常覺得自己略遜於哈登而抑鬱寡歡，但突然失去重要夥伴，他頓時覺得難過與焦慮，不過這也給了他獨掌權力的機會，他從哈登的股份繼承人那裡買回了公司股票，亨利．魯斯從此真正成為時代公司（Time Inc.）的國王。

失去哈登的亨利．魯斯同時擔任發行人與總編輯的職務，立刻出版《時代週刊》海外版，一九三〇年創辦《財富週刊》，一九三六年又創辦《生活畫報》（*Life*），這三大刊物影響了美國人的精神生活，也使得時代公司獲得巨大的成功。一九五二年，他繼續創辦了《家居生活》（*House & Home*），還有一九五四年影響運動界甚大的《運動畫報》。到了一九六〇年代中期，亨利．魯斯所領導的時代公司在全球數十個國家設立分公司，成為世界上最大、最有聲望的雜誌出版集團。

支持中國抗戰第一人

雜誌媒體的成功讓亨利．魯斯名利雙收，他也自我期許要在美國社會更具有影響力。在美國的外交，特別是對中國政策上，魯斯做了很多的著墨。一九四一年，他在《生活》雜誌上發表一篇著名的文章〈美國世紀〉，提出了「二十世紀是美國人的世紀」的名言，鼓吹美國應該積極主導全球秩序。而魯斯也身體力行，不遺餘力地支持中國對抗日本侵略的戰爭。

魯斯在中美關係史上，即是以「支持中國抗戰的美國第一人」聞名。

這歸因於亨利．魯斯出生在中國，他對於中國的深厚情感，自然而然也投射在他所發行的刊物上。一九二七年國民軍北伐成功，讓蔣介石成為第一個登上《時代週刊》封面的中國人。兩人也因此有了聯繫。一九三二年，魯斯在離開中國二十年後首度回到中國，一九四一年訪問中國時，更受到蔣介石以國家領袖級的規格來款待，相比兒時中國極度後落的印象，亨利．魯斯堅信國民黨政府可以帶領中國走向富強。再者，由於蔣氏夫妻都是基督徒，甚至是當時亞洲最早信基督教的領導人，也讓他這位傳教士之子在情感上更加認同，使兩人交情急速升溫，亨利．魯斯成了往後蔣介石夫婦在美國最堅定的支持者。

基於兒時在中國成長的特殊情感、對蔣氏夫婦的友情，以及認定中國共產黨的無神論與蘇聯輸出共產主義對美國強權的威脅，亨利．魯斯認定，只有由美國這強大的國家全力支持蔣介石領導中國，才是真正對中國人有幫助，甚至對美國有利的選擇。因此，對於許多新聞的選擇，亨利．魯斯大量地加入他的政治觀點，這個例證最明顯的，便是他在《時代週刊》編務上對於中國新聞的看法。

當時《時代週刊》派駐在中國的戰地記者，也是亨利．魯斯的好友白修德（Theodore H. White），在一九四三年突破中國新聞審查，報導了當時河南大飢荒的真相，並且親自給亨利．魯斯寫信，說明國民政府的種種弊端，直言：「這個國家正在我的眼前死去。」

對於自己旗下記者所發出的警告，亨利．魯斯不為所動。讓在紐約總部的編輯大量修改白修德與另一位記者賈安娜對國民政府不利的報導。白賈兩人因此去職，隨後出版了《中國的驚雷》（*Thunder of The China*）一書，書中所敘述的中國與《時代週刊》的內容南轅北轍，美國新聞界這時也開始對亨利・魯斯主導的中國新聞客觀性有了極大的批評。

對此，亨利・魯斯嚴辭回應，強硬指稱白修德是共產黨員，必須請他辭職。他也公開反擊，強調共產主義擴張對美國的危害，甚至說過「一個有用的謊言勝過有害的真相」的名言。一九四九年，中國政權轉移，隨著韓戰爆發掀起全球冷戰序幕。亨利・魯斯更堅定了他反共、反蘇、鼓吹美國帶領全球的立場。隨著他的媒體王國壯大，他對美國政壇的影響力也越來越大。一九五〇年代到一九六四年亨利・魯斯辭去《時代週刊》總編職務為止，他被稱為美國最有權力的公民，影響力可見一斑。

例如他大力支持艾森豪當選總統，並倡導帶頭圍堵共產主義的冷戰策略，古巴危機時，他公然要求甘迺迪總統直接入侵古巴。亨利・魯斯終其一生都拒絕承認中共政權，雖然當時的中共領導人毛澤東、周恩來、劉少奇也都先後上過《時報週刊》的封面報導，不過幾乎都是如大躍進、文革議題等負面的批評，因此《時代週刊》與中共政權也形同水火。許多評論家都認為，亨利・魯斯利用時代集團的輿論影響力大力批評中共政權，鼓吹美國政府盡全力支持台灣國民政府的言論，是美國對華政策連續封鎖中共、延遲國民黨政權失去聯合國席位的關鍵因素。

持平而論，美國在冷戰時期圍堵蘇聯與共產主意擴張的外交政策下，將中國視為蘇聯的同路人絕對最能符合美國的利益，所以，把原因都歸咎於亨利・魯斯則過於誇大。而他利用媒體宣傳美國世紀的民族愛國主義，受到美國人民的認同，並且極力鼓吹美國主導聯合國，成為世界警察並極力反共的主張，最終都成為美國民意的主流。身為媒體人可以發揮這樣的影響力，稱無冕王亦當之無愧。

撇除政治的是是非非，亨利．魯斯把中國當成第二故鄉的情懷是令人動容的。在中國對日抗戰期間，他所投入的心力與鼓吹美國民眾同情中國的熱情，都是當時支持中國軍民很重要的溫暖力量。魯斯晚年極為思念中國，曾經跟友人感慨：「我是在一個叫做登州的小城長大的，現在那地方已被共產黨接管，我殷切地希望能在某一天回到那個地方，看著它再次成為自由之鄉。」

但現實中，魯斯拒不承認中國共產政權的存在，也不認為它是真正改變中國的歷史力量，而始終對蔣介石的中華民國政府報以希望。這也讓亨利．魯斯重返中國之路越來越遠。

認定中國為「第二個祖國」

亨利．魯斯也許是個幸運兒。他將中國認定為第二祖國的特殊情懷，與他提倡美國強權的兩種愛國主義混合，加上成功的媒體王國給他的發言權，都注定了亨利．魯斯要在中美兩國關係史上寫下極為重要的一頁。

而巧妙的，與亨利．魯斯相關的兩棟建築分別在台灣與中國校園中矗立著。一九一八年，亨利．魯斯的父親亨利．溫斯特．魯斯擔任燕京大學副校長，負責籌資建立校園。當時人在美國的亨利・魯斯還親自與他的兄弟一起為燕京大學校園湖心島的工程募款。後來燕京大學校園成了北京大學的學區，現在北大未名湖的湖心島就是當年亨利・魯斯參與的建築，這讓魯斯意外地跟中國有了連結。

一九六二年，亨利・魯斯當時也擔任美國「亞洲基督高等教育聯合會董事會」董事，他捐款給這個組織在台灣設立的東海大學，建立教堂以紀念父親在亞洲宣揚教義的歷史。一九六三年，路思義教堂落成，這棟美麗的建築物馬上成了台灣知名地標。亨利・魯斯一生未曾到過台灣，卻也藉此跟台灣有了美麗的相遇。

大江東去，近年中美關係也突破了冰點，進入了新的篇章，再也不是當年亨利・魯斯所堅持努力的中美關係，但這無損於亨利・魯斯在中美台關係上獨特的地位。是非俱往矣，而歷史總會幫他找到最好的定位！（**黃群仁**）

賽珍珠（1892-1973）

賽珍珠：讓中國農民跨進諾貝爾文學獎的女文豪

賽珍珠（Pearl S. Buck，一八九二—一九七三年），在中國成長的美國小說家，以小說作品《大地》（*The Good Earth*）獲普立茲文學獎，並於一九三八年獲頒諾貝爾文學獎。

用盡一生書寫中國

一九三八年的瑞典斯德哥爾摩，諾貝爾文學獎頒獎的現場，所有人屏息聆聽新出爐的文學獎得主發表她的致謝詞，她語出驚人：「中國的古典小說與世界任何國家的小說一樣，有著不可抗拒的魅力……一個真正受過良好教育的人，應該知道《紅樓夢》、《三國演義》這樣的經典之作……。」

中國文學在這藝術的最高殿堂裡被公然讚揚，但為它發聲的並非華裔作家，而是一位有著外國人長相，但內心卻十分中國化的美國小說家。因為她讓全世界得以知道中國農民的生活，更因為她花了長達五年的時間，將《水滸傳》翻譯成英文在歐美各地出版，這本偉大的中國文

學作品才得以介紹給廣大的西方世界讀者。

能把中國題材寫得這麼好，是因為這位諾貝爾獎得主曾經在中國住過四十年，中文是她第一母語，因此她可以用中文思考、英文撰寫的方式，交織出以中國為背景的著作，真實地呈現「中國人和中國事」，使得西方人士對於古老遙遠的中國，有了更進一步的認識。當然，這也源自於她對於中國深厚的情感！

她是賽珍珠，美國第一位女性諾貝爾文學獎得主，卻用盡一生書寫中國。她是歐美文學評論者公認最會寫中國故事的高手，也是將中國風土民情用文學介紹給全世界的女文豪！

一八九二年十月，在她四個月大時，就被均為美南長老教會傳教士的爸媽從美國千里迢迢帶到了中國。父親賽兆祥以她英文名的 pearl 取中文名為珍珠，中國從此有了賽珍珠。從小她透過乳娘王媽養育與私塾老師孔先生的教導，學會中國的生活。賽珍珠自己說，兩人對她的影響極大，王媽來自中國社會的底層，教她學會人生的第一個語言便是中國話，從小帶她看戲、參拜佛道，甚至就坐在路旁聽說書人講三國、說水滸，讓她十分著迷於中國的普羅生活。而孔先生則讓她大量閱聽讀寫中文，也奠定了她對中國古典文學的喜好。成年前的賽珍珠幾乎都在中國的鄉下成長，直到一九〇七年才前往上海，隨後回到美國就學。也因此，賽珍珠總說江蘇鎮江是她的家鄉，從小在這裡長大，而且被當成中國人來教育，想必年幼的她內心裡也當然視自己為中國人。

一九一〇年，賽珍珠回到美國讀進入西維吉尼亞州的藍道夫－梅肯女子學院（Randolph-

Macon Woman's College）就讀，主修心理學，這是賽珍珠首次離開照顧她的王媽。大學畢業後，賽珍珠本來留在母校的系上當助教，但馬上接到父親從中國寄來的信，告訴她王媽過世，母親也生病了，於是一九一四年，賽珍珠毫不猶豫地離開美國，回到注定牽絆她一生的中國。

一九一七年五月三十日，賽珍珠與巴克（John Lossing Buck）結婚，巴克是胡適的同學，他和賽珍珠的父親一樣，都是接受美南長老教會（Presby-terian）的聘雇來到中國，教導中國農民如何採用美國的新式耕種方法，以及如何來防止旱災和飢荒的發生。

因為與丈夫一起工作，使得重回中國的賽珍珠這次能更貼近農民生活與中國的大地。她曾經與夫婿在安徽的農村生活達五年之久，期間與農民朝夕相處，目睹了當時中國農民普遍窮苦飢餓，還常受到官僚、地主、惡霸的欺壓。身為女性，賽珍珠更深刻體會農村婦女的悲慘，像重男輕女、媳婦被婆婆虐待等的痛苦。如此深刻的生活經驗，讓賽珍珠寫小說的題材幾乎不需要額外資料，閉起眼，腦中就能閃現當時她在農村所目睹的點滴。

一九二二年，巴克跟賽珍珠受邀到金陵大學教書，回到南京的賽珍珠除了教授英文外，也開始了她的寫作生涯。賽珍珠首次嘗試的作品，是把母親在中國的生平寫成了小說《離鄉背井》，這書手稿完成後，卻因為中國北伐的戰亂而幾經波折，事隔多年後才在美國出版，成為她第七本小說。故事的離奇令人感嘆真是書如其名，也如同當年賽珍珠母女這樣的外國人，流蕩中國離奇多舛的命運一般。

「大地三部曲」洛陽紙貴

一九三一年三月，《大地》（*The Good Earth*）在美國出版，立刻獲得好評，一時洛陽紙貴。〈大地〉與後來的〈兒子〉、〈分家〉組成的「大地三部曲」，立刻成為賽珍珠小說的代表作。賽珍珠一生寫了八十五本書，書中的主角幾乎都是中國小人物，她擅長平鋪直述小人物的生活，卻活靈活現地讓西方讀者看見中國土地的哀與愁。

賽珍珠後來在自傳中說，她發現過去從沒有一個西方作家，會從中國文化或是中國人的觀點去認識中國，他們作品中所涉及的中國人，無論是聖賢還是魔鬼，都不是真實的中國人。因此她要用手中的筆讓世界瞭解真正的中國文化、真正的中國人。賽珍珠認為只有這樣，她倡導的彼此包容、互相接受的相對主義文化才有機會實現。

《大地》讓賽珍珠大獲成功，一九三二年獲得普立茲（Pulitzer）與豪威爾勳章〈Howells Medal for Distinguished Fiction〉等兩項美國文學大獎。「大地三部曲」隨後被翻譯成三十多種文字，成為當年美國最火紅的作者之一。

一九三八年再獲得諾貝爾文學獎，賽珍珠與中國農民同時站上了世界的舞台。她的文學力量影響龐大，如同諾貝爾得獎頒獎評語所言：「賽珍珠為西方世界打開一條路，讓西方人用更深的人性觀察力，去瞭解一個陌生而遙遠的世界。」

成名後的賽珍珠仍然關心中國，與當時中國的文學家熟識，老舍、胡適、王瑩、林語堂等許多中國文化人在美國多少都受過賽珍珠的幫助。而她對中國的情感更在對日抗戰的支持上表露無遺。賽珍珠於一九三四年離開中國，三年後抗日戰爭爆發，一九三七年十二月，南京大屠殺的消息震驚世界，悲憤的賽珍珠立刻在美國發表廣播演講：「中國絕對不會屈服於日本！因為我無法想像我們所認識的那些健壯實在的農民、那些穩健的中產階級商人們、那些勤苦的勞工，以及那些奮勇熱心的學界領袖，會受日本降服的。所以透過言論、透過著作，我都大膽無諱地發表我的信念。我說，中國人是不會投降的！」

令人感動的，賽珍珠更在諾貝爾文學獎的謝辭中公開力挺中國，她說：「我現在對中國的敬仰勝過以往任何時候，因為我看見它空前團結，與威脅著它的自由的敵人進行著鬥爭。由於有著這種為自由而奮鬥的決心，而這在一種極其深刻的意義上又是它天性中的根本性質，因此我知道它是不可征服的。」

在八年對日抗戰中，賽珍珠不僅用文章發聲，也身體力行地為中國出錢出力。一九四〇年代初，她應宋慶齡的邀請成為「保衛中國同盟」的榮譽會員，向海外募集資金和醫藥物品。她又與史諾夫婦等一起上書美國總統，呼籲成立「美中事業救助聯合會」，由她擔任主席，在全美展開募集五百萬美元的活動。同時，賽珍珠與丈夫又成立了「緊急援華委員會」，工作的第一個目標就是在半年內募資一百萬美元援助中國！

賽珍珠身體力行地愛中國，但事後看來，她所得到的回報卻令人傷心。她努力地想成為「中國人的第一位美國朋友」。但也許當時的中國太過苦難，無法放心單純地交朋友。她的膚色讓許多中國人視她為非我族類，不接受她內心也是中國人的認同；而她為中國奔走的舉動卻讓美國人視她為異議份子；她書寫當年中國農民的辛苦與悲哀，被美國政府視為同情無產階級，等同於親共份子，美國聯邦調查局更時時監視她的一舉一動，關於賽珍珠的資料高達三百多頁。

當年的國民黨政府也不滿賽珍珠總是揭中國農村的傷疤而心存不滿，明令當時的中國駐瑞典大使不准參加她的諾貝爾文學獎頒獎典禮，更在《大地》翻拍成電影而到中國取景時，位於上海的片場亦遭人焚毀，連拍攝的電影膠片都遭潑灑硫酸，使得影片不得不重新拍攝。

賽珍珠人在美國，但關心中國事務，她親任主席的「東西方協會」出版了《亞洲》月刊，時常將當時中國文學家的作品不斷向世界發表。西方記者史諾首次訪問毛澤東所寫的〈西行漫記〉，就是由《亞洲》首先出版而聲名大噪。另外，魯迅、茅盾、郭沫若、丁玲、蕭乾、蕭紅的作品，都是經由《亞洲》發表而讓歐美讀者認識。

賽珍珠與中國的文學界熟悉，也在美國不斷地幫助中國作家與世界接軌，但她所受到待遇卻令她備感挫折。她的《大地》在中國曾受到如魯迅等人不屑一顧地批評說：「賽珍珠的小說寫的不是真正的中國，而是外國人眼中的中國」。顯然，不管賽珍珠如何癡癡地宣稱：「我一生到老，從童稚到少女到成年，都屬於中國」，還是跨不過那個別人一見就認定她是洋人的外表……

賽珍珠跟一九四九年後的共產黨政權之間的關係也是個悲劇，隨著美國與共產黨政權在政治、軍事上的對立，讓賽珍珠再也無法跟她心中的家鄉中國團聚。中國政府和文化學者甚至把賽珍珠扣上「美國反動文人」、「美帝國主義文化侵略急先鋒」的帽子。她因為書寫中國而聞名，但卻因為政治，使她的文章竟在大陸與台灣同時消聲匿跡了一段很長的時間，這應該是賽珍珠難以理解與接受的。

誤闖叢林的小白兔

在兩岸與美國複雜又多變的關係中，賽珍珠像是誤闖叢林的小白兔。總是無辜又心急地想解開這個死結。她在寫給朋友的信中語帶哀怨地說：「我想我比其他任何人都做得多，我幫助美國人民瞭解和熱愛中國人民。儘管我們目前和中國大陸互不往來，美國人民還是一如既往地關注著中國人民。」

一直到生命的最後，她對中國的愛不僅得不到絲毫回應，而且遭受了無數的誤會和無情的回絕。一九七二年，尼克森總統訪華前夕，她興奮得如同要「回娘家」，不顧自己已經八十高齡，還親自擔任美國國家廣播公司專題節目《重新看中國》的主持人。她早早向媒體宣布，已提出申請，將重返中國，然而她等到卻是中國駐加拿大大使館一紙毫不給顏面的「拒簽」。信中這麼說：「考慮到長期以來您在著作裡採取歪曲、攻擊、謾罵新中國及其領導人的態度的事實，我被授權告訴您我們無法答應您訪問中國的請求。」

這個打擊讓賽珍珠從此對中國沉默，鬱鬱寡歡。一年後（一九七三年）賽珍珠病逝，安葬在美國賓州費城的綠丘農莊。遺言交代，她要穿著她最心愛的中國絲綢旗袍火化，斜躺在綠蔭上的墓碑是她生前親自設計，造型簡潔俐落，鐫刻三個篆體中文：賽珍珠。

儘管當時中國政府與中國人不接受她，但無損於世界對她的評價。美國著名學者湯姆森指出：「很大程度上，是由於有了賽珍珠，一代代的美國人才帶著同情、熱愛和尊靜的目光來看待中國人」。也如同賽珍珠葬禮上美國前總統尼克森的弔詞中的稱譽：「一位偉大的藝術家，一個敏感的、富同情心的人」，「她是一座溝通東西方的人橋！」。

也許政治多變，但文學總是不朽。隨著中國開放與中美建交，賽珍珠開始重新受到中國人的關注。一九八〇年代，《大地》在中國出版，代表賽珍珠終於回到了中國。與此同時，鎮江市政府與美國友人共同修繕了原已成為工廠的賽珍珠兒時故居，改名為賽珍珠紀念館，並列為省級文物保護單位。南京大學內賽珍珠曾居住過並寫作《大地》的小白樓，也早已修繕並掛牌。

一九九八年，美國前總統喬治．布希訪問中國時，專程探望了南京大學的小白樓，他告訴中國朋友：「我當初對中國的瞭解，以至後來對中國產生愛慕之情，就是受賽珍珠的影響，是從讀她的小說開始的。」

歷經多年，賽珍珠終於完成了她的願望——成為中國人的第一個美國朋友！（黃群仁）

鮑羅廷（1884-1951）

鮑羅廷：蘇聯革命家在中國

鮑羅廷（Mikhail Markovich Borodin，一八八四—一九五一年），俄羅斯猶太人，原名米哈伊爾．格魯申貝格（Михаил Грузенберг），蘇聯共產國際駐中國代表，中國國民黨組織教練員，黨內化名：Kirill，是協助孫中山「聯俄容共」（第一次國共合作）的主要人物。

一九二三年九月，在中國國民黨總理辦公室裡，孫中山正在等待兩個人，是他在當年一月與蘇聯特使越飛聯合發表知名的孫越宣言、正式與蘇聯共產黨合作後，蘇聯派到中國幫助革命政府的高層人士。蘇聯駐華代表加拉罕已經多次見面，而今天他告知要帶未來駐地廣州政府的人物前來。門被打開，孫中山抬頭便見到加拉罕身邊多了一位高大禿髮卻有一臉濃鬍的男子。

短暫寒暄後，這位蘇聯代表便直切主題告訴孫中山，中國國民黨在政治上、組織上，甚至理論上都無法算做是一個政黨，因為它沒有綱領，沒有組織，沒有章程，沒有選舉，也沒有定期聚會，連有多少黨員都是一筆糊塗帳。他向孫文調侃說：「你的黨員據說有三萬，但註冊有名的只有三千，而繳黨費的錢卻有六千。入黨是要按手印向你孫中山個人效忠的，但恐怕連你也弄不清楚有多少黨員，而這些黨員又是誰？」

他做了一個結論，中國國民黨根本算不上一個有力的組織！

自一九一九年成立國民黨以來，孫中山雖然力圖振作，但幾次與北方政府政爭總是鎩羽而歸，儘管在他心中已經動了改造全新國民黨的念頭，也才剛剛帶頭起草完成《中國國民黨黨綱》，準備有所作為。但鮑羅廷的這段話還是令孫中山大為震驚，因為根本沒有人對他說過這麼直白的話。在與鮑幾次的會談後，孫中山堅定了以俄為師的信念，打算運用蘇聯無產階級建黨的經驗來改造國民黨，而負責改造工作的主要靈魂人物，就是這位被他稱為共產國際人員中讓人印象最深、最為欽佩，甚至稱他「無與倫比」的人物——鮑羅廷。

相信鮑羅廷也無法意料，主持了中國國民黨的改造，會是他到中國第一個、也是最重要的工作。一九二三年到一九二七年他在中國的時間裡，幾乎成了中國政治的風暴。這個因緣際會牽動了蘇聯、中國國民黨與中國共產黨三個政治體複雜紛擾的命運，而他自己也得以在這段歷史洪流中留名青史。

米哈伊爾·馬爾科維奇·鮑羅廷，一八八四年七月九日出生在拉脫維亞的猶太人家庭。他十五歲就外出工作，曾任碼頭工人。在蘇聯共產主義革命的浪潮裡，鮑羅廷十九歲就加入了列寧的布爾什維克黨，並在一九〇四年跟隨列寧流亡到瑞士，從事對蘇俄的革命運動。一九〇五年，他在芬蘭第一次參加布爾什維克黨大會，認識了當時年輕的史達林。一九〇七年鮑羅廷移居美國芝加哥，結婚後又加入了美國社會黨。一九一八年蘇俄爆發十月革命，鮑羅廷立刻啟程回國，並加入新政府的外交人民委員會工作。一九一九年三月，他參與共產國際第一次代表大會，並有了蘇聯共產黨內的化名「kirill」。

因為在國外的經驗與外交人員委員會的資歷，鮑羅廷成了當時共產國際外派在世界各地鼓吹共產革命的先鋒部隊。之後他利用蘇聯紅十字會的名義，前往美國、英國從事地下工作，並幫助墨西哥組建共產黨，足跡遍布歐美各地，甚至連印度共產黨員都有聯繫。一九二二年他在英國被捕下獄，足足有半年之久。

獲釋後鮑羅廷回到蘇聯，一九二三年被任命為共產國際駐中國代表。他離開了歐美各地奔波的生活，進入了仍在為國家統一而苦苦掙扎的中國。在與孫中山一見如故並聘請他成為中國國民黨組織教練員後，受到信任的鮑羅廷人生第一次掌有實權，他像是個嚴密精細、不知疲倦的機器運轉了起來。在短短幾個月內，就以俄國共產黨的組織模式放入國民黨的身體，嘗試徹底的改造國民黨。

一九二四年對中國與鮑羅廷都是非常重要的一年，一月中國國民黨召開第一次全國代表大會，總理孫中山力排眾議提出了聯俄容共的政策，而那至關重要的「一大宣言」，便是在這位蘇聯共產黨員鮑羅廷親自起草，經過中國共產黨員瞿秋白翻譯，孫中山當時的親信汪精衛潤稿而成。

鮑羅廷據此開始了國民黨務的改造，並與當時國民黨左派人士合作，積極容共，使得當年大批的共產黨員得以保留身分並加入國民黨，稱為「第一次國共合作」。

一九二四年三月還有一件大事——黃埔軍校成立。聯俄容共政策確認後，孫中山積極向蘇聯政府與共產國際尋求資源，以期能夠成立革命政府自己的部隊，而鮑羅廷的大力支持，讓蘇聯政府的軍事顧問團與大量的款項、軍械源源不絕地進入，終於在廣州成立了黃埔軍校。蔣介石受命成為黃埔軍校創校校長，而鮑羅廷也因此熟識了蔣介石。

鮑羅廷不僅幫助黃埔軍校取得蘇聯的支援，更多次前往軍校現身說法，凡蘇聯十月革命、蘇聯紅軍的運作，甚至是他流亡各地鼓吹革命的政治工作經驗，都向當時的師生分享，也獲得了蔣介石的尊敬。透過這些互動，鮑羅廷也看好蔣介石個人的能力，相信他所帶領的新式軍隊，將有能力成為統一中國的武力基礎。而他的這個判斷，從此改變了中國的命運。

幫助國民黨順利改造的鮑羅廷，獲得孫中山更深的信任。一九二四年十月，馮玉祥推翻曹錕勢力，佔領北京，孫中山獲邀北上商談國是，鮑羅廷也隨同前往。一九二五年三月孫中山在北京逝世前，更是由鮑羅廷草擬並轉交孫中山給蘇聯的遺言，希望蘇聯政府能夠繼續幫助中國國民黨。

孫中山逝世後幾個月裡，鮑羅廷成了廣州政府主要的掌權人物。他繼續被國民黨聘請為國民政府高等顧問，更是中國共產黨廣州五人小組的成員。表面上所有決議都是由幾個國民黨人共同決議，但實際上是鮑羅廷說了算。

據曾任中華民國總統的李宗仁回憶，鮑羅廷說話時幾乎不離菸斗，他目光敏銳而思想深刻，又頗能協調不同派系人物，讓彼此相安無事。當時廣州的政要無不以進入鮑公館一坐為榮。

他的住宅樓上經常坐滿廣州政府部長、國民黨中央執行委員，還有中國共產黨人。樓下則是翻譯們忙碌的天地，不斷地將中文檔案翻譯成英文、俄文，或者將兩者翻譯成中文。印刷機晝夜不停，各種材料、報告、指示在這裡不斷進進出出。鮑羅廷實際上已經成為國民黨中央的大腦，一個外國人能主導當地政府的奇狀，在全世界都絕無僅有！

成敗皆因蔣介石？

鮑羅廷在中國，檯面上有孫中山背書，讓他執行聯俄容共的既定政策，背後又有蘇聯老大哥豐沛的資源支援，使得他在國民黨的組織決策中呼風喚雨。因為他的提拔，蔣介石才有機會快速在國民黨中崛起，但也因為蔣介石，讓鮑羅廷在中國的影響力盛極而衰，最後倉皇出逃。

一九二五年八月，國民政府財政部長廖仲愷在國民黨中央黨部被刺身亡。當天，國民黨中央執行委員會、國民政府委員會、軍事委員會都召開緊急會議，所有人的目光都投向鮑羅廷。

在這次會議中，鮑羅廷提出了一個影響非常大的建議——創設類似蘇聯秘密警察「契卡組織」——這是為了使用特別手段肅清反革命阻力的特別委員會，將政治、軍事、警察權全權委託給這個三人委員會，他自己則擔任這個委員會的顧問。被授權的三人，分別是國民政府主席汪精衛、軍事部長許崇智，以及黃埔軍校校長蔣介石。這個建議在會議上被迅速通過，也讓過去未曾在國民黨擔任高層要職的蔣介石開始嶄露頭角。

對於是否重用蔣介石，在當時蘇聯駐中國的團隊中引起不小的波瀾。當時蘇聯軍事顧問團總團長加倫將軍與鮑羅廷出現嚴重的分歧。加倫站在蘇聯利益的觀點，認為應該扶植黃埔軍校的其他勢力，也認為蔣介石在政治上的野心過大，難以掌控，應該成立軍事委員防範他擁兵獨裁。但鮑羅廷卻認為其他的舊式軍力不具有戰鬥力，讓蔣介石優異的軍事能力帶領黃埔軍校統一中國，將有助於抑制日本軍力的擴張。這個嚴重的歧異讓雙方爭執不下，最後只好由史達林裁決，將加倫將軍調離中國，最後竟遭受清算槍決的命運。

事實證明，鮑羅廷跟加倫都沒有看錯蔣介石。掌有軍權與秘密警察權的蔣介石，在短時間內就竄起成為國民黨的新勢力。由於鮑羅廷在國民黨成為實質掌控人，並且大量引進共產黨員進入各部會，引起許多傳統國民黨人的不滿，造成西山會議派強烈要求撤換鮑羅廷的事件，而逼使鮑羅廷在一九二六年二月離開廣州北上休假。雖然四月再次回廣州，但已經開始需要受到蔣介石的保護才能抵擋國民黨內部右派的攻擊。蔣介石雖然口口聲聲以孫中山對鮑羅廷的名言「他的意見就是我的意見」為由來抵擋外界對鮑羅廷的攻擊，但卻也開始透過「中山艦事件」與「黨務整理案」，限制蘇聯顧問團、共產黨員與鮑羅廷的權力。而此時的鮑羅廷在擔心蘇聯與國民黨關係惡化的考量下，也未加以強力反擊。

寧漢分裂的導火線？

一九二七年七月，國民政府開始北伐，蔣介石擔任國民革命軍總司令。隨著北伐軍的獲勝，蔣介石的實力也越來越穩固。他對於聯俄容共政策無法容忍的底牌也慢慢顯現，而讓雙方對決的導火線，即是著名的「寧漢分裂」。

一九二六年十一月，北伐軍持續獲勝，已經連續攻克漢口、南昌。鮑羅廷在徵得蔣介石的同意後，欲將國民政府遷都至武漢，方便未來北伐戰事。

但蔣介石卻認為當時的武漢政府已經被蘇聯與共產黨員控制，因而拒絕前往，並將臨時政府設於南昌。此項決定當然受到以鮑羅廷為主的武漢政府撻伐。一九二七年一月，在汪精衛的勸說下，蔣介石親自前往武漢希望能勸服當時的民眾支持國民軍，卻被鮑羅廷譏諷蔣像獨裁的君王，不聽大臣說話，「而只有狗才不會說話」。蔣介石認為此話極度羞辱他，而兩人也從此撕破臉，連表面上的尊重也不復存在。

一九二七年一月，蔣介石召開中國國民黨中央會議，將國民黨中央黨部移到南昌，而鮑羅廷主導的武漢政府卻同時於三月召開國民黨第二屆三中全會。鮑羅廷這次不再退讓，在共產黨員與國民黨左派掌控過半選票的優勢下，解除了蔣介石軍事委員會主委職位，並提出「迎汪精衛回位，制衡蔣介石」、「打倒新軍閥」。軍事上才剛剛獲得勝利的國民政府，立刻陷入了嚴重分裂。

事件後來演變成兩人的對決，鮑羅廷亟欲阻攔蔣介石在國民政府中獨大。一九二七年四月，武漢政府宣布解除蔣的軍事委員會委員長職務。不甘示弱的蔣介石則在南京宣布成立國民政府，於是武漢政府開除蔣介石黨籍，並加以通緝。隨後，國民政府則在上海發動「四一二事件」清黨，大量逮捕共產黨員並驅逐蘇聯顧問，正式與蘇聯及共產黨決裂。蔣介石發布的第一個命令即是通緝共產黨員，當時被他稱為偉大政治活動家的鮑羅廷，則是諷刺地高居通緝榜榜首。

這個混亂情況，重重損傷了鮑羅廷的威信。他到中國後便著力於積極拉攏孫中山與扶植中國國民黨，認為透過控制國民黨就能實現蘇聯共產國際的使命，並且極力引導共產黨員加入國民黨，因此輕忽了中國共產黨自身的發展，使得在蔣介石獲取軍事主導權後，無法與之抗衡。雖然史達林在一九二七年五月曾要求中國共產黨組織工農兵加以對抗，但無異以卵擊石，無法成功。

一九二七年七月，由鮑羅廷迎回武漢政府掌權的汪精衛，在與蔣介石溝通後，認定寧漢分裂將造成國民政府重傷，而統一中國之日將遙遙無期，於是決議和平分共。他通知將關閉中國共展黨的各處機關，七月十三日，中國共產黨宣布召回在武漢政府的共產黨員，等於承認「第一次國共合作」失敗。七月十五日，武漢政府宣布分共，並由各軍隊開始清除共產黨勢力。八月十九日武漢政府宣布遷都南京。蔣介石同時宣布下野，承認由汪精衛來統領新政府。至此，被視為國民政府重大危機的寧漢分裂正式結束。

一九二三年到中國就享有大權且精於計算的鮑羅廷，實在無法想像竟然被一手提拔的蔣介石送下權力的舞台。一九二七年七月二十七日，在汪精衛的送別下，鮑羅廷離開武漢，並在馮玉祥的保護下，從西安、庫倫經蒙古回到蘇俄。

回到蘇聯的他飽受批評，被迫不斷自我批判檢討，兩年後才被分配到紙業與木材聯合工廠。後來陸續從事塔斯新聞社、莫斯科新聞英文編譯及蘇維埃勞動人民委員等工作。然而，他的噩運並沒有結束。一九四九年，他受到美國記者安娜・斯特朗（Anna Louise Strong）間諜案的牽連入獄，流放西伯利亞。一九五一年五月二十九日，這個聯結蘇俄與中國革命政府關鍵人物，就這樣默默死於依爾庫茨克的勞改營中。

仍將受後人「憑弔」？

鮑羅廷的一生，可謂為革命而生。年輕時在風起雲湧的共產革命裡到處奔波，中年的他代表蘇聯來到中國，數年期間，權力之大可謂呼風喚雨。但這樣的權力還是讓他失敗而回，抱憾而終。連他生前所寫的《中國問題》都未獲准出版。

但凡走過必留下痕跡，他在中國所做的努力，就如同蝴蝶效應般影響著中國的命運。在因緣際會下，鮑羅廷幫助了黃埔軍校建軍，等於幫中國成立了第一支現代化的軍隊。而在往後的抗日作戰中，黃埔軍校帶領中國軍民對抗日本獲取最終勝利。他讓中國共產黨在「第一次國共合作」中大敗而歸，卻因為體制內的失敗而使共產黨決議進行體制外對抗，並在往後長達二十年的抗爭中戰勝國民黨取得政權。

時勢造英雄，英雄也造時勢。鮑羅廷在中國的事蹟，未來仍將會繼續受到人們的憑弔。透過他，瞻仰那個大革命時代的故事！（**黃群仁**）

史迪威（1883-1946）

史迪威：放錯戰場的將軍

史迪威（Joseph W. Stilwell，一八八三—一九四六年），美國陸軍四星上將，曾經在二次大戰期間駐中國近三年，為二戰中緬印戰區美軍統帥、中國戰區參謀長兼任中國美軍司令，以及美國總統特使。

一九四四年九月十九日在重慶，中國最高軍事委員長辦公室裡，史迪威將軍正拿著一封電報走進來。這是美國總統羅斯福發給蔣介石的電報，內容嚴厲，毫不留情地寫著：「由於你還沒有將所有的指揮權交給史迪威將軍，使我們面臨丟掉華東這個重要地區的危險，並極可能帶來災難性的後果」，「此時，你要立即安排讓史迪威將軍不受限制地指揮所有部隊……我要求你採取的行動將有利於我們做出決斷，也有利於美國為保持和增加對你的援助而繼續努力……」。羅斯福的電報清楚地威脅蔣介石——交出指揮權，或者斷掉美國對中國所有援助！

看完電報，蔣介石臉色鐵青地望著史迪威一言不發，只是不斷晃動著腳，久久才說出一句「我曉得了」，就把帶著得意臉色的史迪威請出辦公室。

隨後，當年負責幫國民政府溝通美國關係的宋子文迅速抵達。當著宋子文的面，蔣介石壓

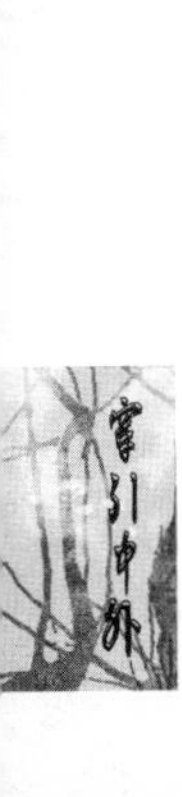

抑的情緒終於爆發。這個身經百戰、個性剛強不屈的軍事強人，痛罵史迪威方才的舉動，讓他面臨抗戰以來最屈辱、最痛苦的時刻，說到痛心處竟聲淚俱下！當晚，蔣介石在日記中寫著：「史迪威的仗勢欺人，實為我平生最大之污辱，亦為最近之國恥也。」又說：「不僅侮辱我個人，而且壓迫我國家。余自革命以來，日本與俄國對余之威脅雖甚，然亦未有如此之難堪也。」

而史迪威也在當晚的日記中寫著：「這是我一生中的大喜日子，拖了這麼久，羅斯福終於坦率地說了……『要就做，不然拉倒』，我把這串辣椒遞給『花生米』（指蔣介石），然後坐下來鬆了口氣。這一下刺中這小雜種的要害，一箭穿心，真是乾淨俐落的一擊……」

與蔣介石「你死我活」鬥爭？

這種有如仇寇般的過招，讓人幾乎無法想像，史迪威正是珍珠港事件爆發後，美國在亞洲中印緬戰區的美軍最高統帥，甚至還身兼中國戰區統帥蔣介石的參謀長。身為對抗日本侵略亞洲最重要的兩位領袖，最後面對的卻是兩人你死我活的鬥爭，這樣的結局真是令人瞠目結舌！

史迪威，一八八三年三月十九日於佛羅里達州出生，一九〇四年自西點軍校畢業。一九一九年第一次到中國，任北京美軍語言教官，學習中文。一九二六至一九二九年任駐天津美軍第十五步兵團營長及參謀（當時之代理團長為馬歇爾），一九三五至一九三九年任美國駐華大使館武官。一九三九至一九四〇年於第二步兵師內任職，一九四〇至一九四一年在加州訓練第七步兵師。

珍珠港事件後、美國向日本宣戰之前，史迪威的軍旅經驗並無直接統兵作戰的經歷。但因為自一九一九年起，史迪威在中國陸續任職長達十一年，且中日戰爭爆發後，他更在中國擔任駐華武官，被認為熟知中國情勢，更重要的是因為美國二戰將領馬歇爾對他的信任，使他脫穎而出，因而出任中國戰區參謀長，同時兼任同盟國「中國、緬甸、印度戰區」總參謀長（最高司令為蔣介石），並兼任駐華美軍司令、美國總統特使。二次世界大戰中美合作共同抗日，牽引著後來亞洲的政治關係，當然也讓肩負重任的史迪威，無可避免地成為影響中國命運的重要關係人。

一九四二年三月，珍珠港事件後三個月內，整個東亞地區幾乎都陷入日本瘋狂的侵佔與攻擊中。日軍在菲律賓痛擊麥克阿瑟，美軍的戰力在亞洲幾乎消耗殆盡，一籌莫展。同時日軍相繼在太平洋、香港、馬來西亞與新加坡獲得大勝。原來寄望的英軍在新加坡不堪一擊，八萬名英澳印馬的聯合軍隊難堪地投降，讓日軍氣焰大盛。此時中國政府擔心如果讓日軍攻佔緬甸得逞，將切斷中國大後方的補給，後果不堪設想，所以多次向英軍建議由中國軍隊協防緬甸，但始終未獲同意，一直等到日本開始攻打仰光、英軍節節敗退後才同意中國增援。在這種緊張的狀況下，史迪威第五次來到中國，負責聯合中美英三方軍隊，擔任抵抗日軍攻擊的重責大任。

從緬甸戰役就可以看出蔣、史兩人的合作注定將悲劇收場。蔣介石認為英國並無真正守衛緬甸的意圖，同意讓中國軍隊入緬，也不過是希望掩護英軍撤回印度罷了。所以，蔣雖然同意任命史迪威為遠征軍的統帥，卻也多次會晤史，明確要求他僅以保衛曼德勒為目標，避免日軍長驅直入雲南。蔣並根據長期抗戰經驗告誡史迪威，要防禦一個日本師，需要至少三個中國師的部隊，若要攻擊就需要五個師。

史迪威雖然一一允諾，卻認為蔣介石畏敵如虎，只想讓別人幫忙打仗好從中獲利，因此根本不予採納。他仍以攻擊退敵為主要思想，不斷要求中國軍隊主動攻擊入侵的日軍。但儘管權高位重，史迪威仍須面對尷尬的窘境——他是個無兵的將軍。面對強敵步步進逼，他需要同時與中國及英國軍隊協商才能統整自己的部隊。在主將各有盤算下，聯軍當然是場災難，所以儘管史迪威身先士卒，過程中曾帶領中國軍隊親自投入激烈的戰鬥，並且在東枝、和榜等地贏得幾場極為罕見的勝利，但仍然無力挽回戰局。

主動攻擊的戰略導致遠征軍的退路被日軍阻斷，中國十萬遠征軍最後只剩四萬人回到雲南。而史迪威自己帶領部屬穿過荒無人煙的叢林中，疲憊不堪地走了一百四十英哩路。在失聯了二十天後，史迪威一行人才進入印度因普哈，狼狽地完成撤退。一九四二年五月緬甸戰役結束，日軍切斷了對盟軍至關重要的滇緬公路，從陸地上把中國完全隔絕，並且有能力隨時攻擊印度。中美英聯軍在此大敗而回。

蔣在日記上寫道：「軍事上以進軍緬甸失敗，為今年的恥辱，其病在我方未堅持指揮權，致原定戰略構想，被英軍亞歷山大及美將史迪威所破壞。」而史迪威在事後認為失敗的理由是「愚蠢的，孬種的指揮；以及蔣介石的插手……」。

不考慮整體戰略

如果僅論勇氣，史迪威無疑是個好軍人。英軍將領斯利姆將軍對這次撤退行動所下的結論是：「史迪威有一種不屈不撓的勇氣……他總是在尋找機會發動有力的反擊。當他目睹自己的計畫付諸東流，便親自領導士兵，以身作則，把中國人凝聚在一起。沒有人能比他做得更多。」但勇敢善戰不能幫助史迪威做好中國戰區參謀長。當時也在中國戰場的陳納德，在寫給美國總統羅斯福的信中，就譏誚史迪威只想打自己的仗，卻不考慮整體戰略，導致整個戰區的統帥完全失聯二十天，只能算是最好的四星營長。而這樣的批評其來有自。

此外，他尖酸刻薄的個性，也讓他在中國成為中美關係中的頭痛人物。不尊重長官，無法團結盟友，最後不僅讓他抱憾而歸，甚至間接造成了美國在中國政策上的失敗。

史迪威在美軍同僚中早就享有赫赫有名的綽號——醋酸喬（Vinegar Joe），他個性急躁又愛出口傷人。在他過世後，家人為他出版的《史迪威日記》中就充滿了他憤怒的文字。他批評跟他一起合作的中國和英國將領都是苟且偷生之徒，對一起在中國打仗的美軍同僚也不屑一顧，極少對話。連美國總統羅斯福都被他罵成老小子，更不用說他最不喜歡的蔣介石了。當然，中方也不喜歡史迪威，認為他總想要爭奪指揮權。這些情緒讓中美兩方的軍事合作產生很大的阻力。

身為中國區的參謀長，照理應該輔佐中國最高元首，但史迪威卻極度不認同蔣介石。中美戰時同盟關係有四十四個月之久，其中史迪威在中國戰區待了三十二個月，但蔣、史關係在最初四個月（一九四二年三月至六月）即已定型，《劍拔弩張的盟友》作者齊錫生說：「他們之間的個性衝突很快成為中美關係的主旋律。雙方對於對方的智慧、專業能力、人格和品德，都失去尊敬感和信任感。」因此，原本要協助蔣介石抗日的史迪威，最後卻變成蔣介石的噩夢！

代表中國與美國兩方的最高領導者的不合，使得雙方合作之路走來十分辛苦，緬甸戰役的慘敗並沒有帶來蔣、史兩人的真心合作，後來的時間幾乎是兩人的爭吵史，光是對於美軍在中國戰區資源分配的問題，雙方就大動肝火。

史迪威的脾氣也讓他跟其他美英將領嚴重失和，原先以民間力量幫忙中國作戰的美國空軍飛虎隊，後來被美軍正式納編後，陳納德將軍也為了史迪威未依約提供飛機與軍需給他的新十四軍，屢屢向羅斯福總統告狀，讓美國政府內部對於是否該支持史迪威心生遲疑。

史迪威的行事作風在印度戰區也發生了問題。在向公認人緣極佳的蒙巴頓將軍多次提出中英部隊反攻緬北計畫受到反對後，他對英國軍方的態度就日益惡劣，日記中甚至出現「蒙巴頓是隻笨驢」、「這批偽君子、私生子，想盡辦法要割開我們的喉管」這樣的字句。當然，蒙巴頓不久也公開表示不願意跟史迪威共事，並且向英國政府及馬歇爾要求撤換史迪威。

代表美軍在中印戰區做戰，但卻同時與中國、英國的軍事領袖相處惡劣，還不時得受到美軍內部的質疑，史迪威在中國的命運似乎可想而知。蔣介石在史迪威來中國的第四個月就向羅斯福要求撤換。一九四三年八月，又為了啟動以空戰為反攻日本為主軸的計畫，而要求撤換史迪威，想要換上跟蔣友好的陳納德將軍。當然，這些要求都因為馬歇爾強力支持史迪威而作罷。在史迪威帶著羅斯福的親筆信親自威脅蔣介石的第三次衝突開始，雙方連表面和平相處也再不可能了。這讓美國政府意識到，如果史迪威不免職，美國將會失去蔣介石與中國這個盟友。一九四四年十月十九日，馬歇爾電報將史迪威召回。改由魏德邁（Albert C. Wedemeyer）將軍指揮駐華美軍並擔任中國戰區參謀長。

拒絕蔣介石頒「最高勳章」

即使在最後落幕時刻，史迪威的個人風格仍然醋酸無比。蔣介石放軟姿態，想要贈予他中國最高勳章，被史迪威拒絕了，他在日記中寫到：「告訴他掛在自己身上。」他在回美後仍然對中國問題直言不諱，直指蔣的政權是一個由集中營、蓋世太保和親衛隊所支撐的獨裁政權。不管他的觀察真偽，都已經使國民黨政權與當時的美國政府受到極大傷害。這也逼迫羅斯福總統召開記者會，說明史迪威離職純粹是因為他的個性問題。史迪威也在馬歇爾將軍的嚴厲要求下，對中國問題封口，在極短的退休生涯中鬱鬱寡歡。一九四六年十月十二日，史迪威因胃癌病逝於舊金山，享年六十三歲。

史迪威在歷史的重要時刻抵達了中國，也無可避免地成為中國命運的關鍵人物。雖然他的個性導致了他在中國的悲劇結局，但他對中國所造成的影響仍然值得提出。首先，他相信只要中國軍隊受到良好的訓練，絕對有能力打敗日軍。他力主在印度訓練以孫立人將軍為首的三十個師，並且親自帶領他們反攻緬北，扎扎實實地擊潰了號稱東亞無敵的日軍。這大大鼓舞了艱苦抗日的中國人民，也是中國軍隊第一次接受現代化訓練。一九四四年八月，聯軍收復緬北交通重鎮密支那。而由印度利多經緬北密支那到中國雲南的中印公路，亦於一九四五年一月建成，蔣介石將它命名為——史迪威公路。

再者，史迪威嚴厲批評國民黨政權，並同情共產黨的革命。他在所參與的「戴維斯計畫」（Davis Plan）中明白提出：「當美軍於東南沿海登陸時應聯合中國共產黨，共同佔領滬寧地區，並以歐洲戰場繳獲之德軍武器大量裝備共軍，此一方案在完成前不應讓蔣介石知悉。其後應視此一共產政權為享有主權之唯一政府，並把蔣介石的政府排斥在外。」

身為美國在中國最高統帥卻完全不信任中國政府，這樣的表態深深影響美國政府對於國民黨政權的態度，以致在後來的中國內戰中，美國對華政策從積極支持轉為放手不管，也是導致國民黨失敗的主因。不得不說，史迪威當年所播下的種子，讓蔣介石多年後吞下苦果。

許多史家評論都指出，如果只是讓史迪威單純擔任軍事指揮官或者在其他戰區，也許他將創下偉大的功勳。只可惜當時中國複雜的狀況與史迪威倔強不妥協的個性水火不容，讓他猶如一枚擺錯位置的棋子。而他在中國所激起的漣漪也無意中扭動了歷史轉折，深深影響著兩岸人民的命運，應該也是他始料未及的吧！（**黃群仁**）

費正清（1907-1991）

費正清：讓世界認識中國的頭號中國通

費正清（John King Fairbank，一九〇七－一九九一年），英國劍橋大學中國學博士。美國漢學家、歷史學家，哈佛大學亞東研究中心創辦人。

一九七七年，在哈佛大學學期結束後的某日，這個世界知名大學的禮賓委員會正在為費正清教授辦退休晚宴。晚宴的最高潮，是由報導中國新聞而聞名的記者白修德（他也是費正清的第一個弟子）代表全體師生贈送賀禮。在現場所揭開的牌匾上大大寫著「費正清東亞研究中心」。從此，哈佛大學東亞研究中心將以這位創辦人的名字面對世人，以此做為費正清教授退休的禮物。會場中掌聲熱烈，久久不散。因為大家都知道這麼隆重的舉動極為罕見，正代表著美國學界對一位學者最崇高的敬意。

但費正清這位全球知名的中國通學者的政治與學術路，其實並非這麼一帆風順。

一九四九年，當中國共產黨將美國所支持的國民黨政府逼退到台灣，同時把美國大使驅離中國時，引發美國國內一陣譁然。為何失去中國？誰輸掉中國？成了許多政客急於撻伐的對象。其中「四個該為輸掉中國負責的John」就成了眾矢之的。而最赫赫有名的，便是創建哈佛大學東亞研究中心的費正清博士。在麥卡錫主義瘋狂的年代，費正清多次受到美國國會的調查，甚至被拒絕日本簽證，暗示費有國家忠誠問題。

研究中國的泰斗

現實政治中的費正清，是個爭議性角色。他的中國研究一直是冷戰期間美中台複雜的政治與學術問題的震央，紛擾不斷並餘波盪漾數十年。除了自己在美國受到麥卡錫主義者攻擊為共產黨支持者外，六〇年代台灣學術界也發生公開聲討費正清與學術同路人出賣中華民國的指控，台灣政府並以此採取行動。最後造成《文星》雜誌停刊、國立台灣大學哲學系教授殷海光去職，中央研究院院長王世杰屢提辭呈、中央研究院近代史研究所所長郭廷以滯美不歸的結果。而在中國，他的朋友學生如費孝通、陳漢生等人，也因為他的關係而在文革期間被打入「親美」、「走資派」，受到批鬥。

但相較於政治，學術中的費正清卻是二戰後美國研究中國問題的泰斗。他創建的哈佛東亞研究中心在他的帶領下，是美國研究當代中國學的最高殿堂。他對中國的學術觀點也慢慢成為美國政界處理中國問題的主流，乃至今日全球研究中國者，都必須讀費正清。當美國前國務卿季辛吉（Henny Kissinger）密訪周恩來前，也先去請教費正清，因而催生尼克森訪問中國造成美中台關鍵性的改變。尼克森讚揚費正清：「和他的談話改變了歷史。」

他的學術從被質疑到變成主流，政治地位從被貶抑到受尊崇，也正說明了中國、台灣、美國關係數十年的演變史。因此，想瞭解美國眼中的當代中國學，不可不認識費正清！

一九〇七年，費正清生於美國南塔科達州的休倫鎮，先後求學於威斯康辛大學麥迪遜分校與哈佛大學。但他與中國的結緣卻是從英國開始，一九二九年，費正清赴英國牛津大學修博士學位，研究十九世紀的中英關係中的神秘機構——中國海關。

一九三一年，為了撰寫博士論文，費正清首次來到中國，打破了長久以來歐美學者只從學術文獻找尋資料而不親赴中國研究的怪現象。費正清除了到北京學中文，也到沿海各地考察通商口岸，並短暫地兼任北京清華大學經濟史講師。

年輕的費正清在此認識許多中國名流，改變了他對中國的認識。他受教於蔣廷黻與郭毓秀，同時與北京大學校長胡適、文學院院長陶孟和、中國地質專家丁文江、外交專家葉公超、哲學家金嶽等中國頂尖人物相交。更因與身兼建築與考古學家的梁思成、林徽因夫婦結為好友而多次同遊，深入考察山西、河南等鄉間的中國古代建築。一九三二年，他在北平與未婚妻 Wilma Cannon 結婚，梁思成夫婦為他們夫婦倆取名費正清與費慰梅。他自己在回憶錄中說，一九三一至一九三五年首次中國行的收穫，讓他瞭解中國、結交中國朋友，更是讓他成為一個老師，並矢志成為中國的研究者，從此展開了他的學術生涯！

一九三五年，費正清離開中國前往倫敦取得博士學位。隔年回到母校哈佛大學歷史系任教。一九三九年，他與日本專家、即後來的美國駐日大使賴世和（Edwin O. Reischauer）共同開設了東亞文明課程。他想成為教授，並成為中國問題專家的心願就此達成。這時他才是個三十歲上下的青年才俊，真可謂英雄出少年。

對蔣介石的管理紀律評價差

如果不是珍珠港事件讓美國向日本宣戰，也許費正清只會是個單純的教授。但戰爭讓所有人的命運都被改變，連大學教授也被國家動員。一九四一年夏天，費正清被推薦進入新成立的情報協調局（Coordinator of Information）。這個組織的成員大部分都是大學學術人員，被要求以嚴謹的學術技能來幫助國家審查看似平凡的消息，尋找對戰爭有用的情報。

隨著美國在太平洋戰況越來越激烈，與中國的盟友關係越來越緊密，這位研究中國問題的專家理所當然地被派到中國。一九四二年九月，費正清第二次來到中國。他說：「我一位三十五歲的哈佛教授，以美國國務院文化關係司對華文官的身分到重慶來，事實上我以職務與令人尊重的學術身分做掩護，同時執行另外一份較為秘密的任務，就是努力尋找和微縮拍攝日本出版物，供華盛頓的戰略情報局使用，而這一切都是為了能在戰爭中獲勝。」

轉換成政治角度的費正清，用另外一種身分參與了他在學術上研究的中國，也給了他帶來很震撼的觀察。他批評當時美國駐華人員在中國的領導疊床架屋，混亂反覆，導致美國政府在遠東政策的執行完全失能。而最大問題就是一味地提供武器，卻沒有要求中國政府強化廉能與效率，這樣的方式將注定失敗。由於費正清深入重慶，與國民政府的許多官員朝夕相處，對於當時蔣介石所領導國民政府的管理與紀律，評價極差。相反地，對於新興起的共產黨則抱持較大的希望。在他的眼中，國民黨代表著中國千年以來的行政獨裁，而共產黨是跟廣大的土地人民站在一起。他在自傳中寫著，中共所領導的革命運動是不可能被壓制的，因為它體現農民解放和五四以來所揭櫫的民主和科學種種理想，最後得出了「共產主義不適於美國而適於中國」的著名結論。

他在給美國總統特別助理柯里的信中，極其直白地說：「對於中國一片混亂的狀況，我思考我該做什麼的時間越長，我就越會得出一個結論，即自己也會採取和共產黨同樣的做法。只有激進的方式才能推動社會向前發展。」

此時的費正清儼然是美國學界中的異類，他是第一個認定共產黨一定會擊敗國民黨政權的學者。比起戰爭，他更重視中國未來如何現代化與民主化。所以他不斷疾呼美國必須幫助在戰爭時受苦的中國學者，因為這才是中國邁向改革進步的力量。確實，當時許多幾乎三餐不繼的學者都受過費正清的資助。

由於他同情共產黨並主張與中共建立關係才符合美國利益，這些政治觀點跟當時的美國主流利益並不一致。而在國共戰爭後，共產黨親蘇並將美國勢力逐出中國，間接導致全球對峙，冷戰開始。費正清的先見之明無疑成為代罪羔羊，讓他成了美國治政中極不受歡迎的人物。

二戰結束後，他回到哈佛大學致力於中國學的研究。一九四八年，費正清的第一本中國學《美國與中國》問世，該書並不像一般的學術著作只追求考據與詳實的細節，而是提綱挈領地介紹中國的自然環境、歷史演變、社會結構、文化生活方式與中美關係。這樣簡略的介紹正符合尚對中國瞭解不多的美國民眾需要。此書出版後立即受到學術界重視，雅俗共賞的內容獲得很好的評價，甚至被稱為研究中國的經典之作。也正因為這本《美國與中國》讓費正清奠定了學術地位，也使他雖背負「失去中國」的罪名，卻能有驚無險地躲過五〇年代時麥卡錫主義的追殺！

中國研究的高峰

一九六六年，費正清受劍橋大學邀請，著手策畫與主編十五冊的《劍橋中國史》，並成為《劍橋中國晚清史》的撰寫人。這部鉅作從一九六六年開始策劃到一九九一年最後一卷《中華人民共和國史》付梓，為時二十五年，而參與撰稿的學者是來自十二個國家的一百多名中國研究專家。這套鉅著不僅向全世界介紹了中國近現代史的演變，也被認為是代表當代西方中國史研究的最高水準。

從進入牛津大學開始研究直到去世，費正清致力於中國問題研究長達五十年，他的著作絕大部分都是論述中國問題。他所獨作、合著、編輯、合編的作品多達六十餘部，還有大量的論文及書評。其代表性論著有《中國沿海的貿易與外交：一八四二—一八五四年通商口岸的開埠》《近代中國：一八九八—一九三七年中文著作書目指南》、《清代文獻》、《中國對西方的反應：文獻通考》（與鄭嗣禹等合編）、《中國對西方的反應應：研究指南》、《中國：人民的中央王國與美利堅合眾國》、《認識中國：中美關係中的形象與政策》、《中國的世界秩序：中國傳統的對外關係》、《中美兩國的相互影響：歷史評述》、《中美關係展望》、《美國與中國》、《劍橋中國晚清史》、《費正清論中國：中國新史》等。其中《美國與中國》、《劍橋中國史》、《費正清論中國：中國新史》等著作在學術界佔據了重要地位，並影響了國際輿論對中國的看法。

在他努力研究中國的學術文章陸續發表後，費正清也越來越受到美國政經名流的青睞。一九五五年在福特基金會的支持下，費正清在哈佛大學創立了東亞問題研究中心，更陸續獲得洛克菲勒與卡內基基金會的支援，不斷強化對中國問題的研究。美國學者中研究中國問題的佼佼者，如傅高義、白修德、史景遷、孔飛力、魏斐德，乃至於余英時都出自他的門下。並且海峽兩岸研究中美問題的學者，無不以進入或訪問哈佛東亞研究中心為目標。時至今日，哈佛東亞研究中心仍然熱門，甚至被稱為研究中國的「劍橋學派」，是漢學中西方學派的翹楚。

費正清與其門生所闡述的中美關係論述，影響了近五十年來的全球學者和戰後美國政府的對華政策。像他在一九六六年率先提出為了美國的利益應該與中共政權接觸，引起軒然大波。但這觀點隨後就被美國總統尼克森接受，而有後來國務卿季辛吉在中國的穿梭外交。一九七二年尼克森與周恩來共同發布「上海公報」，為中美建交鋪路。當美中關係正常化且迅速增溫時，費正清又在一九七一年時發表〈台灣能夠與北京和平共處〉的文章，呼籲美國政府應該同時與兩岸保持關係，推展在北京主權下實行台北自治的策略。很巧妙地，當一九七九年美國總統卡特宣布與中國建交時，同年美國國會就通過《台灣關係法》，並且宣稱《台灣關係法》為美國法律，其法律地位優於中美雙方的《八一七公報》，與費正清所提應與兩岸同時保持關係的主張如出一轍。

做為學者，他的學術主張能夠被政治主流所接受，甚至進而主導國家政策，無怪乎費正清被認為是美國最負盛名的中國問題觀察家。在學術上，他是美國中國近現代史研究領域的泰斗，在社會思潮中，他是美國的現代中國學的奠基人和開拓者，而在政治上更被譽為「頭號中國通」。

當然，費正清的觀點也非沒有批評。像歷史學者余英時與黃仁宇就認為，費正清因為太根據他在中國期間的見聞作為喜好根據，而且數十年不變，過於浪漫與理想主義，所以根本不懂中國改朝換代時革命者的邊緣性格，以太過一廂情願的觀點來美化，甚至是對毛澤東的個人崇拜。像對於文化大革命、大躍進這些對中國民眾所帶來的損失，總是輕輕掠過。這對於客觀理性的學術研究無疑是種傷害。

批評中國知識份子的禍害

一九八九年天安門事件後，費正清接受哈佛大學出版社的邀請撰寫了《費正清論中國：中國新史》，從書中可以看出他的轉變。他在文章中自我解嘲說西方漢學家有種職業病，大概出於「第二愛國」或「愛中國」的心理，即不肯暴露他們所研究的對象的壞處。他說他自己就是患了這樣的毛病。迥異於之前總是對毛澤東一味讚美，如今他也做出批判。他論毛澤東：毛有兩個生涯，一是造反頭子，一是現代版的皇帝。共產黨簡直可以說是他建造的，所以他要改造黨，那也是他的特權。他不希望出現精英階級，擔心步上上古時專制政府的路，毛一方面想恢復平等主義，另一方面毛又要跟其他人完全不平等，因為這種矛盾，才會出現文化大革命。

費正清在書中也深入批判中國的知識份子和家族利益鉗制個人自由，給這個國家帶來禍害。他說中國歷代君主各以不同姿態維繫儒家禮教秩序，所藉助的竟然是非理性君權暴力的無休止威迫。而知識階層，即便其學識與建言受到敬重，仍是明顯不值得保留的消耗品，文化大革命與天安門事件即為明證。這一切的核心就是，家庭乃是從古到今整個社會中順從長上與專制攝下的榜樣。

這些觀點，當然又在中美台三地掀起論戰，直至今日仍爭論不休。但不管觀點如何，費正清確實引起美國政界與人民對於中國的興趣。他對中國的喜愛與熱情無庸置疑，也讓中國成為美國研究的顯學。而他孜孜不倦地研究中國五十年而不改其志，更是研究者醉心於學術熱誠的最佳典範。

一九九一年九月十二日上午，費正清將這本中國新史親自送到哈佛大學出版社後，同日下午便心臟病復發，兩天後與世長辭。他從到劍橋大學立志於研究中國起直至過世前，幾乎都與中國研究朝夕相處並能集榮耀於一身，真可謂將軍百戰沙場，最後亦能身歿沙場。對於一個潛心研究學問的學者來說，這何嘗不是種最好的歸屬!?（黃群仁）

錫質平（1917-1985）

錫質平：創建台灣技職教育的典範

錫質平（Hiber Jakob，一九一七—一九八五年）。瑞士籍神父，一九五三年到台東成為天主教白冷教會的台灣開創者。終其一生都在為台東獻身，創建公東高工成為台灣技職教育的傳奇。

一九八五年四月十三日的台東，正舉辦著一場肅穆而悲戚的喪禮。公東高工的操場上擠滿了前來送逝者最後一程的民眾。除了達官顯要，更多的是學生、平民，還可以看到許多身揹幼兒的原住民婦女。其中最醒目的，是身穿祭典盛裝的排灣族原住民的隊伍。因為除了弔喪，他們也將依照死者遺囑中跟族裡頭目的約定，準備將這位異邦的神父葬在家族坐落在大武鄉緊鄰南迴公路山上的祖墳地，讓這位被許多人尊稱為「從天邊來的神父」，可以隨時遠眺他最愛的台東，就如同每個公東高工的師生一樣。現場許多人在見到神父的棺木自校門口緩緩而來時，再也不能自已地掩面哭泣。

教堂裡的鐘聲此時響起，空氣中凝結著哀傷，彷彿在向這位一九五三年就來到台東，同時也是這座教堂的創建者不捨地告別，對這個三十三年來深愛這塊土地，甚至願意將自己的遺體化為台東養份的異鄉人做最後的悼念！

視臺東為最鍾愛之地

錫質平，這個以愛為一生腳印的瑞士神父，一直把台東當成人生最鍾愛之地。從神職工作出發，卻創造了台灣技職教育典範。而這場喪禮上的淚水，道出了所有台東人對他的尊敬與懷念！

直到錫質平已經過世三十年後的今天，許多台東人仍然能清晰描述，一九五〇至七〇年代的台東街頭，有著很突兀的場景，經常看到一個身影高大的外國人騎著極為搶眼的重型機車穿梭其間。他嗓門極大，總是喜歡跟小朋友大聲打招呼然後呼嘯而過。不僅在市區，也延著台灣東部海岸山脈在各個村落間穿梭。

一日，錫質平神父把摩托車停在鄉間一個拿著鐮刀正在割草的小男孩面前，用洋腔洋調的中文問：「為什麼不去上學？」在瞭解到是家貧繳不起學費時，他總是說：「只要你想上學，其他的事我來想辦法。」

因為這句「我來想辦法」，他幫助無數台灣原住民弱勢的東部小孩上學。錫質平不僅帶領了一群外國神父捲起袖子幫忙蓋學生宿舍，更建立了台灣技職教育典範的公東技職學校，甚至影響了台灣政府的職訓中心。

海岸山脈的瑞士人

一九一七年出生於瑞士東北部畢斯威爾小城的錫質平，生長在一個有十個兄弟姊妹的大家庭。從小個性剛毅，身強體壯。除了自小即顯現他在團隊中的領導能力外，也對自己紀律甚嚴，他總說自己未來不是當將領就是做神父。

一九三八年第二次世界大戰期間，錫質平做了人生最重大的抉擇。他加入了天主教體系的「白冷外方傳教會」，並在一九四四年晉升為神父。

其實錫質平最初是想到中國傳教，也在一九四六年他二十九歲時如願抵達北平。除了繼續攻讀中文，也準備前往東北的齊齊哈爾傳教，可惜後來因為國共內戰無法前往東北，失望地返回瑞士。

上帝為他關上中國的大門，卻為他打開了台灣之窗。一九五三年，錫質平被要求前往連地名都沒聽過的台東視察，評估看看是否要安排會士來台。想不到充滿開疆闢土壯志的錫神父一到台東，在完全未經瑞士教會許可的狀況下，就單槍匹馬地開始傳教計畫，從此定居台東。

而白冷外方傳教會（簡稱白冷教會）與台東超過一甲子的深情交會，就在錫神父的衝動下展開了序幕。

要說錫質平神父的故事，一定得提及白冷教會。這個創建於一九二一年的瑞士教會，在錫神父來台後，開始了在台東海岸山脈的傳道工作。許多傳道者陸陸續續搭乘貨輪遠渡重洋，千里迢迢來到台灣，極盛時期有將近五十位會士在台東服務。在台灣有「海岸山脈的瑞士人」這個專有名詞，就是對這些前來服務的傳道者們，表達最崇高的敬意。

白冷教會講求謙遜、簡單，更要求有孩童的精神，要對宗教與教會有完全的信任，才能幫助他們忍受巨大的困難與克服失敗。白冷教會也要求會士在投入當地文化、宗教與社會階級時，可以放棄自己的習慣。這樣的精神無疑是白冷教會在台東獲得重大成功的原因，而錫質平的故事可以說正是這五十位傳教者偉大精神的縮影了！

從錫質平到台東後的十年內，就在東部建立了四十三座教堂，今日海岸山脈沿線仍處處可見由白冷教會興建的天主教堂。可以想像半世紀前，東部民生物資極度缺乏，白冷教會的神父們肩負興建教堂、節省開銷，以及融入當地生活的任務有多艱辛。身為會長的錫質平嚴格要求會院的伙食必須融入當地飲食，這對遠道而來的傳道人而言，無疑是相當艱難的挑戰。

為原住民深深懷念

重要的是，這些傳教士都還能以一種平等而開放的胸襟來看待當地的原住民兄弟姊妹。時任白冷會長的錫質平，堅持會士的生活水準必須與當地百姓一樣，終其一生對食物毫不講究，就連發黴麵包也照吃不誤，而所有白冷會士也幾乎如此，因此，即使許多神父們已經凋零，在台東甚至蘭嶼仍然被當地居民深深懷念。

比起這些毫無地緣關係的異鄉客，台灣的主流文化多年來卻長期用「番仔」、「高山族」、「山花」等偏見字眼，無情又粗魯地傷害經濟條件落後的原住民同胞，相比之下真令人羞愧！

錫質平在台東完成了許多不可能的任務，他體會到在物質相對落後的地方不能只是傳教，更要想辦法解決經濟問題。所以，他除了帶領白冷教會為百姓築堤，化荒埔為良田外，更替幾個部落居民引山泉、掘井，以解百姓缺水之苦。在這個時候，瑞士人偉大的工匠精神發揮得淋漓盡致，而作為領導者的錫質平，更是把他的領導能力運作到幾乎是神蹟。他張羅所有的花費，除了向瑞士家鄉募款，連美援給教會的麵粉、奶粉、衣服都分配來以賑代工，還把自己的糧食用來創造來日的良田，這些故事今日看來仍令人十分動容。

創辦公東高工，引進瑞士技職教育系統

而錫質平所創造的奇蹟中，最令人稱道的是創辦以培養優良技工聞名的「公東高工」。一九五五年，錫質平自瑞士天主教勞工協會募得第一筆經費來辦學。由於他在台東長期與貧困的教友相處，深知唯有教育能徹底幫助人們改變現狀，也唯有一技之長才能不為人所奪，因此能習得技術的職業學校成為他的首選。

公東高工位處偏僻的台東，沒有錢、不受教育當局關愛，還是最不重視的私立技職學校，幾乎是台灣主流教育認知中最弱勢的一塊，卻在錫質平這樣的理念與帶領下，成為台灣教育史上閃亮亮的一頁傳奇。

從小受瑞士教育的影響，錫神父將德語系國家行之有年的二元教育系統引進公東高工。這系統所獨有的學徒教學制——技藝學校，非常重視術科實習訓練，必須在學校課程與工廠實作裡兩邊學習。這種訓練可以讓學生一畢業就幾乎可直接在工作單位上獨力作業。瑞士本身就有很多歷史悠久的技藝學校，這也是瑞士高品質的工匠技藝歷久不衰的核心價值。

雖然這樣的學制一開始並不受到教育部門的許可，但錫質平還是堅持計畫。他首先成立了十人一班的木工學徒班，以及只有兩人的鉗工班。等到真正運作後，邀請官員會勘才得到許可，成為台灣技職教育的新方向。

錫質平以瑞士技藝學校做為公東高工課程的藍圖，理論由本地老師擔任，而為了深化學生的技術訓練，他把腦筋動到家鄉歐洲去。公東從創辦後將近二十年的歲月中，前後有二十一位來自德國、瑞士、奧地利領有專業證照的技術老師，不支薪地前來支援工廠的實習課程。公東教育也因此成為當時最國際化的教學，當然可以想見這些語言不通的老外教學有多麼不容易，除了比手劃腳外，對學生用中文寫的習作更是頭疼不已。這些來台的外籍老師都有很深的宗教情懷，他們放棄了高薪來到台東，讓學生學會堅實的工藝技術。

募款協助弱勢學生

不僅如此，錫神父也在協助學子進修深造上不遺餘力，許多公東學子都經由白冷教會的推薦，陸續到歐美深造後回來貢獻所學，甚至有機會成為國立大學教授。

在幾千年「萬般皆下品，惟有讀書高」的主流文化裡，公東高工經營得非常辛苦，除了第一筆建造校舍和實習工廠的經費是由瑞士教會募款而來，其他經費扣除學費，幾乎都是錫神父到處募款解決。而這種重視技能的學徒制教育完全不受教育部門重視，在所有學校一味升格為「專科學校」追求虛名的狀態下，錫質平仍堅持繼續以高職辦學，因為他擔心在升格後，以原住民的弱勢更無法進入公東高工就學了。

然而，這批弱勢的學生在充滿愛心的國內外老師教導下，很快就展現了令人驚豔的成果。公東高工創校至今，在國際技能競賽中所拿下的獎牌數是台灣所有學校中最多的，更是國內技能競賽的常勝軍，連歐洲許多技藝學校都知道遠在台灣的公東高工技藝了得。

而他們真正在業界打響名號的，要算是以學校實習工廠的資源卻成為提供各大醫院病床的霸主供應商了。

一九六八年，剛剛接下焊接工廠主任的薛弘道修士與易慕道老師遇到了難題，因為學生繳交的實習材料費少得可憐，短短兩個禮拜就已經花用完畢。這兩個當初才三十出頭的小夥子必須為了賺得財料費而傷腦筋。在跟錫質平商量後，易慕道鼓足勇氣前往台北，找當時即將成立的耕莘醫院爭取醫院病床的訂單。

但接見他的醫院修女，對於這個金眼碧髮的年輕人所代表的名不見經傳的台東學校工廠一點信心都沒有，幾乎懶得討論就結束會談。據說，滿腔熱血的年輕老師竟然傷心地在旅館大哭一場。然而他仍不放棄，再度透過錫質平與校方，直接找上當時出錢出力興建醫院的主教，闡述公東的教育理念與承接業務的決心。他的努力終於得到回報，取得了耕莘醫院一百四十張病床的訂單。

這些病床都由公東機工科的師生自行設計製造，組裝則交由學校的焊接工廠負責。他們更創造出了採用兩支螺桿設計，頭與腳部都可用手搖控制升降的新型病床，轟動整個業界。

七〇、八〇年代，台灣的木工、銲接、機工、模造業的工廠老闆們，只要到了畢業季，就爭相到公東高工去爭取學生到公司就業。甚至學生還在學期間，就已經事先預訂工作。產業界熱烈邀請學生就業，給予了公東高工最直接的肯定，這也是當時錫質平創校時最初的理念。

雖然身為創辦人，但錫質平從未以創辦人自居。會長任期一滿，他就卸下公東高工的職位，前往新竹、台東鹿野、延平等地傳教。但照顧學生仍是他最鍾愛的工作，錫質平幾度調回公東高工任職，都不是做高高在上的行政主管，而是收學校財政危機的爛攤子，也在學校從事照顧學生的打雜工作。

至今，公東高工仍保留著錫質平長年居住的房間。就座落在現在有台灣廊香教堂美譽的公東教堂下方的轉角處。悶不通風，冬冷夏熱，但他仍然甘之如飴。這個總是為學校運籌帷幄，到處募款的靈魂人物，在公開場合卻總是低調地退居幕後，不輕易露面。就如他居住的小房間一樣身無長物，數十年如一日，將自己的物質需求降到最低。

不苟言笑，望之生畏

錫質平神父並非完人，與他一起工作的人都知道他脾氣暴躁，要求嚴格，也從不輕易稱讚人，總是要求別人完成幾乎不可能的任務，更常常在公東校園裡看到他追打踐踏草皮的學生，外表看來是個不苟言笑，令人望之生畏的大人物。

但學生們也從住校同學口中知道，錫質平每天晚上都要為他的寶貝學生蓋被子，故意踢被更成為學生心照不宣的小秘密，就是要享受神父幫自己蓋被子的溫暖。而且錫質平照顧學生無微不至，他總是在晚上親自幫患有香港腳的學生擦藥。許多學生回憶起錫質平帶領學生清理堵塞的廁所時，親自跪地，二話不說伸手就掏穢物的情景，總是久久無語！

要有什麼樣的胸懷，才可以讓自己志向如此遠大，但又同時能謙卑到如此微小？

一輩子守護台東的巨人

一九八三年，被發現攝護腺癌擴散的錫神父，在教會的命令下得回瑞士治療。機場滿滿送行的人，雖然滿口祝福他早日康復，但大家也都明白錫神父不可能再回來了。

然而五個月後，錫神父竟出乎意料地回到台東。雖然已經病入膏肓，但他仍然想回到台東來為他的學生與教友盡力。而且只要他能動，就不聽勸告地騎車外出、回學校辦公或探訪教友。儘管每次回來身體都相當虛弱，甚至痛到失去理智，從護士手中搶下嗎啡針往自己身上扎。

聖母醫院的馬修女描述錫質平再也無法出院的情景令人動容。那晚聽見熟悉的摩托車熄火聲，趕緊出門張望，因為她知道錫神父肯定又不假外出。走道上，錫神父正好從外面進來，一看到修女，安全帽仍未摘下的他突然停住，雙眼充滿生命已到盡頭的絕望，就在修女還未做出任何反應時，神父高大的身軀突如山崩般地在她面前倒下，安全帽撞地的巨響幾乎驚赫現場所有的人！

一個巨人倒下，用他的身體做為養料，換來無數的建築供人瞻仰，培養無數的技職菁英貢獻給這塊土地。錫質平跟白冷修士們的高貴情操，換來了台灣海岸山脈令人動容的教育傳奇！

（黃群仁）

季辛吉（1923-今）

季辛吉：建一座橫跨太平洋的大橋

季辛吉（Henry Alfred Kissinger，一九二三年—今），本名海因茨．阿佛列．季辛爾，出生於德國的美國猶太裔外交官，與越南政治家黎德壽同為一九七三年諾貝爾和平獎獲得者。原美國國家安全顧問，後任尼克森、福特政府的國務卿。

作為一位現實政治的支持者，季辛吉在一九六九年到一九七七年倡導緩和政策，使美蘇之間的緊張關係得到緩解，並在一九七二年和中國國務院總理周恩來的會談中扮演了至關重要的角色，促成了中國開放和新的戰略性反蘇中美聯盟的形成。

季辛吉是國際政治學均勢理論大師，理論重點關注在美蘇兩極對抗的國際環境下，如何運用國家外交手段，建立政治聯盟，對抗蘇聯的壓力。季辛吉理論為西方在冷戰中取得最後的勝利奠定了基礎，後來被廣泛運用於國家外交活動中，成為國家對外關係的理論來源；典型的表現在美國總統尼克森的外交政策之中。

不尋常的密訪

一九七一年七月九日，一架飛機降落在北京郊外的軍用機場。這架飛機早上剛從巴基斯坦起飛。飛機上載著三位美國人，一位自信的官員，和兩個如臨大敵、緊緊抱著皮包的保鑣。官員罕見地失眠了一夜，身上穿著明顯過大的襯衫，陪伴他的秘書則太過緊張，忘了讓他帶上特意準備好的合身西裝。比起這單薄的訪問隊伍，更不尋常的是接機者：中共軍委副主席葉劍英、駐加拿大大使黃華、禮賓司司長韓敘，以及曾經在校閱台上與毛澤東、史諾一同閱兵的冀朝鑄。

當日下午四點，讓這個隊伍如此慎重的原因揭曉，中國國家總理周恩來現身，並和這位初次「碰面」的美國官員握手致意，這位美國官員正是尼克森的國安顧問季辛吉。而這一握手，拋去了美國過去二十年的反共包袱，也從此以中共和美國為核心，在國際舞台上掀起滔天巨浪。

遠見．平衡．克制

作為一位縱橫政壇數十年的外交家，季辛吉深刻的遠見、對國際局勢均衡的講究以及對於自我嚴厲的克制是著名的。他認為，外交的基石是信任，以達成雙方目標一致，只有外行人才以為能用謀略取勝。這在他安排訪華的過程當中，體現無遺。

一九六七年，當時還未成為美國總統的尼克森在《外交季刊》中論及：「我們不能讓中共永遠隔絕於世界其他國家之外，沉醉在幻想中，心懷仇恨，威脅鄰國，在這小小的星球上，沒有地方讓十億最具潛力的人活在憤怒和孤立中。」當時的季辛吉正為洛克菲勒輔選，而他此時也認為，在外交上，對於中、蘇這兩個美國未來的「假想敵」，美國必須盡可能讓「和美國交好」的選項大於它們「彼此交好」的選項。

在擔任尼克森國家安全顧問時，季辛吉也表明，中國悠久的歷史與龐大的人口，注定將會大大左右國際事務，決定和平及進步的可能性。因此他認為，和中共、蘇俄發展穩定的「三角外交」，對美國未來將大大有利。

然而，此時這樣的觀點可謂四面受敵，美國國內聲浪並不支持中美關係的建立，反倒是對於前總統杜魯門承認中共對台主權、前國務卿艾奇遜將台灣摒除在防線外的「背棄」行為耿耿於懷；而此前中美二十年來的一三四次會談，也幾乎沒有成果。甚至在一九六七年尼克森就職時，中共新華社毫不客氣地形容尼克森是「資產階級集團為美帝侵略世界之野心所選出的傀儡」；而且在當時，北約和華沙公約組織仍在越南戰爭當中角力。

開始新章，破局而出

越戰曠日持久卻無戰果的痛苦，令當時的美國人民對於產生創造性政策的可能性已經絕望，甚至痛恨捲入國際事務。而季辛吉正渴望在這樣的條件下，開拓新章，破局而出，向世界證明「美國仍是世界事務的主要力量，能大膽且有技巧地促進仰賴者福祉」。

此時的季辛吉已經發動各部會檢討中國政策：

- 當前美國和中、台的關係
- 中共在亞洲的真實意圖
- 美國及其他相關國家對中共政策的影響
- 美中接觸的途徑、代價與危險

一九六九年，中蘇在烏蘇里江小島上衝突，林彪於第九屆黨代表大會中說道：「我們（中共）除非挨打，不會去打別人，但如果我們挨了打，一定反擊，他們要是堅持打，我們一定奉陪打到底！」從這番貌似殺氣騰騰的宣言中，季辛吉看見了機會，他瞭解到，對中共而言，此時美蘇兩大勢力都是威脅，而且蘇聯的威脅與日俱增，美國已不再是主要的敵國。他那「三角外交」的藍圖，條件已然成熟。

他開始推動重新審視美國對亞洲共產國家的貿易限制，並且逐步允許美國旅客購買中共製品、取消禁止前往中共旅行的命令，甚至把「美國驅逐艦將中止巡弋台灣海峽」的決定洩露給香港的中共官員。而周恩來在這些訊號當中，也逐漸捕捉到季辛吉的意圖，開始釋放在中國境內被捕的美國人。雙方此時完全沒有直接對彼此發言，但合議之勢已悄然形成。

這些成果，未曾使季辛吉忘記自己的初衷，他並不因此認為美國可以聯合中共，而在與蘇聯的鬥爭中勝出。他向尼克森重申，儘管他不認為中美關係將永遠敵對，但他的政策目的也不在反對蘇俄，且在中蘇紛爭中，美國將不偏袒任一方。

隔年的第一三五次會談，中共代表雷陽閱讀了一項聲明：「會談可由大使級官員繼續進行，或由更高層的官員進行之，或是透過雙方均能接受的其他途徑進行。」也在那一年，尼克森政府透過秘密管道，表示願意派特使至中國訪問，而中共也同意了。

此時，美國國務院以及少數瞭解此事的官員，仍然對於接觸中國之事充滿疑慮，甚至試圖使用更多的外交手法刺探。然而季辛吉認為，最好的作法，是「完全表明自己的終極目的，而非花時間陷入過多的戰術」，而他本人也直接洞察中共的真正目的，不在羞辱美國，而在於減少敵人。當年中共國慶時，愛德加．史諾受邀出現在天安門前，在毛澤東身旁一同閱兵的身影，加深了季辛吉的確信。也因此於當年年底，確定美國將派特使訪中。這次訪中，雙方皆認兩方為「關係正常化」，將中共以「國」的身分拉回國際社會。

細密的訪華準備

然而由於同一時間，外交上還有許多支持蘇聯、印度、反巴基斯坦的敵對團體的壓力。消息不能外洩，否則兩個相互猜忌二十年的國家之間，好不容易燃起的微弱火苗，將會被國內輿論及國際社會徹底踩滅。尼克森政府首先封鎖了對媒體的消息，甚至到季辛吉出訪，飛機上都沒有任何記者，且刻意經過西貢、曼谷、新德里、伊斯蘭馬巴德、巴黎等地，而且不做新聞簡報，讓記者對他失去興趣。

至於季辛吉訪華的行程，甚至動用東巴基斯坦總統的協助，讓他託病住宿於行館、支開所有的醫護人員及其他官員，秘密讓季辛吉搭機訪中，並於兩天後回到東巴基斯坦，彷彿他只是因病躺了兩天之後，再次出現在眾人眼前。

在保密方面有一段往事，季辛吉在其回憶錄當中，形容為「任職期間最痛苦的經驗之一」——會見中華民國大使沈劍虹。一九七一年七月一日（季辛吉秘密抵達北京為七月九日，當天正是季辛吉準備從美國出發的日子）沈劍虹為中華民國聯合國會籍之事訪季辛吉，而他盡可能維持「正常而冷靜」。而在經過了一天，當記者要求訪問時，季辛吉疲憊地請尼克森幕僚長「饒了他」，並悠悠道：「扯謊也是有限度的。」

保密僅僅是最基礎的準備，重點是訪談內容本身。季辛吉在訪華會談前的準備，數冊的資料，包含了中南半島、對蘇俄關係、印巴衝突、貿易交流、台灣問題、中共囚禁美國人士等複雜的事項。不單是會談所需的資料，甚至連度假期間，都要帶上一整袋關於中國哲學、歷史、藝術的書籍進行研究。

季辛吉經常如此比喻自己這段準備的歷程：

有位哈佛教授要求學生，在做期末報告前，必須先擬出十份草稿。而他將每份草稿退回，並且在所有草稿留下一句：你不能做得更好嗎？循環往復十次，學生最終忍無可忍地向教授咆哮：「我無法做得更好！」教授於是接過草稿道：「那，我現在可以看了。」

歷經三十個月緊鑼密鼓的準備，季辛吉這一趟以連結東西文化的馬可波羅為代號的「波羅一號」訪華計畫正式成行，並由周恩來親自接見，此後更促成了中美建交與尼克森訪中。尼克森晚年在回憶錄中說道：「這是我政治生涯的最高峰」。季辛吉也因此成為《時代雜誌》一九七二年的「年度風雲人物」。

逐步放棄台灣

從韓戰開始，中美所經歷的一三四次會談，問題相當程度集中在台美關係。季辛吉形容這是一個「持久不可能解決的問題」，然而這個問題卻永遠是議論的核心，無論是第七艦隊巡弋台灣海峽所造成的緊張關係，或者是美國在聯合國保障中華民國會籍，並因為基於「一個中國」原則反對中共入聯，若要緩和中美緊張關係，這都是必然碰觸的議題。

在訪華前，季辛吉面對的就是中共要求美國撤除駐軍，而他的回應是：「美國政策是在東亞及太平洋地區情勢減緩時，減少該地駐軍。」此番回應並未直接應允或回絕，而重點是要中共解決越戰以及中南半島衝突。

季辛吉在進行對中國事務時也同時積極處理越戰，促成和平協議的簽訂，也因此讓他在一九七三年獲得諾貝爾和平獎。

儘管主要目的不全在捍衛台灣利益，但在交涉過程當中，中共態度也逐漸軟化，僅僅要求

撤軍、恢復中美關係，而不再要求美國與台灣斷絕關係。然而僅僅是增加中共在國際上的地位，便可相對削弱台灣的國際地位。實際上在此前，中共在聯合國的盟國已不斷地增加，美國國務院也知道，每次大會支援台灣的會員國越來越少。而在季辛吉訪中曝光、尼克森宣布即將訪問中國後，也直接影響了聯合國會員國，同年，台灣退出聯合國，中共取而代之。

此時台灣和美國尚有邦交，但是在一九七三年，季辛吉和毛澤東會談時的說法，卻已經變成「因為國內情勢，不能馬上切斷與台灣的關係」。

直到後來，各方（包含蔣介石）仍堅守「一個中國」原則，季辛吉也和當時中國外交部長喬冠華，在此問題上多次進行討論。後來確立了著名的「對台政策五原則」，包含了台灣是中國的一部分、不支持台獨、阻止日本進駐台灣、支持和平解決台灣問題、不支持台灣政府以軍事手段返回中國大陸等。

而在二〇一三年，日本早稻田大學更發現了當年的白宮錄音，原來正是季辛吉說服尼克森，將釣魚台行政權交給日本，而不對主權表達立場。

因其對於台灣利益的種種退讓，中華民國前外交部長錢復曾對其評價：陰險邪惡。

風雲不絕

直到二〇一五年，這位「中國通」的訪中次數已經不下百次，而且就在那一年，他還與哈佛校長福斯特、美國前財務部長保爾森，橫跨政商學三界的代表一同再次訪問中國。

二〇一七年，已九十四歲高齡的季辛吉，在美國對中共的政策仍具影響力。二〇一六年，美國新任總統川普當選時，曾與中華民國總統蔡英文直接通話，並且在事後接受專訪時表示：「為什麼要被『一個中國』政策綁死？」

但二〇一七年川普就任後，卻因為接受了季辛吉的建議，與習近平通話，並且公開宣稱支持一中政策。

季辛吉曾公開表示：「我喜歡中國，喜歡中國人民，但我所做的一切，不是基於我對中國人民的喜愛，而是為了中美兩國的利益。」

超過四十年的訪中生涯，讓他認識了中國五代國家領導人，他曾如此評價：「毛澤東負責統一與捍衛；鄧小平開始改革開放，由江澤民落實；胡錦濤建立管理體制；習近平則正嘗試，同時解決所有中共各個發展階段不同領域所遇到的問題，並讓中共在國際上大放異彩。」同時他也在接受香港鳳凰衛視訪談時表示：「習近平是有著堅定信念的強人，我堅信他會達成自己的目標。」

這位曾經開拓了政治新局的老人，如今雖已淡出政壇，但他那不容忽視的智慧與經驗的積累，仍持續影響著時代。（**曹惟理**）

哈雷特・阿班（1884-1955）

哈雷特・阿班：戰時駐中國新聞記者第一人

哈雷特・阿班（Hallett Abend，一八八四—一九五五年），《紐約時報》駐華首席代表。

一九三七年十二月十三日南京淪陷，兩週後的某天，日本第三艦隊司令長谷川告知《紐約時報》，日本軍隊意外將戴有外國僑民的帕奈號擊沉了！

當時日軍封鎖了所有的消息，嚴禁所有媒體進出南京。但《紐約時報》駐華首席代表阿班仍不死心地追查，到底是誰下令做出這麼瘋狂的舉動。透過他的人脈追查，發現了日本軍官橋本欣五郎就是下令的惡魔，而阿班派遣到南京的攝影師 Norman 宋正好身在帕奈號，僥倖逃生被救，身上有南京慘案一系列無比珍貴的照片。阿班的團隊如諜報電影般突破日本軍隊搜查，順利地將圖稿送出，完成了第一個對外公開日本在南京暴行的獨家報導。報導中指出，如果連外國無辜的僑民都被不平等對待如同螻蟻，那在南京的中國人慘狀豈不如煉獄？

在全世界爆炸般的譴責壓力下，終於使日本道歉，懲處了此次在南京的日本高級軍官八十人，令其直接退役。而令人髮指的南京大屠殺資料，才得以在後來公諸於世。

一九二〇至一九五〇年代的中國，充滿了變動與苦難。而所有偉大的記者都清楚，巨變與苦難卻往往是尋找大新聞的機會所在。因此當年許多外國記者紛紛離鄉背井，前來中國尋找一展長才的機會。而其中，《紐約時報》駐華首席記者哈雷特．阿班被公認是那個年代最為傑出與最具影響力的外國記者，他的報導甚至影響了中國許多大事件的發展。

哈雷特．阿班，一八八四年生於美國奧勒岡州波特蘭市，一九五五年卒於加州索羅納（Sonora）。一九〇五年他進入名校史丹佛大學就讀，但卻在大三時輟學，遠到華盛頓找了一份實習記者的工作，啟動了他的新聞記者生涯。

中國最具影響力的外國記者

阿班生性不喜沉悶，討厭一成不變的工作。來中國之前他已經工作了近二十年，不僅沒有娶妻生子，還不斷跳槽，輾轉在美國各大城市的報社工作。不僅從事新聞，阿班還興趣多元，曾經為好萊塢默片電影做過編劇，甚至還到鄉下買了農場，夢想當個作家。

這個怎麼看都帶著漂泊靈魂的新聞工作者，在一九二六年他四十二歲時又突發奇想，打算到美國人口中的遠東來闖蕩。而這個大膽的決定，把阿班帶進了當時動盪不已的中國，也成就了他在一九二六至一九四四年這十五年中，成為在中國最具影響力的外國新聞記者第一人。

說起阿班對中國的影響，得先從美國一九二〇至一九三〇年代的門羅主義說起。當時的美國從政治菁英到民眾都支持所謂孤立主義（isolationism），對當時紛亂不已的國際情勢例如歐洲政局均保持袖手旁觀的態度，更不用說對於遠在天邊的亞洲國家漠不關心。而當時的歐美報紙極少報導中國，就算少數刊登也多以奇風異俗、博君一笑的娛樂新聞居多。

在這樣的年代下，阿班卻能逆向思考地選擇中國來做為他下半生的闖蕩。除了機緣，也該讚嘆他做為新聞記者敏銳的觀察吧！

一九二六年，當阿班從香港抵達中國時，正是國民革命政府準備北伐的敏感時刻。在香港與廣東，北伐軍與英國軍隊，以及與蘇聯共產黨的關係錯綜複雜，陷入高度緊張。阿班甚至一進入中國，就親身目睹了英軍屠殺遊行抗議民眾的沙基慘案。但這起重大新聞，國際媒體毫無興趣。甚至當阿班去香港拜訪合眾國際社時發現，因為派駐記者生病，導致上次發稿時間竟然是七個禮拜前，而這離譜的現象，號稱世界三大新聞通訊社的合眾社總部竟然無人聞問。當時中國新聞的不受重視，由此可見一斑！

阿班到中國初始，如同他之前的工作生涯，極不順利。他在沒有任何美國媒體提供他工作機會就隻身前來，不能聽說寫中文卻要報導中國，要在這樣的狀態下在中國生活，幾乎是不可思議的舉動。果然，從香港到廣州再到上海期間，阿班只能幫忙中國的英文小報寫些以稿論酬的工作。工作不穩定加上無法適應亞洲濕熱的氣候，讓阿班身心俱疲。他甚至在剛到上海時就發生顏面神經癱瘓，幾乎以為自己中風。

但這些打擊都沒有嚇退阿班，他的新聞天賦讓他一到中國立刻發現蔣介石與國民革命軍將帶來新契機，甚至大膽預測北伐將會成功結束軍閥割據。雖然其他的新聞媒體與身在中國的外籍人士都嘲笑是無稽之談，但最後事實證明阿班的新聞判斷十分準確。

守門新聞毫不鬆動

一九二六年八月，阿班接受了《英文導報》（*Peking Leader*）的邀請擔任總編輯，前往北京。《英文導報》是當時北京少數的英文報紙，但其實更像宣傳工具，這也是中國當時各報紙的普遍現象。背後出資人是國外的傳教組織，董事中還有當年赫赫有名的燕京大學創辦人司徒雷登。阿班到職後發現整個報社的編務與財務毫無章法，岌岌可危。負責人更企圖一走了之，簡直是個爛攤子。

即使如此，阿班對於新聞的守門仍然毫不鬆動。儘管董事會想控制社論否則威脅不再支援財務，阿班仍然拒絕妥協，堅持必須雙方認可才能刊登社論。造成他在總編輯任內的一年裡，《英文導報》只刊登出三篇社論的奇觀。對當時國民政府外交部長顧維鈞花錢請《英文導報》撤掉不利政府的新聞，阿班也毫不考慮，嚴加駁斥。

在艱困的環境下仍然能對新聞理念做出堅持，實在令人敬佩！

一九二七年八月，一通電話改變了他的工作，也開始啟動了阿班在中國新聞界呼風喚雨的年代。當時的紐約駐華首席記者摩爾（Frederick Moore）因為個人因素必須離開中國，於是找上了毫不認識的阿班。當時候他已經離開《英文導報》，在彈盡援絕的窘境下已經做好打包回美國的打算。這次會談十分愉快，兩天後阿班就收到《紐約時報》的電報，聘請阿班成為中國華北與滿洲事務記者。

阿班自己描述，《紐約時報》駐外記者是他一生最嚮往的工作，卻在這艱困的時間不費吹灰之力意外得到了！

命運之神給了阿班機會，而機會也總是留給準備好的人創造奇蹟。阿班上任後，立刻就報導了五三濟南慘案，成為唯一深入衝突區的外國記者，發表了震驚世界的獨家報導。

在滿州與華北一觸即發的衝突裡，他在中國、日本、蘇聯、美國的複雜關係中穿梭。此時阿班做為傑出記者的特質顯示無遺。一方面他需要深入戰地，找到人脈、機會做報導，另一方面他又必須要嚴格篩選新聞來源，防止有心人士給假消息達到宣傳目的。而當時新聞記者面臨的困難，更是連發出電報都需要努力協調，才有機會讓辛苦報導的新聞面世。這也說明為何戰地記者，不是堅忍剛毅者所無法擔任的神聖職務了！

上海展開新聞人脈

當然在這個處處衝突、時時諜對諜的年代，記者公正客觀的尺度維持，要比想像中困難得多。阿班因為幾次報導南京政府部隊對外國人士施暴的新聞，造成國民政府的嚴重不滿。甚至到《紐約時報》總部抗議無效的情況下，一九二九年七月，國民政府竟然宣布要將阿班驅除出中國。對此《紐約時報》毫不讓步，不僅不接受抗議，還將阿班調到上海接任駐華首席記者。

面對《紐約時報》的回應，國民政府開始要求所有的郵電局不准幫《紐約時報》傳遞任何消息，官員亦不准接見，讓《紐約時報》記者進不了公務部門。整個中國幾乎是全面封殺阿班，甚至對紐約總部投訴阿班的黑函也從沒斷過。而另一方面，日本則是全面地提供新聞協助，希望在阿班被中國封殺時，順理成章地親日，打著讓阿班幫忙日本在國際發聲的如意算盤。

對於這樣嚴厲的挑戰，阿班並沒有因此退怯，也沒有因此而在中日事件上報導偏頗。阿班在上海開始展開他的新聞人脈，他利用《紐約時報》優越的資源，包下了上海當時知名的百老匯公寓的最頂層，做為他的辦公室與居所，並且勤練中文。他經常宴請當時的名流，無論各國的使節，日本軍方將領，中國政府如宋子文、張學良，甚至宋美齡與蔣介石，後來都成為他的密友。當然這當中有太多人需要他這個《紐約時報》的金字招牌為自己發聲。而阿班在中國佈下的綿密人脈與對新聞窮追不捨的態度，讓他成為中國與國際媒體接軌的重要發言人。

這一場國際大報對抗當地政府的戲碼，維持到一九三一年，因為宋子文居中協調並與宋美齡與蔣介石私下見面後，才在當年四月正式畫下句點。一個駐地記者對抗當地政府還能全身而退，聲勢大漲，這也是前所未有的奇遇了！

而對於日本方面的交好，阿班並沒有因為新聞上的方便而被沖昏頭。阿班更從與日本軍方的關係中發現，日本想要侵略中國，進而掌控亞洲的企圖。他在新聞報導中不斷提醒美國必須防備日本，只是當時美國政府與民眾仍然樂觀認為，弱小的日本根本沒有能力攻擊美國，直到珍珠港事件發生才懊悔發現，這個《紐約時報》記者早已多次提醒。

從一九二九年阿班擔任駐華首席記者，到一九四一年被日本威脅而不得不離開上海這十二年中，所有中國發生的大事，阿班幾乎無役不與。

他獨家報導了當時轟動全世界的西安事變，從開始到和平落幕，都做了第一手的報導，甚至取得宋美齡的獨家專訪。新聞一路領先，連當時中國在地媒體都無法超越。

他現場採訪了上海「一二八事變」，直接目睹日本空軍投擲炸彈轟炸閘北平民。新聞在《紐約時報》刊登後，世界輿論一片譁然。

直到「七七事變」中日戰爭開始，中國幸也不幸地終於成為世界開始關注的焦點。而阿班也注定在這個充滿動盪大時代，展現了他無冕王的威力。

做為戰時記者，阿班在中國所承受的壓力巨大到令人無法想像。在與中國政府交惡時，阿班在北京與上海都遇到暗殺的威脅。而日本無時無刻的金錢攻勢，甚至在阿班報導南京暴行後，家中遭搜查，又被日本憲兵隊毆打的暴力事件也從未消失。

阿班跑新聞總是深入險境，上海會戰時，他更直接面臨飛機誤投炸彈被炸飛受傷，大批平民在眼前身亡的慘狀。而這些威脅，都沒有動搖過阿班繼續留在中國報導新聞的決心。

一九四一年七月，阿班在家中被日本憲兵毆打並且搶走他正在書寫的《華爾將軍傳》手稿（華爾將軍是幫助清朝打敗太平天國的知名傭兵將領），以致阿班重新花了五年時間撰寫，這本書才重見天日。當然這是後話了！

暗殺死亡威脅不斷

面對這樣的威脅，阿班一點不退縮。一九四一年九月，他繼續報導日本已加入軸心國的獨家新聞，暗殺與死亡在身旁時時威脅，而美國軍方也確認日本將殺害阿班的情報。在美國艦隊最高將領哈特海軍上將的強烈要求下，一九四一年十月十四日，阿班離開了他待了十五年之久的中國，從此再也沒有回程！

離開中國的阿班，回到美國後到《紐約時報》華盛頓分部工作。但就如同到中國前的他不喜歡一成不變的案頭工作，阿班很快離開又流離在各個報社。最後更離開新聞崗位成為自由撰稿人與作家。他的鉅作《我在中國的日子》（*My Lifein China, 1926-1941*）成為後來許多駐外新聞記者必讀的名著。

回到美國的阿班並沒有忘記中國，他更不斷找尋再回中國的機會。可惜在抗戰勝利後又發生國共內戰，甚至導致美國勢力全面撤出中國。直到一九五五年過世前，阿班的中國夢也只能在他寫作中去尋找了！

綜觀阿班的一生，做為駐外記者成為他最閃耀的皇冠。他的努力除了顯耀自己，也影響許多人的命運。像胡適被捕下獄時經由他在《紐約時報》大聲疾呼，因而拯救可能遭遇不測的胡適。一言為生一言致死的影響力，阿班在中國得到了，這也是作為記者畢生的榮耀。

而阿班自己為他的中國生涯做總結，他說：在交戰區生命總危在旦夕，非死即殘常有之。

在政治動亂國家，遭狂熱份子暗殺，亦是隱憂。然而，當一名駐外記者，毫無私心雜念地為報社工作，卻依然是世上最顯耀的職業。

阿班一生捍衛新聞自由，二戰後的美國因為麥肯錫主義造成對媒體的新聞檢查制度，阿班更是嚴詞批評。他說，戰爭過程中不管國家機器如何壓制，做為記者仍要不畏艱難險阻，努力報導為國家立下豐功偉業，使媒體獲得了空前崇高的地位，而戰爭的勝利如果不能使媒體徹底恢復自由，那麼這場戰爭也只是徒然。

哈雷特・阿班，除了因緣際會影響中國而為後人傳頌，他對新聞工作的態度與捍衛新聞自由的風骨，更值得後世媒體工作者的尊敬與追隨！（黃群仁）

愛德加・史諾（1905-1972）

愛德加·史諾：紅色中國的外國人士

愛德加·史諾（Edgar Snow，一九〇五—一九七二年），美國記者。他被認為是第一個採訪中共領導人毛澤東的西方記者。一九三七年史諾完成《紅星照耀中國》（《西行漫記》），該書記錄了中共創建至一九三〇年期間的中國共產主義運動。

史諾：中國革命的忠實記錄者

一九三一年八月，二十四歲的美國姑娘海倫·福斯特，隨身攜帶著《密勒氏評論報》記者愛德加·史諾的全部作品遠渡重洋來到上海。她和史諾約定在一家名叫沙利文的咖啡館相見，姑娘的想像當中，史諾應該是一個體魄健壯的環球旅行家，可是出現在她眼前的史諾，身體瘦削，疲憊不堪，甚至緊張地差點被椅子絆倒。多年之後，史諾對海倫·福斯特說：「如果不是因為妳，我一九三二年底就離開中國了。妳使我在中國得到一個徹底的富於希望的新生。」也就在這一年，史諾與海倫·福斯特結婚。

與中國結緣

一九〇五年七月十一日，一個小男孩在美國密蘇里州堪薩斯城出生了，他就是對中國革命影響巨大的美國記者——史諾。密蘇里州堪薩斯城約略位於美國地理位置中心，由於地理和歷史上的背景因素，當時居民十分重視自主與開創的精神，這也許影響史諾養成了獨立自主、喜愛冒險的精神。

史諾的父親詹姆斯以開設印刷廠為業，本身愛好文學，偶爾在家中詩性大發，就朗讀或背誦莎士比亞、歌德等古典作家的作品。史諾因此耳濡目染，在報社和農田裡打零工之餘，閱讀了許多文學作品，奠定了基本的人文素養。他尤其嚮往馬克吐溫和哈利伯頓等美國作家筆下有關遊歷冒險的情節。

史諾與查爾斯·懷特是童年玩伴，他們始終維持著友誼。一九一九年，他和懷特以及另一位友人受著馬克吐溫小說的驅使，在沒有告知父母的情況下，私自遠遊。回程時旅費不夠，一路上打零工，坐霸王車，為此還吃上一晚牢飯。

這段甘苦交雜的經歷首次實現了史諾遠遊的夢想，堅定了他對遠遊的憧憬，並且帶給他終身的影響。他在年近半百時曾寫信給懷特，一起分享這段令他回味不已的旅行經驗：「我一直忘不了我們一起度過的充滿冒險的夏天——它可能深深地影響了我的生命，因為它給了我旅行癖，這個癖好最後帶著我遊遍世界並且數度環遊世界。」史諾在結束這趟令他永生難忘的夏季之旅後，開始閱讀法國文豪雨果的鉅著《悲慘世界》，書中的情節喚起他對人道主義的關切。

一九二六年，史諾進入密蘇里大學新聞學院學習新聞採訪與寫作。二十世紀二〇年代的美國是個充滿機遇和冒險的年代。史諾急於自食其力，所以只在密大讀了一年就輟學了。有天晚上，史諾作了場噩夢，夢見自己垂垂老矣，一手拿著巨額支票，另一手拄著枴杖；醒來之後，他決定要讓自己過不一樣的生活，要走出去「看看世界」，於是將在股票賺的錢作為遠渡重洋的基本旅費。

一九二七年的一天，「蘭德諾」號輪船駛離紐約港開始東方之旅，它將穿過巴拿馬、夏威夷、菲律賓，然後前往旅行地的終點：中國。但是當船駛達夏威夷時，因為鍋爐突然發生爆炸，「蘭德諾」號擱淺。二十二歲的愛德加．史諾就在擱淺的船上。但是史諾決定繼續他的旅程，混亂之中，他上了一艘日本船隻，但很快就被日本警察盯上。正當史諾與日本警方周旋的時候，他發現一個美國記者團正隨船同行，在美國記者團的協助下，史諾成功偷渡。在史諾的旅行計畫中，只在中國停留六個星期。他萬萬沒想到此番赴華，一待就是十三年，更不會料到日後會和中國人民結下不解之緣，甚至深深地涉入了「中國共產革命」的歷史當中。

對中國形勢的認識

史諾抵華前夕，中國正值戰禍連年、貧富不均，民間不滿的情緒持續蔓延，農民搞「起義」，工人搞「罷工」，共產勢力正迅速在中國崛起、擴張。國民黨在總理孫中山逝世後也正值積極致力於黨內整合和國內統一的事業，陸續經歷過北伐戰爭和「清黨」等具有指標性意義的重大事件。史諾抵華後不久，又適值張學良東北軍易幟效忠國民政府。此際中國在軍閥和西方列強環伺之下，僅維持了表面的統一。它的社會正面臨著西方文明的衝擊與邁向現代化轉型的壓力。

史諾一開始對國、共兩黨並無明顯好惡。抵達上海後，為了賺足六個星期中國之旅的旅費，史諾擔任了《密勒氏評論報》的助理編輯，月薪一百八十美元。一九二九年四月，史諾接到的第一次採訪任務，是沿著中國八千英里長的鐵路線作旅行報導。他沿路一直到了鐵路盡頭，就是內蒙古薩拉齊，那個地方是赤地千里，餓殍遍野。實際上當時就是連續了四年大旱，有五百萬人口喪生，他這時候就驚呆了。

史諾的旅行採訪是由當時國民政府交通部部長孫科安排的，他的本意是為了讓史諾寫寫沿途的風光名勝，以便吸引美國的觀光客。但史諾遇到的是民國史上最怵目驚心的一場大飢荒。史諾返回上海，上海正準備中華民國十七週年的慶典。報社期望史諾能夠撰文宣傳國民政府所取得的成就，還未從大飢荒的震撼中平靜下來的史諾，隨即寫了著名的〈中國五大害〉一文，從此因文章辛辣，名聲大震。

受到上海《密勒氏評論報》的影響，他的報導立場一度與國民黨當局較為接近。透過一路的採訪，他已看出：情況並非如國民黨政府所宣稱的那樣，事實上這個國家遠未統一，真正的革命未必已經開始；它必定要為自己的過去付出令人震驚的代價。史諾認定：中國總會有一天要爆發革命，而且這將是歷史上最殘酷的革命。因此，史諾贊成這樣的判斷：今後二十年裡的中國發生的事情，將會是舉世轟動的大消息。史諾希望能親眼目睹這一過程的發生，並決定要親身投入到這一偉大事件的過程之中。

史諾並非天生的親共份子。初到中國，史諾認為：「道義是在蔣介石一邊。」他甚至覺得，蔣介石血洗上海而造成共產黨人的犧牲是必要的。但是，經過一段時間的觀察、瞭解和接觸之後，史諾的觀念漸漸發生了動搖。

之後，史諾寫了〈僑居〉這篇文章，裡面抨擊了美國人，這篇文章面世，不僅遭到美國人，甚至遭到整個西方人無論是在美國的、中國的，還有在英國的、法國的，對他群起而攻之，還發表文章批判史諾，說他是「白人的叛徒」、「侵華份子」。

群體的圍攻讓史諾措手不及，而此時大洋彼岸又傳來母親去世的消息，雙重打擊，讓這個原本想尋找「東方魅力」的年輕人心情極度黯然。史諾決定回國，這年十月，美國姑娘海倫·福斯特遠越重洋來到上海。史諾為了約會，穿了一件之前在印度做的白西服。他在大街上等計程車，突然從里弄裡頭跑出一個中國人來，被火燒著了，燒得滿身是火，疼得在地上亂轉。中國人當時思想落後，都在那兒看熱鬧，沒有一個人動手去救。史諾脫下這身服裝來，就蓋在這個著火的中國人身上，把火撲滅了。就這樣，他的新西裝和白上衣被燒壞了。美貌動人的海倫·福斯特出現在狼狽不堪的史諾面前，史諾砰然心動。他向海倫·福斯特傾訴了自己在上海遭遇的困境以及回國的決定。在海倫·福斯特的鼓勵下，史諾決定選擇留下，繼續自己在中國的新聞使命。

結識宋慶齡、魯迅等知識份子

一九三三年，史諾在完成了一篇有關宋慶齡傳略的文章之後，致函鼓勵他撰寫這篇傳略的《紐約先驅論壇報》週日版主編威廉・梅洛尼。他在信中首先表達了對宋慶齡這位孫中山遺孀的景仰之情：「我欽羨她優勝於我在東方所見過的大多數人。我特別欽羨她的才智，她的勇氣，以及她全然的真誠。」

宋慶齡的言傳身教，消除了史諾身上的一些蒙昧無知。透過與宋慶齡的交往，史諾不僅體驗到中國最美好的思想和情感，而且還認識了一些未來的歷史創造者——年輕的作家、藝術家和戰士，瞭解了孫中山的為人及其未竟的抱負，瞭解了宋慶齡為什麼拒絕與宋氏家族一起和蔣介石政府合作，以及其他許多史諾無法從書本上知曉的事實。對此，史諾深有感觸地寫道：「多虧早結識了宋慶齡，使我領悟到：中國人有能力從根本上改革他們的國家，並且迅速地把地位很低的中國提高到憑其歷史和眾多人口在世界上應佔有的地位。」

史諾曾經問宋慶齡：「妳現在還是不相信中國的任何政治家嗎？」宋慶齡搖了搖頭，說：「比起他人來，我對毛澤東還是信任的。」正是依靠於宋慶齡的友誼和心靈溝通，史諾才非常信任宋慶齡；宋慶齡也非常樂意為史諾做了精心安排，幫助史諾踏上神秘的西北採訪紅軍之旅。史諾的前後兩任妻子後來也都表示，宋慶齡對史諾的思想確實產生了啟迪的作用。

一九三二年十月，史諾經宋慶齡引薦，結識了魯迅、林語堂等知名文人。史諾深情地說：

「正是透過魯迅，我結識了許多傑出的中國青年作家和編輯。儘管他們大多數不為外國人所知，但是我發現他們在思想較為嚴肅的年輕人中間，是極有威望和影響的。他們當中許多人和魯迅一樣四下避難，他們辦的刊物和出的書遭到查禁。就我所知，當時中國中只有極少數人是共產黨員。他們在思想上是社會主義者，想要獲得宣傳西方早已實現的改革的自由，並且在他們的一些文章中涉及了被國民黨認為是危險思想的一些問題。」與宋慶齡、魯迅等人的友誼，以及與透過宋慶齡、魯迅而認識的中國優秀份子交往，史諾身上的中國味越來越濃，史諾精神世界的中國化趨勢也越來越強。史諾越想瞭解中國，他就越願意待在中國。

一切未卜的西北之行

一九三六年，紅軍結束長征剛剛抵達保安。上海一份英文報刊《字林西報》關於長征的報導卻讓毛澤東大為震怒。雖然《字林西報》在頭版驚呼紅軍長征創造了奇蹟，但同時也嘲諷紅軍缺乏紀律意識，甚至惡笑紅軍粗陋無文。而此前國民黨嚴酷的封鎖，已經讓紅軍的形象極度受損。毛澤東意識到，「我們到達陝北，站住腳了，但是我們的真實情況，外界不知道。我們接下來要抗日，就要建立抗日民族統一戰線，但是我們黨的政策方針如何讓外界知道呢？」。毛澤東認為，我們需要一個外國記者作為第三人來為我們進行宣傳，這樣會起到事半功倍的效果。

這年八月，毛澤東指揮楊尚昆在政治部成立編輯委員會，並親自起草徵稿信，號召參加長征的師團以上幹部寫作《紅軍長征記》。同時，毛澤東透過上海地下組織，委託宋慶齡秘密物色一位外國記者和一名外國醫生前往保安。

此時，接到毛澤東指示的宋慶齡已經在心裡物色好了前往延安的名單：愛德加．史諾和二十六歲的美國醫生馬海德。宋慶齡瞭解史諾是一個很公正的記者，宋慶齡之前看過史諾寫過的很多報導，對他很欣賞。

然而去西北採訪也是史諾一直以來的心願。史諾去陝北不是一九三六年突發奇想要去的，而是起源於一九三三年，當時他的文學代理人就希望他到共產黨的這個統治地區去採訪一下，到底中國共產黨在弄什麼呢？因為當時外界有很多傳言。他一直也想去，但是一直沒有機會，找不到和這個地區有聯絡的人。所以他就從一九三三年、一九三四年，一直等到一九三五年，都沒有機會去。後來他找到宋慶齡，要求宋慶齡能夠幫他聯絡一下。宋慶齡答應了，透過共產黨地下組織，為他安排西北之行。他想去瞭解一下外界對共產黨的傳聞是否是真的。

一九三六年的一天，有一位共產黨人走進了張學良的辦公室，開門見山地說：「我是來向你借飛機去延安的。」這個人就是化名王牧師的中共地下黨特派員董健吾。他負責史諾和馬海德的第一站接待工作。他和張學良最後商定，空中通道易暴露目標，改走陸路。由張學良的最高副官劉鼎親自護送史諾和馬海德出西安。

一九三六年六月，在宋慶齡的安排之下，史諾帶著一封用隱色墨水寫給毛澤東的介紹信，登上了前往西安的列車。臨行之前，史諾給自己注射了所有他能夠找到的防疫疫苗，出門之前還帶上了一枝用來自衛的勃朗寧手槍。在史諾乘坐的車廂裡，有一堆中國人正在熱烈地討論一個話題，就是共產黨帶領農民革命，劫富濟貧，究竟是土匪呢還是英雄？話題被兩人爭論不休，這讓旁聽的史諾對神秘的蘇區之行更加惴惴不安。

史諾到達西安後，身分暴露，遭到國民黨的圍攻，幸好這時周恩來帶領一支隊伍將敵人消滅掉，在周恩來的引領下，史諾見了中共最高領導人毛澤東。在蘇區，史諾很快贏得了毛澤東的好感，毛澤東給了史諾一個特權——史諾隨時可以去他的窯洞採訪。在陝北蘇區，史諾採訪了四個月時間。他滿懷激情地寫道：「我和紅軍相處的四個月，是一段極為令人振奮的經歷。我在那裡遇到的人們似乎是我所知道的最自由最幸福的中國人。在那些獻身於他們認為完全正義的事業人們身上，我強烈地感受到了充滿活力的希望、熱情和人類不可戰勝的力量。自那以後，我再也沒有過那樣的感受了。」史諾為中國共產黨人的崇高理想所深深折服，「我所知道的當政的寡頭和少數貪婪的佔有集團，不論是白種人還是黃種人，都是腐敗墮落的。共產黨人卻與他們形成了對照，他們都是些正直、無私的人。相比之下，他們的同胞，雖然也鄙視日本人和國民黨，卻忍氣吞聲過著受壓迫的生活，而共產黨人則隨時準備為他們的理想而獻身，他們把這一理想看得比個人的生命還重要。」

四個月之後，得知國民黨即將封鎖蘇區的交通線，史諾決定馬上離開蘇區。一九三七年，當盧溝橋的硝煙席捲北平的時候，史諾剛好完成了全部的寫作計畫。他曾經任職的上海《密勒氏評論報》以〈與共產黨領袖毛澤東的會見〉為題，率先全文發表了史諾和毛澤東的長篇談話，同時還附錄了史諾對於革命根據地的綜述。這年十月，英國格蘭次公司把史諾的採訪報導集結成冊，以《紅星照耀中國》為書名出版發行，馬上震驚了全世界。一個月之內，五次再版，美國國務院把這本書列為是美國官員瞭解中國的二十本必讀書之一。

一九三八年，《紅星照耀中國》的中文版發行，為了躲過國民黨的查禁，書名被改為《西行漫記》。第二年，史諾再次訪問蘇區，這一次，他在陝北最大的城市延安見到了毛澤東。在一次幹部大會上，毛澤東誇讚《西行漫記》是外國人報導中國革命最成功的兩部著作之一。

促進中美友誼的橋樑

一九六五年一月九日，《人民日報》登載了一幅毛澤東與史諾在一起的大照片，說史諾是《西行漫記》的美國作者。史諾認為：「以這種形式報導會見，顯然加重了這件事的分量，它絕不是什麼普通的舊友重逢。在我看來，多半是毛想透過這種方式，把中國對戰爭與和平的見解，尤其是對越南問題的看法通知美國。」在會見中，史諾問毛澤東：「我從未見過尼克森總統，但是我想，如果你有什麼資訊要給他，我也許能夠帶去交給他。你有什麼話要對他講嗎？」毛澤東停了一下，說：「不需要。」可能當時毛澤東認為時機還不成熟，說了也無用。

一九七〇年十二月二十五日，《人民日報》頭版刊登了毛澤東於同年十月一日在天安門城樓會見史諾的大幅照片，稱史諾是「美國友好人士」，照片約佔頭版版面的四分之三，足見重視程度。在這之前，時任美國總統的尼克森已三次公開發出了願意友好的信號，又兩次委託別國元首轉達願意友好的口信。深諳內情的原外交部高級官員熊向暉評論道：一九七〇年十二月二十五日《人民日報》的頭版版面安排，「是對尼克森多次發出的美國要同中國和解的信號的首次公開回應。」史諾後來談到這件事情時說過：「凡是中國領導人公開做的事情，都是有目的的。」前美國國務卿季辛吉在《白宮歲月》一書中也談到這件事情，說：「這是史無前例的：哪一個美國人也沒有享受過那麼大的榮譽。這位高深莫測的主席是想傳達點什麼。」

一九七〇年十二月十八日，毛澤東約見史諾，進行了一次長達五個小時的談話。其中談到中美關係時，毛澤東表示：歡迎尼克森訪中，他當做旅行者也行，當作總統也行。毛澤東的這些談話，尼克森幾天後就知道了。熊向暉說：「至於史諾採取什麼辦法這麼快就使尼克森知道了，這是難以考察也無需考察的事。」

一九七〇年的中國之行是史諾最後一次訪華。一九七二年二月，史諾結束訪問，返回瑞士。第二年因病情突然惡化，史諾病逝。這一次，他沒能將中國之行的採訪整理成冊。史諾在遺言中這樣寫，「我熱愛中國，我希望時候我的一部分，仍能像生前一樣留在中國。」按照他的遺願，他的骨灰一半安葬在北京大學未名湖畔，另一半安葬在美國紐約州哈德遜河畔。就在史諾逝世七十二個小時之後，載著尼克森總統的空軍一號專機，從華盛頓起飛，開始破冰之旅。隨尼克森訪中的是一支七十二人的龐大記者團，不過他們卻沒有一位被中方允許採訪毛澤東或是見證兩位元首的會談。（苑寧）

鳥居龍藏（1870-1953）

鳥居龍藏：將台灣原住民研究帶進世界的日本學者

鳥居龍藏（一八七〇—一九五三年），日本四國德島市人，著名人類學家。一八九六年至一九〇〇年間，隻身到達台灣連續進行四次學術調查旅行，此為台灣史上第一次全面性、系統性的原住民田野調查，台灣原住民研究也得以被全世界認識。

一九四一年日本偷襲美國珍珠港震驚全球，拉開了美日宣戰的序幕。這讓早已經佔領中國北平的日本軍方，終於得以名正言順地關閉從一九三七年以來，為了抵抗日本侵略而高掛美國國旗堅持孤島辦學的燕京大學，並且逮捕了當時的美國籍校長司徒雷登。

就在日本軍隊大舉進入校園，關閉宿舍驅趕所有人離開校園的同時，卻有一個日本學者站在燕京大學門口，對著被迫離開燕大的中國師生不斷地鞠躬道歉，聲稱日本對華侵略是野蠻且錯誤的行為。

他的舉動，贏得了燕京師生甚至很多中國人的尊重。但這個舉動也立刻遭到報復，直接被日本軍方逮捕，並將他軟禁在家數年，無法工作，因此窮困潦倒，甚至要靠兩個女兒打零工才能維持一家的生計。

他，就是將台灣原住民推上世界學術舞台的日本人類學者，鳥居龍藏。

鳥居龍藏的學術路並非如一般學者順遂，他成長在日本德島的菸草批發商家庭。小時的龍藏並不愛念書，念小學時太過調皮，成為學校的頭痛人物，竟然在九歲就被退學，此後再也沒有接受過正統的學校教育。

對人類學鍥而不捨

但他卻好像天生就要做人類學者似的，對於考古與田野調查的熱情超乎常人。失學後在家做學徒的鳥居龍藏，在看見西方傳入的考古文獻後，竟然對人類學深深著迷。他竟然透過自學的方式學會了拉丁文、西班牙文，甚至南美洲古印加帝國文字。對一個小學沒有念完的人來說，這樣的學習成就幾乎是奇蹟！

鳥居龍藏對於人類學的熱愛與鍥而不捨，很快就嶄露頭角。一八八六年，十六歲的鳥居龍藏就獲得推薦參加了東京人類學會。一八九二年，二十二歲的鳥居龍藏於日本千葉縣發現史前貝塚，轟動整個日本考古界，耀眼的成績也得到日本人類學之父坪井正五郎的青睞。但因為他的學歷實在太低，因此只能從當時坪井正五郎擔任系主任的東京帝大人類學系擔任標本管理員開始著手，一邊學習一邊等待機會。

機會並沒有讓鳥居等待太久，一八九六年甲午戰爭後，清朝將台灣割讓給日本的第二年，日本國會撥出專款資助東京帝國大學派遣學者到台灣，進行人類學、動植物學與地質學調查。

其實說穿了，就是對於台灣這個新殖民地的全面性勘查，但大家都明白此行的辛苦與風險極高。

特別人類學部門被分派的工作，就是前往台灣去調查研究所謂的高山族，當時台灣原住民仍有獵人頭的出草風俗，再加上可能感染疾病、水土不服等因素，死亡的危險極高，導致當時東京帝大所有的教授、助理們都拒絕前往。

所謂蜀中無大將，廖化做先鋒。這個艱難的工作最後竟然由擔任標本整理工作的鳥居龍藏臨危受命來台，也開啟了他著手研究台灣山地部落群，獲得前人未知的第一手人類學資料，並將台灣原住民研究推向人類學殿堂，獲得他在世界人類學史上崇高的地位。

鳥居龍藏對於台灣原住民的調查方式非常獨特，是屬於行動派或探險型調查。一八九六年他開始在台灣調查時，從東部花東縱谷和海岸著手調查原住民的種類與習俗。很快他就進行第二次的探險，這次在蘭嶼停留兩個月，進行雅美（達悟）族民族誌調查。在生活辛苦、語言不通、沒有任何翻譯人員陪同的情況之下，鳥居龍藏仍然完成了一部翔實的民族誌，出版了他著名的《紅頭嶼土俗調查報告》，台灣原住民也因為這本鉅著首先命名為雅美族，而被往後的世界人類學廣知。

這本書在被譯成法文後，轟動了當時仍為草創期的人類學界。而事實證明鳥居龍藏所開創的田野調查方式，比西方人類學泰斗馬利諾夫斯基提出田野民族誌調查方法之時，還要早十多年。這年鳥居龍藏才二十六歲，就已經成為世界人類學的閃耀巨星，加上後來的《人類學寫真集‧台灣紅頭嶼》，鳥居龍藏靠著台灣原住民完成兩部世界級的民族誌大作。

一八九六年到一九〇〇年，鳥居在台灣總共進行了四次的調查研究，除了上述的兩次，第三次他走遍了台灣最南端的整個恆春半島全境尋找原住民足跡。他第四次的台灣探訪更為人津津樂道，他的首要目標是登上台灣最高峰玉山。西元一八九九年，他帶著得力助手也是台灣原住民研究學者森丑之助到台灣進行九個月的調查旅行，於一九九〇年四月正式登上了玉山。

登玉山橫越中央山脈

鳥居他們於阿里山方向登上玉山、從玉山東側下到八通關、東埔；鳥居還成為玉山西峰的首登者，而森丑為玉山北峰的首登者。鳥居在玉山山頂查看隨身攜帶的氣壓計，測得玉山的高度大約是一萬四千尺，並在絕頂豎立了一支木標，寫道：「我們日本的人類學研究，已延長到台灣玉山頂。」並且作了一首短詩獻給玉山：「異國山外又有山，唯此山厥為獨尊。」

他們不僅登上玉山，並且循著八通關古道橫越中央山脈。此一壯舉由於記錄詳實，所以這一次的玉山行動獲得許多認同，至今還有許多人認為鳥居龍藏才是真正的玉山首登者。

鳥居龍藏成為台灣原住民學術調查的先驅，他的四次調查裡，足跡包括東部泰雅、山地的布農、鄒、排灣、東魯凱；平地和海岸的卲、阿美、卑南、斯卡羅和平埔各族，以及蘭嶼雅美（達悟）族的體質與文化，也從事史前考古遺址的發掘調查。

鳥居成為人類學的大師，不僅僅在他深入調查的努力，更提出創新的方法改變人類學。他是歷史上第一個將攝影機運用於人類學調查的人。透過鏡頭的捕捉，把原住民各族的體質特徵，包括臉貌、頭形、體骼，完整地拍下作為研究資料。在埔裡，他搶拍到只剩三、五個的「埔蕃」和「眉蕃」瀕臨滅族的最後身影，今日我們只能在鳥居留下的攝影紀錄中才看得到。

鳥居龍藏的成就不僅僅在台灣的原住民研究，自離開台灣以後，他的研究焦點更轉向了東北亞。一九〇六年到一九〇七年，他在中國的滿州與蒙古區域展開調查，開始研究東北亞各國家間的民族變遷與關係，挖掘了許多古墓，解開了塵封已久的謎題。

一九一一年開始，鳥居在朝鮮總督府的委託下進行朝鮮半島的調查。此時日本學界一直錯將漢人古墳解釋成高句麗的，鳥居龍藏指出該古墳屬漢人古墳。由此證明了在那時漢人已移住朝鮮半島，當時連歷史學者也未發覺此點錯誤。這巨大的發現，奠定了鳥居龍藏在東北亞人類學的權威。

一九一九年，鳥居龍藏前往西伯利亞，以黑龍江流域為中心進行原住民調查。而在一九三〇年代之後，更前往中國北方，將其研究轉向遼代。成為遼代史料的權威。鳥居在東北亞考古研究，也啟發了中國考古學界起而效法。他的影響並非只在學術界，現在大陸當紅的盜墓考古小說，許多書都還紛紛以鳥居龍藏的資料做為故事的題材。

鳥居龍藏的成就無疑是世界級的學術貢獻。在當時研究的區域都需要克服交通不便，帶著笨重的器材翻山越嶺進行調查，經年累月都在山區面對自然氣候與原住民的敵意攻擊，隨時冒著生命危險的調查，是今天人類學者難以體驗。

移動型「田野調查法」

鳥居龍藏可以說是第一個將「移動型田野調查法」充分運用於人類學調查的人。不僅在台灣深山的田野調查是如此，他大半輩子橫掃中國大陸、西伯利亞、朝鮮半島、庫頁半島、千島群島，都採用移動型的方法，進行考古學、民族誌學及體質人類學等各科的綜合調查研究。

而他六十年裡從人類學到考古學的踏查，都利用這種親身移動、步行式的田野調查。翻山越嶺幾乎是常態，這需要超乎尋常的體力、耐力和意志，留下數量龐大的照片和研究報告，為台灣與中國，甚至整個東北亞留下可貴的史料，說他是亞洲考古學與人類學的先驅典範一點也不為過。

鳥居龍藏在三十五歲時被提名為日本東京帝大理科大講師，五十歲榮獲法國巴黎學士院頒贈 Palmes Academiques 獎。同年，巴黎世界人類學會聯盟邀請他成為創始會員，並被推舉為日本代表。五十一歲時，他又獲得日本文化大臣般授文學博士學位。這些世界級的榮耀，這對於連小學都沒畢業的鳥居龍藏來說，是花了多少的努力才得到的肯定，也當成為我們見賢思齊的楷模。

而鳥居龍藏所以令人景仰，不僅僅在於他的學術成就，也更在於他捍衛真理絕不退讓的執著。

人類學的發展演進，幾乎與殖民主義密不可分。鳥居龍藏在考古與人類學的貢獻，確實受益於當時日本軍國主義大規模侵略亞洲的行動。從一九八五年日本殖民台灣後，鳥居龍藏才有機會深入台灣高山做原住民研究。往後的朝鮮半島、中國東北、蒙古，甚是西伯利亞與貴州山區的研究，皆是由於背後日本軍權勢力的保護，才得以順利進行。也因此，很多考古學者經常被權力者要求為政治背書，美化殖民的正當性！

但鳥居龍藏的可貴之處，在於儘管受益於政治力，他仍然堅持學術的真理，絲毫不願意做政治權力者的打手。

在研究朝鮮半島的古墳時，儘管當時東京帝大人類學權威關野教授認定該古墳為高句麗人所有，當然這也是當時日本政府想要證明朝鮮獨立於中國的證據。但鳥居龍藏堅持學術歸學術，據理力爭，認定此古墳為中國民族所有，因此得罪了關野，埋下了後來被迫離開東京大學的導火線。

再如鳥居龍藏之後到中國貴州研究苗族與少數民族，除發現苗族與台灣高山族中的曹族與布農族具有相同血源關係外，也找到資料認定包括中國南方民族在內的印度支那民族，才是日本民族祖先的主要來源。這個發現把軍方提倡日本天皇的高貴血統論狠狠打了一巴掌，在二次世界大戰軍權倡狂的時代，是要冒著得罪權威者的危險的，也許還會引來殺身之禍，但他仍然毫不猶豫地如實公布。

鳥居龍藏是個反戰者，他一直以人類學的研究為基礎，高聲呼籲日本必須結束侵略亞洲各國的行動。在燕京大學門口抗議事件後，他立刻被日本軍方軟禁在北京住所，禁止他外出工

作。讓他只能靠著兩個女兒微薄的工資過活，無法做任何學術研究，一直到日本投降後，他才被允許開始工作，但貧窮並沒有讓他改變對學術與真理的維護。儘管窮困潦倒，一九五一年回到東京後，鳥居龍藏仍拒絕政府任何一毛錢的資助。他明白地說，這是對日本侵略的行為做無言的抗議。

堅持真理，超越國際

鳥居龍藏對於真理的堅持，超越了國族的利益。他的情操深獲學術界尊敬。燕京大學在抗戰勝利後，仍然聘請鳥居龍藏繼續教職，在八年抗戰期間兩個國家結下深仇大恨後，鳥居仍然是深得中國人一致推崇的日本學者，這是何等的不容易！

一九五二年，鳥居龍藏親手寫下自傳《一個老學徒的手記：與考古學同步六十年》傳世。一九五三年，這位影響台灣、中國甚至全世界的人類學大家與世長辭，享年八十三歲。

鳥居龍藏的成就並未被遺忘。一九六四年，他的家鄉德島縣為了紀念他，在鳴門市妙見山頂建成「德島縣立鳥居紀念博物館」，所有經費來自德島縣民自動的捐款，當時連小學生都拿出自己的積蓄，充分表達了對鳥居龍藏的紀念與敬愛。

二〇一〇年四月一日，「德島縣立鳥居龍藏紀念博物館」遷至德島市內，以便於大家觀覽。開幕式極盛大，縣長親臨講演，鼓勵縣民學習鳥居龍藏的精神。

一個小學沒有畢業的學徒，能被家鄉後代視為學習的名人，真是個動人的勵志故事。而鳥

居龍藏精神所留給世界的，更是努力不懈，維護真理的高貴情操！（黃群仁）

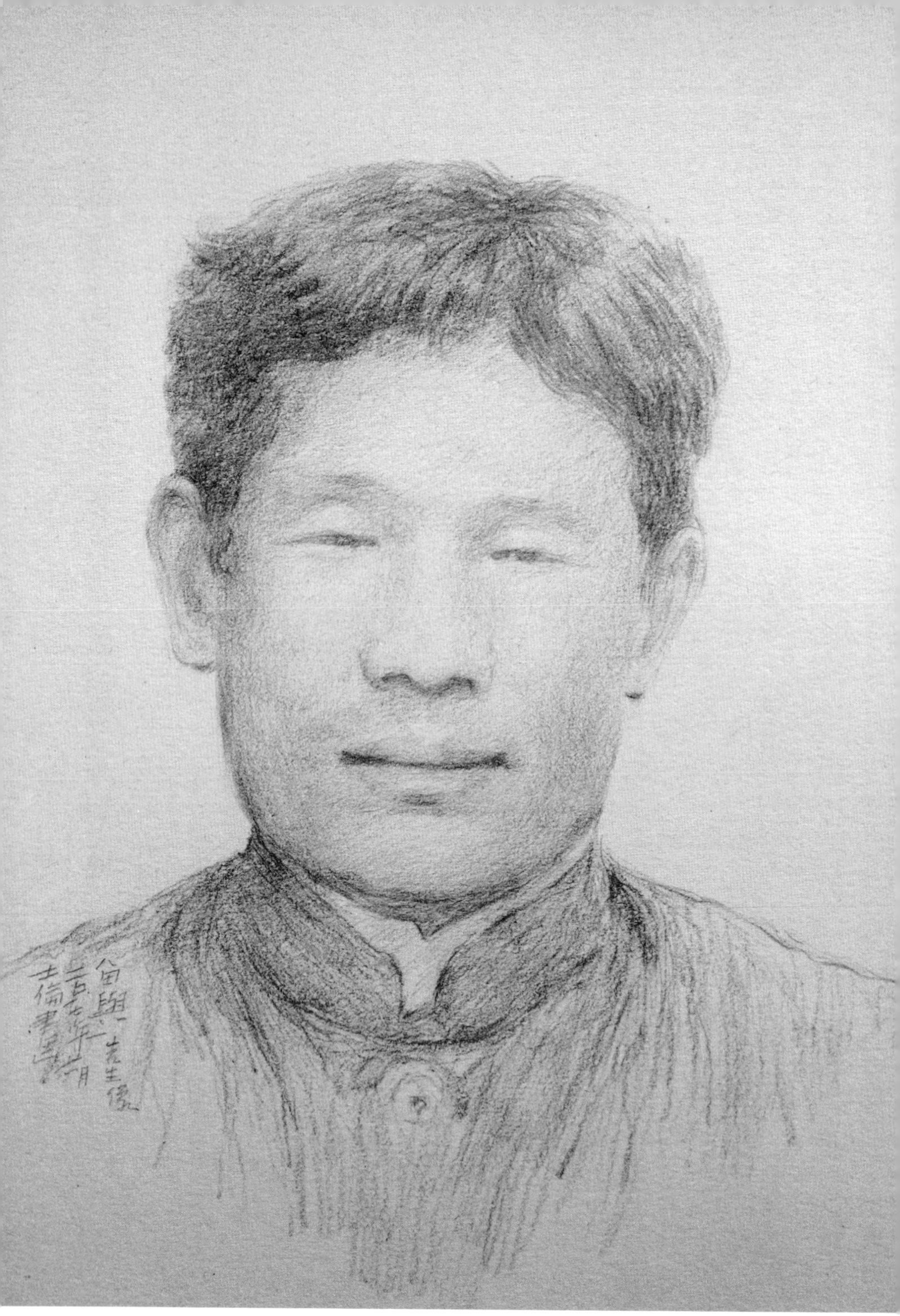

八田與一（1886-1942）

八田與一：讓台灣最感謝的日本水利工程師

八田與一（一八八六—一九四二年），日本石川縣人，台灣總督府水利股股長，烏山頭水庫及嘉南大圳的建造者，有「嘉南大圳之父」之稱。

一九一八年某天，在台灣總督府，擔任土木局土木課技師的八田與一，正直挺挺地站在課長辦公室裡聽訓。只看見土木課的長官濱野瀰四郎手中正拿著八田近日送上的《嘉南大圳建造計畫書》，不斷地大聲對他飆罵。「八田你瘋了嗎？你知道你送上來的工程預算書要多少錢嗎？四千兩百萬日幣？這等於兩年總督府的總預算……你告訴我，要去哪裡找這麼多錢……。」

才三十二歲的八田雖然被罵得臉色鐵青，但卻毫不讓步。沉默了一時，八田與一回答了。「報告長官，我身為技術者該考量的，是如何讓水利發揮最大效用，是如何改善台灣的土地及農民的生活，這是我該做的事情。至於有無預算，那是財政部門該要考慮的……」聽了這話，濱野頓時無語。他知道眼前這位年輕的優秀技師幾乎拚了命地工作。去年才剛提出來的「官佃溪埤圳計畫」，絕對是改善台灣嘉南平原水利灌溉的最好計畫，才短短一年，八田已經把後續的嘉南大圳的執行計畫書完整的呈現在他眼前。他當然知道這計畫的重要性也一定需要這麼多錢。但這麼龐大的經費，送回日本後命運將會如何？

果不其然，以「官佃溪埤圳計畫」為藍本的嘉南大圳建設，一送進日本內閣會議中，就被以預算太高而被大藏省「財務省」否決。而更多批評的聲音說調查太過草率，工程方式太理想不可行。就這樣，年輕工程師八田與一所日夜趕工的嘉南大圳計畫還是被擱置了！

使天田變成良田

但命運之神並沒有拋棄八田與台灣農民。半年後日本發生了米騷動事件，一九一八年九月中旬，在日本全國共三十八座城市，一五三個鄉鎮及一七七個村中出現了超過六二三起騷亂，參與者逾兩百萬人。主因是日本的稻米產量不足卻年年對外征戰，使得糧食嚴重缺乏。這個暴動使得當時首相寺內正義的內閣倒台，新內閣立刻以增加糧食的計畫做為施政重點。而八田與一所提出的「官佃溪埤圳計畫」，又再度得到日本政府大力的支持而重新啟動，並扭轉了台灣嘉南平原的命運。

或者說，是八田與一改變了台灣土地從看天田變良田的命運！

八田與一，一八八六年初生在日本北陸河北郡今町村（今屬金澤市），他是八田家最小的兒子。八田家在當地是大地主兼賣馬匹生意，是當地的望族。小學畢業後，八田與一進入了石川縣立第一中學就讀，之後考進第四高等中學校，這是日本北陸三縣中唯一的高等學校。一九〇七年，二十一歲的八田與一進入了東京帝國大學工科大學（工學部）就讀土木學科。當年日本經過明治維新，知識份子都以努力學習西方的近代知識為目標。而在大學裡，他更受到教授廣井澤，也是日本港灣工程之父的啟發，立志也要為建立能造福人群的百年工程而努力。

與此同時的台灣，在總督府的民政長官後藤新平為主的團隊建議下，也啟動了對台灣「內化政策」的統治策略。他們的思維不再以台灣只是殖民地，而視台灣為日本國土的延伸，從一八九六年進入台灣開始採取恩威並濟與幾次軍事掃蕩後，台灣居民的反抗趨緩。這時的總督府開始思考長期建設台灣，並將台灣視為農業的重要供應地。在這樣的思維下，日本政府開始大量的使用西方的現代知識來開發台灣，一八九八年台灣總督府轄下土地調查局成立後，更大量的在日本招募專業的技術人員到台灣就職。在這台灣充滿建設工程機會下，一九一〇年七月，二十四歲的八田與一從東京帝大畢業後，八月就立刻毫不猶豫的前往台灣。此後三十多年八田都生活在台灣，這位異鄉人從此在注定要在台灣的歷史中發光發熱！

一到台灣，八田與一任職台灣總督府土木局土木課技手「技術專員」。當時他的長官山形給了一張台灣地圖，建議他先把台灣走完一遍，調查哪裡能做建設。往後兩年內八田走遍台灣西部尋找哪裡能做發電，哪裡該做水利工程。與其他技師不同的，八田與一總是用大格局的眼光來規劃，工程計畫總能在他規劃下成為迷人的建設。舉例說他參與的第一個大工程是到打狗港務局規畫港口「即高雄港」。他驚人的建議將高雄港土地全面墊高，使其能停泊更大的船

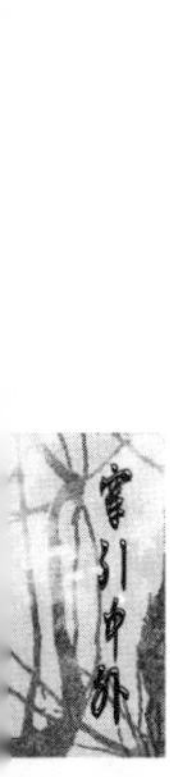

艦，如此將能讓高雄港變成台灣面向東南亞的最大深海港。雖然因為經費昂貴而胎死腹中，但八田與一精準的眼光對照數十年後高雄港的發展，幾乎完全按照他的預測進行，令人驚嘆！此外在台南水道、高雄與嘉義上下水道的建設，都留下八田與一的足跡。

而讓八田與一真正在台灣嶄露頭角的，是他的水利專長。當日本政府決定為台灣建設水利，解決台灣農田缺水無法長年種稻的問題時，八田與一立刻被挑選為計畫領導人。在前往菲律賓、爪哇、婆羅洲、新加坡、香港、澳門進行水利勘查後回到台灣，一九一六年，他立刻著手規劃「桃園埤圳工程」，做為改善台灣農田水利的第一戰。他規劃將桃園大嵙溪上游做了二十公里長的引水隧道，打通連接淡水河上游（即現在的石門水庫上游），並在大嵙溪中段廣設蓄水池，分設幹線、分線與支線，總長二八四公里。灌溉的農田面積達到兩萬兩千公頃。這項工程完工後，桃園台地成為年產兩期稻米的良田，年年豐收。

一九一七年對八田與一是個很關鍵的一年。在一手規劃的桃園埤圳工程開工後，三十一歲的八田與一收到大哥的家書要他回故鄉結婚，對像是當時只有十六歲的米村外代樹。新婚後回到台灣的八田與一，就收到當時台南州官廳的請求，開始了嘉南平原的水利調查。同年，「官佃溪埤圳計畫」在八田與一的努力工作下出爐。

雖然嘉南大圳的建設計畫在幾度峰迴路轉後順利啟動，還是有很多艱辛的挑戰等待著八田與一。經費不足這個致命傷並沒有因為政府通過動工而有改善，整體建設費用預估高達四千兩百萬日圓，對當時的總督府來說，根本籌措不了。於是總督府與八田與一的團隊想了一個辦法，就是將建設大圳當作公共埤圳，而不是官設埤圳，也就是說，這項建設是屬於民建的，而政府只是從旁協助而已。這樣埤圳組合關係人（包括埤圳業主、地主、佃農）就得出錢幫忙蓋大圳，總督府便可減輕龐大的建設費用。

不過將大圳認定為公共埤圳會有一個問題，就是管理大圳的組織將不是政府直屬單位，而只能是民間組織。也就是說，八田與一為了興建嘉南大圳，得要先辭官才行。這對個人來說，是個很大的冒險！

一九一九年八月，「公共埤圳官佃溪埤圳組合」成立，立志做好百年建設的八田與一毫不猶豫地辭去總督府技師的職位，再由公共埤圳官佃溪埤圳組合聘為監督與工事課長。一九二一年四月，組合名稱改為「公共埤圳嘉南大圳組合」。這個組織時至今日仍然存在，雖然更名為「農田水利會」，但其影響力百年不墜。如今在台灣從事農業者，無人不受其影響。國民政府隨後在各地仿造嘉南大圳的組織與水道工程，讓台灣每塊可耕種的土地都不再受無水之苦，成為稻米之鄉。追本朔源，歸因於八田與一的熱情與專業，更歸因於他願意犧牲個人利益，造福大眾的情操。

全身投入建設大圳

在嘉南大圳的建設階段，八田與一幾乎將他全身的精力投入其中。即便有美國顧問大潑冷水，認為這麼大的工程亞洲人不可能完成，但八田毫不受挫，反而用他的創新與專業讓世界認識亞洲的工程實力。

一九二二年，八田特地前往美國作實地調查，最後八田與一自己發明了半水力沖淤式土壩施工法（Semi-hydraulic Fill Method）興建大壩，壩體只使用〇．五％的混凝土，以卵石、圓礫石、碎石、溪沙、黏土等混合土壤為主，並在堰堤的中心建造微細黏土的中心羽金層，遮斷滲透水。這是亞洲唯一的溼式堤堰水庫，壩堤是目前世界僅存的半水式沖淤土石壩結構，規模世界少有，美國土木工程學會特別命名為「八田水壩」（HATTADAM），並在學會期刊上向全世界介紹，證明嘉南大圳是世界級的成就。

此外，當時的工程承包業者都拒絕採用大型機械，但八田與一評估以人力建造這種堰堤，用二十年以上也無法完成，在八田與一的說服下，決定採用大型機械，從美國與德國購入大型土木機械，運到台灣，讓台灣在日本之先，也是創亞洲之先，使用大型的蒸氣動力土木工程機械，包括鏟土機、壓力噴水機、砂石運輸車等，加快工程速度，提早十五年完成。並花七年時間，完成貫穿烏山嶺連接曾文溪的引水隧道，長度三〇七八公尺，直徑八．五公尺，所流注的水量十倍於日本當時最大的農業工程——愛知事業，是世界絕無僅有的工程創舉。

八田與一所以受到愛戴，除了他水利工程的專業，還有他身先士卒的領導與對員工無差別的對待。首先，他永遠站在工地的第一線，自己出任烏山頭出張所所長。同時為了能讓員工安心工作，建設烏山頭宿舍讓員工可以舉家搬遷，不分台灣人、日本人都有房子，讓員工安心工作。他更帶頭示範，把太太與小孩從繁華的台北西門町舉家遷到烏山頭這個還未開發的蠻荒之地。荒涼到八田的丈母娘遠從日本來看女兒外代樹時，一度很堅持要將她帶回日本。因為當時烏山頭工地裡蚊蠅肆虐，瘧疾叢生，連八田與一自己都患了三次的瘧疾。而走過這樣艱苦的歲月，八田一家人從不叫苦，甚至認為是八田家最美好的歲月。當時的嘉南平原上，流傳著這樣的故事。八田與一和太太外代樹會在晚上挨家挨戶按門鈴送上奎寧藥，要求工地工作的員工與家屬當著他們的面吃藥，因為八田怕藥苦，許多員工會偷懶不吃而患病。

就在八田與一帶領二千人經過十年辛苦的建設下，烏山頭水庫的堰堤終於在一九三〇年完工。代表著當年全亞洲最大的水利工程，嘉南大圳終於通水，啟動運作。總長一萬六千公里的水道，可以繞台灣十三圈，是半個地球的長度，萬里長城的二．三倍。從此灌溉著嘉南平原十五萬公頃的良田。為了防範缺水，還一勞永逸地結合濁水溪與烏山頭水庫末端的水道，讓嘉南平原的南北幹道永不缺水。

炙手可熱的水利專家

這麼宏偉的建設，當年先民所流下的辛苦血淚，今日看來仍然令人肅然起敬。為紀念當年在鑿通烏山頭大壩與隧道工程時，因病或意外死亡的一三四位參與人員，八田與一親手撰寫碑文的「殉工碑」，至今仍豎立在烏山頭水庫的大壩上，俯視著這巨集偉的工程。紀念碑的三面寫滿了人名，排列順序不分國籍只依照過世年份，一視同仁地哀悼這些偉大的犧牲者！

嘉南大圳的建設完成與它所帶來的巨大效益，使得八田與一成為日本甚至全亞洲炙手可熱的水利專家。但他還是繼續幫助台灣做更多的貢獻。八田與一回任台灣總督府任職水利股股長後，花了六年做出「全島土地改良計畫」。統計八田與一在台灣參與的工程除了桃園大圳與嘉南大圳外，還有台北下水道興建、高雄港興建、台南水道計畫（山上淨水場）、日月潭水力發電所、大甲溪電源開發計畫等日治時代台灣現代化的重要土木工程，並提出建造曾文水庫的構想；這幾乎已經為台灣往後五十年的水利工程做好藍圖。

此外還在台北設立土木測量專門學校，並創立「台灣水利協會」和專業期刊，培養台灣土木水利人才。畢生建設台灣，貢獻卓越，受到後世尊敬。八田還組織了「技師協會」，親自擔任會長，以及設立「台灣水利協會」，培育年輕一代的水利專業技師，並在專業期刊（台灣的水利）上發表多篇論文。甚是在一九三五年受中國福建省主席陳儀的邀請，聘為顧問技師，赴福建考察，擬定福建省水利灌溉設施計畫書。

妻子跳烏山頭水庫自殺

八田與一畢生都為台灣土地努力，也因為建設台灣而發光發熱。但這樣不平凡的生命仍然逃不過大時代戰爭的折磨。二戰時日本向亞洲瘋狂侵略，而當時的日本軍也不斷地徵召八田與一前往佔領地去從事水利工程的勘察，一路從海南島、中國東北到菲律賓。不管八田與一個人意願如何，他都被迫成為日本陸軍省的「南方派遣要員」，執行任務。一九四二年五月八日，八田參加由軍方組成的「南方經濟挺身隊」，乘坐大洋丸等船團開往菲律賓途中，被潛伏的美軍潛艇「格倫迪亞號」（USS Grenadier，SS-210）盯上，大洋丸被魚雷擊中起火沉沒，八田與一逃生不及而罹難，遺體在海上漂流了一個月才被尋獲。八田家族的悲劇還沒有結束，日本戰敗後，他的遺孀外代樹來到八田投入畢生精力的烏山頭水庫，跳入放水口自殺，結束了四十五歲的生命，留下遺書「愛慕夫君，我願追隨去」。

戰爭是人類共同的傷痕，而被殖民的悲哀更是台灣抹不去的傷痛。

以今日台灣複雜的政治情勢，八田與一被尊為「嘉南大圳之父」，又引起另一觀點的論戰，二〇一七年四月十七日，台灣發生「烏山頭八田與一雕像被斷頭」的事件，引起社會關切。論者認為：八田與一治理烏山頭，只是日本統治台灣的一種策略，動機並不是為了真正愛護台灣同胞，而是日本治台策略的作為；因為當時日本缺糧，必須增產台灣米以幫助其本國，今日神化八田與一，不免過度美化，而民進黨在怠忽對孫中山、蔣介石銅像被毀的處理，卻積極修復八田與一銅像，引起許多人的質疑，這又是另一種極端的「政治語言」。

承認砍八田與一雕像頭的前台北市議員李承龍承認有此動機已五年。

就公理而言，無端毀壞任何雕像，都該受譴責；李扁馬蔡四位總統都曾感念過其貢獻；八田與一是工程師，就專業而言，理應受肯定、受台灣人民的懷念與尊重，但如作為政治神話，則似有超越。（**黃群仁**）

陳香梅（1925-今）

陳香梅：一千個春天

陳香梅（Anna Chan Chennault，一九二五年—今），活躍於西方世界的華裔傑出女子。前半生因為嫁給飛虎隊將軍陳納德而聞名，後半生則是靠著自己的努力進入美國上層政治圈，並先後成為兩岸的座上賓。所著《一千個春天》描述與陳納德的戀愛故事，風行一時。

陳香梅輔佐或參與美國八個總統的選舉工作，是多名總統的核心團隊成員之一，在上世紀的七〇至九〇年代，更是美國總統對亞洲事務的重要諮詢對象。大陸已故領導人鄧小平曾高度推崇她：「美國有一百個參議員，但只有一個陳香梅。」顯見她作為一個華裔人士在美國，具有舉足輕重的地位。

家世不凡

陳香梅出生於北京（當時叫北平）。父親陳應榮，母親廖香詞。父親陳應榮在英、美受教育，獲得英國牛津大學法學博士和美國哥倫比亞大學哲學博士學位，回國後當過教授、編輯、外交家；母親廖香詞也在英、法、義等國讀過書。陳香梅的外祖父廖鳳舒與國民黨元老廖仲凱是親兄弟，當過古巴公使和日本大使。陳香梅從小喜愛文學，英文基礎很好。陳家共有六個女孩，她排行老二。

一九三七年「七七事變」後，她隨全家流亡香港，就讀九龍真光中學。一九四一年十二月香港被日軍佔領，她在母親去世、父親遠在美國任職的情況下，和姊姊一起帶著小妹妹們跟隨流亡隊伍跋涉幾千里，經澳門、廣州到桂林。這期間，她們吃醃蝗蟲、乾蚱蜢，還患上瘧疾，病情十分嚴重，所幸熬了過來，也成了她人生的轉捩點。一九四四年，十九歲的陳香梅以優異成績考上中央通訊社昆明分社，成為中央社的第一位女記者，並當上戰地記者，展開人生新的一頁。

認識陳納德

一九四四年至一九四八年間，陳香梅擔任中央社記者，由於陳的英語極佳，被派往採訪飛虎隊將軍陳納德，兩人一見鍾情。認識陳納德是陳香梅人生中的最難忘的經歷，與陳納德交往、結婚、生活，是陳香梅最甜蜜的回憶。

兩人相識、相戀後，也遭到旁人異樣的眼光，二十世紀四〇年代的中國，要嫁給一個比她大三十五歲，可以當父親的人，不僅年齡懸殊，而且還是一個外國人，需要有不顧他人非議的勇氣。陳香梅不論走到哪裡，都是一片反對和忠告聲，但她下定決心，要選擇自己的最愛，陳納德也鼓勵她迎接挑戰，先說服自己的家人。

陳香梅鼓起勇氣把自己的決定告訴了外祖父母。外祖母的反應非常傷心。外祖父廖鳳舒沒有提到陳納德和陳香梅間相差懸殊的年齡，但他反對外孫女與外國人通婚，就像當年他反對陳香梅的母親與英國人熱戀一樣。「我們家族中還從來沒有人與外國人結過婚，我不希望妳在這方面成為第一個。」

陳香梅一直重複著一句：「我愛他，外公。」廖鳳舒最後心軟了下來。「妳請陳納德將軍到我們家來做客吧！」陳香梅才眉開眼笑。陳納德後來靠著橋牌的「持久戰」，終於獲得老人家的賞識。

過了外公、外婆這關，更重要是父親陳應榮這關。陳香梅的父親聽到女兒打算結婚的消息後，立即趕回中國，極力反對這樁婚事。陳應榮帶著不情願的陳香梅到杭州散心。陳納德則是每天早晚兩次打電話到杭州為陳香梅打氣，到第五天的晚上，陳香梅與陳納德通完電話後，陳香梅告訴父親，她第二天一早要坐車回上海，陳應榮嘆了一口氣答應了，他無法改變她這個個性最強的女兒。

陳香梅跟父親說：「我寧願和一個我愛的人，共度五年或十年的日子，而不願跟一個我沒有興趣的人相處終身。」陳納德和陳香梅終於贏得了最後的勝利。

一九四七年十二月二十一日，五十四歲的陳納德與二十二歲的陳香梅在虹橋陳納德的寓所舉行婚禮。陳香梅身著白色婚紗，陳納德則是一身筆挺的美國空軍將軍制服，互相許願終身相守。陳納德用繳獲的日本軍刀切開大蛋糕，來賓紛紛舉起香檳敬酒祝賀。

陳納德與陳香梅的異國忘年戀還成了一九四八年三月新聞雜誌的封面故事，那張兩人憑窗而立，相擁熱吻的場景，頗似好萊塢老電影中的浪漫場景。陳納德那時常對人說：「我數十年來如今才嚐到真正的快樂！」

好景不常，重新站起

一九四九年，陳香梅隨陳納德的民航公司撤退到台灣。她專事寫作，並協助陳納德將軍撰寫回憶錄《一個鬥士的自述》。此間十年，她在短、長篇小說和散文創作上頗豐。

一九五六年夏天，陳納德在妻小的陪同下回到美國治療慢性支氣管炎，但日趨嚴重，每日劇咳不止。八月下旬，陳納德轉去華盛頓美軍醫院接受身體檢查，發現罹患肺癌。手術切除後又復發，一九五八年七月二十七日，陳納德離世，終年六十五歲。

喪夫後的陳香梅帶著兩個不到十歲的孩子（陳美華、陳美麗）移居美國華盛頓。當時的美國，種族歧視仍相當嚴重。剛開始，陳香梅在美國的生活並不順利，但靠著自己的過往經歷和演講、寫作才華，終在異國站穩腳跟，並躋身美國上流社會，更成為後來多名美國總統的重要顧問。

她進入喬治亞城大學工作，擔任喬治亞城大學翻譯中心中國部主任，並跟隨多名教授學習演講，她以個人經歷和中國問題為題，在全美巡迴演講。

陳香梅雖有陳納德夫人的頭銜，但作為黃種女人，她並未被美國人接受。陳香梅回憶，她的副手是一個白人，男性，學校只有一個停車位，但沒有給她，而給了她的副手。當時美國正值總統大選，民主黨、共和黨都在爭取少數民族的支持。兩個黨派都來邀她入黨。陳香梅說，「誰能夠把車位給我拿回來，我就加入哪個黨。最後，共和黨首先幫我搶到了車位，所以我就加入了共和黨。」

陳香梅後來常引用這則小故事，勉勵大家不要小看自己，要努力往上爬。

一九六二年，描述她與陳納德從昆明相識到陳納德病逝的《一千個春天》英文版在紐約出版大賣。該書被《紐約時報》列為全美十大暢銷書之一：前後印二十二版，並譯成多國文字。《一千個春天》述說兩人在抗戰期間彼此揪心掛念與生離死別，以及如何突破萬難最終成為眷屬的過程。林語堂譽為「這是一部偉大而永恆的戀愛生活史」，感動幾代人的愛情傳奇。後來包括蔡琴、王芷蕾都有同名歌曲傾情演繹。一九八四年，台灣的台視改編成同名電視劇，由當時台灣當紅的玉女宋岡玲演出。一九九九年，再由當時台灣第一美女蕭薔演出大陸出資的《陳香梅傳》。

躋身美國上層政治圈

陳香梅以驚人的勇氣和毅力進軍美國政界、商界，取得傑出的成就。自一九六三年到一九九六年，三十多年來，從甘迺迪開始，詹森、尼克森、福特、卡特、雷根、布希、柯林頓，先

後八位總統都對她委以重任。她在美國政壇的影響力日增，成為美國華裔的領袖。

一九六三年，陳香梅被美國總統甘迺迪委任，成為第一位進入白宮工作的華人。

一九六七年，她是全美婦女支持尼克森競選總統委員會主席，並兼任亞洲事務顧問；是尼克森後來當選美國總統的大功臣。

一九六八年，她被任為共和黨行政委員和財務副主席。

一九七〇年，她擔任飛虎航空公司副總裁，為美國航空公司第一位女性副總裁；並加入美國大銀行，為第一位亞裔董事。

一九七二年，她被選為全美七十位最有影響的人物之一。

一九七八年，她為雷根競選總統鋪路。

一九八〇年，她出任白宮出口委員會副主席，並兩度被選為美國共和黨少數民族全國主席，是共和黨亞裔委員會主席。

一九八九年，布希總統上台後，她繼任總統府白宮學者委員會委員。

陳香梅一步一步爬上共和黨政府的高位後，她的華裔背景也成為美國總統制訂對華政策的重要諮詢對象。她是共和黨的右翼，上世紀八〇年代以前，她更是堅決的反共者，與台灣的中華民國政府保持緊密的聯繫，不斷為中華民國發聲，多次在美國國會作證控訴共產黨。

一九七一年下半年起，世界局勢丕變，七月尼克森宣布隔年要訪問中國，接著十月中華民國退出聯合國。台灣正處風雨飄搖之際，陳香梅在尼克森訪問中國前夕的一九七二年一月，向中華民國打氣。她說：「我們必須要有信心，不必擔心失去盟國的支持。目前台灣經濟成長已獲致相當了不起的成就，今後的發展也頗具潛力，全國同胞應團結一致，努力建設我們的國家。」

在一九七九年一月美國與中共建交前，陳香梅仍是持反對意見的。陳香梅親近中華民國的立場，可從她與中華民國故總統蔣介石及其夫人蔣宋美齡緊密的關係看出，不僅蔣介石與陳納德形同兄弟，就連陳香梅兩個女兒的名字也是由宋美齡所取。

但她的政治立場隨著美國對中國大陸態度的轉變、兩岸局勢的變化，也跟著挪移了，其中的關鍵就是她於一九八一年一月初訪問大陸。

訪問大陸，傷害台灣？

美國與中共建交後，共和黨總統雷根在競選期間不斷宣稱，他若當選要重新承認中華民國，與中共斷交，此舉引起中共強烈不滿，中美陷入緊張關係。雷根當選後（一九八〇年十一月）在未就職前，突宣布指派黨副領袖史蒂文斯與時任共和黨全國委員會少數民族委員會主席陳香梅訪問中國（路透社說她是一九八一年一月二日抵北京，但大陸官方媒體記載是一九八〇年十二月三十日）。

消息傳出後，引起台北的嚴重關切，陳香梅過去極力反共，親近中華民國，也被共產黨痛罵，此時卻代表共和黨和即將就任的雷根訪問大陸，其對台灣當局和宋美齡的震撼可想而知。

據當時的美聯社報導，陳香梅事先曾向台北方面解釋其「苦衷」，並獲得諒解。

陳香梅結束北平（北京）訪問後，隨即到訪台灣，她在中正機場記者會上澄清非做信差，也不代人傳話（二十四年後，她才承認帶雷根的信給鄧小平），但她對一些關鍵問題避重就輕回答，加深台灣當局的疑慮，尤其是她與史蒂文斯早前在北平記者會上的說法，更是傷害了中華民國。

當時的外電報導，她在北平記者會上針對訪陸一事表示，她並不排除在未來某個時候擔任中國大陸與台灣之間的橋梁的可能性。

在提到她對中華民國的看法時，陳香梅說：「我認為每個人都必須保持開放的想法，不斷學習，並正視現實的世界。」

她在一九五〇年代對世界的看法即不同於七〇和八〇年代，她說：「我認為我們必須重估自己的立場，擴大立足點，謙卑的學習，並有足夠勇氣偶爾改變自己的立場。」

被鄧小平譽為「台灣國寶」

從後來的事態發展，以及陳香梅多年後接受大陸媒體的訪問可知，北平記者會上，她的說法已代表她對兩岸的態度出現變化，只是在當下，她選擇低調和緘默，避免進一步傷害中華民國，也避免傷害她與宋美齡及蔣家的情誼。

事後不久（一月底），陳香梅透露，鄧小平為了示好，曾對她說了一些「特別」的話。鄧小平當時對她說：「妳是台灣的國寶，我們也『寶』妳一下。」

大陸官方媒體「參考消息」曾在二〇〇四年八月中對陳香梅專訪，陳香梅回憶了一九八〇年年底訪陸的經過，她明白表示，是雷根總統託她把親筆信交給了鄧小平。

陳香梅說，她當時是雷根總統競選委員會主任委員，鄧小平希望她去中國訪問，她舅舅廖承志也寫信給她表達希望能與她見面。「我向雷根總統彙報，雷根聽後也非常高興，說太好了，於是就讓我作為他的第一任特使到中國去，雷根還寫了一封親筆信讓我交給鄧小平。」她說，這些事情在當時都是非常機密的，當時跟她一起去北京的還有參議員史蒂文斯。他們十二月底啟程，從華盛頓經過紐約、東京，然後飛到北京，在北京機場見到章文晉、柴澤民、冀朝鑄等，新聞界都不知道這個事情。

陳香梅說，他們在十二月三十日中午抵達北京，鄧小平下午就接見了他們。會見時，她舅舅廖承志和舅媽經普椿也在場。

陳香梅說，一九八一年一月一日，鄧小平在北京人民大會堂為他們舉行歡迎宴會，在歡迎宴會排座次時，鄧小平讓她坐在第一貴賓的位置，參議員史蒂文斯坐次席。鄧小平說：「陳香梅坐第一，因為參議員在美國有一百來個，而陳香梅嘛，不要說美國，就是全世界也只有一個！」鄧小平這句話後來也經常被人來引用，足證當年大陸對陳香梅的重視。

陳香梅說，雷根總統給鄧小平的親筆信大致講：「尊敬的鄧小平先生，我很高興讓陳香梅代表我去中國，我向您保證我當選總統後對中政策保持不變。」鄧小平聽了以後很高興，連說

「很好很好」。

穿梭兩岸

自從陳香梅訪問大陸後，她成為中共的座上賓，在隨後的三十多年間頻繁進出大陸，擔任中共的教育、經濟、交流、旅遊、婦女、電影電視、基金會等各類別領域的名譽顧問、客座教授或主要負責人。

一九八七年七月台灣解嚴後的隔年，時任美國少數民族委員會副主席的陳香梅表達兩岸應進一步交流交往。她後來還轉達中共的想法：「肥水不落外人田」，中共非常歡迎與台灣直接貿易，以及雙方展開更為密切的商業合作關係。

她說，類似這些現實問題，將越來越多，也容不得政府有所迴避，因為，一味拒絕或迴避，並不能解決問題。台灣在處理這些現實問題時，做法上一定要有彈性，且應勇於面對問題，且不要忌諱與對方深入探討問題。

她說，許多問題談得攏談不攏是一回事，但最重要的是，問題遲早要談的，與其事到臨頭不知如何處理，不如早點談，此外，也可藉此讓老百姓多瞭解問題所在而知道如何自處。

一九八八年八月底，陳香梅接受香港《虎報》訪問時說：「中國人製造太多口號。」、「這一邊是三不政策，那一邊是四項堅持。讓我們丟掉所有口號，真正做點事。我們老是談統一，但這兩個字本身太敏感。我們需要做些實際工作。」

一九八九年八月，在當年的「六四天安門事件」後，各國採取對大陸抵制之餘，陳香梅說：「國人不必忌諱到大陸投資，因為此舉並非有協助共產政權之嫌，而是協助大陸經濟貿易的發展，讓生活在大陸上的十億同胞，有更好更多的機會改善目前的生活環境。」

她還建議，台灣應珍惜近幾年的經濟發展奇蹟，繼續努力下去，成為大陸的模範、燈塔。中國人的問題要由自己解決，今後的發展，必須中國人團結一致，一起面對，不要奢求外力介入或給予任何協助。

「陳香梅事件」

但在當時，台灣官方抱持「三不政策」，與大陸的想法和陳香梅的建議差距相當遠。

不久，陳香梅以實際行動促成台灣商人赴陸考察，結果引發台灣當局講重話批評指責。

一九八九年十一月底，傳出陳香梅召集台商赴大陸「國際合作委員會經貿考察團」。陳香梅後來指出，台灣政府對海峽兩岸的經濟政策應該明朗化，別讓日本、韓國把大陸的商業機會全部搶走。

台灣當局一直表達不同意見且指其違法態度，當時的經濟部次長王建煊稱企業界「不要給自己找麻煩」。

王建煊說，陳香梅公然在台灣招攬團員赴大陸考察，此舉無疑是公然羞辱政府，經濟部一定會採取行動，依法嚴辦隨行的台灣商人。此外包括經濟部長陳履安也說重話，台灣高檢署還聲稱要查辦傳聞台塑集團王永慶赴陸行為。

儘管受到台灣當局的指責，陳香梅還是很關心台灣政局，並對台灣當局提出建言，包括兩岸關係、國際局勢，以及反對台獨。

一九九八年十一月，她在高雄市與媒體談到，當年故總統蔣介石堅持退出聯合國，是抱著寧為玉碎不為瓦全的作法，現階段談台灣重返聯合國，是很費精神和時間的，因為任何常任理事國都有權否決，目前台灣應集中精神發展文化、經濟外交，多在國際間交朋友，這方面企業界和民間團體要多努力，不能空口白話，要實幹。

陳香梅曾自述與李登輝、陳水扁、呂秀蓮等都是好朋友，但隨著近年台灣與大陸關係越來越疏離，陳香梅來台次數也越來越少。媒體最近一次公開報導，還是二〇〇六年八月時，陳納德銅像由台北新公園遷至空軍花蓮四〇一聯隊隊史館，陳香梅等人到現場剪綵。此外，二〇一五年十月，陳香梅也到總統府接受馬英九總統頒發抗戰勝利七十週年紀念章。

回顧過往

數十年來的陳香梅，總以濃妝、猶如彎月的眉毛示人，「陳香梅式」的外型，十分搶眼。迄今她的個人著作除《一千個春天》外，還有《往事知多少》、《留雲借月》、《陳香梅的散文與詩》等中英文著作四十餘部。她確實很為全球的華人爭氣，她的人生有太多的精采。

多數人對陳香梅的的印象仍停留在她與陳納德的愛情故事，儘管他們只相處了十二年，但卻是刻骨銘心的難忘。她自認「這一切來得太遲，去得又太快，但她還是感到比許多人更幸福」。

在陳納德過世後數年，曾有媒體訪問陳香梅，丈夫去世時，陳香梅年僅三十三歲，芳華仍存。許多熱心的朋友們紛紛關心她未來的歸宿，許多優秀的男士也對她有意。陳香梅卻認為「人與人之間的愛情有時是不會因為死亡而中斷的」，自己永遠也無法忘懷陳納德，如果這樣去跟另外一個人結合，那麼對於對方就是不公平的。

不過，十多年後，陳香梅四十六歲時，媒體報導她與離婚的威斯康辛州長華倫·諾爾斯經常約會且一起出現。甚至更久以後，陳香梅也公開說出「我的男朋友」之類的字眼，向別人介紹自己的男朋友：「他是工程師，參與設計過很多機場」。

她雖有自己的感情生活，但陳香梅終其一生都沒有再婚，因為她心中一直放著陳納德，她深深地愛著這個人，她是陳納德的遺孀。

就像她在《一千個春天》裡寫的：「他進入我的生命中，像春日的和風吹醒了百花，像四月的陳雨潤澤了大地。」（**陳言喬**）

趙小蘭（1953-今）

趙小蘭：美國夢，不是夢

趙小蘭（Elaine Chao，一九五三年—今），生於台灣台北市，祖籍上海。幼時隨父移民美國，以優異成績從曼荷蓮學院畢業，更以畢業生優異成績代表哈佛大學企業管理學碩士生致畢業答詞，後獲選美國「十大傑出女青年」。曾任美國運輸部副部長、和平工作團團長、美國勞工部長，現為美國運輸部長。

一九九二年，美國規模最大的慈善機構，美國聯合勸募基金會（United way of America，現改制為United way of World）組織面臨嚴峻挑戰。這是全美最大的慈善機構，有一千四百個地區分會，員工十一萬人，每年的捐款高達三十二億美元，各分會捐款是其重要收入來源。然而二十幾年來，擔任總裁的阿瑞孟尼卻中飽私囊，過著奢華的生活，致使基金會名譽掃地，各分會紛紛和總會切割。眼看這艘「大船」即將沉沒，媒體認為此刻這個總裁大位的挑戰，好比「為撞上冰山的鐵達尼號掌舵」。在這個時刻，理事們心目中只有一個人可以力挽狂瀾：當時的和平工作團團長趙小蘭。

上任後，趙小蘭直接將自己的總裁薪資折半，以身作則命令全機構節省開支，四個月內，訪問全美三十五個地方分會，與六千五百多位義工晤談，過程中趙小蘭總是自己一個人，揹著一大堆的資料、坐經濟艙往返於各地勸募，每週至少有三到四天都是這樣的行程。

她的努力，一掃基金會過往的陋習，僅僅四年便重振了基金會信譽，將慈善基金會招牌重新擦亮在人們眼前。儘管達成如此的成就，她卻在請辭時婉拒了理事會贈予她的二十五萬元美金。

肩能扛擔，力挽狂瀾

這並非趙小蘭唯一一次在險境中扭轉乾坤。

在她出任美國商業銀行副總經理時，面對財務狀況陷入困境的雪佛龍（Chevron）石油公司，大家都覺得它即將倒閉，所有人都不願意接下這顆燙手山芋，然而趙小蘭卻承接下來，並馬上聯合四十四家銀行籌集了大筆貸款，拯救了這家石油公司。

後來在擔任美國運輸部副部長時，除了大大改善加州的交通系統及公路建設外，更接連遇上核潛艇爆炸、泛美航空一〇三班機墜毀、航空公司罷工，甚至阿拉斯加油輪洩漏問題。特別是一九八九年，同時發生兩起重大事件。其一是阿拉斯加港灣漏油事件，埃克森油輪當時因觸礁，洩漏了一千一百萬加侖的原油，覆蓋四千多平方公里的海面，趙小蘭當時代表總統親上軍艦，聽取簡報，表現出的威嚴贏得所有海防部隊的敬重；其二是波斯灣戰爭爆發，她藉由自己任職聯邦海事會期間，與航空公司、商船公司乃至於工會建立的良好人脈關係，成功調配了大量的物資補給前線，當時她年僅三十六歲。正如她的父親，旅美船王趙錫成，當年以有慶號二副身分，在古寧頭戰役期間，為國軍運輸物資，被譽為「沒有軍銜的英雄」。

趙小蘭因為屢屢受命於危機之中，因此曾被媒體封為「布希總統的救火隊」，哪裡有麻煩，她就在哪裡。

而她也確實不負眾望，作為小布希政府內唯一做滿八年且最年輕的勞工部長。任內推動職場平權，反對以「配額」方式保障少數族群，因為從她自身的經驗，她知道只要有平等的機會，少數族群也能夠實現「美國夢」，配額反倒限制了高度，更讓包含亞裔在內的少數族群無法融入主流；她更促使聯邦政府成立「職業安全管理處」，從事前教育及事後補救方面防止勞工傷害，並且將補償核武罹病員工做為最優先工作事項，並加強勞工教育訓練。每一件，都是影響深遠的重大政績。

而當她面臨美國有史以來最大的挑戰「九一一事件」時，她也協助小布希推動「回去工作」方案，讓失業者能夠返回工作崗位，或者轉換到新的職位。

儘管任內屢次面臨重大挑戰，趙小蘭卻始終記得老師和父親給自己的教誨。她的哈佛商學院教授曾告訴她：「從混亂中製造秩序，然後冷靜分析，找出解決途徑，擬定進行步驟，百密不能一疏。」

她的辦公桌上放著一張照片，是一九八一年她和父親訪問中國大陸時拍的，那是她父親的老家，當時是一個落後的農村，照片中幾個小孩圍著她，身旁還有一隻豬。她提醒自己：「我的父親，從這樣的環境中生存，而且活得如此出色，身為他的女兒，我一定也辦得到。」

領袖風範，勇於挑戰

趙小蘭八歲時，舉家隨父親趙錫成到了美國。當時的她連英文字母都還認不全，便把學校老師寫在黑板上的每一個字都抄下來，晚上回家請教父親。到她四年級時，已經可以流利對談，甚至積極競選班長，邀請同學和他們的家長來家中作客。

在高中時代，她也組建了自己學校的桌球隊；就讀曼荷蓮女子學院時，她不僅成績優異，領導社團活動，更破格擔任學校年鑑總編輯（通常要研究生才有資格擔任）。

趙小蘭在大學畢業後，也曾經在父親的航運公司工作兩年，期間便已經手為公司添置三艘大船，從貸款、租賃、下水乃至營運的工作，期間甚至出了一本美國造船工業的專論，當時的她還不到二十二歲。哈佛研究所畢業時，她甚至被選為全體畢業生班長，成為有史以來第一位獲此殊榮的東方女學生。

後來當她角逐「白宮學者」時，是受到當時任職的花旗銀行總裁、母校哈佛工商管理學院院長、紐約聖若望大學校長（趙小蘭在哈佛畢業後，與父親一起在聖若望大學合開航海市場研究課程）、陳香梅女士、美孚石油公司總裁等五人聯合推薦。這是一個美國針對年輕人的培訓，讓二十八到三十六歲間的年輕人進入政府，直接向聯邦高級官員學習，未來能成為政府的領袖。五萬五千名報名者，最終只取十三人，趙小蘭是當屆最年輕且唯一的亞裔女性。後來她也不負眾望，為雷根總統擬定國會演講稿，大獲好評，並受到當時副總統布希、運輸部長杜爾夫人的賞識，也為她後來屢屢擔任聯邦政府要職打下了堅實的基礎。

作為一位屢創佳績的領導者，當被問起領導風格時，趙小蘭卻謙虛道：「每一個人都會犯錯，犯錯後會讓你學習變得更好，我至今也還在學習。領導的藝術，最重要的莫過於『識人』，並且以最適合這個人的方式，來對待她。」

言談中體現其謙卑、幹練，且無時無刻將他人放在心上。

心中有「人」，不忘根本

無論擔任何種職位，趙小蘭總是有大量的時間在當「空中飛人」，到每一個地方，用新的構想去處理新的問題，但是這樣的忙碌與挑戰，並沒有讓趙小蘭忘記關注身邊的人，以及自己身上的血脈。

趙小蘭從大一時便因為成績優異，獲得學校補助四年全額獎學金。但她在領了一年之後，因為家境好轉，退還了三年的獎學金，並向學校提出：將這筆錢，發給其他家境更有需要的同學。

她剛接任美國聯合勸募基金會總裁時，走進基金會第一天，看到有人在走廊上哭，便馬上跑到銀行，以自己各種能動用的人脈、管道，發出每一個員工的薪水。

她在花旗銀行擔任高級會計師期間，不僅和父親在聖若望大學開課，更在中國海外電視公司擔任主持，向全美介紹中華文化，並且讓美國知道旅美華僑在中國的成就；當她面臨「白宮學者」面試官提問：「為什麼希望到白宮當特助？」她回應：「我很希望我如果獲選，能激勵其他亞裔青年。」在她擔任傳統智庫基金會（為美國政府、國會、新聞、工商界提供資訊的最權威機構）主編時，也大力延攬亞裔青年。

在「九一一事件」發生後，她主動聯繫紐約州州長，並且撥款五百四十萬美元協助華埠零售商業者，另外又代表聯邦政府撥款一百萬美元培訓因世貿災害而失業的華人重返工作崗位；二〇〇九年，莫拉克颱風重創台灣，趙小蘭也隨即以個人名義向台灣捐助鉅款。儘管身在美國，位居高位，她卻屢屢以自己的生命，自己的行動，激勵身邊的人，以及回饋自己的根源。

她的成就前無古人，而她卻一心提攜來者，她曾說：「當我做得好，在我背後那些人，無論亞裔、女性，或者其他受著不平等對待的族群，都將因為我的傑出，而看到更好的路。」

而這種種的成就，趙小蘭都將它們歸功於自己的家庭。

從小愛到大愛

提到趙小蘭，便無法不看見她背後的家庭教育。

趙家一門六位姊妹，其中有四位哈佛碩士，一位哥倫比亞大學博士，以及一位威廉與瑪麗學院碩士。其傲人的成績甚至連總統布希都要妻子多向趙小蘭的母親趙朱木蘭女士請教。

趙朱木蘭女士認為，他們能夠給女兒最好的嫁妝，不是金錢，而是教育。而她的父母總是秉持「愛而不嬌，嚴不守苛，以身作則」的態度教養子女。她們家就算因家境好轉，請了幾個傭人，趙朱木蘭女士仍然堅持，她們應該自己收拾自己的房間。而且她不光要求女兒要努力學習，甚至自己五十歲還跑去讀了一個碩士學位。

而趙小蘭的父親也強調，他們從不主動為孩子解決問題，而是讓他們獨立去思考、判斷。從小時候的家族旅行，他們就放手給女兒們規劃行程，選擇旅館、餐館；在他的事業蒸蒸日上，正需要能幹的人手時，他放趙小蘭飛往她自己所要的，更高的目標。趙錫成本身也是交通大學的榮譽博士，並且在中國以妻子木蘭為名設立獎學金，至今已造福兩千多位海運學習領域青年。

在趙朱木蘭女士過世之後，他們父女捐贈四千萬美元給哈佛，建立了哈佛校園中第一座以華人命名的「朱木蘭教學大樓」。

趙小蘭在被問到，究竟是什麼讓她總是生活得如此有動力時，堅定地回答道：「我想讓父母引以為傲，而且我希望對大我有所貢獻，而非只為了小我。」至今為止，她無數次在演講中，用自己成長的故事，激勵了更多的人，將趙家培育女兒的小愛，轉換為滋潤世界的大愛。

持續締造榮譽

對於趙小蘭的成就，陳香梅認為那些是趙努力的成果；華人神探，「現代福爾摩斯」李昌鈺博士更認為趙小蘭是美籍華裔人士的重要楷模。她也獲頒曼荷蓮女子學院傑出校友獎，榮譽博士學位更是高達十二座。

二〇一六年十一月二十九日，她被美國新任總統川普任命為運輸部長，雖因川普政治立場，和趙小蘭的丈夫麥康諾參議員的立場不同而引起爭議，但她仍專注於自身工作，並準備好面對「無人車」這種新時代的考驗。同時不斷地激勵華人勇於追求，勇敢發表。

她曾經說過，自己從不做長遠的規劃，只是將自己的每一步，做到比別人所期待的更好。也正是這樣的精神，如今仍向世界詔告著：美國夢，不只是夢，因為實現它的人，如今也持續實現著它。（**曹惟理**）

不容青史盡成灰

編後語／鄭貞銘

從《百年大師》到「百年系列」，是不同的心路歷程。寫作《百年大師》是出於心儀前輩知識分子所建立的典範，希望為後代青年點燈、引路。

但「百年系列」的規劃與出版，乃是一個讀書人的歷史責任感，我覺得有責任「不容青史盡成灰」，要讓中華民族過去一百年的兩岸發展建立信史，讓他們的貢獻與成就名留史冊；而部分的狂風烏雲，也要大家知所惕勵。

這是一個資訊發達的社會，卻也是一個資訊氾濫的社會；隨著新傳播科技的發展，網路、電腦無所不在，手機、簡訊控制了我們的日常生活。

口水無處不在，眾聲喧譁，我們怎樣才能避免掉進泥沼，保持清醒？我們如何能將資訊提升為知識，進一步提升為智慧，使我們過一個智慧人生呢？

二〇一四年，我與大陸優秀青年丁士軒、汪士倫共寫《百年大師》。在寫作過程中，我們既快樂又痛苦。快樂的是，每當我們閱讀到這些大師資料時，隨時都有新知進入我們腦海；但閱讀大量資料不免有勞累之苦。然而我們真正辛苦的，不是身體勞累，而是閱讀部分大師一生遭遇挫折時，特別是大陸文革期間紅衛兵迫害大師的往事，夜間常一面書寫，一面流淚。那種經歷，是一生寫作生涯的少見。

這種寫作，使我深深體會到，「一百個生命，一百種典範；一百個故事，一百種感動。」我的一生雖曾經歷多種風霜；但我自認，無論對人對事，我都禁得起考驗；堅韌的生命力，我不輕易向惡勢力妥協，更不向權貴屈膝。堅持「寧靜致遠」、「與時俱進」，以不負母親教養、師長教誨、長官提攜。

實踐大學董事長謝孟雄先生知道我在策劃「百年系列」的大寫作計畫，來信說：「您的百年系列，媲美司馬遷歷史之作，您是現代司馬遷，真正應譽為大師第一人。」這段話讓我汗顏，卻也給了我十分大的激勵。

我是學新聞出身，但秉於「今日之新聞是明天的歷史」之認知，且受胡適之、劉季洪等前輩學者提倡傳記文學的影響，使我深刻瞭解：雖然新聞與歷史不純然是一件事，但卻有密切的關聯與相通之處。因為歷史是過去每一天新聞不斷日積月累的組合，兩者息息相關。

我們透過網路、資料庫獲得真實、公正與客觀的新聞報導，有如走入時光隧道，讓歷史現場重現。

新聞與歷史皆以記錄為職責，皆須透過探索與追求才能有較為真實的歷史面貌與公正的評論，然後成一家之言。最重要的，新聞記者與歷史學家須有同樣的修養；劉知幾所主張的「才」、「學」、「識」與章學誠所主張的「德」，才能真正達到「富貴不能淫，貧賤不能移，威武不能屈」的理想境界。

「究天人之際，通古今之變，成一家之言」，歷史的盛事與人才的輩出或由於天意，或由於人事，都有待查源探本，尋找根源；大史學家司馬遷，他冷眼觀世界，察天意與人事之變化，正本清源，以展現觀歷史發展的脈絡，真所謂「天降大任」。

司馬光或因為官之途不順遂，而立志走一條不一樣的路。但見他繼承司馬遷以來史官，證明一個人對國家社會的貢獻不是只有一條軌道，有時殊途同歸，其貢獻更超越為官，其風範更勝於一時宦途的耀武揚威，他的影響是千秋萬世的。

司馬遷的《史記》與司馬光的《資治通鑑》同樣是中國歷史的鉅著；雖然風格不同，寫作方式各異，但同樣是見證歷史永垂不朽的傳世之作。

我考大學填的志願，一是政大新聞，二是師大教育，三是台大歷史。我有幸這一生，經歷過新聞、教育與歷史的生涯。

所以，「百年系列」在規劃與製作時，我勉勵所有同仁應該以五種精神與信念完成它：

必須有「歷史家」的堅持。為了「不容青史盡成灰」，我希望這些在歷史上曾經叱吒一時的風雲人物，或彪炳史冊，或遺臭萬年，都能符合史實，作為後人瞭解或繼續研究的依據。

其次，必須有「新聞記者」的精神。新聞記者秉公正、客觀，併除個人偏見與好惡的精神。許多過往人物固然「蓋棺定論」，而對許多仍在世的人物，則希望呈現到執筆最後一刻的社會觀點。

第三，必須要「文學家」的素養。文學家是以動人心弦的文筆感動讀者，因此我們特別重視寫作上的「淺顯性」、「故事性」以增加「可讀性」，便於讀者閱讀，並為青年讀者所喜愛。

第四，要有宗教家的情懷。「道德」可被描述為各種文化能量的聚結，許多新聞人不僅是「道德」的繼承者更是傳播者，我們可以從一篇篇新聞人的篇章中，一次次地體會到他們是如何彰顯其核心意義和價值，體現新聞工作者在文化傳統恪守類似宗教精神的倫理精神，並有宗教家的博愛濟世情懷。

第五，還要有「企業家」的動力。「百年系列」要引導青年人生觀、價值觀，自應透過企業作為，使系列叢書深入社會，普及兩岸，使得人手一冊。師長有以教學生；家長有以教子女，使源遠流長的中華文化，透過巨人的典範或教訓，深入社會，造化人心。

嘉爾維費說：「傳記之感人，雖然各個不同，而其為真正感動，乃可斷言。」

為提倡文學，劉紹唐曾辦《傳記文學》、王成聖創辦《中外雜誌》、黎東方講史，都能使人因感動而有作為；喜讀傳記的人還可獲得快樂的精神、希望的鼓舞，進而產生新的力量。比如胡適寫《四十自述》、蔡元培寫《蔡元培自述》、沈從文寫自傳、顧維鈞近五百萬字的回憶錄、容閎的《我在中國和美國的生活》（英文版）等都彰顯了這個功能。

我往昔所撰《百年報人》是新聞專業的研究；《百年大師》是學者大師的描繪，而一個社會之建構，是多文化之發展而影響不同。其中黨政、經濟、財經、企業、國防軍事、外交、國際傳播、文化、文學、教育、藝術、報人、記者、宗教、法律、體育、社會……等諸領域各有其不同影響層面，也都有卓然有成，貢獻殊多之人物，於是我乃有了為百年各領域代表性人物撰寫傳記之動機；然而建構大師之工程，非我個人能力所能完成，所幸有兩岸志同道合之君子，願共襄盛舉，三年過程，絕非坦途，但世間有意義之事，總要有人承擔，這是我從事「百年系列」之初衷。

「百年系列」除依循《百年報人》、《百年大師》的寫作經驗，大量閱讀相關書籍與資料，取精用宏外，仍希望以每篇四、五千字的規模寫作百年人物的精采人生，並以「可讀性」、「故事性」為原則，以文字魅力讓讀者樂於接受。

《百年風雲》寫作過程，承錢復先生、李鍾桂女士、林澄枝女士、呂麗莉女士、戴瑞明大使、張小月主委、王飛大使、劉瑛大使與沈昌煥先生公子沈大川先生等大力協助，熱心提供資料，講述故事。

舉例而言，有六位前大使曾經與作者討論「外交人物」專欄之寫作名單，並提供許多背景資料，對我們的工作助益很大。

為深入瞭解更多資料，錢復、孫震、姜必寧、李鍾桂、翟宗泉、林澄枝、呂麗莉等，都接受同仁採訪；而趙俊邁、劉菊英、虞煥榮等作者，都耗費大量心血進行採訪工作，使內容更加生動、充實，我們感激不盡。

而「穿引中外」專欄，更是本系列寫作的一大特色，我們選出一百年來對兩岸有重大影響的外國友人名單後，主編黃群仁君不但大量閱讀中文資料，也大量閱讀外文資料，他的認真與對讀者負責的態度讓我印象深刻。

本系列由本人任總策劃兼總編輯、丁士軒仍是文字最大助手、藝術家汪雨負責繪圖；各專欄主編在寫作完成後，均經本人認真閱讀，與執筆人斟酌再三；但人物之評價本為不易，甚至見仁見智，我們雖以新聞記者之記錄精神與史學家的認真態度，構建我們的寫作指標，但不理想之處必然仍多，敬請讀者不吝指教。

二〇一七年十一月十二日

寫於台北　銘軒雅舍

主要參考書目

【專著】

丁志可著，《王永慶全傳》，北京：中國廣播電視出版社，二〇〇六年。

雙根著，《王永慶全傳：從米店老闆到台灣經營之神（一九一六—二〇〇八）》，武漢：華中科技大學出版社，二〇一〇年。

劉震濤、袁飛著，《王者心法：經營之神王永慶獨家管理秘笈》，北京：清華大學出版社，二〇一三年。

吳錦勳（編者），張榮發（朗誦者）《鐵意志與柔軟心：張榮發的三十三個人生態度》，北京：東方出版中心，第一版，二〇一六年。

張忠謀著，《張忠謀自傳（一九三一—一九六四）》，台北：天下遠見出版股份有限公司，二〇一〇年。

張戌誼、張毅文、盧智芳著，《三千億傳奇：郭台銘的富士康》，北京：機械工業出版社，二〇〇二年。

方儒著，《郭台銘：錢能解決一切問題？》，北京：中國發展出版社，二〇一一年。

王靜著，《鴻海梟雄郭台銘》，青島：青島出版社，二〇〇九年。

張殿文著，《虎與狐：台灣首富郭台銘經營之道揭秘》，汕頭：汕頭大學出版社，二〇〇五年。

周正賢著，《施振榮與宏碁電腦》，北京：生活·讀書·新知三聯書店，第一版，一九九六年。

蔣多著，《李嘉誠傳》，安徽：安徽文藝出版社，二〇一二年。

李忠海著，《李嘉誠傳：崢嶸》，北京：國際文化出版公司，二〇一四年。

張林著，《鳳凰衛視這些年》，北京：現代出版社，二〇一六年。

劉歧松著，《澳門賭王：何鴻燊全傳》，武漢：華中科技大學出版社，二〇一三年。
辛磊、祝春庭著，《澳門賭王何鴻燊全傳》，武漢：湖北人民出版社，二〇〇五年。
周璇著，《王健林：萬達廣場的背後》，北京：台海出版社，二〇一六年。
劉淑霞著，《馬雲傳》，哈爾濱：哈爾濱出版社，二〇一三年。
華勝著，《馬雲傳奇》，北京：中國經濟出版社，二〇〇九年。
孫燕君著，《阿里巴巴神話》，南京：江蘇文藝出版社，二〇〇七年。
張永生著，《馬雲全傳》，北京：中國商業出版社，二〇〇九年。
紀子義著，《馬雲如是說》，北京：中國經濟出版社，二〇〇九年。
曲智著，《任正非內部講話：關鍵時，任正非說了什麼》，北京：新世界出版社，二〇一三年。
冠良著，《任正非管理思想大全集》，深圳：海天出版社，二〇一一年。
余勝海著，《華為還能走多遠》，武昌：長江文藝出版社，二〇一七年。
李營著，《王石傳》，哈爾濱：哈爾濱出版社，二〇一三年。
王石著，《大道當然：我與萬科》，北京：中信出版社，二〇一四年。
王石著，《道路與夢想：我與萬科二十年》，北京：中信出版社，二〇一一年。
胡以貴著，《雷軍：創業沒有時間表》，北京：中國財政經濟出版社，二〇一四年。
劉國華著，《雷軍：乘勢而為》，北京：新世界出版社，二〇一六年。
蔡豔鵬著，《雷軍：人因夢想而偉大》，武漢：武漢出版社，二〇一二年。
王剛著，《雷軍：在風口上順勢而為》哈爾濱：哈爾濱出版社，二〇一六年。
張汝京著，《半導體產業背後的故事》，北京：清華大學出版社，二〇一四年。
董顯光著，曾虛白譯，《董顯光自傳：報人、外交家與傳道者的傳奇》，台北：獨立作家，二〇一四年。

池昕鴻著，《宋美齡全傳》，北京：延邊人民出版社，二〇一三年。
芮正皋著，《劫後餘生—外交官漫談「結緣人生」》，台北：三民書局，二〇一四年。
錢復著，《錢復回憶錄》，台北：天下文化，二〇〇五年。
劉瑛著，《外交官列傳》，台北：新銳文創，二〇一二年。
蕭曦清著，《中菲外交關係史》，台北：正中書局，一九九五年。
賴樹明著，《薛毓麒傳：走過聯合國的日子》，台北：希代，一九九四年。
羅銀勝著，《喬冠華全傳》，上海：東方出版中心，二〇〇六年。
李香枝著，《十年喬木鎖寒枝》，上海：東方出版中心，二〇〇九年。
喬松都著，《喬冠華與龔澎：我的父親母親》，北京：中華書局出版，二〇〇八年。
錢其琛著，《外交十記》，北京：世界知識出版社，二〇〇三年。
黎松強、張學先編著，《解「李約瑟難題」看現代科學》，北京：科學出版社，二〇〇七年。
司徒雷登著，《原來他鄉是故鄉：司徒雷登回憶錄》，南京：江蘇出版社出版，二〇一四年。
陳遠著，《燕京大學（一九一九—一九五二）》，杭州：浙江出版社，二〇一三年。
沈昌煥著，《沈昌煥日記：戰後第一年一九四六》，台北：國史館出版，二〇一三年。
陳納德著，陳香梅譯，《陳納德將軍與中國》（*Way of a Fighter: The Memoirs of Clair Lee Chennault*），台北：傳記文學出版社，二〇一四年。
陳香梅著，《一千個春天》，南京：江蘇文藝出版社，二〇一一年。
Alan Brinkley著，《亨利・魯斯傳：時代雜誌創辦人的一生》，台北：天下文化出版，二〇一二年。
Robert Herzstein著，林添貴譯，《Time創始人：亨利・魯斯》，台北：智庫出版，二〇〇四年。賽珍珠著，馬真譯，《大地》，台北：輕舟出版社，二〇〇七年。

諾貝爾文學獎全集編譯委員會著，《一九三八．賽珍珠》，台北：九五文化事業，一九八二年。
曾成貴著，《弄潮：鮑羅廷在中國作者》，北京：中國社會出版社，二〇一四年。
張秋實著，《解密檔案中的鮑羅廷作者》，北京：人民出版社，二〇一四年。
蔣永敬著，《孫中山與辛亥革命作者》，台北：台灣商務出版社，二〇一一年。
D. D Rooney著，王建華譯，《史迪威：中緬印戰區美軍統帥》，台北：星光出版社，二〇〇四年。
齊錫生著，《劍拔弩張的盟友：太平洋戰爭期間的中美軍事合作關係（一九四一—一九四五）》，台北：聯經出版社，二〇一一年。
費正清著，《費正清中國回憶錄》，台北：五南書局，二〇一四年。
費正清著，薛洵譯，《費正清論中國》，台北：正中書局，一九九四年。
周之鳴編，《費正清集團在台灣大陰謀（上）》，台北：國際共黨問題研究社，一九六九年。
張理京譯，《美國與中國》（第五版），北京：世界知識出版社，二〇〇八年。
范毅順著，《海岸山脈的瑞士人》，台北：積木文化，二〇〇八年。
范毅順著，《公東的教堂》，台北：本事文化，二〇一三年。
時報公司特譯，《季辛吉回憶錄：中國問題全文》，台北：時報文化，一九七九年。
佛雷．以色列（Fred L. Israel）著，亞瑟．史列辛格（Arthur M. Schlesinger, Jr.）編，劉哲羽譯，《開創時代政治巨人：季辛吉》，台北：鹿橋文化，一九九八年。
傅建中編著，《季辛吉密錄》，台北：時報文化，一九九九年。
Hallett Abend, *My Life in China* (NewYork: Harcourt, BraceandCompany, 1943)
哈雷特．阿班著，楊植峰譯，《採訪中國：《紐約時報》駐華首席記者阿班的中國歲月（1926-1941）》，台北：遠流出版社，二〇一一年。
Spence, Jonathon. *To Change China: Western Advisors in China 1620-1960,* New York, New York; Pengu in Books Ltd.,

1980.
Tsung Chen, *Hallett Abend in China: 1926-1941*; www.oocities.org/tchen33/abend.doc
張其羽著，《紅星照耀斯諾：從新聞作家到天命信差的跨文化轉變》，台北：秀威資訊，二〇〇八年。
歐思定編，《天主教白冷外方傳教會來台傳教五十週年紀念專輯》，台東：天主教白冷外方傳教會，二〇〇三年。
鳥居龍藏著，楊南郡譯，《探險台灣：鳥居龍藏的台灣人類學之旅》。台北：遠流出版社，二〇一二年。
黃文雄著，楊碧川譯，《締造台灣的日本人》，台北：前衛出版社，二〇〇九年。
中園英助著，楊南郡譯，《鳥居龍藏》，台中：晨星出版社，一九九八年。
森丑之助著，楊南郡翻，《生蕃行腳：森丑之助的台灣探險》，台北：遠流出版社，二〇一二年。
黃才貴著，《影印在老照片上的文化：鳥居龍藏博士的貴州人類學研究》，貴州：貴州民族出版社，二〇〇〇年。
施政廷圖文，《烏山頭與八田與一的故事》，台北：青文出版社，二〇一五年。
陳啟淦、陳學健著，《八田與一的故事：台灣水利之父》，台北：文經社出版，二〇一一年。
華文第著，《趙小蘭：美國首任華裔部長》，台北：智庫出版社，二〇〇二年。
張克榮著，《趙小蘭》，北京：現代出版社，二〇〇五年。

【期刊雜誌】

林品秀（二〇一〇），《從「知識菁英」到「實務官僚」：陳之邁及其早期外交（一九四四－一九五五）》，台北：政大外交系碩士論文。
李敏智（二〇一〇），《美國作家賽珍珠與中國之情結關係：以《大地》為例》。

高雪琴（二〇一三），《史諾與中共關係研究》，西安：延安大學。
《史諾新聞報導對美國政要的影響》，孔東梅。
《中外管理》：〈台灣企業界第一女強人吳舜文〉，鄭學益，一九九五，（05）：53-54。
《致富之友》：〈紡織女皇——吳舜文〉，胡羽，，一九九四，（10）：26-27。
著，《華為技術有限公司》來源：《華為人》報刊。
《中國企業家》〈王石：堅守與放棄挑戰還在繼續〉，王博，二〇一六年九月十二日。
《亞洲週刊》，〈民國悲劇外交家：葉公超〉，林博文，二〇一五年七月五日第二十九卷二十六期。
《傳記文學》，〈我的父母〉，陳之邁，一九七〇年16（4）：28-36。
《傳記文學》，〈亡妻巴黎憲初〉陳之邁，一九七七年，31（4）：65-68。
《傳記文學》，〈九州之旅：旅日見聞之八（全文完）〉陳之邁，（1979），《傳記文學》，35（2）：116-119。
《傳記文學》：〈才貌雙全、政學皆通的陳之邁〉，李春峰，張小勁（2011），99（3）：85-92。
《提燈照路的人：政大新聞系七五年典範人物》：〈董顯光：提燈照亮新聞路的革命報人〉，楊倩蓉，政大傳播學院，二〇一〇年。
《光華雜誌》：〈外交沒有過去式——薛毓麒談如何突破中韓外交現勢〉，陳雅玲一九八六年九月，11（9），頁13-17。
《商界》：〈張士平：紅海之王〉，二〇一六年十一月十一日。

【報紙、網路媒體】

行政院新聞傳播處：〈江揆接見美國前勞工部長趙小蘭〉，二〇一四年十一月十四日。

外交部通訊：〈懷念長官薛毓麒大使〉，葛延森，二〇一一年五月，29（2）。
中央通訊社：〈楊西崑紀念展開幕四外長出席追憶〉，唐佩君，二〇一五年十二月九日。
《大華晚報》：〈陳納德與飛虎隊〉，一九六八年八月五日。
《人民日報海外版》：〈趙小蘭：華人的驕傲〉，飛翼，二〇〇一年二月十四日第九版。
《中國時報》：〈兩個男人都挺　趙小蘭惹議〉，諶悠文，二〇一七年八月十九日。
《中國時報》：〈史迪威霸凌蔣介石〉，林博文，二〇一五年六月二十四日。
《僑報》：〈趙小蘭：任務重，我已準備好 這三件事列首位〉，二〇一七年三月二十九專訪。
BBC中文網：〈美前官員稱台灣弱化將成中國特區〉，林楠森特稿，二〇一四年三月十五日：https://www.chinatimes.com/newspapers/20140419001006-260309
《旺報》：〈密商台獨楊西崑曾請美遊說蔣〉，黃淑嫆，二〇一四年四月十九日，https://www.bbc.com/zhongwen/trad/china/2014/03/140315_taiwan_tkacik
《聯合報》：〈美學系列／公東教堂——懷念錫質平神父〉，蔣勳，二〇一五年二月十七日十八日。
《聯合報》：〈當年官員籲釣島歸台尼克森沒接受〉，二〇一三年六月八日。
《聯合報》：〈川普髮夾彎　傳季辛吉促成熱線〉，二〇一七年二月十一日。
《台灣百年人物誌DVD：荒原之泉——八田與一》，公共電視出版，二〇〇七年。
CCTV《開講啦》，〈趙小蘭：永遠不要將門關上〉，二〇一三一〇二七期。
鳳凰衛視：〈風雲對話　訪談季辛吉〉，二〇一五三月二十二日。
財富中文網：《鬥士張士平：七十歲隱匿山東農村締造一家世界五百強》https://money.163.com/17/0126/07/CBMK92DS002580T4.html
環球紡機：《張士平：做到世界第一不重要，重要的是做到世界最強！》https://mt.sohu.com/20161214/

n475907442.shtml
魯網：《張士平：曾被人喊「鄉巴佬，滾回去」去年營業收入3332億》https://f.sdnews.com.cn/2016zt/2016sdfhb/rwcq/201609/t20160919_2138076.htm
英才雜誌：《張士平逼出來的魏橋》https://mt.sohu.com/20161212/n475654909.shtml
華夏能源網：《魏橋電力鬥士張士平：不敬佩李嘉誠沒必要和政府搞關係》https://finance.sina.com.cn/chanjing/gsnews/20150930/142623389931.shtml?_t=t
鳳凰網衛視：〈鳳凰衛視追求專業主義激情的歷程〉演講稿，劉長樂，二〇〇五年十一月二日。
鳳凰佛教：〈鳳凰衛視總裁劉長樂：佛法給我的人生啟示〉，劉長樂，二〇一五年七月三十日。
鳳凰佛教：〈鳳凰衛視董事局劉長樂：佛商與鳳凰衛視的成長〉https://www.360doc.com/content/11/0508/16/6569111_115255883.shtml
網易新聞：〈賭王何鴻燊那些人所不知的故事〉，2008.163.com/07/0712/16/3J7EBTTH00742437.html
中國評論新聞：〈我的父親母親〉，任正非，二〇一六年五月六日。
網易新聞：〈王石：我的最終定位是成為教育家〉，https://men.163.com/15/0604/17/AR9HP1CK009563D4.html
新浪深圳科技：〈王石：當年來深創業就是想有番更大的作為〉，https://gd.sina.com.cn/sztech/htt/2015-08-18/13542139.html
網易河北〈亞洲首富王健林的創業故事：要敢闖敢試〉https://hebei.news.163.com/15/0528/16/AQNFG1N902790IVR_all.html
〈王健林：鐵腕首富經歷的四個人生大坑〉來源：前瞻網https://www.qianzhan.com/investment/detail/317/150513-b28e4762_3.html
〈王健林為什麼會成功創業初期九天九夜沒睡覺〉來源：深圳教育https://edu.shenchuang.com/

edu/20150817/227121_2.shtml
〈小米雷軍：高調的挑戰者〉新浪網https://tech.sina.com.cn/t/2011-12-31/16466591581.shtml
〈張汝京：拓荒晶片〉來源：品牌網https://www.globrand.com/2010/363040.shtml
IT網：〈三聲歎息張汝京〉：https://www.iteer.net/modules/doc/article.php?storyid=8945
品牌網：〈張汝京鑄就中國晶片夢〉來源：https://www.xiexingcun.com/Story/12/www163164cn0245.htm
華夏經緯網：〈張汝京：從台灣到上海圓夢的夢想家〉來源：https://www.huaxia.com/tslj/rdrw/2005/04/66991.html
華人基督教史人物辭典：「董顯光」magazine/精英：〈微臣無力可回天：歷史漩渦中的錢復家族〉，林耀國，二〇〇七年八月二十九日，第九期，https://news.sohu.com/20070829/n251847420.shtml。
鳳凰視頻：〈名士風流：奇才葉公超〉，https://www.youtube.com/user/ifenghc
中外書摘：〈喬冠華，令人傾倒的外交風采〉，吳妙發，來源：https://www.zwszzz.com/DCFB/bkview.asp?bkid=172258&cid=526535
搜狐網站：〈錢其琛更值得人們記住：曾經的外交部發言人〉https://www.sohu.com/a/140599336_742854
鳳凰資訊：〈紀念錢其琛——轉型者的價值〉，https://news.ifeng.com/a/20170513/51088337_0.shtml
人民網：司徒雷登為何不受毛澤東和蔣介石喜歡？資料整理：李崇寒，二〇一三年十一月二十八日，https://history.people.com.cn/n/2013/1128/c371912-23682754.html
中文馬克思主義文庫：〈別了，司徒雷登〉，毛澤東著，https://www.marxists.org/chinese/maozedong/marxist.org-chinese-mao-19490818.htm
中國網：〈賽珍珠：兩個世界的「公敵」〉，樓乘震，文化中國，二〇一一年十月九日https://cul.china.com.cn/renwu/2011-09/10/content_4473271_2.htm
網易論壇：〈中國遠征軍入緬七十年〉，章騫，二〇一二年。

國家圖書館出版品預行編目 (CIP) 資料

百年風雲 / 陳先元等作 .
-- 初版 . -- 台北市：銘軒工作室、遠流，民 106.12
冊； 公分
ISBN 978-957-32-8165-8（第 1 冊：平裝）. --
ISBN 978-957-32-8166-5（第 2 冊：平裝）. --
ISBN 978-957-32-8167-2（全套：平裝）

1. 世界傳記

781 106020575

百年風雲・二之 2

出　　版：銘軒工作室
總策劃兼總編輯：鄭貞銘
作　　者：陳先元、丁士軒、方鵬程、潘家鑫、黃群仁等
編繪、封面設計：汪士倫（雨）
執行編輯：王怡之

發 行 人：鄭貞銘
特別顧問：虞煥榮

地　　址：基隆市 20652 麗景二街 24 號
電　　話：(02)2452-2687
傳　　真：(02)2451-4539
E-mail Address：cheng.jim.ming@gmail.com
Facebook 粉絲專頁：https://www.facebook.com/cheng.jim.ming/

總 經 銷：遠流出版事業股份有限公司
地　　址：台北市 100 南昌路二段 81 號 6 樓
電　　話：(02) 2392-6899
傳　　真：(02) 2392-6658
郵　　撥：0189456-1
遠流博識網：http://www.ylib.com/
E-mail：ylib@ylib.com

排　　版：菩薩蠻數位文化有限公司
印　　刷：祥新印刷股份有限公司

分類號碼：781
I S B N：978-957-32-8166-5
出版日期：中華民國 106 年 12 月初版 一刷

定　　價◎二之 1 輯 600 元　◎二之 2 輯 600 元　◎全套二冊 1,200 元
（若有缺頁破損，請寄回更換）